U0702753

计算机科学前沿丛书 · 十讲系列

大模型十讲

李崇轩 / 主 编
张伟楠 杨成 / 副主编
林衍凯 林洲汉 卢志武 温颖 / 参 编

Ten Lectures

机械工业出版社
CHINA MACHINE PRESS

大模型通过在海量数据上进行学习得到通用知识和模式，在自然语言处理、计算机视觉和强化学习等领域表现出强大的通用性和迁移学习能力，BERT、GPT、Stable Diffusion、Sora 等功能强大的模型引发了广泛的关注。大模型可能是人工智能领域的颠覆性新范式，因此应当作为计算机、人工智能相关方向的研究生教学的一个重要内容。本书共十讲，按照基本原理、预训练技术、重要应用三个层面展开，从生成模型、自监督学习、强化学习的基本原理出发，系统介绍大语言模型、多模态大模型、决策大模型的预训练技术，以及衍生的自主智能体和世界模拟器等重要应用。

本书适合作为计算机、人工智能方向高年级本科生、研究生的教材，也适合作为人工智能领域研究人员和从业人员的参考书。

图书在版编目（CIP）数据

大模型十讲 / 李崇轩主编. --北京：机械工业出版社，2025. 7. --（计算机科学前沿丛书）. -- ISBN 978-7-111-78555-2

Ⅰ. TP18

中国国家版本馆 CIP 数据核字第 2025XY6284 号

机械工业出版社（北京市百万庄大街 22 号　邮政编码 100037）

策划编辑：周　睿　　责任编辑：周　睿

责任校对：甘慧彤　张雨霏　景　飞　　责任印制：单爱军

北京瑞禾彩色印刷有限公司印刷

2025 年 9 月第 1 版第 1 次印刷

186mm×240mm·20.75 印张·1 插页·395 千字

标准书号：ISBN 978-7-111-78555-2

定价：99.00 元

电话服务　　网络服务

客服电话：010-88361066　　机　工　官　网：www.cmpbook.com

010-88379833　　机　工　官　博：weibo.com/cmp1952

010-68326294　　金　书　网：www.golden-book.com

封底无防伪标均为盗版

机工教育服务网：www.cmpedu.com

前 言

基础大模型是一类基于深度学习的人工智能模型，通过在海量数据上进行预训练，提前学习通用知识和模式，典型进展包括 GPT、Stable Diffusion、Sora 等。大模型可能是人工智能领域的颠覆性新范式，其通用性、泛化性和推理能力均有显著的突破。需要指出的是，它的能力不仅体现在聊天和数据生成方面，实际上它代表了人工智能能力的重要进步。人工智能从过去的泛化能力较弱、鲁棒性不足、仅能解决特定领域任务的模型，逐渐拥有了强通用性、强泛化性和强开放环境适应能力。这种转变使得大模型在自然语言处理、计算机视觉、机器人控制等多个领域取得显著成果。这一变革将不只推动人工智能技术的发展，更重要的是人工智能技术将迅速拓展其在各行各业的应用前景，进而带来生产力和生产效率的巨大飞跃和变迁，引发新一轮的技术和产业革命。相较于过去的技术革命，人工智能首次赋予了技术替代人类部分智力劳动的能力，从而引领着生产力的巨大飞跃。它产生的影响之深远和广泛或许会超越历史上的任何技术变革，将极大地提升生产效率。在科技创新、产业效益、数字经济、公共服务、政府决策和国家安全等诸多领域，人工智能都将产生重大影响。

本书可作为高等院校面向计算机、人工智能等相关专业高年级本科生、研究生的大模型相关课程的教材，也可作为相关专业必修课的延伸阅读材料与参考书。本书着重阐述大模型相关基础原理与技术，建议学生先学完线性代数、高等数学、概率统计、机器学习以及深度学习的相关课程。此外，本书也可作为人工智能领域相关从业人员的参考书。

本书从逻辑上大致可分为四个部分。第一部分（第 1 讲）总览全书，介绍了大模型的发展历程。第 1 讲从计算能力和通用方法的视角概述了大模型前的人工智能历史和大模型的起源、特点，简要介绍了大模型的理论基础、技术与前沿应用，并详细阐述了后续章节之间的理论框架和内在联系，最后展望了大模型的发展。第二部分（第 2~4 讲）重点阐述大模型的基础理论，介绍了生成模型、自监督学习和强化学习的主要思想和典型方法。第 2 讲主要围绕表示、学习和推断三个基本问题，介绍了自回归模型、变分自编码器、扩散概率模型和生成对抗网络的基本原理。第 3 讲主要以自监督任务的构建为线索，介绍了自我预测和对比学习两大类方法。第 4 讲主要以决策为核心，系统介绍了强化学习的基本概念，以及表格式强化学习、基于参数化函数的近似，还介绍了深度强化学习。第三部分（第 5~8 讲）详细介绍大模型训练技术。第 5 讲介绍了预训练模型基础，包括模型架构、预训练任务和典型预训练模型，为后续三讲内容提供技术基础。第 6 讲介绍了大语言模型的动机、调优、典型示例和问题。第 7 讲介绍了图文对齐模型、文到图生成模型、多模态生成与对话模型这三类多模态大模型。第 8 讲介绍了决策任务与大模型、决策策略的表示学习、策略学习和预训练大模型与强化学习。本书第四部分（第 9 和 10 讲）介绍了大模型的适配技术和扩展等。第 9 讲主要介绍了大语言模型的参数微调、提示学习等适配技术，并探讨了如何基于这些构建自主智能体。第 10 讲围绕构建可控、可交互、动态、真实的物理世界模型展开，介绍图像可控生成与编辑，以及如何完成文到视频生成、文到三维内容生成任务。本书作为教材或者课程参考书，建议学生系统化修读第 1~5 讲，建立起对大模型领域的全面了解，并深入掌握相关基本原理和预训练模型基础技术，进而可以根据授课需要节选第 6~10 讲内容。除了按照本书顺序外，还可以按照模型类型编排授课顺序。第 6 讲和第 9 讲聚焦大语言模型，第 7 讲和第 10 讲聚焦多模态模型，第 8 讲介绍了决策大模型。

本书由中国计算机学会人工智能与模式识别专委会（以下简称专委会）组织编写。2023 年 4 月，时任专委会副主任（现专委会主任）山西大学梁吉业教授作为主审专家，时任专委会主任北京交通大学于剑教授、时任专委会副主任（现专委会秘书长）山东大学尹义龙教授、时任专委会秘书长山西大学白亮教授作为审订专家，召集了中国人民大学李崇轩副教授、上海交通大学张伟楠长聘副教授、北京邮电大学杨成副教授担任本书的主编、副主编。编写组 2023 年 5 月听取了审订专家对本书的整体安排的意见并完成了全书章节规划，2023 年 8 月形成样章，2024 年 5 月完成初稿并经过多轮校对与修改形成了本书此版内容。其中，本书第 1 讲、第 2 讲、第 10 讲由中国人民大学李崇轩副教授编写，第 3 讲由上海交通大学林洲汉助理教授编写，第 4 讲由上海交通大学张伟楠长聘副教授编写，第 5 讲、第 6 讲由北京邮电大学杨成副教授编写，第 7 讲由中国人民大学卢志武教授编写，第 8 讲由上海交通大学温颖助理教授编写，第 9 讲由中国人民大学林衍凯助理教授编写。

感谢中国人民大学赵敏、聂燊、陈路晰、游泽彬、杨国兴、费楠益、卢浩宇、孙泽龙、荆栋、代彦琪、何小龙、龙金强、赵一鸣同学，上海交通大学曹家齐、开聚实、王意轩、尹晓晗、刘一凡、万梓煜、温睦宁同学，北京邮电大学李鑫、陈博宇、孙奥同学对本书内容的贡献。

最后，感谢专委会、机械工业出版社对本书写作和出版的大力支持！

编　者

2025 年 5 月

目 录

第 1 讲
绪论

ChatGPT、Stable Diffusion、Sora 等大模型以极强的泛化性、通用性和对人类意图的理解能力在对话、视觉内容创作等方面取得了突破性进展，标志着人工智能领域进入了全新的发展阶段。本讲将从数据、算力的可扩展性角度回顾人工智能的发展历史和大模型的起源及特点。进一步地，本讲将概览自监督学习、生成模型、强化学习这些大模型背后的理论基础，以及大语言模型、多模态大模型、决策大模型等训练技术，及其下游应用和适配技术。最后，本讲将讨论大模型广阔的应用前景和未来发展方向。

1.1 概述

The biggest lesson that can be read from 70 years of AI research is that general methods that leverage computation are ultimately the most effective, and by a large margin.

参考译文：从 70 年的人工智能研究中得到的最大教训是充分利用计算的通用方法是最终有效的，并且极具优势。

——理查德 · 萨顿（Richard Sutton），《苦涩的教训》[1]

2019 年，理查德 · 萨顿在《苦涩的教训》一文中指出：在大量数据上进行大量计算（如搜索和学习）的通用人工智能方法，相较于那些主要依赖人类知识和见解的模型，最终的表现要更加出色。事实上，萨顿不仅深刻总结了人工智能的历史，还洞察到了 2019 年以后人工智能的一种革命性范式与技术——大模型（亦称为基础模型）㊀成功的根本原因。

本讲首先从理查德 · 萨顿的观点出发，简要回顾大模型前的人工智能历史，并探讨算力的发展以及充分利用算力和数据的通用方法如何成为人工智能的主流；接着解释深度学习、自监督学习、生成式建模、强化学习等范式兴起的原因，并进一步引出大模型的起源；最后总结大模型的突出特点作为其定性描述。

1.1.1 大模型前的人工智能历史

人工智能（Artificial Intelligence, AI）是一个迅速发展且不断演变的领域。20 世纪 50 年代，艾伦 · 图灵（Alan Turing）开始探讨“机器能否思考”的问题，他提出了著名

㊀ 本书中，为了方便一般采用“大模型”这一术语。

的"图灵测试"，旨在检验机器是否能展现出与人类智能不可区分的行为。图灵测试至今仍是评估人工智能系统的重要标准之一。1956 年，约翰·麦卡锡（John McCarthy）、马文·闵斯基（Marvin Minsky）等人召开了达特茅斯会议，首次正式使用了"人工智能"这一术语，并确立了人工智能作为独立研究领域的地位，标志着现代人工智能研究的开始。麦卡锡认为人工智能是实现目标过程中的计算能力部分，而闵斯基则将其定义为解决难题的能力。二者均指出人工智能不必直接模仿生物智能或人类智能。

随着领域的快速发展，人工智能的概念日益丰富，定义也更加全面。例如，谭铁牛院士[2] 定义"人工智能是研究、开发模拟、延伸和扩展人类智能的理论、方法、技术及应用系统的一门新技术科学。其研究目的是使智能机器具备听（语音识别、机器翻译等）、看（图像识别、文字识别等）、说（语音合成、人机对话等）、思考（人机对弈、定理证明等）、学习（机器学习、知识表示等）和行动（机器人、自动驾驶汽车等）的能力。"面向这一目标，一代又一代人工智能研究者创造了充满创新和变革的历史。从 1950 年开始，早期的逻辑机器人和简单学习算法，发展至今日的 ChatGPT、Sora 等，每一步进展都凝聚了无数研究者的智慧与努力。

在早期探索阶段（约 1950 至 1970 年），人工智能研究主要聚焦于符号逻辑和规则系统的应用。研究者们尝试通过构建基于逻辑的算法来模拟和复制人类的思维过程。这一时期，艾伦·纽厄尔（Allen Newell）和赫伯特·西蒙（Herbert Simon）等开发的逻辑理论家（Logic Theorist）程序基于启发式搜索自动证明数学定理，展示了机器在解决特定问题方面的潜力，其推理即搜索的思想对后续人工智能领域产生了深远影响。然而，这一阶段的研究也暴露了依赖符号逻辑和规则的局限性。这些工作通常专注于特定问题，缺乏可扩展性，并且受限于当时的算力，无法有效处理复杂的现实世界问题。特别是在机器翻译等任务上，它们的表现与期望之间存在巨大差距。

在知识工程阶段（约 1970 至 1990 年），人工智能领域经历了重要的转变。这一时期，研究的核心是专家系统的开发，旨在复制人类专家在特定领域的决策过程。专家系统依赖大量领域特定知识，通常以规则形式编码于系统中。此阶段的人工智能研究开始专注于如何将人类知识和专家经验转化为机器可处理的形式，标志着从纯粹算法逻辑处理向知识驱动智能处理的转变。例如，Dendral[3] 可以用于化学领域中解释质谱数据，而 Mycin[4] 可以用于医学领域的诊断和推荐抗生素治疗。这些系统展示了人工智能处理特定类型问题的巨大潜力。然而，专家系统过度依赖领域内专家提供的知识，对知识之外情况的处理能力有限，并难以适应知识更新和变化。此外，这些系统在泛化能力上较弱，难以应用于领域之外的问题。

1980 年以后，计算能力和可用数据规模的显著提升，统计机器学习（statistical

machine learning）逐渐成为人工智能领域的一个重要分支。这一方法学重点在于从数据中学习模式，运用数学和统计方法进行预测和决策，典型进展包括决策树、随机森林、支持向量机、概率图模型以及早期神经网络等。这些方法的出现标志着人工智能领域从依赖硬编码规则转向学习模式的重要转变。然而，这些方法通常依赖手工提取的特征作为输入，并倾向于使用较小的模型和数据规模，因此能解决的问题范围相对有限。

21 世纪初，深度学习的突破推动了人工智能进入一个新高度。深度学习是一种通用的、能够充分利用日益增长的计算能力的方法。首先，深度学习模型主要由多层神经网络构成，能够“端到端”地从数据中自动提取与任务相关的逐渐抽象的特征，无须手动提取针对特定任务的特征。其次，深度学习通常采用随机梯度下降和反向传播算法来高效学习模型参数，表现出良好的规模可扩展性以及任务的通用性。因此，随着 GPU 等专用硬件和大规模数据的出现，深度学习模型在人工智能领域的潜力逐渐显现。2006 年，杰弗里·辛顿（Geoffrey Hinton）和他的学生使用深度信念网络[5] 在手写数字识别任务中超越了支持向量机。2012 年，杰弗里·辛顿的团队使用卷积神经网络（AlexNet）[6] 在 ImageNet 竞赛中取得巨大突破，标志着计算机视觉领域进入深度学习时代。随后，深度学习技术迅速变革了语音识别[7]、自然语言处理[8-9]、棋牌博弈[10-11] 乃至科学研究[12-13] 等多个领域。

回顾人工智能的历史，人类见证了若干关键时刻，如 20 世纪 90 年代统计机器学习的兴起和 21 世纪初深度学习的繁荣，每一次都极大地推动了人工智能技术的边界，人工智能简史如图 1-1 所示。在这个发展过程中，计算能力的增长和算法的通用性成为推动领域进步的双重引擎。接下来，人类将看到大模型的兴起，这类模型的目标是利用算力将数据和模型的可扩展性（scalability）发挥到极致。其成功是这一洞察的又一重要证明。

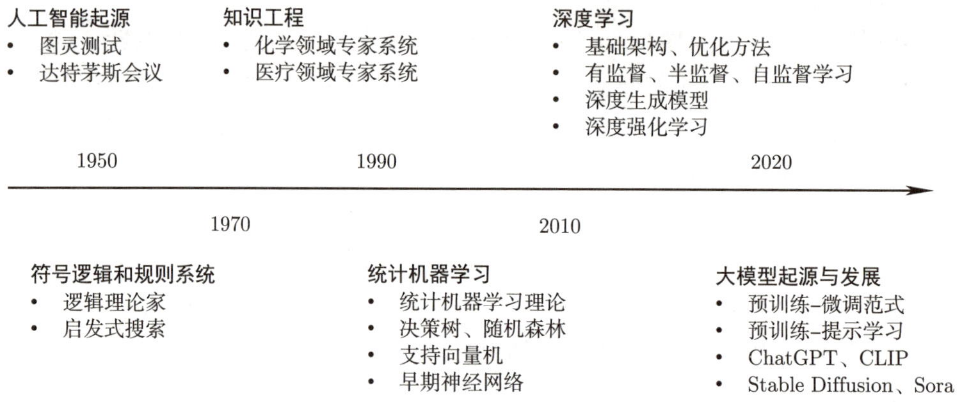

图 1-1　人工智能简史

1.1.2 大模型的起源

早期深度学习的研究主要集中在全监督训练和单一场景。在全监督训练框架下，模型训练依赖于有标签数据，即包含输入特征及其对应正确输出（即标签）的数据集。这种方法的核心目标是让模型掌握输入特征与输出标签间的关联映射。单一场景指的是深度学习模型经过特定任务数据训练后，仅适用于相同类型的任务。利用大量带标签数据，深度学习在视觉识别、语音识别等领域取得显著成就，如在 ImageNet 数据集上训练的大规模残差神经网络[14]，能够精确分类上千种图像，甚至达到人类专家水平。随着算力的提升，研究者开始探索在更大的可能缺乏标签的数据上训练更强大的深度学习模型，并解决更复杂的智能任务。这引领了深度学习范式的快速演进。

一方面，为了解决大规模数据集标签稀缺的问题，在传统监督学习之外，深度学习研究者开始关注自监督学习、生成式建模和强化学习这三种方法㊀。自监督学习通过利用数据本身的结构生成标签或任务，使模型能自动学习数据的内在模式，其代表性进展是基于注意力机制模型的双向编码表示学习方法（bidirectional encoder representations from transformers, BERT）[8]。生成式建模旨在描述输入数据的不确定性并建模其概率分布，代表性进展包括基于生成式预训练的注意力机制模型（generative pre-trained transformer, GPT）系列[9,15-16] 等。强化学习通过与环境的迭代交互，使模型能最大化某种回报函数，以完成连续决策任务，其代表性进展包括 AlphaGo[10-11] 系列等。这三种方法有效缓解了全监督深度学习对标注数据的依赖，可以被视为对通用性和计算能力利用的深入探索。

另一方面，随着上述新型学习方法的迅速发展，研究人员有能力在更大量数据上训练大规模深度模型，并发现这类模型具有显著的迁移能力，这促成了深度学习中“预训练–微调”新范式的兴起。这种范式分为两个主要阶段：预训练（pre-training）和微调（fine-tuning）。在预训练阶段，深度学习模型基于自监督学习或生成式建模，在大型数据集上进行训练，旨在学习数据的一般性特征和模式。例如，在自然语言处理中，模型可能在广泛的文本数据上学习语言结构和语义；在计算机视觉中，则可能在成千上万的图像上学习视觉特征。预训练的目标不是特定的下游任务，而是捕捉数据的通用属性。预训练完成后，模型进入微调阶段，在特定任务的数据集上进行调整，以适应任务需求。微调使得模型将在大数据集上学到的通用知识应用于具体任务，提高特定任务的性能。与从头训练相比，预训练模型的微调通常需要较少的数据量，有效减少训练时间，并且往往能在特定任务上取得更优性能。

在“预训练–微调范式”下，最具代表性的预训练模型是自然语言处理领域中的

㊀ 除了解决监督信号稀缺的问题，这些方法还有其他研究动机，详见本讲 1.2.1 节。

BERT[8] 和 GPT-1[17]。BERT 使用了双向 Transformer 编码器，其训练目标是根据上下文预测句中缺失部分，这被称为“掩码语言建模”（masked language modeling, MLM）。相比之下，GPT 系列采用了 Transformer 架构的解码器部分，其训练目标是在给定句子的前部分基础上预测下一个单词，这是自回归生成式建模的方法。在预训练完成后，这两种模型通过有监督的微调快速适应各种不同的下游 NLP 任务，例如，文本分类、问答系统和命名实体识别等。

OpenAI 持续深化对大语言模型的研究，继 GPT-1 之后开启了人工智能的大模型时代。在 GPT-2[15] 中，OpenAI 在保持原始 GPT 架构的基础上，引入了多任务学习策略，通过新的输入信息（如任务相关名称或提示词）来增强模型在不同下游任务的适应能力。实践显示，通过扩大预训练数据量（从 5GB 增至 40GB）和增加模型参数规模（从 1.17 亿增至 15 亿），GPT-2 能在不需要特定微调的情况下完成多种下游任务。随后，GPT-3[18] 在模型规模方面取得重大突破，保留了 GPT-2 的结构设计，但将参数数量增至 1750 亿，训练数据扩展至 45TB。GPT-3 在少样本（Few-Shot）、单样本（One-Shot）和零样本（Zero-Shot）场景下展现了卓越性能。特别值得一提的是，GPT-3 实现了名为“上下文学习”（也称情景学习）的新学习和推理方式，利用输入的即时上下文信息生成回应或完成任务，而非依赖传统的训练（微调）过程。

通过代码数据训练[19] 和基于人类反馈的强化学习（reinforcement learning from human feedback, RLHF）[20] 等方法，OpenAI 显著提升了 GPT 模型在长文本推理和理解人类意图方面的能力，使其输出更加符合人类偏好。2022 年 11 月，OpenAI 推出了 ChatGPT[21]，这是一款在逻辑推理和复杂多轮对话处理方面表现出色的大模型，标志着 GPT 系列达到了新的高度。用户无须训练任何模型参数，通过输入文本即可激发 ChatGPT 的能力，完成复杂的语言理解和推理任务，并能调用搜索引擎等外部工具。这种新范式被称为“大模型预训练–提示学习”。

受到了大语言模型的启发，特别是引入 Transformer 架构并不断扩展模型和数据规模后，多模态大模型和决策大模型也得到了飞速的发展。2024 年 2 月，OpenAI 将文本发布到视频生成模型 Sora 是相关领域最新的突破性进展。Sora 采用了扩散模型作为基本的训练准则，引入面向扩散模型的 Transformer 架构（diffusion transformer, DIT），并验证了其在视频数据上的可扩展性，经过了大量文本标注的视觉数据的训练后，可以根据输入的文本内容，自动生成清晰度高、时间一致性强、长达 1 分的逼真视频。特别地，在没有先验知识的情况下，Sora 具有一定的保持三维空间一致性、长时间保持物体一致性、描述物体之间交互效果的能力。这些从数据中自动学习的能力被称为“涌现”能力。因此，OpenAI 官方技术报告认为 Sora 这类模型有望成为“世界模拟器”。

上述 GPT 系列、Sora 等大模型具有显著的通用性、泛化性和推理能力，标志着人工智能能力的重大进步，为未来人工智能的应用提供了新的视角和可能性。

1.1.3 大模型的特点

本节深入探讨当前大模型的经验性特点，包括其模型与数据的规模大、可扩展性与涌现能力、强泛化与迁移能力、任务通用性与提示学习能力等。

1. 模型与数据规模大

大模型因其庞大的参数量而得名，通常是一个包含数十亿至数千亿参数的神经网络。这些模型具有复杂的内部计算结构，以及卓越的表达能力和预测性能，能够处理复杂的学习任务。模型规模扩大意味着对训练数据需求的增加。例如，GPT-3 模型拥有 1750 亿个参数，并在 45TB 的文本数据上进行训练。值得注意的是，大模型的训练与传统的统计机器学习（包括早期的全监督深度学习模式）有所不同。它们的训练数据不局限于单一场景的独立同分布数据，而是涵盖更多元的场景，并包含一定程度的噪声。例如，传统的 ImageNet 数据（百万量级）[22] 中的图像都是真实且准确标注的，且主要物体通常位于图像中心。相比之下，文本生成图像基础模型常用训练数据 LAION[23]（亿量级）中，相同类别的图像可能展现出多样的风格，标签也不一定对应主要物体。

2. 可扩展性与涌现能力

值得强调的是，并非所有模型都能在增加规模和训练数据量后实现性能的显著提升。经验表明，这种可扩展性在很大程度上取决于模型的结构设计和训练目标。例如，OpenAI 在其 GPT 系列模型中对扩展定律（scaling law）[24] 进行了初步探索，发现随着模型规模的增加（如参数数量的增多、训练数据量的增大、计算资源的增加），模型的性能（如预测的准确性和任务完成能力）往往会有提升，并且这种提升遵循可预测的数学规律。更引人注目的是，当模型达到一定规模后，它会展现出之前小型模型所不具备的新能力或行为模式，这被称为“涌现能力”（emergent ability）[25]。这些能力通常是出人意料的，不是在模型设计初期就能直接预设的。例如，一旦大语言模型达到特定规模，它可能展现出更加精准的语言理解和推理能力，甚至能够解决一些较为复杂的问题，这些能力在规模较小的模型中往往不明显或根本不存在。类似的可扩展性与涌现能力在视频生成模型 Sora 中再次得到验证。尽管关于扩展定律和涌现能力的研究还处于初步和经验性阶段，并且不同的研究者持有不同的观点[26]，但可以肯定的是，可扩展性是大模型的一个关键特性。

3. 强泛化与迁移能力

大模型在经过海量、多场景数据训练之后，展现出强大的泛化和迁移能力，包括组合式泛化、结构泛化、跨域迁移等。

（1）组合式泛化指的是，虽然任务中的相关概念在训练阶段已被涉及，但任务本身是新的组合形式。例如，如果 Stable Diffusion[27] 在训练过程中接触过爱因斯坦和超人的文本–图像对，那么在测试阶段，它可以根据文本“穿超人衣服的爱因斯坦”生成相应的图像。或者，如果它训练过梵高的作品，那么在测试阶段可以将真实的照片转换为梵高的风格。

（2）结构泛化涉及评估大模型是否具备理解和构建准确语言结构的能力。例如，掌握句子的语法规则和单词的形态变化。这不仅要求模型理解单词的含义，还要求它能够按照语言规则正确使用这些单词。进一步地，利用大语言模型处理数学题、逻辑题也要求其具有结构泛化能力。

（3）跨域迁移指的是大模型在一个领域上进行充分训练后，在其他领域可能只需要极少量的数据微调就能表现出色。例如，一个在英文上充分训练的大语言模型理解文本中的抽象规则和知识后，只需少量其他语言的语料训练，就能在该语言下展现对话能力。

4. 任务通用性与提示学习能力

大模型具有极强的任务通用性。这种能力源自其对大量数据的深入学习和复杂算法的应用，使其能够跨越不同领域，理解并回应多样化的用户需求。这种能力在提示学习方面体现得尤为明显：大语言模型无须对模型参数进行训练，只需通过合适的输入文本激发相应能力，以完成复杂的语言理解和推理任务。甚至在输入文本中给出一两个例子的情况下，也能完成全新的语言理解任务。例如，用户可以通过与 ChatGPT 对话自定义游戏，并随后与之对抗；用户也可以设定任意身份和角色，使 ChatGPT 在对话中扮演该角色。此外，研究人员发现，思维链（chain of thought, CoT）[28] 等提示技术可以通过构建细粒度上下文提示来模拟人类在完成复杂任务时的思维过程，从而提高模型的性能。目前的研究显示，视觉输入也可以作为提示词，视觉大模型同样具备一定的提示学习能力[29]。此外，大语言模型的提示学习能力也可以迁移到多模态模型中[30]。

1.2 大模型的理论基础、技术与前沿应用

本书后续章节的组织架构如图 1-2 所示。本节将简要介绍相关内容。

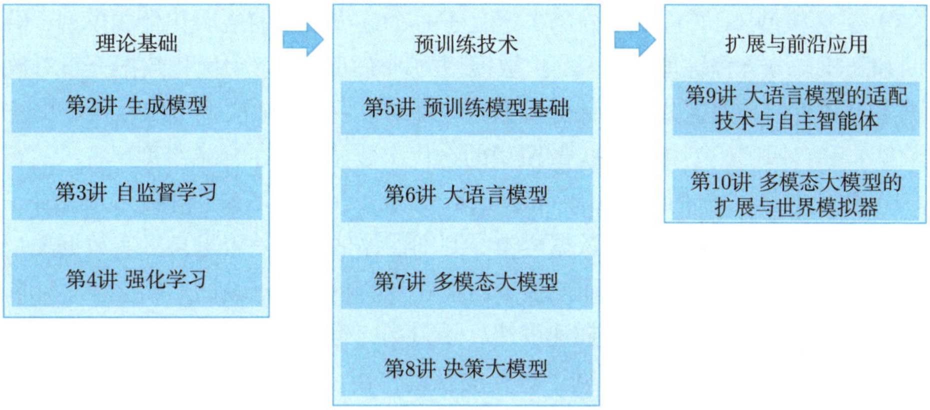

图 1-2 本书后续章节的组织架构

1.2.1 大模型的理论基础

统计机器学习与深度学习是大模型的基础[㊀]。在传统的监督学习之后，深度学习研究者们更加关注生成模型、自监督学习和强化学习这三类学习方法，缓解对带标签数据的依赖，为进一步提高模型和数据的可扩展性提供了坚实的理论基础。本书第 2~4 讲系统地介绍相关内容。

1. 生成模型

从原理上，生成模型旨在刻画输入数据的联合概率分布，涉及表示、学习和推断三个基本任务。为了刻画高维、复杂的数据分布，深度生成模型引入神经网络以增强表达能力，这给学习和推断带来了根本性的挑战，从不同角度解决这些挑战产生了一系列方法。本讲将介绍四种典型的深度生成模型的定义与学习、推断算法，包括：自回归模型、变分自编码器、扩散模型和生成对抗网络。

（1）自回归模型（auto-regressive model, ARM）利用链式法则，将联合概率按顺序拆分成若干一维条件概率，并且每个条件概率均以前序所有元素作为条件。对于非时序的高维数据，往往需要手动指定顺序。自回归模型可以通过最大似然估计学习模型参数，但是采样速度正比于样本长度。

（2）变分自编码器（variational autoencoder，VAE）通过编码器将输入数据转换为隐空间的表示，然后通过解码器从这个隐空间生成数据。变分自编码器通过变分推断方法得到对数似然的证据下界同时优化编码器和解码器。变分自编码器受限于编码器的表达能力而无法真正优化似然，但是在采样速度和表示学习上有较大的优势。

㊀ 鉴于大模型本身内容多、更新快，本书不展开介绍机器学习和深度学习内容。

（3）扩散模型（diffusion model）定义了一个逐步去噪的层次化生成模型，借助变分推断和随机微分方程等理论工具，扩散模型的训练可以理解为优化数据分布对数似然的证据下界或者估计数据分布的评分函数。训练结束后，扩散模型可以从噪声出发逐步生成数据。和自回归模型相比，扩散模型的迭代次数显著小于样本维度。

（4）生成对抗网络（generative adversarial network，GAN）由两部分组成——生成器和判别器。生成器生成新的数据样本，判别器评估样本是否来自真实数据集。这两部分在训练过程中相互竞争，从而使生成器能够产生越来越逼真的数据。和变分自编码器等模型相比，生成对抗网络采样速度快、质量高，但是训练不稳定。

生成式建模在大模型领域起到了重要的推动作用。GPT 系列等大语言模型采用了自回归的方法进行概率建模。扩散模型是文到图和文到视频生成模型的主流框架，被 Stable Diffusion 和 Sora 等基础模型广泛采用。而变分自编码器和生成对抗网络则被广泛用于视觉数据的特征提取，作为隐空间扩散模型训练的基础。

2. 自监督学习

自监督学习是一种机器学习技术，它结合了无监督学习和监督学习的特点。在自监督学习中，模型通过学习输入数据的内在结构来生成自己的监督信号，进而用这些信号来训练自身。这种学习方式无须依赖于人工标注的数据，而是利用数据本身的属性或结构来创建训练目标，总体可以分为自我预测和对比学习两大类。下面列举一些常见的自监督学习方法。

（1）掩码建模是自然语言处理中常用的一种自我预测方法，随后也被成功迁移到视觉任务中。例如，在 BERT 模型中，随机选择文本中的某些单词并将其掩盖，模型的任务是预测这些被掩盖的单词。这种方法使模型能够学习到数据中不同维度之间的相关关系。

（2）自编码器（autoencoder）是一种用于学习数据有效表示的自我预测方法。它通过编码器将输入数据压缩成一个低维表示，然后通过解码器尽可能将低维表示恢复为原始数据。通过这种方式，自编码器可以学习到数据的压缩表示。

（3）对比学习（contrastive learning）是计算机视觉中学习表示的一种常见方法。模型通过比较不同图像或同一图像的不同视角来学习特征。具体而言，模型将一张图像（或者其对应视角）视为正样本，其他图像或者其他视角视为负样本进行判别从而学到有效的表示。代表性的方法有 SimCLR[31] 和 MoCo[32]。

由于人工标注数据通常昂贵且耗时，自监督学习在处理大规模数据集时显得尤为有效。通过学习数据的广泛特征和模式，自监督学习有助于提高模型的泛化能力。基于自监督学习的典型进展有语言模型 BERT[8] 和多模态对齐模型 CLIP[33]。

3. 强化学习

决策型任务在日常生活中随处可见。例如，游戏 AI、自动驾驶、对话机器人等。和预测型、生成型任务相比，决策型任务的最大不同点在于，因为做出的决策要对环境做出实在的改变，机器（智能体）需要考虑未来多步决策带来的回报。这种在和环境交互中学习、并考虑未来回报以提升智能体在整个序贯决策任务中性能的机器学习技术被称为强化学习。

本书的强化学习部分将系统性地阐述强化学习的基础概念和理论，包括马尔可夫决策过程、动态规划、时序差分学习、值函数学习、模型无关控制方法、策略梯度、深度强化学习的价值方法与策略方法等。其中，马尔可夫决策过程是序列决策任务的基本数学框架。根据决策环境的动态性、透明性的不同，形成了迥然不同的决策问题和解决方案，其中强化学习特别针对黑盒动态环境进行求解，并衍生了价值方法和策略方法等。特别地，基于神经网络的端到端价值和策略学习能力，深度强化学习在 Atari 游戏、围棋等任务上取得了令人瞩目的进展。强化学习在大模型中主要扮演两类重要角色。第一类角色是作为以决策任务为目标的基础模型主要训练框架。第二类角色是作为一种强化模型指令跟随能力和价值对齐的方法微调各类基础模型，比如大语言模型等。

图 1-3 总结了上述理论基础部分对后续各类大模型训练技术的支撑作用。

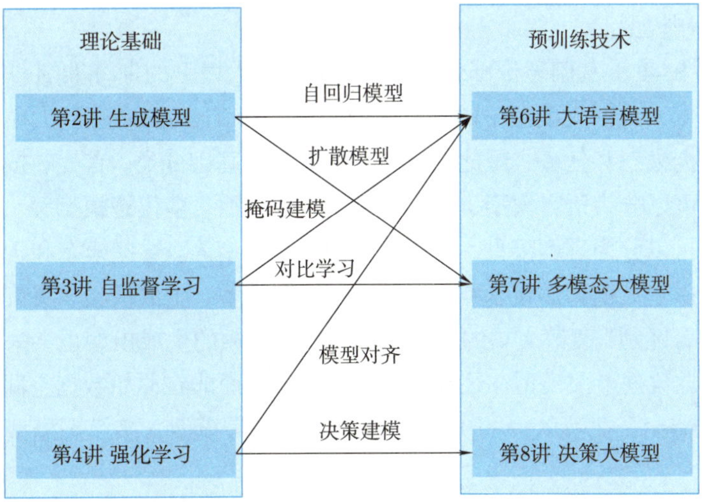

图 1-3 理论基础部分对各类大模型训练技术的支撑作用

1.2.2 大模型的训练技术

图 1-4 展示了大模型训练技术的三个关键方面，包括训练准则、网络结构和规模扩展[一]。我们可以依据这三方面总结现有的大模型。

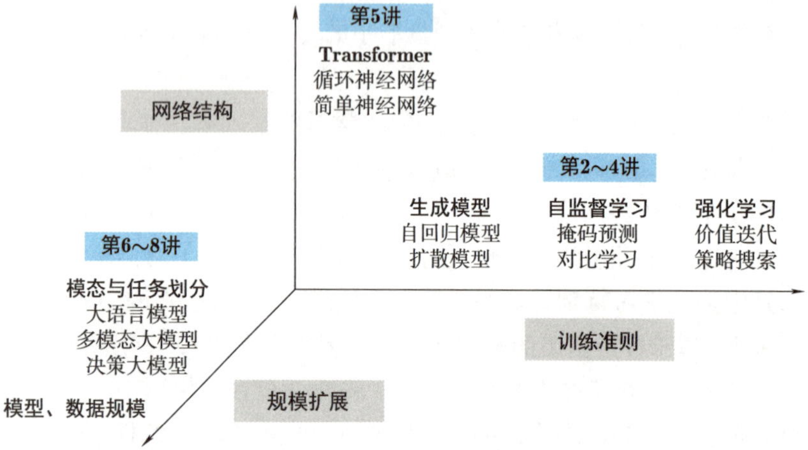

图 1-4 大模型训练技术三个关键方面：训练准则、网络结构和规模扩展

例如，GPT-3 是一个文本自回归模型，其架构是一个具有 1750 亿参数的 Transformer。Sora 是一个文到图生成扩散模型，其架构是一个参数量预计在几十亿量级[二]的扩散注意力机制模型。

本书的第 2~4 讲基础理论部分涵盖了绝大部分大模型的训练准则。第 5 讲将展开介绍预训练技术，包括大模型中的主流神经网络结构 Transformer。大模型的规模扩展非常依赖于数据模态和任务，因此大模型常常以此为基础分类。首先，按照数据模态的不同，大模型可以分为语言模型、视觉模型、音频模型、多模态模型等。其次，根据学习任务的不同可以分为理解模型、生成模型和决策模型等。这些模态和学习任务的划分方式会深刻地影响大模型的技术路线。例如，理解模型、生成模型、决策模型采用的学习准则会有显著区别，离散文本的生成模型和连续音频的生成模型也会采用不同的概率建模方法，视觉数据上大模型往往在压缩后的特征上而非在原始数据空间中训练。综合考虑领域发展情况，在第 6~8 讲中将重点介绍大语言模型、多模态模型和决策大模型的训练技术。

㊀ 本书聚焦大模型基础理论与关键技术，工程方面如数据处理、集群调度等不再详细展开。

㊁ Sora 的技术报告中并未透露具体参数量，几十亿是根据文到图生成模型的 DiT 规模推断而来的。

1. 预训练模型基础

深度学习模型参数规模越大，其表达能力越强，但相应地也需要更多的数据进行训练以避免过拟合问题。得益于生成模型、自监督学习和强化学习方法的发展，深度学习逐渐可以利用海量的无标签数据进行学习，从而促进了预训练范式的发展。具体而言，预训练指的是模型在适配具体任务之前，执行一个额外的预训练阶段来更好地初始化模型参数。经过预训练的模型可以习得数据的通用模式和表征，在后续适配阶段可以快速泛化至特定任务。

本书第 5 讲将全面介绍预训练技术的基本框架与核心内容，重点解析模型结构设计、预训练任务设置以及优化目标选择等关键技术。作为序列建模的典型架构，Transformer 凭借其优异的特征抽取能力，已成为预训练模型的基础组件。从预训练任务类型来看，主要形成了语言模型和对比学习两种主要范式，并发展出包括自编码和自回归在内的多种实现方式。本章将基于生成建模与自监督学习理论，重点讲解掩码语言建模等经典预训练任务的工作原理。此外，通过分析 BERT、GPT 等代表性模型的演进历程，系统梳理预训练技术的创新发展及其对自然语言处理领域的深远影响。

2. 大语言模型

语言是人类文明的结晶，它是人类日常交流、思想碰撞、文化传承的基本载体，是人类各种知识、常识、意识的（到目前为止）最佳信息化描述。大语言模型是人工智能领域第一类涌现的也是目前进展最快的大模型。特别地，OpenAI 于 2022 年底推出的 ChatGPT，以其强大的语言理解和生成能力为人类提供各种信息，并且帮助人类解决各种问题，是大语言模型技术的里程碑式应用。

基于第 5 讲预训练技术，本书第 6 讲以大语言模型为核心，首先阐明其基本概念与发展背景，探讨其与现有预训练技术的关联；之后从规模扩展定律和能力涌现两个维度，深入分析大语言模型的动机。在此基础上，重点解析提升大语言模型生成效果的两大调优范式，即指令调优与对齐调优，完整揭示 ChatGPT 等先进模型的技术实现基制。最后，第 6 讲还将探讨大语言模型技术在幻觉抑制、安全性等方面面临的挑战与前沿研究进展。

3. 多模态大模型

以 ChatGPT 为代表的大语言模型展现了卓越的自然语言交互能力，然而现实世界的多模态特性促使研究者不断探索具备跨模态理解与生成能力的新型大模型。本书第 7 讲将系统阐述多模态大模型的核心原理，重点围绕视觉和语言两大模态展开分析。根据任务目标的不同，多模态大模型主要分为三类典型范式：

（1）图文对齐模型——通过跨模态特征对齐学习，提升语义理解与泛化能力。

（2）文到图生成模型——基于文本语义解析驱动高质量视觉内容生成。

（3）多模态对话与生成模型——致力于实现更智能、更通用的多模态交互，支持用户指令引导下的跨模态理解与生成。

更多模态（如视频等）的扩展与应用将在第 10 讲详细讨论。

4. 决策大模型

本书第 8 讲聚焦大模型与强化学习的协同机制。针对强化学习中存在的策略稳定性弱、信用分配难、环境可观测性低等痛点，本章首先阐释如何将马尔可夫决策过程重构为序列建模问题，进而剖析 Transformer 架构在状态表征学习、动作序列预测、动态环境推理等环节的技术实现路径。最终通过案例解析，揭示语言大模型在策略解释性增强、多模态大模型在部分可观测环境补全中的具体应用范式。

预训练大模型内部以及对下游应用的支撑作用如图 1-5 所示，图 1-5 上半部分展示的是大模型预训练技术之间的支撑关系。

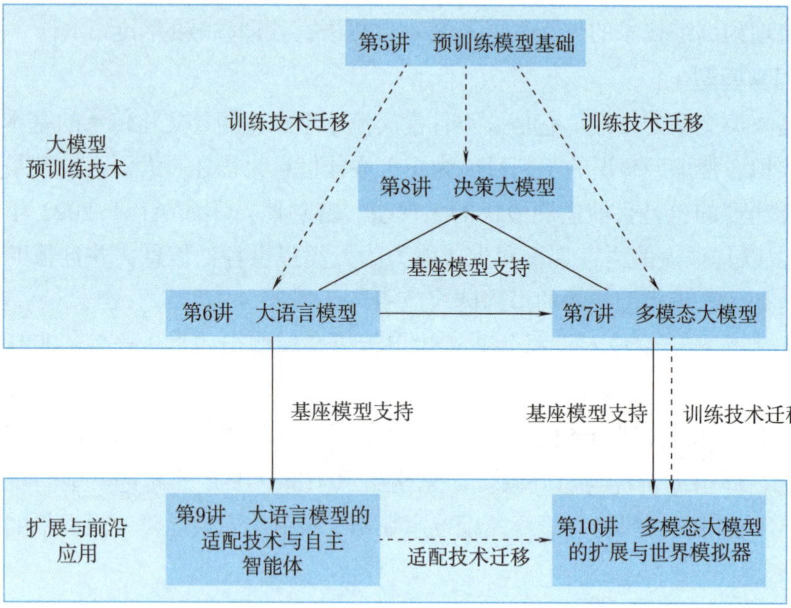

图 1-5　预训练大模型内部以及对下游应用的支撑作用

1.2.3　大模型的扩展与前沿应用

GPT、Stable Diffusion 等大模型展现了极强的泛化能力，可以适配到多种下游人工智能任务。如图 1-5 所示，本书第 9、10 讲进一步介绍大语言模型的适配技术和多模态大模型的模态扩展技术，特别是在构建自主智能体和世界模拟器（也称为世界模型）方面的前沿进展。

1. 大语言模型的适配技术与自主智能体

大语言模型通过在大规模未标记语料上进行自监督预训练，已经掌握了强大的语言理解能力，能够生成与任务无关的信息丰富的文本语义表示。在此基础上，可以进一步有针对性地激发大语言模型的特定功能用于处理下游任务。

本书第 9 讲首先系统介绍三种典型的大语言模型下游任务适配方法，包括全参数微调、高效参数微调和提示学习。全参数微调需要修改大语言模型的所有参数以适配特定的下游任务，而高效参数微调则只需要更新部分参数。提示学习则完全无需微调数据，它通过引入特定的文本提示或引导词来激发大语言模型的特定任务能力。这些方法各有特点，为人们提供了多种途径来优化和适配大语言模型，以更好地服务于各种下游自然语言处理任务。

特别地，第 9 讲将介绍基于大语言模型的自主智能体，探讨其中可能未被探索的高级认知智能。自主智能体是一个能够基于本身的智能，在复杂动态的环境中自主感知环境信息、进行自我指导规划并采取行动，实现一系列预先定义任务的智能体，也是强化学习乃至人工智能的终极目标之一。近年来，大语言模型展示了类人的语言理解、情景学习、复杂任务规划和模仿人类行为的能力。因此，在这一基础上，基于大语言模型的自主智能体研究逐渐成为主流。为了实现这一目标，一个需要解决的难点在于，基于大语言模型的自主智能体的架构应该如何设计才能使自主智能体更大程度地利用好大语言模型的能力。第 9 讲将具体介绍相关领域的前沿进展。

2. 多模态大模型的扩展与世界模拟器

本书第 10 讲深化第 7 讲的多模态大模型的内容。2024 年 2 月，Sora 的横空出世，在生成视频的质量和时长方面取得了重大突破。OpenAI 官方技术报告宣称 Sora 通过生成视频可以在一定程度上模拟真实世界。除了需要进一步扩展规模以求增强视频质量和时长外，Sora 距离世界模拟器还缺少两个能力：第一是可控性的增强，人们希望模拟一个和外界可交互而非被动演化的世界；第二是显式建模三维空间，人们希望进一步逼近真实物理世界。以此为线索，第 10 讲将系统地介绍构建动态、真实、可控的视觉世界模拟器的技术基础。

第 10 讲聚焦视觉内容生成技术，首先介绍图像可控生成与编辑的前沿方法。沿用第 9 讲所述大语言模型适配技术体系，相关技术基于预训练的文到图生成大模型，通过基座模型微调等实现高交互性的生成控制。第 10 讲进一步探讨跨模态生成的技术突破：

（1）文到视频生成——通过在文生图基座模型上注入时序建模组件，利用视频帧间运动连续性实现零样本动态合成，或基于大规模视频数据直接训练时空扩散模型。

（2）文到三维生成——复用文生图模型生成多视角图像，结合神经辐射场（NeRF）等几何重建算法保障空间一致性，或构建三维原生扩散模型直接学习点云/体素表征。

尽管端到端训练方案具备更强扩展性，但在三维数据稀缺的现状下，基于预训练图像模型与几何先验知识的混合式生成路径，仍可能成为突破时空一致性的关键技术范式。

1.3 大模型的发展展望

1.3.1 大模型的应用前景

大模型不仅是人工智能技术的进步，还大幅扩展了其在各行业中的应用范围，预示着生产力和效率的巨大提升，有望开启新一轮技术和产业革命，下面就内容生成、个性助手、自主决策、科学发现四方面作简要介绍。

1. 内容生成

基于大模型的人工智能内容生成是极富创造力的新工具，提供了表达自我的新渠道。如今这类技术已在众多领域展现出广泛的应用潜力，包括文本内容生成（如新闻报道、文章撰写、诗歌创作）、视觉内容生成（如绘画、图形设计和动态视频制作）以及音乐创作等。在将来，游戏、电影和虚拟世界的开发也会利用人工智能生成的视觉和文本内容来创造丰富多样的环境和情节，甚至模拟一个可交互的逼真世界。目前，推荐系统可以通过大模型分析用户偏好生成定制化内容，软件开发领域的自动代码生成和开发辅助工具也证明了大模型的应用价值。

2. 个性助手

大模型在个性助手领域的应用前景广阔，涵盖个性化教育、医疗、残疾人辅助以及智能家居等多个领域。在教育方面，大模型能够根据学生的学习进度、兴趣和能力，提供定制化的教学内容，包括制定自适应学习计划和实时调整教学策略。医疗领域中，它们通过分析患者的健康数据和病史，提供个性化的健康建议和治疗方案。对于残疾人群体，大模型可辅以语音识别、面部表情解析、手势识别等技术来协助交流。智能家居方面，大模型可以根据居住者的行为习惯和偏好，自动调整家庭环境并提供个性化的家居安全和健康监控服务。

3. 自主决策

大模型未来有望成为构建自主智能体的重要基础，在具身智能、机器人、自动驾驶、政策制定等领域具有显著潜力。在机器人技术中，大模型增强了机器人的自主决策能力，使其能在复杂环境中进行实时数据处理和分析，实现环境感知、路径规划和任务执行。结合自然语言处理技术，未来的机器人能更准确理解人类指令和意图，执行复杂的交互和合作任务。在自动驾驶领域，大模型有望通过分析大量行驶数据，深入理解路况、交通规则和驾驶行为，从而提高驾驶安全性和效率。此外，大模型在工业、交通和能源管理等复杂系统中可能会扮演关键角色。例如，在智能电网管理中，它们可以优化能源分配和需求响应，增强系统稳定性和经济性。在商业领域，通过分析市场趋势、消费者行为和竞争环境，大模型为企业提供战略规划和运营决策支持，实现更高水平的个性化和精细化管理。

4. 科学发现

大模型在科学发现领域尤其在处理和分析庞大且复杂的数据方面展现出广泛的应用潜力。在偏微分方程求解、化学研究自动化、数学定理证明、生物技术应用等科学领域，大模型已展示其加速研究和创新的能力。例如，以 GPT-4 为驱动的 Coscientist 系统在化学实验自动化领域取得显著成就，彰显其加速研究的潜力[34]。在蛋白质设计领域，大模型用于生成新型蛋白质序列，显示其在生物技术应用上的创新性[35]。此外，在心理学领域，大模型在多种认知心理学任务中表现出色，可能对现有心理学观点产生重大影响[36]。随着这些模型的持续发展和创新，预计它们将在更多学科中扮演关键角色。

1.3.2　大模型的未来研究方向

大模型的未来研究主要分为两个方面：一是构建更加通用、高效的基础模型；二是将这些前沿技术转化为现实应用。具体包括进一步提高可扩展性，提高计算与数据利用效率，提高生成内容的质量，并确保技术在隐私保护、数据安全等伦理和法规遵从方面的安全、公正和合规性。这些努力将共同推动人工智能的发展以及大模型技术在各行业的广泛应用，产生积极的社会影响。

1. 提高可扩展性

尽管当前大模型在多个领域已取得显著进展，要实现真正的通用人工智能，仍面临众多重要研究问题和挑战。未来的语言模型需要进一步提升推理和理解能力以及长文本处理能力。视觉模型需要更有效地识别和理解复杂视觉场景中的元素，如物体属性、状态及它们之间的关系。多模态模型需要更自然、准确地处理和融合文本、图像、声音等多种数据类型，并在不同模态间实现有效的信息交流和互补，以实现跨模态理解和内容创造。此外，使大模型有效控制真实设备，如机器人，并与物理环境互动，是通向通用人工智能的重要一步。这不仅要求模型理解复杂环境和指导物理操作，还需具备在真实世界中持续学习和适应的能力。

为解决这些基础问题，在扩展定律未失效之前，人工智能研究自然会聚焦于进一步扩展模型和数据规模。因此，未来人工智能各个方向如网络结构、优化算法、训练策略、学习准则等方面的研究可能都要围绕可扩展性展开，也就是说，其首要目标为如何使大模型能利用更加广泛的数据，处理更加广泛的任务。

可扩展性的理论研究也非常重要。虽然在大模型领域乃至深度学习领域，理论进展远远落后于实践研究，可能短期内难以看到类似于支持向量机这种理论直接诱导的算法大放异彩，但是理论仍然具有不可替代的指导作用。比如，如果未来实践中扩展定律失效，即扩展模型与数据规模未能达到预期效果，人们很难通过数量极其有限的大模型训练实验来得到足够的信息，而只能借助理论工具严格地回答扩展定律何时失效的问题。

2. 提高计算与数据利用效率

随着大模型规模的不断扩大，其对数据和计算资源的需求也日益增长，总有一天会耗尽数据和算力。因此，研究更高效的模型训练和推理方法成为当务之急。

（1）在计算效率方面，当前研究聚焦于设计新型网络结构，例如，更高效的注意力机制、稀疏化网络结构及改进的循环神经网络，以期减少训练和推理过程中的计算资源消耗，同时力求保持或提升模型性能。算法上，自回归模型和扩散模型的加速采样方法也是活跃的研究领域。与此同时，针对大模型的新型硬件和软硬件接口研究也在稳步推进，从底层出发提升模型计算效率。

（2）在数据利用效率方面，轻量化微调和提示学习等技术的发展显示出极大的潜力。二者可以显著减少或者免除模型调整时所需的数据量和计算资源。未来的大模型可能会具备自适应和持续学习的能力，能够根据新数据持续更新和改进自身，这不仅有助于模型更准确地捕捉用户分布的偏移，而且可以避免因频繁重新训练而带来的巨大计算成本。此外，如何利用模型的合成数据训练下一代模型也是值得重点研究的问题。

3. 提高生成内容的质量

未来大模型的研究将聚焦于提高生成内容的质量、确保内容的准确性和多样性，以及增强模型的可控性和可解释性。尽管现有的大模型如 GPT 等在数据分布建模方面取得了显著进展，但它们在生成内容时仍存在一些问题，例如，输出事实性错误、常识错误、内容重复等“幻觉”现象，或者输出有害内容。这说明尽管模型在规模和复杂性上不断增长，但其生成内容的质量和可靠性仍然有待提高。其次，增强模型的多样性和可解释性也是提升内容质量的重要方面。多样性不仅指输出内容的丰富性和创新性，还包括对不同文化、语境的敏感性和适应性。同时，提高模型的可解释性，使得用户和研究者能够理解模型的决策过程，对于提升用户对模型的信任、诊断和改进模型的错误具有重要意义。此外，可控性的提升也是大模型未来研究的关键方向，这需要模型能够根据用户的需求或预设的指标调整其生成内容。

技术上，解决上述问题需要对大模型输出内容的质量、多样性、可控性进行准确的评测，同时研究有效地对齐方法和交互机制，使模型能够更准确地捕捉到用户的意图和需求，生成更符合预期的内容。

4. 服从法律和伦理规范

随着大模型在多个领域的广泛应用，它们在版权、安全性、隐私保护以及内容的伦理影响方面所引发的问题日益突出。大模型可能会生成与现有作品相似的内容，从而侵犯原创作者的知识产权。因此，未来研究需要探索如何在数据构建和模型设计中确保生成内容的合法性和道德性。此外，大模型在处理和分析大量数据时可能会触及敏感信息如个人隐私等。因此，未来的研究需要关注如何在保持模型性能的同时确保数据隐私不被泄露。最后，大模型可能被用于恶意目的，如通过对抗性攻击来误导模型输出有害内容。为此，未来研究需要开发更强大的安全机制，来防范这类风险，确保模型的安全可靠性。在法律、伦理和安全性方面的研究对于保障模型的合法性和伦理性至关重要，是确保大模型能够健康、可持续发展的基础。

参考文献

[1] SUTTON R. The bitter lesson[J]. Incomplete Ideas (blog), 2019, 13(1).

[2] 谭铁牛. 人工智能的历史, 现状和未来 [J]. 求是, 2019(4): 39-46.

[3] LINDSAY R K, BUCHANAN B G, FEIGENBAUM E A, et al. Dendral: a case study of the first expert system for scientific hypothesis formation[J]. Artificial intelligence, 1993, 61 (2): 209-261.

[4] VAN MELLE W. Mycin: a knowledge-based consultation program for infectious disease diagnosis[J]. International journal of man-machine studies, 1978, 10(3): 313-322.

[5] HINTON G E, OSINDERO S, TEH Y W. A fast learning algorithm for deep belief nets[J]. Neural computation, 2006, 18(7): 1527-1554.

[6] KRIZHEVSKY A, SUTSKEVER I, HINTON G E. Imagenet classification with deep convolutional neural networks[J]. Advances in neural information processing systems, 2012, 25.

[7] HANNUN A, CASE C, CASPER J, et al. Deep speech: Scaling up end-to-end speech recognition[J]. arXiv preprint arXiv:1412.5567, 2014.

[8] DEVLIN J, CHANG M, LEE K, et al. BERT: pre-training of deep bidirectional transformers for language understanding[C]//Proceedings of the 2019 conference of the North American chapter of the association for computational linguistics: human language technologies, volume 1 (long and short papers). Stroudsburg, PA: ACL, 2019: 4171-4186.

[9] RADFORD A, NARASIMHAN K, SALIMANS T, et al. Improving language understanding with unsupervised learning[EB/OL].[2024-06-20].https://openai.com/index/language-unsupervised/.

[10] SILVER D, HUANG A, MADDISON C J, et al. Mastering the game of go with deep neural networks and tree search[J]. nature, 2016, 529(7587): 484-489.

[11] SILVER D, SCHRITTWIESER J, SIMONYAN K, et al. Mastering the game of go without human knowledge[J]. nature, 2017, 550(7676): 354-359.

[12] SENIOR A W, EVANS R, JUMPER J, et al. Improved protein structure prediction using potentials from deep learning[J]. Nature, 2020, 577(7792): 706-710.

[13] JUMPER J, EVANS R, PRITZEL A, et al. Highly accurate protein structure prediction with alphafold[J]. Nature, 2021, 596(7873): 583-589.

[14] HE K, ZHANG X, REN S, et al. Deep residual learning for image recognition[C]//Proceedings of the 2016 IEEE Conference on Computer Vision and Pattern Recognition, CVPR 2016. Las Vegas, NV, USA: IEEE Computer Society, 2016: 770-778.

[15] RADFORD A, WU J, CHILD R, et al. Language models are unsupervised multitask learners[EB/OL].[2024-06-20]. https://cdn.openai.com/better-language-models/language_models_are_unsupervised_multitask_learners.pdf.

[16] BROWN T, MANN B, RYDER N, et al. Language models are few-shot learners[J]. Advances in neural information processing systems, 2020, 33: 1877-1901.

[17] RADFORD A, NARASIMHAN K, SALIMANS T, et al. Improving language understanding by generative pre-training[EB/OL].[2024-06-20]. https://cdn.openai.com/research-covers/language-unsupervised/language_understanding_paper.pdf.

[18] BROWN T, MANN B, RYDER N, et al. Language models are few-shot learners[J]. Advances in Neural Information Processing Systems, 2020, 33: 1877-1901.

[19] CHEN M, TWOREK J, JUN H, et al. Evaluating large language models trained on code[J]. arXiv preprint arXiv:2107.03374, 2021.

[20] OUYANG L, WU J, JIANG X, et al. Training language models to follow instructions with human feedback[J]. Advances in Neural Information Processing Systems, 2022, 35: 27730-27744.

[21] SCHULMAN J, ZOPH B, KIM C, et al. Chatgpt: Optimizing language models for dialogue[J]. OpenAI blog, 2022.

[22] DENG J, DONG W, SOCHER R, et al. Imagenet: a large-scale hierarchical image database[C]//Proceedings of the 2016 2009 IEEE Computer Society Conference on Computer Vision and Pattern Recognition (CVPR 2009). Miami, Florida, USA: IEEE Computer Society, 2009: 248-255.

[23] SCHUHMANN C, BEAUMONT R, VENCU R, et al. Laion-5b: An open large-scale dataset for training next generation image-text models[J]. Advances in Neural Information Processing Systems, 2022, 35: 25278-25294.

[24] KAPLAN J, MCCANDLISH S, HENIGHAN T, et al. Scaling laws for neural language models[J]. arXiv preprint arXiv:2001.08361, 2020.

[25] WEI J, TAY Y, BOMMASANI R, et al. Emergent abilities of large language models[J]. arXiv preprint arXiv:2206.07682, 2022.

[26] SCHAEFFER R, MIRANDA B, KOYEJO S. Are emergent abilities of large language models a mirage?[J]. arXiv preprint arXiv:2304.15004, 2023.

[27] ROMBACH R, BLATTMANN A, LORENZ D, et al. High-resolution image synthesis with latent diffusion models[C]//Proceedings of the IEEE/CVF Conference on Computer Vision and Pattern Recognition, CVPR 2022. New Orleans, LA, USA: IEEE, 2022: 10674-10685.

[28] WEI J, WANG X, SCHUURMANS D, et al. Chain-of-thought prompting elicits reasoning in large language models[J]. Advances in Neural Information Processing Systems, 2022, 35: 24824-24837.

[29] KIRILLOV A, MINTUN E, RAVI N, et al. Segment anything[J]. arXiv preprint arXiv:2304.02643, 2023.

[30] OPENAI. Gpt-4 technical report[J]. OpenAI blog, 2023.

[31] CHEN T, KORNBLITH S, NOROUZI M, et al. A simple framework for contrastive learning of visual representations[C]//Proceedings of the 37th International Conference on Machine Learning. [S.l.]: ICML, 2020: 1597-1607.

[32] HE K, FAN H, WU Y, et al. Momentum contrast for unsupervised visual representation learning[C]//Proceedings of 2020 IEEE/CVF Conference on Computer Vision and Pattern Recognition, CVPR 2020. Seattle: IEEE, 2020: 9726-9735.

[33] RADFORD A, KIM J W, HALLACY C, et al. Learning transferable visual models from natural language supervision[C]//MEILA M, ZHANG T. Proceedings of the 38th International Conference on Machine Learning. [S.l.]: ICML, 2021: 8748-8763.

[34] BOIKO D A, MACKNIGHT R, KLINE B, et al. Autonomous chemical research with large language models[J]. Nature, 2023, 624(7992): 570-578.

[35] MADANI A, KRAUSE B, GREENE E R, et al. Large language models generate functional protein sequences across diverse families[J]. Nature Biotechnology, 2023: 1-8.

[36] DILLION D, TANDON N, GU Y, et al. Can ai language models replace human participants?[J]. Trends in Cognitive Sciences, 2023.

第 2 讲
生成模型

生成式人工智能正在逐步改变人类的日常生活：人们可以通过与 ChatGPT 等模型进行语言交流解决问题，也可以利用 Stable Diffusion、Sora 等文到图、文到视频模型进行艺术创作。本讲介绍这些模型背后的核心技术——生成模型（generative model）的基本原理和代表性方法。原理上，生成模型旨在刻画输入数据的联合概率分布，涉及表示、学习和推断三个基本问题。为了表示文本、图像等高维、复杂的数据分布，深度生成模型引入神经网络增强表达能力，这给学习和推断带来了根本性的挑战。本讲将介绍四种典型的深度生成模型——自回归模型、变分自编码器、扩散概率模型和生成对抗网络，并阐述这些方法如何从不同角度解决这些挑战，从而高效地进行学习和推断。

2.1 生成模型概述

生成模型旨在建模数据的概率分布。给定一个数据集 $\mathcal{D} = \{\boldsymbol{x}_1, \boldsymbol{x}_2, \cdots, \boldsymbol{x}_N\}$ 并假设其中每一个样本 $\boldsymbol{x}_i (1 \leqslant i \leqslant N)$ 均独立服从于未知真实数据分布 $p_{\text{data}}(\boldsymbol{x})$，生成模型试图建立一个模型分布 $p_{\text{model}}(\boldsymbol{x})$，使其在某种程度上可以近似未知真实数据分布 $p_{\text{data}}(\boldsymbol{x})$，即 $p_{\text{model}}(\boldsymbol{x}) \approx p_{\text{data}}(\boldsymbol{x})$.

生成式建模是一种任务通用的学习范式。得到 $p_{\text{model}}(\boldsymbol{x}) \approx p_{\text{data}}(\boldsymbol{x})$ 之后，从概率建模的视角看，关于输入数据本身的应用均可以适当地转化为联合概率 $p_{\text{model}}(\boldsymbol{x})$ 上的概率推断问题。典型的例子包括 ChatGPT[1] 的对话生成和 Stable Diffusion[2] 的文到图生成等合成新数据的问题，可以理解为从模型分布进行采样。生成模型还可以处理密度估计问题，即给定一个数据点 $\boldsymbol{x}'$，判断 $\boldsymbol{x}'$ 是否服从于训练样本代表的数据分布，此类方法被广泛地应用于异常检测、科学发现（如天文学中的超新星自动检测）等。此外，很多数据的补全、去噪、编辑等任务也可以被建模为从 $p_{\text{model}}(\boldsymbol{x})$ 诱导出的条件概率分布、边缘概率分布中采样的问题。

目前，大部分大规模机器学习模型（如大语言模型、大规模文到图模型）都采用生成式的方法进行训练。一方面，这得益于上文提到的生成式建模的任务通用性。举一个更加具体的例子，自然语言中的各种翻译、理解、问答、摘要、对话等任务都可以用语言生成的范式统一起来。另一方面，直觉上，生成式建模比一般的判别式任务（如预测标签等）更加复杂，提供的学习信号更加丰富，可能更加适合“大模型 + 大数据”的训练方式。当然，严格地说明生成式建模的优越性有待机器学习理论更进一步地发展。

人工智能领域关心的问题往往都是高维、复杂的。因此，生成模型在计算上面临很大的挑战。为了方便理解，本讲围绕下面 MNIST 手写数字图像（见图 2-1）生成的例子展开阐述。

实例 1.（手写数字图像生成）本讲以手写数字图像生成为例。从数学上讲，假设每张图片由 D 个像素组成，像素值是一个 $0 \sim 255$ 的整数，则每个样本点 $\boldsymbol{x}$ 可以用一个 D 维的整数向量表示。具体而言，MNIST 图像的维度为 $D = 28 \times 28 = 784$，这是一个相对简单的学习任务。注意到随着图像像素的增加，数据的维度会快速增长。比如一张分辨率为 256×256 的彩色图片可表示为一个 $256 \times 256 \times 3 = 196608$ 维向量。

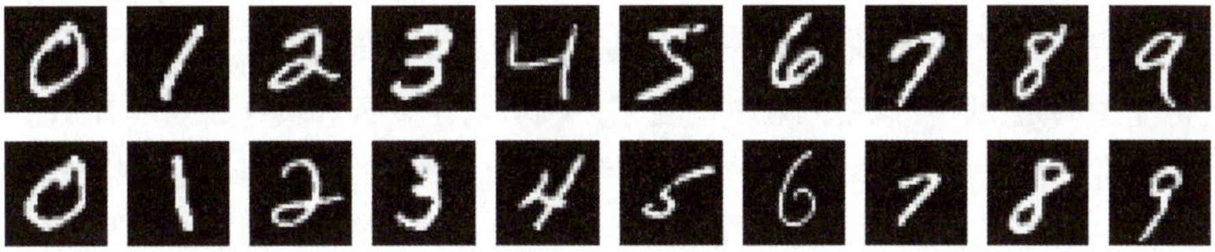

图 2-1　手写数字图像数据集（MNIST）[3] 的可视化展示，每个数字的分辨率为 28×28

接下来，本讲将从概率建模的视角阐述生成模型的基本原理并介绍四种典型模型。本书之后的章节中将介绍这些模型在基础模型中的应用。

2.1.1　三个基本问题

本节主要介绍生成模型在高维数据上的三个基本问题[4]：表示（representation）、学习（learning）和推断（inference）。

如何表示高维空间中的概率分布是生成模型的核心问题之一。这里的表示指的是构建一个符合数学定义且足够解决实际问题的概率分布族，主要涉及联合概率的建模和参数化模型两个方面。首先，概率的基本理论为“表示”一个联合概率 $p(\boldsymbol{x})$ 提供了多种渠道。第一种渠道为直接建模概率密度函数（离散情况下为概率质量函数）$p(\boldsymbol{x})$，后面介绍的自回归模型[5-8]、变分自编码器[9] 均属于这一类方法。第二种渠道为建模概率密度函数关于数据的梯度 $\nabla_{\boldsymbol{x}} \log p(\boldsymbol{x})$（称为评分函数），代表性方法为扩散模型[10-12]。最后一种渠道为建模概率分布的采样过程，并不显式地定义概率密度函数，典型的例子为生成对抗网络[13-17]。值得注意的是，不同的概率表示深刻地影响了生成模型的学习和推断算法，后续章节会逐渐深入地介绍三者的关系。

与一般的机器学习方法相同，概率表示的第二个方面是参数化模型，也称为假设类。假设类是指在模型选择和训练过程中可能被考虑的所有可能函数的集合。具体而言，选定了一种概率表示方法 [如概率密度 $p(\boldsymbol{x})$] 之后，假设类决定了应该采用什么样的函数（如线性模型/深度神经网络）来拟合未知数据分布 $p_{\text{data}}(\boldsymbol{x})$。用 $\mathcal{P}$ 来表示假设类代表的概率分布的集合。从经典的统计学习理论来看，$\mathcal{P}$ 不宜太小，以免 $\mathcal{P}$ 中任意一个模型分布都很难刻画 $p_{\text{data}}(\boldsymbol{x})$；另一方面，$\mathcal{P}$ 不宜太大，因为这可能会影响模型的泛化能力。即便经典的统计学习理论可能无法解释大模型中的某些现象，过大的 $\mathcal{P}$ 仍然会导致过大的计算开销和更难收敛等问题。因此，给定一个任务，即某个数据分布的若干采样，如何选择假设类仍然是一门"艺术"。比如，给定实例 1 中的训练数据，如何选择卷积神经网络的深度、宽度等，才能够达到最好的泛化效果主要还是依靠经验和实验。在大模型实践中，假设类中模型的规模会对模型能力起到至关重要的作用。因此，也可以单独将模型规模作为联合概率表示的第三个重要方面。

值得注意的是，联合概率的表示蕴含了使用者对于任务和概率分布的知识，并不依赖于特定的训练样本。例如，GPT 系列[18-20] 采用的是自回归模型，基于链式法则将联合概率拆分为若干条件概率，并使用 Transformer 神经网络近似这些条件概率。其中，自回归模型就充分利用了自然语言是一个时间序列的特点，Transformer 中的注意力机制也可以很好地刻画时序数据的内在联系。但是这种表示并不依赖于特定的训练数据，即某一句话。

学习指的是如何在假设类定义的概率分布族 $\mathcal{P}$ 中找到最接近数据分布的模型分布，一般地形式化为如下的优化问题：

$$p_{\text{model}}^* = \underset{p_{\text{model}} \in \mathcal{P}}{\arg\min}\, \mathbb{D}[p_{\text{data}}(\boldsymbol{x}) || p_{\text{model}}(\boldsymbol{x})] \tag{2-1}$$

式中，p_{model}^* 表示概率分布族 $\mathcal{P}$ 中最优的模型分布，$\mathbb{D}(\cdot||\cdot)$ 通常为某一种统计散度（Statistical Divergence），用来衡量两个分布之间的接近程度。按照定义，统计散度是非负的，并且取零当且仅当两个分布相同。不同的统计散度的计算依赖于不同的概率表示。例如，KL 散度需要显式地求得概率密度函数的函数值进行计算，Fisher 散度需要显式地求得评分函数的函数值进行计算。自然地，不同的统计散度适用于不同的概率表示进行优化。本讲后文采用 KL 散度、琴生–香农散度等常用统计散度进行参数学习。

值得注意的是，数据分布 $p_{\text{data}}(\boldsymbol{x})$ 本身是未知的，给定的是一个采样数据集 $\mathcal{D}$。因此，式(2-1)中优化问题的目标函数往往不能直接计算，需要通过去掉一些和优化无关的常数，将优化目标等价地转化为如下形式：

$$p_{\text{model}}^* = \underset{p_{\text{model}} \in \mathcal{P}}{\arg\min}\, \mathbb{E}_{p_{\text{data}}(\boldsymbol{x})}\{f[p_{\text{model}}(\boldsymbol{x})]\} \tag{2-2}$$

式中，$\mathbb{E}$ 表示数学期望，$f(\cdot)$ 是根据散度形式推导出来的一个函数。注意式(2-2) 中数据分布 $p_{\text{data}}(\boldsymbol{x})$ 并没有出现在期望内部的函数 $f(\cdot)$ 中。因此，给定任何一个数据点 $\boldsymbol{x}$，$f[p_{\text{model}}(\boldsymbol{x})]$ 是可以计算的，只需要在数据集 $\mathcal{D}$ 上取平均值，使用蒙特卡罗（Monte Carlo）方法即可较好地估计上述优化目标，进而可以通过不同方式求解优化问题。简单情况下（如高斯分布），该问题有闭式解；在引入深度学习后，往往采用随机梯度下降的方式求解。

在得到一个较优的模型分布 $p^*_{\text{model}}(\boldsymbol{x}) \approx p_{\text{data}}(\boldsymbol{x})$ 后，可以用其来回答一些和数据相关的问题，统称为推断任务。如上文提到的，经典的推断任务包括如下的合成新样本、密度估计、数据补全等任务。

（1）在实例 1 中，样本合成任务需要机器合成新的手写数字图像，这些图像没有出现在训练集中但是其模式类似于训练数据；数学上，合成新样本可以建模为模型分布，然后从中进行采样，即 $\boldsymbol{x} \sim p^*_{\text{model}}(\boldsymbol{x})$。

（2）在实例 1 中，密度估计任务需要机器自动地评估给定的新图像是一张手写数字的概率；数学上，密度估计任务可以表示为给定一个新数据点 $\boldsymbol{x}'$，计算 $p^*_{\text{model}}(\boldsymbol{x}')$ 的大小。

（3）在实例 1 中，数据补全任务需要机器在部分信息缺失（如缺少左半边）的情况下合理地补全，得到一张手写数字的完整图像；数学上，数据补全任务可以理解为从 $p^*_{\text{model}}(\boldsymbol{x}^{\text{m}}|\boldsymbol{x}^{\text{o}})$ 这一条件分布进行采样，其中 $\boldsymbol{x}^{\text{m}}$ 和 $\boldsymbol{x}^{\text{o}}$ 分别为数据的缺失部分和观测部分。

值得注意的是，密度估计等任务需要求得概率密度函数的函数值。因此，某些生成模型（如生成对抗网络并未显式定义概率密度函数）不适合处理此类任务。另外，在高维空间中，即使能够显式地表示联合概率分布，上述推断任务也可能存在计算上的挑战，往往需要采用变分推断、马尔可夫链蒙特卡罗等近似推断算法。

2.1.2 深度生成模型

人工智能领域关心的问题往往都是高维、复杂的，这给概率建模带来了极大的挑战。以实例 1 来说明，采用一个分类分布（categorical distribution）表示一个像素的概率需要 255 个参数。这是因为一共有 256 种可能的取值，每一种取值的概率需要一个参数表示，而概率整体归一化为 1 的约束会节约 1 个参数。注意到一张手写数字图片有 784 维，因此一共有 256^{784} 种可能的取值，那么建模这样一个联合概率需要 $256^{784}-1$ 个参数，这样指数级的开销显然是无法接受的。

为了处理这一问题，深度生成模型采用了深度神经网络作为假设类，用比较少量的参数（即神经网络的参数）逼近指数多个参数定义的分布。数学上，深度生成模型将概率表示转化为一个函数近似问题，利用神经网络通用逼近（即一个足够宽或者足够深的神经网络可以任意地逼近一个性质良好的函数）的性质，刻画多个随机变量之间的非线性复杂关系。后续，本讲将结合四种深度生成模型来展开解释。这些模型分别为：自回归模型（autoregressive model，ARM）、变分自编码器（variational autoencoder，VAE）、扩散模型（diffusion model，DM）以及生成对抗网络（generative adversarial network，GAN）。

为了表示高维概率分布，深度生成模型引入了神经网络假设类，这给学习和推断带来了进一步的挑战。首先，神经网络是高度非线性的，导致很多学习和推断问题没有闭式解。其次，神经网络是高度非凸的，导致参数学习的优化过程难以分析。因此，如何针对不同的深度生成模型进行高效的学习与优化是机器学习领域近十年来非常前沿、活跃的研究方向，也为后来基础模型的兴起打下了坚实的理论与算法基础。

2.2 自回归模型

2.2.1 自回归模型的表示

自回归模型是一种传统的用于生成序列数据的方法。这种模型的基本思想是，生成序列中的每个元素都依赖于前面的元素，并且按照一定的规律逐个生成。对于非时序的高维数据，可以依照某种顺序进行序列化，进而采用自回归模型建模。例如，图像可以使用从左到右、从上到下的顺序对像素进行序列化，基于 MNIST 数据集的自回归模型示意图如图 2-2 所示。

自回归模型的理论基础是联合概率分布的链式法则。考虑一个 D 维的随机向量 $\boldsymbol{x}$，按照某种顺序序列化为 $\boldsymbol{x}^1, \boldsymbol{x}^2, \cdots, \boldsymbol{x}^D$。那么，$\boldsymbol{x}$ 的联合概率分布可以拆分为若干个条件概率，即“预测下一个维度”的形式：

$$p(\boldsymbol{x}) = p(\boldsymbol{x}^1, \boldsymbol{x}^2, \cdots, \boldsymbol{x}^D) = p(\boldsymbol{x}^1)p(\boldsymbol{x}^2|\boldsymbol{x}^1)\cdots p(\boldsymbol{x}^D|\boldsymbol{x}^1, \boldsymbol{x}^2, \cdots, \boldsymbol{x}^{D-1}) \tag{2-3}$$

上述链式法则并未对联合概率分布做任何假设，也不能节约表示联合概率的参数量。以实例 1 来说明，采用一个分类分布表示第一个像素 $p(\boldsymbol{x}^1)$ 的概率需要 255 个参数。表示第二个像素的条件概率 $p(\boldsymbol{x}^2|\boldsymbol{x}^1)$ 需要 255×256 个参数，这是因为 $\boldsymbol{x}^1$ 有 256 种取值，每一种都对应一个条件概率，每一个条件概率需要 255 个参数。以此类推，表示最

后一个像素的条件概率 $p(\boldsymbol{x}^D|\boldsymbol{x}^1,\boldsymbol{x}^2,\cdots,\boldsymbol{x}^{D-1})$ 需要 $255\times256^{D-1}$ 个参数。因此，共计需要 $255+255\times256+\cdots+255\times256^{D-1}=256^D-1=256^{784}-1$ 个参数。这一结果和 2.1.2 节中直接建模联合概率所需参数量相同。

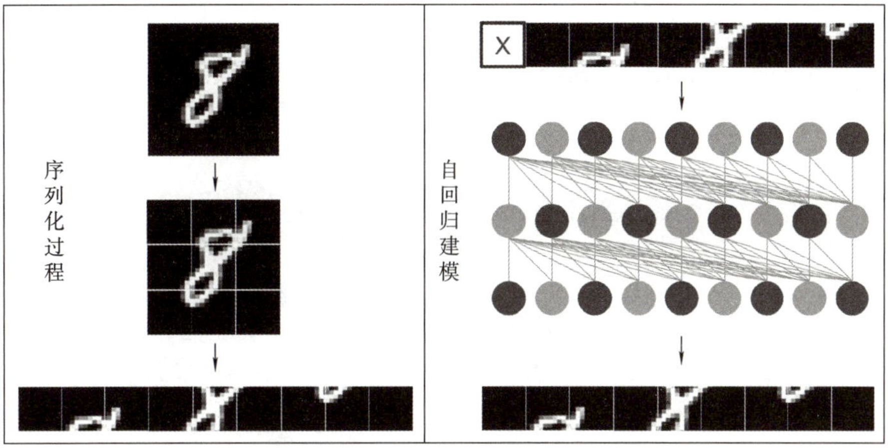

图 2-2 基于 MNIST 数据集的自回归模型示意图

需要注意的是，一个条件概率的条件越多，所需参数量越大，不妨直接考虑如何将参数高效地表示为 $p(\boldsymbol{x}^D|\boldsymbol{x}^1,\boldsymbol{x}^2,\cdots,\boldsymbol{x}^{D-1})$。每给定一个 $\boldsymbol{x}^1,\boldsymbol{x}^2,\cdots,\boldsymbol{x}^{D-1}$ 的取值，都需要对应一个条件概率分布，即 255 个参数，就像是做表格查询，如图 2-3 所示。

数学上，这实际上定义了一个如下的映射关系：

$$f:\{0,1,\cdots,255\}^{D-1}\rightarrow\mathbb{R}^{255} \tag{2-4}$$

式中，$\mathbb{R}$ 表示实数集。为了节约参数量，一个自然的想法是引入一个参数化模型近似 $f(\cdot)$。考虑到神经网络的通用逼近性质，深度自回归模型使用神经网络可以较好地近似 $f(\cdot)$。值得注意的是，哪怕使用一个上千亿参数量的神经网络，其维度也远远小于上述查表表示联合概率所需的参数量 $255\times256^{D-1}$。

因此，选择了合适的参数化模型之后，自回归模型定义了如下的模型分布：

$$p_{\boldsymbol{\theta}}(\boldsymbol{x})=p_{\boldsymbol{\theta}}(\boldsymbol{x}^1)p_{\boldsymbol{\theta}}(\boldsymbol{x}^2|\boldsymbol{x}^1)\cdots p_{\boldsymbol{\theta}}(\boldsymbol{x}^D|\boldsymbol{x}^1,\boldsymbol{x}^2,\cdots,\boldsymbol{x}^{D-1}) \tag{2-5}$$

式中，$\boldsymbol{\theta}\in\Theta$ 表示模型参数，$p_{\boldsymbol{\theta}}(\boldsymbol{x})$ 称为似然函数（likelihood function）。

下面举一个最简单的自回归模型作为例子，假设数据的每一个维度只有两种可能取值 0 或 1，采用简单的逻辑回归建模所有的条件概率。那么 $p_{\boldsymbol{\theta}}(\boldsymbol{x}^1)$ 是一个伯努利分布，

即 $p_{\boldsymbol{\theta}}(\boldsymbol{x}^1=1)=\boldsymbol{\theta}_{1,0}$，$p_{\boldsymbol{\theta}}(\boldsymbol{x}^1=0)=1-p_{\boldsymbol{\theta}}(\boldsymbol{x}^1=1)$。$p_{\boldsymbol{\theta}}(\boldsymbol{x}^2=1|\boldsymbol{x}^1)=\sigma(\boldsymbol{\theta}_{2,0}+\boldsymbol{\theta}_{2,1}\boldsymbol{x}^1)$，$p_{\boldsymbol{\theta}}(\boldsymbol{x}^2=0|\boldsymbol{x}^1)=1-p_{\boldsymbol{\theta}}(\boldsymbol{x}^2=1|\boldsymbol{x}^1)$，其中 σ 为 S 形函数（Sigmod）。依次类推，$p_{\boldsymbol{\theta}}(\boldsymbol{x}^D=1|\boldsymbol{x}^1,\boldsymbol{x}^2,\cdots,\boldsymbol{x}^{D-1})=\sigma(\boldsymbol{\theta}_{D,0}+\boldsymbol{\theta}_{D,1}\boldsymbol{x}^1+\boldsymbol{\theta}_{D,2}\boldsymbol{x}^2+\cdots+\boldsymbol{\theta}_{D,D-1}\boldsymbol{x}^{D-1})$，$p_{\boldsymbol{\theta}}(\boldsymbol{x}^D=0|\boldsymbol{x}^1,\boldsymbol{x}^2,\cdots,\boldsymbol{x}^{D-1})=1-p_{\boldsymbol{\theta}}(\boldsymbol{x}^D=1|\boldsymbol{x}^1,\boldsymbol{x}^2,\cdots,\boldsymbol{x}^{D-1})$。上述所有用 $\boldsymbol{\theta}$ 表示的均为可学习参数。将上述定义代入式(2-5) 中即可显式地计算似然函数。该模型共计使用了 $O(D^2)$ 的参数来刻画似然函数，远小于指数级。

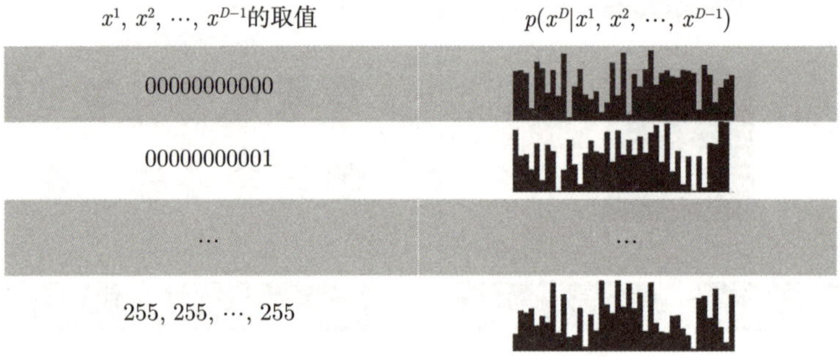

a）表格表达函数，参数量：$255\times256^{D-1}$

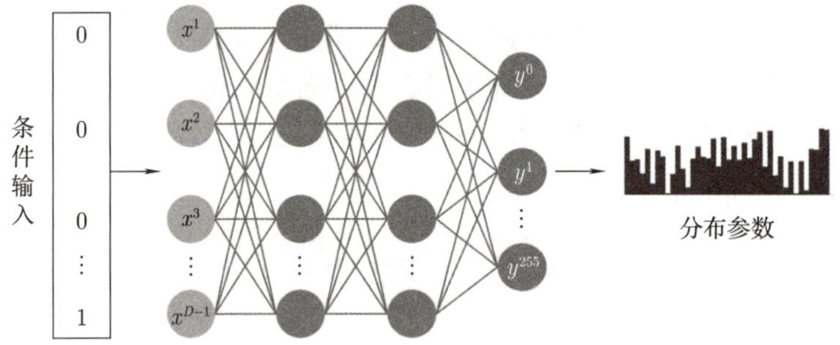

b）神经网络表达函数，参数量：$O(D^2)$

图 2-3 用表格和神经网络表达函数的对比

上述自回归模型可以从似然函数和假设类两方面进行扩展。在似然函数方面，如果数据的每一维有多个可能性（如单词、像素值等），可以用分类分布建模条件概率；如果数据的每一维是连续的，可以用高斯分布等建模条件概率；如果数据既有连续的维度也有离散的维度，可以使用混合策略建模。在假设类方面，可以使用不同的神经网络参数化条件概率。例如，全连接网络（也称为多层感知机）[6]、卷积神经网络[7-8]、循环神经网络[7] 及 Transformer 网络[5,18-20] 等。ChatGPT 背后的基础模型是一个以 Transformer 网络为假设类，采用分类分布作为似然函数的自回归模型。

2.2.2 自回归模型的学习

本节讨论如何通过学习找到最优的自回归模型。通过式(2-5)，自回归模型通过显式地刻画似然函数的方式定义了一族概率分布。在机器学习中，经常使用 KL 散度学习此类模型。数学上，数据分布和模型分布的 KL 散度的定义为

$$\mathbb{D}_{\mathrm{KL}}(p_{\mathrm{data}}||p_{\boldsymbol{\theta}}) = \mathbb{E}_{p_{\mathrm{data}}} \log \frac{p_{\mathrm{data}}(\boldsymbol{x})}{p_{\boldsymbol{\theta}}(\boldsymbol{x})} \tag{2-6}$$

直接计算式(2-6) 需要计算模型和数据分布的似然，其中模型分布的似然函数由式(2-5) 定义，但是数据分布的似然是未知的。为此，需要对式(2-6) 进行如下变形：

$$\min_{\boldsymbol{\theta}\in\Theta} \mathbb{E}_{p_{\mathrm{data}}} \log \frac{p_{\mathrm{data}}(\boldsymbol{x})}{p_{\boldsymbol{\theta}}(\boldsymbol{x})} \Leftrightarrow \max_{\boldsymbol{\theta}\in\Theta} \mathbb{E}_{p_{\mathrm{data}}} \log p_{\boldsymbol{\theta}}(\boldsymbol{x}) \tag{2-7}$$

式(2-7) 中的两个优化问题等价是因为仅仅去掉了一个与 $\boldsymbol{\theta}$ 的优化无关的常数，即数据分布的熵 $\mathbb{E}_{p_{\mathrm{data}}} \log p_{\mathrm{data}}(\boldsymbol{x})$。

式(2-7) 右侧的优化问题中需要对未知数据分布 $p_{\mathrm{data}}(\boldsymbol{x})$ 取期望，仍然不可以直接计算。注意到训练数据集 $\mathcal{D}$ 包含了 N 个 $p_{\mathrm{data}}(\boldsymbol{x})$ 的独立同分布采样。因此，可以采用蒙特卡罗方法，即通过样本均值来估计优化目标函数，具体形式如下：

$$\boldsymbol{\theta}^* = \arg\max_{\boldsymbol{\theta}\in\Theta} \frac{1}{N}\sum_{i=1}^{N} \log p_{\boldsymbol{\theta}}(\boldsymbol{x}_i) \tag{2-8}$$

式(2-8)中，$\boldsymbol{\theta}^*$ 称为最大似然估计。在具体求解时，往往采用（随机）梯度下降方法，需要将式(2-5) 代入式(2-8)，并对 $\boldsymbol{\theta}$ 求梯度如下：

$$\nabla_{\boldsymbol{\theta}} \frac{1}{N}\sum_{i=1}^{N} \log p_{\boldsymbol{\theta}}(\boldsymbol{x}_i) = \frac{1}{N}\sum_{i=1}^{N}\left[\nabla_{\boldsymbol{\theta}} \log p_{\boldsymbol{\theta}}(\boldsymbol{x}_i^1) + \sum_{j=2}^{D} \nabla_{\boldsymbol{\theta}} \log p_{\boldsymbol{\theta}}(\boldsymbol{x}_i^j|\boldsymbol{x}_i^1,\cdots,\boldsymbol{x}_i^{j-1})\right] \tag{2-9}$$

依据式(2-9)，给定任何一个自回归模型，只需要代入条件概率的参数化形式，即可使用上述梯度计算公式更新模型参数，最终优化到一个较优的模型。学习过程见算法 2.1。

算法 2.1　自回归模型训练过程

1. **输入**：数据分布 $p_{\mathrm{data}}(\boldsymbol{x})$，迭代次数；
2. **输出**：训练后的模型参数；
3. **for** $i = 1$ **to** 训练迭代次数 **do**
4. 　　从数据分布 $p_{\mathrm{data}}(\boldsymbol{x})$ 中采样 m 个训练样本 $\{\boldsymbol{x}^{(1)},\cdots,\boldsymbol{x}^{(m)}\}$
5. 　　通过损失函数 [式(2-9)] 执行梯度下降来更新模型参数
6. **end**

2.2.3 自回归模型的推断

假设已经通过学习得到了一个较优的自回归模型 $p_{\boldsymbol{\theta}}(\boldsymbol{x})$，下面讨论如何基于该模型完成经典的概率推断任务。

（1）采样：自回归模型的采样过程也需要按照链式法则展开，按照式(2-5) 定义的条件概率，依次采样 $\boldsymbol{x}^1$，$\boldsymbol{x}^2$，$\cdots$，$\boldsymbol{x}^D$。采样过程见算法 2.2。由于每一个维度的采样都需要之前的结果作为输入计算条件概率的参数，自回归模型的采样很难并行，因此采样速度较慢，这也是自回归模型的最大瓶颈。

（2）密度估计：给定一个新的样本点 $\boldsymbol{x}'$，可以按照式(2-5) 定义的条件概率分布计算似然值 $p(\boldsymbol{x}')$。注意和采样过程不同，$\boldsymbol{x}'$ 的所有维度上的值都是已经给定的。因此，这些条件概率可以并行计算。也因此，对自回归模型做最大似然估计（训练目标是当前模型在训练样本上的似然值）是比较高效的。

（3）数据补全：给定一个有维度缺失的数据，如果缺失部分是从第 $j(1 < j < D)$ 维到第 D 维，那么数据补全任务相当于从第 j 维开始采样；否则，由于自回归模型只显式定义了从前向后的条件概率，无法直接完成数据补全任务。

算法 2.2 自回归模型采样过程

1. **输入**: 模型参数
2. **输出**: 生成数据 $\boldsymbol{x}$;
3. 采样得到 $\boldsymbol{x}^1$
4. **for** $i = 2$ **to** D **do**
5. 　　将$\boldsymbol{x}^1, \boldsymbol{x}^2, \cdots, \boldsymbol{x}^{i-1}$ 输入到模型中计算 $\boldsymbol{\theta}$ 得到分布 $p_{\boldsymbol{\theta}}(\boldsymbol{x}^i|\boldsymbol{x}^1, \boldsymbol{x}^2, \cdots, \boldsymbol{x}^{i-1})$
6. 　　从分布 $p_{\boldsymbol{\theta}}(\boldsymbol{x}^i|\boldsymbol{x}^1, \boldsymbol{x}^2, \cdots, \boldsymbol{x}^{i-1})$ 中采样得到 $\boldsymbol{x}^i$
7. **end**
8. 组合 $\boldsymbol{x}^1, \boldsymbol{x}^2, \cdots, \boldsymbol{x}^D$ 得到生成数据 $\boldsymbol{x}$;

总体而言，自回归模型的优势是定义简单、训练稳定，同时其联合概率按照顺序展开的特点天然适合时序数据建模，因此在自然语言处理、音频生成和时间序列预测等领域具有广泛的应用。在图像生成任务中，自回归模型的生成质量也很有竞争力。特别地，自回归模型是大语言模型如 GPT 系列的基础。自回归模型的最大瓶颈是采样速度正比于数据维度。

2.3 变分自编码器

2.3.1 变分自编码器的表示

本节介绍变分自编码器，这是一种隐变量模型（latent variable model），下面先以混合高斯为例介绍隐变量模型的概念与优势。

实例 2. （人群身高估计）给定一些人的身高数据 $\mathcal{D}=\{\boldsymbol{x}_1,\boldsymbol{x}_2,\cdots,\boldsymbol{x}_N\}$，希望可以估计人群的身高分布。这是一个典型的一维数据上的生成式建模问题，如果选择高斯分布作为假设类，可以直接利用最大似然估计得到均值和方差如下：

$$\mu=\frac{1}{N}\sum_{i=1}^{N}\boldsymbol{x}_i,\quad \sigma^2=\frac{1}{N}\sum_{i=1}^{N}(\boldsymbol{x}_i-\mu)^2 \tag{2-10}$$

值得注意的是高斯分布是单峰的，而由于年龄等因素的存在，人群身高分布显然是多峰的。因此，高斯分布的假设类过于简单了。

为了解决这一问题，一个常用的方法是通过若干个高斯叠加得到多峰分布，即使用混合高斯模型，如图 2-4 所示。数学上，一个混合高斯模型定义了如下的概率密度：

$$p(\boldsymbol{x})=\sum_{k=1}^{K}p(\boldsymbol{z}=k)\mathcal{N}(\boldsymbol{x}|\mu_k,\sigma_k^2) \tag{2-11}$$

式中，K 表示高斯分布的数目，$\mathcal{N}$ 表示高斯分布，μ_k 和 σ_k^2 表示第 k 个高斯分布的参数，$\boldsymbol{z}$ 表示 $\boldsymbol{x}$ 来自哪一个高斯分布。因为数据中只观测到了身高 $\boldsymbol{x}$ 而没有观测到 $\boldsymbol{z}$，因此称之为隐变量。在这个例子中，隐变量 $\boldsymbol{z}$ 可以理解为年龄等影响身高的因素。由于混合高斯模型的对数似然是非凸的，不能通过最大似然估计直接得到参数的闭式解，需要采用 EM 算法学习，详细内容可参考文献 [4]。

实例 2 展示了隐变量模型优势之一：通过混合简单的概率分布，可以得到表达能力更强的概率分布。事实上，隐变量模型还具有采样方便、适合表示学习等优势，下文将结合变分自编码器展开解释。

数学上，一般的隐变量模型定义了如下的概率分布：

$$p_{\boldsymbol{\theta}}(\boldsymbol{x})=\int p_{\boldsymbol{\theta}}(\boldsymbol{x},\boldsymbol{z})\mathrm{d}\boldsymbol{z}=\int p_{\boldsymbol{\theta}}(\boldsymbol{x}|\boldsymbol{z})p(\boldsymbol{z})\mathrm{d}\boldsymbol{z} \tag{2-12}$$

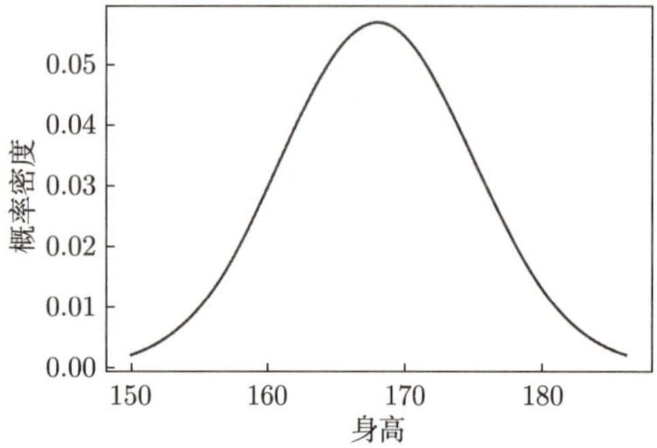

a）高斯分布

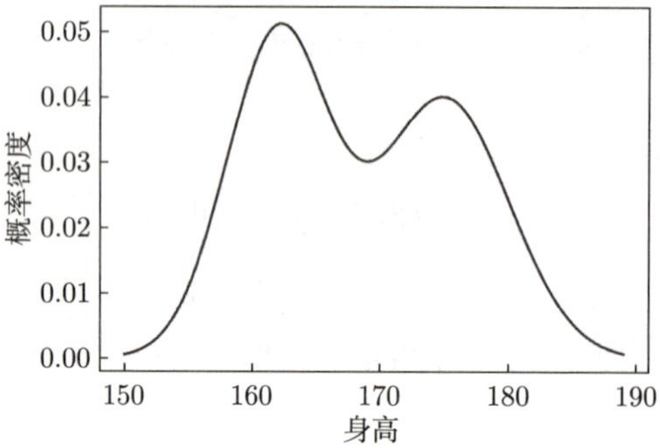

b）混合高斯分布

图 2-4 人群身高估计示意图

式中，$p_{\boldsymbol{\theta}}(\boldsymbol{x})$ 是数据上的边缘分布，$p_{\boldsymbol{\theta}}(\boldsymbol{x}, \boldsymbol{z})$ 是所有变量上的联合分布，$p(\boldsymbol{z})$ 一般是一个简单的先验分布（如标准高斯分布、均匀分布等），$p_{\boldsymbol{\theta}}(\boldsymbol{x}|\boldsymbol{z})$ 是一个可学习的条件概率分布。高斯混合模型是上式的特例，留作课后练习。

变分自编码器也是式(2-12)的一个特例：通过引入神经网络（称为生成网络）参数化条件概率分布 $p_{\boldsymbol{\theta}}(\boldsymbol{x}|\boldsymbol{z})$。下面仍然结合实例 1 进一步说明。这里隐变量 $\boldsymbol{z}$ 可以理解为和图像内容有关的一些“概念”（如类别、大小、亮度、形态等）和一些与内容无关的噪声的组合。$\boldsymbol{z}$ 的维度是一个小于 784 的超参数，不妨假设为 50，$p(\boldsymbol{z})$ 是多维标准正态分布。为了简单，仍然假设像素值是二值的，且 $p_{\boldsymbol{\theta}}(\boldsymbol{x}|\boldsymbol{z})$ 是独立的伯努利分布㊀。因此，生成网络就是一个输入是 50 维的隐变量 $\boldsymbol{z}$，输出是 784 维独立伯努利分布的参数（即 784 维均值）的神经网络，如图 2-5 所示。用 $\mathbf{G}$ 表示生成网络，那么条件概率分布可以表示为

$$p_{\boldsymbol{\theta}}(\boldsymbol{x}|\boldsymbol{z}) \triangleq \mathcal{B}[\boldsymbol{x}|\mathbf{G}_{\boldsymbol{\theta}}(\boldsymbol{z})] \tag{2-13}$$

式中，$\mathcal{B}(\cdot)$ 表示伯努利分布。由于隐变量可以理解为数据的一个低维编码，因此生成网络也被称为解码器。

类似于自回归模型，上述解码器也可以从网络结构以及似然函数两方面进行扩展，本节不再赘述。此外，也有部分工作尝试用设计图模型先验分布[21] 等新型先验分布解决结构化数据生成等问题。

2.3.2 变分自编码器的学习

本节讨论如何根据式(2-12)学习解码中的参数。虽然变分自编码器定义了联合概率分布 $p_{\boldsymbol{\theta}}(\boldsymbol{x}, \boldsymbol{z})$，但是由于只观测到了 $p_{\text{data}}(\boldsymbol{x})$ 的采样。因此，仍采用模型在观测维度上

㊀ 即使假设给定 $\boldsymbol{z}$，$\boldsymbol{x}$ 各维独立，通过对 $\boldsymbol{z}$ 积分得到的边缘分布 $p_{\boldsymbol{\theta}}(\boldsymbol{x})$ 也是非常复杂的各维非独立分布。

的边缘分布 $p_{\boldsymbol{\theta}}(\boldsymbol{x})$ 和数据分布之间的 KL 散度作为优化目标。代入式(2-8)，应求解如下的最大似然估计问题：

$$\max_{\boldsymbol{\theta}\in\Theta} \frac{1}{N}\sum_{i=1}^{N}\log p_{\boldsymbol{\theta}}(\boldsymbol{x}_i) = \frac{1}{N}\sum_{i=1}^{N}\log\int p_{\boldsymbol{\theta}}(\boldsymbol{x}_i,\boldsymbol{z}_i)\mathrm{d}\boldsymbol{z}_i \tag{2-14}$$

上式中，由于隐变量往往维度较高，且似然函数是高度非线性的，对于隐变量的积分很难直接计算或者近似。隐变量做积分求解边缘概率这一问题等价于求解隐变量的后验概率 $p_{\boldsymbol{\theta}}(\boldsymbol{z}|\boldsymbol{x})$，这是因为联合概率给定后，根据条件概率公式 $p_{\boldsymbol{\theta}}(\boldsymbol{z}|\boldsymbol{x}) = \dfrac{p_{\boldsymbol{\theta}}(\boldsymbol{x},\boldsymbol{z})}{p_{\boldsymbol{\theta}}(\boldsymbol{x})}$，$p_{\boldsymbol{\theta}}(\boldsymbol{z}|\boldsymbol{x})$ 和 $p_{\boldsymbol{\theta}}(\boldsymbol{x})$ 两者知道其中一个，也就知道了另外一个。

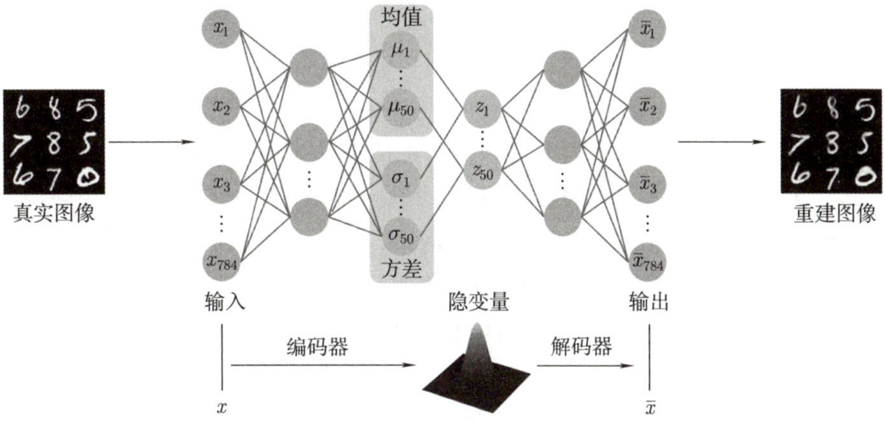

图 2-5 基于 MNIST 数据集的变分自编码器示意图

为了解决这一问题，需要引入一个替代函数，称为证据下界（evidence lower bound，ELBO）。为了推导方便，下面先考虑一个数据点 $\boldsymbol{x}$ 及其隐变量 $\boldsymbol{z}$：

$$\begin{aligned}
\log\int p_{\boldsymbol{\theta}}(\boldsymbol{x},\boldsymbol{z})\mathrm{d}\boldsymbol{z} &= \log\int q(\boldsymbol{z})\frac{p_{\boldsymbol{\theta}}(\boldsymbol{x},\boldsymbol{z})}{q(\boldsymbol{z})}\mathrm{d}\boldsymbol{z}\\
&= \log\mathbb{E}_{q(\boldsymbol{z})}\frac{p_{\boldsymbol{\theta}}(\boldsymbol{x},\boldsymbol{z})}{q(\boldsymbol{z})}\\
&\geqslant \mathbb{E}_{q(\boldsymbol{z})}\log\frac{p_{\boldsymbol{\theta}}(\boldsymbol{x},\boldsymbol{z})}{q(\boldsymbol{z})}\\
&= \mathbb{E}_{q(\boldsymbol{z})}\left[\log p_{\boldsymbol{\theta}}(\boldsymbol{x}|\boldsymbol{z}) + \log p(\boldsymbol{z}) - \log q(\boldsymbol{z})\right] && (2\text{-}15)\\
&= \mathbb{E}_{q(\boldsymbol{z})}\left[\log p_{\boldsymbol{\theta}}(\boldsymbol{x}|\boldsymbol{z})\right] - \mathbb{D}_{\mathrm{KL}}[q(\boldsymbol{z})||p(\boldsymbol{z})] \triangleq \mathrm{ELBO}(\boldsymbol{\theta},q) && (2\text{-}16)
\end{aligned}$$

式中，$q(\boldsymbol{z})$ 是一个新引入的分布称为变分分布（variational distribution），式(2-15)和式(2-16)给出了证据下界的两种等价形式。可以看出，如果变分分布 $q(\boldsymbol{z})$ 是一个方便计算和采样的分布，那么期望中的每一项都可以显式计算 [$p_{\boldsymbol{\theta}}(\boldsymbol{x}|\boldsymbol{z})$ 直接由解码器定义]，可以使用蒙特卡罗方法估计公式(2-15)作为 $\boldsymbol{\theta}$ 的优化目标。

上述推导中，根据对数函数的凹性和琴生不等式，不等号对任意的变分分布成立。为了得到距离似然较近的优化目标，一个自然的想法是针对证据下界优化 q 分布。事实上，可以证明这等价于优化 q 分布和真实后验分布 $p_{\boldsymbol{\theta}}(\boldsymbol{z}|\boldsymbol{x})$ 的 KL 散度，即：

$$\max_{q} \mathrm{ELBO}(\boldsymbol{\theta}, q) \Leftrightarrow \min_{q} \mathbb{D}_{\mathrm{KL}}[q(\boldsymbol{z})||p(\boldsymbol{z}|\boldsymbol{x})] \tag{2-17}$$

上式的证明留作课后练习。类似的通过优化的方式近似推断后验分布的方法在机器学习中统称为变分推断（variational inference）。变分推断的一个核心问题是变分分布族的选择，变分分布族应该在方便计算与采样的同时尽可能地缩小和真实后验分布之间的差距。

另外，为了求解式(2-14)，需要对数据中的所有数据点 $\boldsymbol{x}_i$ 推断其对应的隐变量分布 $q(\boldsymbol{z}_i|\boldsymbol{x}_i)$，因此需要求解 N 个类似的推断问题。事实上，这和之前讨论用参数化模型近似条件分布是类似的。可以引入一个神经网络，输入为数据 $\boldsymbol{x}$，输出为隐变量变分分布的参数，在所有数据上优化神经网络的参数即可。和解码器相对应，这个用于变分推断的神经网络也被称为编码器。下面结合实例 1 进一步解释编码器。不妨令 $\boldsymbol{\phi} \in \Phi$ 表示编码器中的参数，一般 $q_{\boldsymbol{\phi}}(\boldsymbol{z}|\boldsymbol{x})$ 是各维独立的高斯分布。因此，生成网络就是一个输入是 784 维的数据，输出是一个 100 维参数向量的神经网络，其中 50 维表示均值，50 维表示方差，如图 2-5 所示。用 $\mathbf{E}$ 表示编码器，那么变分后验分布具体形式如下：

$$q_{\boldsymbol{\phi}}(\boldsymbol{z}|\boldsymbol{x}) \triangleq \mathcal{N}[\boldsymbol{z}|\mathbf{E}_{\boldsymbol{\phi}}^{\mu}(\boldsymbol{x}), \mathbf{E}_{\boldsymbol{\phi}}^{\sigma^2}(\boldsymbol{x})] \tag{2-18}$$

式中，$\mathbf{E}_{\boldsymbol{\phi}}^{\mu}(\boldsymbol{x})$ 和 $\mathbf{E}_{\boldsymbol{\phi}}^{\sigma^2}(\boldsymbol{x})$ 分别表示均值和方差参数。

最终，通过将 $q_{\boldsymbol{\phi}}(\boldsymbol{z}|\boldsymbol{x})$ 代入式(2-16)，变分自编码器优化如下的证据下界：

$$\max_{\boldsymbol{\theta} \in \Theta, \boldsymbol{\phi} \in \Phi} \mathbb{E}_{q_{\boldsymbol{\phi}}(\boldsymbol{z}|\boldsymbol{x})}[\log p_{\boldsymbol{\theta}}(\boldsymbol{x}|\boldsymbol{z})] - \mathbb{D}_{\mathrm{KL}}[q_{\boldsymbol{\phi}}(\boldsymbol{z}|\boldsymbol{x})||p(\boldsymbol{z})] \tag{2-19}$$

上式中，第一项是重建似然，即一个样本 $\boldsymbol{x}$ 按照编码器定义的隐变量后验分布做期望，然后按照解码器定义的条件概率分布去衡量输入的似然。似然越高，相当于一般自编码器的重建误差越小。第二项是一个正则项，约束后验分布趋近于标准正态分布，相当于一般自编码器的稀疏性正则等约束。以上关系解释了变分自编码器这一方法名称的由来。

为了求解式(2-19)中的优化问题，可以采用随机梯度下降方法联合优化，下面讨论如何计算梯度。为了推导简单，只以第一项重建似然为例，推导过程可以自然地应用于整个证据下界。首先考虑解码器，其梯度估计如下：

$$\nabla_{\boldsymbol{\theta}}\mathbb{E}_{q_{\boldsymbol{\phi}}(\boldsymbol{z}|\boldsymbol{x})}\left[\log p_{\boldsymbol{\theta}}(\boldsymbol{x}|\boldsymbol{z})\right]=\mathbb{E}_{q_{\boldsymbol{\phi}}(\boldsymbol{z}|\boldsymbol{x})}\left[\nabla_{\boldsymbol{\theta}}\log p_{\boldsymbol{\theta}}(\boldsymbol{x}|\boldsymbol{z})\right]\approx\frac{1}{K}\sum_{k=1}^{K}\nabla_{\boldsymbol{\theta}}\log p_{\boldsymbol{\theta}}(\boldsymbol{x}|\boldsymbol{z}_k),$$

式中，$\boldsymbol{z}_k\sim q_{\boldsymbol{\phi}}(\boldsymbol{z}|\boldsymbol{x}),\forall k=1,\cdots,K$，第一个等式成立是因为在弱假设下梯度算子和期望可以换序。

计算编码器参数 $\boldsymbol{\phi}$ 的梯度会更加复杂，这是因为它出现在期望里面，不能直接换序，如果将期望展开成积分与梯度算子换序则需要一些额外的数学技巧才能重新得到期望形式方便蒙特卡罗估计（留作课后习题）。在变分后验分布为高斯的情况下，变分自编码器巧妙地提出了一种重参数化技巧来计算梯度。具体而言，高斯分布有如下性质：

$$\boldsymbol{z}=\mathbf{E}_{\boldsymbol{\phi}}^{\mu}(\boldsymbol{x})+\sqrt{\mathbf{E}_{\boldsymbol{\phi}}^{\sigma^2}(\boldsymbol{x})}\odot\epsilon,\epsilon\sim\mathcal{N}(\mathbf{0},\boldsymbol{I})\tag{2-20}$$

式中，$\sqrt{\cdot}$ 和 $\odot$ 表示逐元素开根号和逐元素相乘。可以将对隐变量的期望转为对 ϵ 的期望，并交换梯度算子和期望算子的顺序得到梯度估计如下：

$$\begin{aligned}\nabla_{\boldsymbol{\phi}}\mathbb{E}_{q_{\boldsymbol{\phi}}(\boldsymbol{z}|\boldsymbol{x})}\left[\log p_{\boldsymbol{\theta}}(\boldsymbol{x}|\boldsymbol{z})\right]&=\nabla_{\boldsymbol{\phi}}\mathbb{E}_{\epsilon\sim\mathcal{N}(\mathbf{0},\boldsymbol{I})}\left\{\log p_{\boldsymbol{\theta}}\left[\boldsymbol{x}|\mathbf{E}_{\boldsymbol{\phi}}^{\mu}(\boldsymbol{x})+\sqrt{\mathbf{E}_{\boldsymbol{\phi}}^{\sigma^2}(\boldsymbol{x})}\odot\epsilon\right]\right\}\\&=\mathbb{E}_{\epsilon\sim\mathcal{N}(\mathbf{0},\boldsymbol{I})}\left\{\nabla_{\boldsymbol{\phi}}\log p_{\boldsymbol{\theta}}\left[\boldsymbol{x}|\mathbf{E}_{\boldsymbol{\phi}}^{\mu}(\boldsymbol{x})+\sqrt{\mathbf{E}_{\boldsymbol{\phi}}^{\sigma^2}(\boldsymbol{x})}\odot\epsilon\right]\right\}\\&\approx\frac{1}{K}\sum_{k=1}^{K}\nabla_{\boldsymbol{\phi}}\log p_{\boldsymbol{\theta}}\left[\boldsymbol{x}|\mathbf{E}_{\boldsymbol{\phi}}^{\mu}(\boldsymbol{x})+\sqrt{\mathbf{E}_{\boldsymbol{\phi}}^{\sigma^2}(\boldsymbol{x})}\odot\epsilon_k\right]\end{aligned}$$

式中，$\epsilon_k\sim\mathcal{N}(\mathbf{0},\boldsymbol{I}),\forall k=1,\cdots,K$。变分自编码器的训练过程总结见算法 2.3。

算法 2.3　变分自编码器训练过程

1. **输入**: 数据分布 $p_{\text{data}}(\boldsymbol{x})$，迭代次数；
2. **输出**: 训练后的编码器和解码器参数；
3. **for** $i=1$ **to** 训练迭代次数 **do**
4. 　　从数据分布 $p_{\text{data}}(\boldsymbol{x})$ 中采样 m 个训练样本 $\{\boldsymbol{x}^{(1)},\cdots,\boldsymbol{x}^{(m)}\}$
5. 　　通过损失函数 2-19 执行梯度下降来更新编码器和解码器参数
6. **end**

2.3.3　变分自编码器的推断

本节讨论如何基于变分自编码器进行概率推断。

（1）采样：变分自编码器的采样只需要先从先验分布采样隐变量，然后经过解码器得到条件概率分布参数，再采样数据即可。采样过程见算法 2.4。和自回归模型相比，变分自编码器的采样只需要经过一次神经网络的前馈计算，更加简单、高效。

（2）密度估计：给定一个新的样本点 $\boldsymbol{x}'$，可以按照式(2-19)定义的证据下界估计似然值 $p(\boldsymbol{x}')$，需要编码器和解码器各执行一次前馈计算。

（3）表示学习：给定一个新的样本点 $\boldsymbol{x}'$，可以根据编码器推断隐变量的变分后验分布，并通过取均值、采样等方法得到样本的低维特征表示，这需要编码器执行一次前馈计算。

算法 2.4 变分自编码器采样过程

1. **输入**：训练后的编码器和解码器参数，隐空间分布 $p(\boldsymbol{z})$；
2. **输出**：采样后的图像 $\boldsymbol{x}$
3. 从隐空间分布 $p(\boldsymbol{z})$ 中采样得到 $\boldsymbol{z}$
4. 将 $\boldsymbol{z}$ 输入到解码器中得到分布 $p_{\boldsymbol{\theta}}(\boldsymbol{x}|\boldsymbol{z})$
5. 从分布 $p_{\boldsymbol{\theta}}(\boldsymbol{x}|\boldsymbol{z})$ 采样得到图像 $\boldsymbol{x}$

变分自编码器的提出受到了传统概率图模型和变分推断方法的启发，是贝叶斯推断和深度学习结合的代表性进展，在图像生成、结构化数据建模、异常检测、表示学习与可控生成等方面有着广泛的应用。变分自编码器的主要瓶颈是证据下界和对数似然的差距。为了解决这一问题，前沿研究一方面尝试提出表达能力更强且计算简单的变分分布族，另一方面提出了很多证据下界的改进目标函数。另外，变分自编码器的重参数化技术局限于连续隐变量，很多工作是尝试解决离散隐变量情况下变分自编码器的训练问题。

和自回归模型相比，变分自编码器的理论与实现更加复杂，同时在文本、图像等数据上的生成效果上略逊一些；但是变分自编码器可以高效地处理绝大多数推断任务，如采样、特征学习等。变分自编码器被广泛地用于视觉数据的降维、后续的生成。Stable Diffusion、Sora 等系统均采用了类似的方案。

2.4 扩散概率模型

2.4.1 扩散概率模型的表示

为了方便，本节将数据分布表示为 $q(\boldsymbol{x}_0)$，其中下标表示的是时间而非不同训练样本的编号，基于 MNIST 数据集的扩散概率模型的加噪和去噪过程如图 2-6 所示。

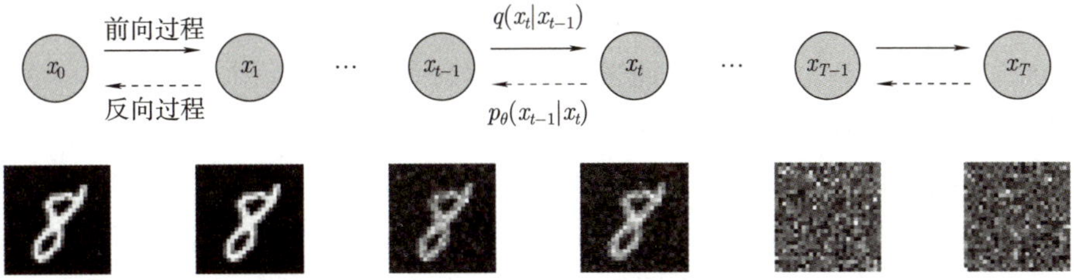

图 2-6 基于 MNIST 数据集的扩散概率模型的加噪和去噪过程

令 $T = 1000$ 是表示总时间的超参数，扩散概率模型包括一个前向过程和一个反向过程。其中，前向过程是一个逐步向数据分布注入高斯噪声的马尔可夫链，从 $t-1$ 时刻到 t 时刻的转移概率为

$$q(\boldsymbol{x}_t|\boldsymbol{x}_{t-1}) = \mathcal{N}[\boldsymbol{x}_t|\sqrt{\alpha_t}\boldsymbol{x}_{t-1}, (1-\alpha_t)\boldsymbol{I}], \forall t = 1, \cdots, T \tag{2-21}$$

式中，$\alpha_t \in (0,1), \forall t = 1, \cdots, T$ 是一组预设好的超参数，称为噪声时间表（noise schedule）[⊖]，$\boldsymbol{I}$ 是一个单位矩阵。在上式的噪声时间表设置中，噪声的标准差和信号衰减系数的平方和为 1，保证上述马尔可夫链的平稳分布是标准高斯分布，称为保方差 (variance preserving) 过程。前向过程构建了如下的概率分布：

$$q(\boldsymbol{x}_{1,\cdots,T}|\boldsymbol{x}_0) = \prod_{t=1}^{T} q(\boldsymbol{x}_t|\boldsymbol{x}_{t-1}) \tag{2-22}$$

上述前向过程是可逆的，扩散模型构建了一个反向的高斯核马尔可夫链来近似地“倒转”前向过程，即从标准高斯噪声出发逐步去噪恢复数据分布，其从 t 时刻到 $t-1$ 时刻的转移概率为

$$p_{\boldsymbol{\theta}}(\boldsymbol{x}_{t-1}|\boldsymbol{x}_t) = \mathcal{N}\left[\boldsymbol{x}_t|\mu_{\boldsymbol{\theta}}^t(\boldsymbol{x}_t), \Sigma_{\boldsymbol{\theta}}^t(\boldsymbol{x}_t)\right], \forall t = 1, \cdots, T \tag{2-23}$$

式中，$\boldsymbol{\theta}$ 表示可学习参数，$\mu_{\boldsymbol{\theta}}^t(\boldsymbol{x}_t)$ 和 $\Sigma_{\boldsymbol{\theta}}^t(\boldsymbol{x}_t)$ 是神经网络参数化的高斯转移核的均值和协方差。反向过程定义了一个层次化隐变量生成模型，其分布如下：

$$p_{\boldsymbol{\theta}}(\boldsymbol{x}_0) = \int p(\boldsymbol{x}_T) \prod_{t=1}^{T} p_{\boldsymbol{\theta}}(\boldsymbol{x}_{t-1}|\boldsymbol{x}_t) \mathrm{d}\boldsymbol{x}_{1,\cdots,T} \tag{2-24}$$

式中，$\boldsymbol{x}_0$ 为可观测变量，$\boldsymbol{x}_{1,\cdots,T}$ 为隐变量。和变分自编码器相比，扩散模型的生成过程引入了多个隐变量，因此生成过程复杂很多。值得注意的是，扩散模型生成过程的每

⊖ 更一般的噪声时间表包含两组参数，分别建模均值和方差的变化，详见 [12]。

一步是比较简单的，即预测噪声扰动稍微小一些的图像分布，这也使得每一步生成过程的后验推断任务是简单的（即可以通过前向过程的对应时刻近似）。直觉上，通过这种拆分，扩散模型同时简化了刻画数据分布和推断后验分布的难度。

最后，根据式(2-23)，扩散模型的每一步都需要一个神经网络接收带噪图片 $\boldsymbol{x}_t$ 输出下一个时刻高斯分布的均值和方差，那么一共需要 T 个神经网络，更新参数时会消耗很多的时间和空间。注意，这些神经网络处理的都是相似的任务：在不同噪声等级下预测下一时刻的状态。因此，可以使用一个参数共享的神经网络处理所有任务，这个网络接收时间 t 作为额外输入来接收当前噪声等级的信息。

2.4.2 扩散概率模型的学习

类似于变分自编码器，可以采用最大似然估计学习扩散概率模型：

$$\max_{\boldsymbol{\theta}} \mathbb{E}_{q(\boldsymbol{x}_0)} \log p_{\boldsymbol{\theta}}(\boldsymbol{x}_0) = \mathbb{E}_{q(\boldsymbol{x}_0)} \log \int p(\boldsymbol{x}_T) \prod_{t=1}^{T} p_{\boldsymbol{\theta}}(\boldsymbol{x}_{t-1}|\boldsymbol{x}_t) \mathrm{d}\boldsymbol{x}_{1,\cdots,T} \tag{2-25}$$

为了简单，本节后续推导考虑单一样本 $\boldsymbol{x}_0$，最后在训练集上做蒙特卡罗估计近似数据分布的期望即可。为了处理最大似然估计中的积分问题，扩散概率模型同样使用了变分推断技术来优化对数似然的证据下界，具体形式如下：

$$\begin{aligned}
&\log \int p(\boldsymbol{x}_T) \prod_{t=1}^{T} p_{\boldsymbol{\theta}}(\boldsymbol{x}_{t-1}|\boldsymbol{x}_t) \mathrm{d}\boldsymbol{x}_{1,\cdots,T} \\
&= \log \int \frac{p(\boldsymbol{x}_T) \prod_{t=1}^{T} p_{\boldsymbol{\theta}}(\boldsymbol{x}_{t-1}|\boldsymbol{x}_t)}{q(\boldsymbol{x}_{1,\cdots,T}|\boldsymbol{x}_0)} q(\boldsymbol{x}_{1,\cdots,T}|\boldsymbol{x}_0) \mathrm{d}\boldsymbol{x}_{1,\cdots,T} \\
&\geqslant \mathbb{E}_{q(\boldsymbol{x}_{1,\cdots,T}|\boldsymbol{x}_0)} \log \frac{p(\boldsymbol{x}_T) \prod_{t=1}^{T} p_{\boldsymbol{\theta}}(\boldsymbol{x}_{t-1}|\boldsymbol{x}_t)}{q(\boldsymbol{x}_{1,\cdots,T}|\boldsymbol{x}_0)} \triangleq \mathrm{ELBO}(\boldsymbol{\theta})
\end{aligned} \tag{2-26}$$

式中，q 的符号被有意地复用了。上式推导中 q 指的是任意的变分后验分布。但是扩散概率模型使用前向过程 q 而非引入一个额外的编码器作为变分后验分布。这是因为反向过程的学习目标就是为了近似前向过程的逆过程。因此，在理想情况下，前向过程刻画了最优的反向过程对应的真实后验分布。一般前向过程的噪声时刻表是手工指定的，所以扩散概率模型的变分分布无须优化。

如果直接采用随机梯度下降优化 ELBO($\boldsymbol{\theta}$)，其梯度计算需要将多个时间的带噪图像输入到神经网络计算均值和方差以及对应的似然项，即需要 T 次神经网络的前传操作。为了提高单次梯度更新的效率，扩散模型使用随机采样的时间 t 训练。注意，ELBO($\boldsymbol{\theta}$) 可以写为对 t 求和的形式：

$$\text{ELBO}(\boldsymbol{\theta}) = \mathbb{E}_{q(\boldsymbol{x}_{1,\cdots,T}|\boldsymbol{x}_0)}\left[\log\frac{p(\boldsymbol{x}_T)p_{\boldsymbol{\theta}}(\boldsymbol{x}_0|\boldsymbol{x}_1)}{q(\boldsymbol{x}_1|\boldsymbol{x}_0)} + \sum_{t=2}^{T}\log\frac{p_{\boldsymbol{\theta}}(\boldsymbol{x}_{t-1}|\boldsymbol{x}_t)}{q(\boldsymbol{x}_t|\boldsymbol{x}_{t-1})}\right] \tag{2-27}$$

进一步地，考虑对 $q(\boldsymbol{x}_t|\boldsymbol{x}_{t-1})$ 作如下变形：

$$q(\boldsymbol{x}_t|\boldsymbol{x}_{t-1}) = q(\boldsymbol{x}_t|\boldsymbol{x}_{t-1},\boldsymbol{x}_0) = \frac{q(\boldsymbol{x}_{t-1}|\boldsymbol{x}_t,\boldsymbol{x}_0)q(\boldsymbol{x}_t|\boldsymbol{x}_0)}{q(\boldsymbol{x}_{t-1}|\boldsymbol{x}_0)} \tag{2-28}$$

式中，第一个等式成立利用了前向链的马尔可夫性，第二个等式成立利用了贝叶斯公式。代入式(2-27)，可以得到：

$$\begin{aligned}\text{ELBO}(\boldsymbol{\theta}) &= \mathbb{E}_{q(\boldsymbol{x}_{1,\cdots,T}|\boldsymbol{x}_0)}\left[\log\frac{p(\boldsymbol{x}_T)p_{\boldsymbol{\theta}}(\boldsymbol{x}_0|\boldsymbol{x}_1)}{q(\boldsymbol{x}_T|\boldsymbol{x}_0)} + \sum_{t=2}^{T}\log\frac{p_{\boldsymbol{\theta}}(\boldsymbol{x}_{t-1}|\boldsymbol{x}_t)}{q(\boldsymbol{x}_{t-1}|\boldsymbol{x}_t,\boldsymbol{x}_0)}\right] \\ &= \mathbb{E}_{q(\boldsymbol{x}_1|\boldsymbol{x}_0)}[\log p_{\boldsymbol{\theta}}(\boldsymbol{x}_0|\boldsymbol{x}_1)] - \mathbb{D}_{\text{KL}}[q(\boldsymbol{x}_T|\boldsymbol{x}_0)||p(\boldsymbol{x}_T)] - \\ &\quad \sum_{t=2}^{T}\mathbb{E}_{q(\boldsymbol{x}_t|\boldsymbol{x}_0)}\mathbb{D}_{\text{KL}}[q(\boldsymbol{x}_{t-1}|\boldsymbol{x}_t,\boldsymbol{x}_0)||p_{\boldsymbol{\theta}}(\boldsymbol{x}_{t-1}|\boldsymbol{x}_t)]\end{aligned} \tag{2-29}$$

式中，第一个等式成立是由于错位消元，第二个等式成立基于期望的线性性、边缘概率分布的定义和 KL 散度的定义。

式(2-29)中，前两项 $\mathbb{E}_{q(\boldsymbol{x}_1|\boldsymbol{x}_0)}[\log p_\theta(\boldsymbol{x}_0|\boldsymbol{x}_1)]$ 和 $\mathbb{D}_{\text{KL}}[q(\boldsymbol{x}_T|\boldsymbol{x}_0)||p(\boldsymbol{x}_T)]$ 类似于变分自编码器式(2-19) 中的重建项和 KL 散度约束项，计算比较简单。因此，本节聚焦于如何计算 $t=2\cdots T$ 时的 KL 散度的求和。

基于前向过程的定义和多元高斯分布的性质，可以证明（留作课后习题）$q(\boldsymbol{x}_{t-1}|\boldsymbol{x}_t,\boldsymbol{x}_0)$ 是如下的高斯分布：

$$\mathcal{N}\left(\boldsymbol{x}_{t-1}|\frac{\sqrt{\alpha_t}(1-\bar{\alpha}_{t-1})\boldsymbol{x}_t+\sqrt{\bar{\alpha}_{t-1}}(1-\alpha_t)\boldsymbol{x}_0}{1-\bar{\alpha}_t},\frac{(1-\alpha_t)(1-\bar{\alpha}_{t-1})}{1-\bar{\alpha}_t}\boldsymbol{I}\right) \tag{2-30}$$

式中，$\bar{\alpha}_t=\prod_{i=1}^{t}\alpha_i$。

基于高斯分布的性质，可以得到对应时刻 KL 散度的闭式解作为损失函数进行优化。当直接将反向过程的协方差设置为 $q(\boldsymbol{x}_{t-1}|\boldsymbol{x}_t,\boldsymbol{x}_0)$ 的协方差时，KL 散度的训练目标等价于直接回归高斯分布的均值。进一步地，扩散模型借鉴了随机梯度下降的思路，

随机采样一个时间 t 并优化对应时刻的 KL 散度，而不是对所有时间求和。总结起来，扩散模型的训练目标为

$$\min_{\theta} \mathbb{E}_{t\sim\mathcal{U}[2,T]}\left[w_t\|\boldsymbol{\mu}_{\theta}(\boldsymbol{x}_t,t)-\frac{\sqrt{\alpha_t}(1-\bar{\alpha}_{t-1})\boldsymbol{x}_t+\sqrt{\bar{\alpha}_{t-1}}(1-\alpha_t)\boldsymbol{x}_0}{1-\bar{\alpha}_t}\|_2^2\right] \tag{2-31}$$

式中，w_t 是一个根据噪声时间表计算得到的权重，而神经网络 $\boldsymbol{\mu}_{\theta}(\boldsymbol{x}_t,t)$ 拟合的是高斯分布 $q(\boldsymbol{x}_{t-1}|\boldsymbol{x}_t,\boldsymbol{x}_0)$ 中的均值。

事实上，扩散概率模型有多种等价学习形式，除了上述均值预测的形式外，还有噪声预测[11] 和评分函数预测[12] 形式。噪声预测也称为去噪扩散概率模型（denoise diffusion probabilistic model，DDPM），其训练目标如下：

$$\min_{\theta} \mathbb{E}_{\boldsymbol{x}_0,t\sim\mathcal{U}[2,T],\epsilon\sim\mathcal{N}(\mathbf{0},\mathbf{I})}\left[w_t'\|\epsilon_{\theta}(\boldsymbol{x}_t,t)-\epsilon\|_2^2\right] \tag{2-32}$$

式中，ϵ 是注入原始数据的高斯噪声，即 $\boldsymbol{x}_t=\sqrt{\alpha_t}\boldsymbol{x}_0+\sqrt{1-\alpha_t}\epsilon$。$\epsilon_{\theta}$ 是一个参数化的噪声预测网络，w_t' 是对应时间的权重。理论上，w_t' 也可以根据噪声时间表计算得到，不过在实践中往往被当作超参数设为 $w_t'\equiv 1$。相比较而言，噪声预测的形式在不同时间下的输出均为标准高斯分布，更容易优化，因此时间效果更好。考虑篇幅限制和内容深度的问题，本节省略了上述两个目标函数的推导过程，感兴趣的读者可以参考文献 [22]。

在上述目标中，研究人员采用了离散时间的马尔可夫链建模扩散模型。事实上，文献 [12] 从随机微分方程的视角出发，将扩散模型推广到了连续时间的情况。其训练只是将离散的时间采样改为了 $(0,1)$ 区间上的连续均匀分布采样，即为

$$\min_{\theta} \mathbb{E}_{\boldsymbol{x}_0,t\sim\mathcal{U}(0,1),\epsilon\sim\mathcal{N}(\mathbf{0},\mathbf{I})}\left[w(t)\|\epsilon_{\theta}(\boldsymbol{x}_t,t)-\epsilon\|_2^2\right] \tag{2-33}$$

式中，$w(t)$ 是一个关于时间的权重函数。训练过程见算法 2.5。

算法 2.5 扩散概率模型训练过程

1. **输入**: 数据分布 $q(\boldsymbol{x}_0)$，T；
2. **输出**: 训练后的模型参数；
3. **while** 模型未收敛 **do**
4. 　　从数据分布 $q(\boldsymbol{x}_0)$ 中随机选择一个训练样本 $\boldsymbol{x}_0$；
5. 　　从 1 到 T 均匀分布中随机抽样一个 t；
6. 　　采样分布 $q(\boldsymbol{x}_t|\boldsymbol{x}_0)$ 得到 $\boldsymbol{x}_t$；
7. 　　对式 (2-29)中损失函数执行梯度下降；
8. **end**

2.4.3 扩散概率模型的推断

本节讨论如何基于扩散概率模型进行概率推断。

（1）采样：扩散概率模型的采样需要先从先验分布采样 $\boldsymbol{x}_T$，经过多步转移核的去噪逐步得到数据。采样过程见算法 2.6。扩散概率模型的采样速度也需要经过多次调用神经网络，但是和自回归模型不同，其迭代步数不一定需要和数据维度相关。事实上，文献 [12] 发现扩散概率模型的采样可以理解为对噪声预测网络定义的随机微分方程或者等价概率流常微分方程做离散化。随机微分方程的具体形式如下：

$$\mathrm{d}\boldsymbol{x} = [f(t)\boldsymbol{x} - g(t)^2 \boldsymbol{s}_\theta(\boldsymbol{x}, t)]\mathrm{d}t + g(t)\mathrm{d}\overline{\boldsymbol{w}} \tag{2-34}$$

式中，$f(t)$ 和 $g(t)$ 称为偏移项和扩散项系数，可由前向加噪过程计算得到。$\boldsymbol{s}_\theta(\boldsymbol{x}, t)$ 是基于评分函数预测网络，它和噪声预测网络只差一个系数，$\overline{\boldsymbol{w}}$ 服从一个时间反向的标准维纳过程。因此，可以设计适当的离散化方法显著加速扩散概率模型的采样，典型的方法包括 DDIM[23]、Analytic-DPM[24] 和 DPM-Solver[25] 等。

（2）密度估计：给定一个新的样本点 $\boldsymbol{x}'$，可以按照式(2-26)定义的证据下界估计似然值 $p(\boldsymbol{x}')$，其计算复杂度为 $\mathcal{O}(T)$。

算法 2.6 扩散概率模型采样过程

---

1. **输入**: 模型参数，T；
2. **输出**: 生成图像 $\boldsymbol{x}_0$；
3. 从标准高斯分布中随机产生噪声 $\boldsymbol{x}_T$；
4. **for** $t = T$ **to** 1 **do**
5. 　　将 $\boldsymbol{x}_t$ 和 t 输入模型得到 $p(\boldsymbol{x}_{t-1}|\boldsymbol{x}_t)$ 的均值和方差；
6. 　　从 $p(\boldsymbol{x}_{t-1}|\boldsymbol{x}_t)$ 中采样得到 $\boldsymbol{x}_{t-1}$；
7. **end**

在采样过程中，研究人员往往会给扩散模型输入额外条件来控制生成样本的语义。代表性的例子包括 Stable Diffusion[2]、Sora 基于文本输入生成对应的图像和视频。为此，一种较为经典的做法是在成对数据上训练一个条件生成模型。以噪声预测为例，其训练损失为

$$\min_\theta \mathbb{E}_{\boldsymbol{x}_0, \boldsymbol{c}, t\sim\mathcal{U}(0,1), \epsilon\sim\mathcal{N}(\mathbf{0},\mathbf{I})} \left[w(t)\|\epsilon_\theta(\boldsymbol{x}_t, \boldsymbol{c}, t) - \epsilon\|_2^2\right] \tag{2-35}$$

式中，$\boldsymbol{c}$ 表示训练数据 $\boldsymbol{x}_0$ 对应的条件标注。$\epsilon_\theta(\boldsymbol{x}_t, \boldsymbol{c}, t)$ 是条件噪声预测网络，在去噪过程中会额外考虑条件信息。训练结束后，可以使用该网络基于用户输入的条件生成对应的新样本。

但是，扩散模型经常采用一种称为无分类器引导（classifier-free guidance，CFG）的技术进行训练和采样。CFG 方法引入了一个特殊的符号 $\varnothing$ 表示无条件，并训练参数共享的条件噪声预测网络 $\epsilon_\theta(\boldsymbol{x}_t, \boldsymbol{c}, t)$ 和无条件噪声预测网络 $\epsilon_\theta(\boldsymbol{x}_t, \varnothing, t)$。训练过程中，CFG 方法以一定的概率丢掉数据中的条件标注，改为 $\varnothing$ 训练无条件噪声预测网络。采样阶段，CFG 方法利用如下的线性组合来作噪声预测

$$\tilde{\epsilon}_\theta(\boldsymbol{x}_t, \boldsymbol{c}, t) = (1+w)\epsilon_\theta(\boldsymbol{x}_t, \boldsymbol{c}, t) - w\epsilon_\theta(\boldsymbol{x}_t, \varnothing, t) \tag{2-36}$$

式中，$w \geqslant 0$ 是一个权重。值得注意的是，当 $w = 0$ 时，CFG 方法退化到传统的条件概率建模方法。随着 w 的增大，CFG 方法会增大条件模型的权重，从而强制生成的样本更好地匹配输入条件的语义，但是可能会降低一些样本的多样性。在文到图生成的实践中，往往取 $w = 3 \sim 8$。

扩散概率模型是一类非常强大的深度生成模型，特别是在图像数据的密度估计、采样质量等多个任务上取得了最领先的结果，终结了过去不同的生成模型处理不同任务的时代。自从 2021 年去噪扩散概率模型提出以来，短短两年时间内该模型得到飞速发展，成为 DALL·E 2[26]，Stable Diffusion 等多个著名文到图生成系统背后的基础方法。和变分自编码器、生成式对抗网络等模型相比，扩散模型生成速度较慢，但是生成质量高。和自回归模型相比，扩散模型的采样过程是由粗糙到精细，而非按照维度展开，直觉上更适用于信息密度低、维度高的数据（如图像等视觉数据）；自回归模型更适合信息密度高，每一维数据都有非常重要的任务（如自然语言处理）。

2.5 生成对抗网络

2.5.1 生成对抗网络的表示

和之前提到的三种（显式生成）模型有显著区别，生成对抗网络没有定义概率密度，而是直接描述了数据的生成过程。如图 2-7 所示，生成对抗网络首先从一个维度较低的简单先验分布 $p(\boldsymbol{z})$ 中采样一个隐变量 $\boldsymbol{z}$，而后通过一个神经网络参数化的生成器 $\mathbf{G}$ 将一个低维隐变量 $\boldsymbol{z}$ 映射到数据空间，合成数据点 $\boldsymbol{x} = \mathbf{G}(\boldsymbol{z})$。原则上，隐变量分布 $p(\boldsymbol{z})$ 只需要能够快速采样即可，可选标准高斯分布或者超正方体上的均匀分布等。由于生成器是一个不可逆的确定性映射，其定义的模型分布没有显式的概率密度函数，所以是一种典型的隐式生成模型。

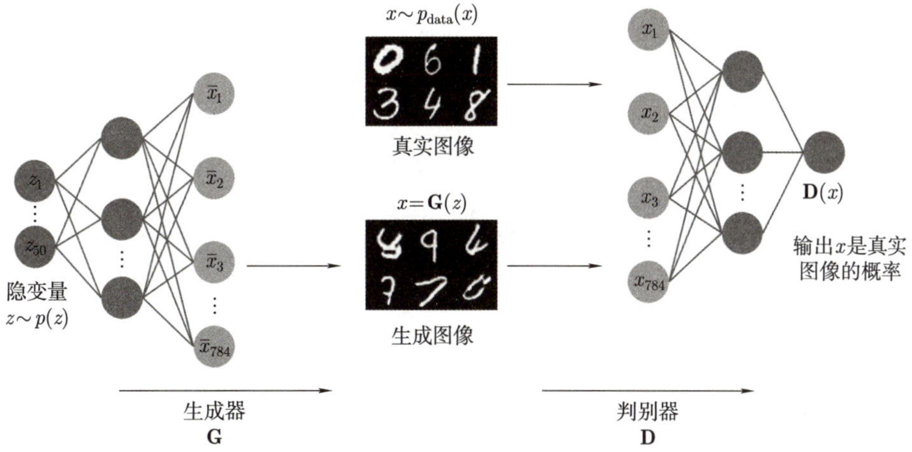

图 2-7　基于 MNIST 数据集的生成对抗网络示意图

和变分自编码器类似，生成对抗网络也只需要一次前馈操作即可采样，这比自回归模型和扩散模型更加高效。此外，生成对抗网络的随机性全部来自隐变量，生成过程最后一步不加入噪声，因此一般情况下生成的样本（特别是图像）质量比变分自编码器更高。

2.5.2　生成对抗网络的学习

隐式生成模型的概率密度无法显式计算导致我们无法使用最大似然估计学习参数。如图 2-7 所示，文献 [13] 提出了生成对抗训练方法，通过模拟二人零和博弈完成参数学习。博弈中引入了一个新的神经网络，称为判别器 **D**，本质上是一个二分类器。判别器的博弈目标是判断输入样本来自真实数据分布还是生成器，而生成器的目标则是尽可能地生成逼真的数据“欺骗” **D**。模型训练过程中，二者交替优化进行博弈升级。令真实数据标注为类别“1”，将 **G** 生成的数据标注成类别“0”，判别器的优化目标即为经典的二分类交叉熵损失。生成对抗学习可以形式化为如下极小极大优化问题：

$$\min_{\boldsymbol{\theta}} \max_{\boldsymbol{\phi}} \mathbb{E}_{p_{\text{data}}(\boldsymbol{x})}[\log \mathbf{D}_{\boldsymbol{\phi}}(\boldsymbol{x})] + \mathbb{E}_{p(\boldsymbol{z})}(\log\{1 - \mathbf{D}_{\boldsymbol{\phi}}[\mathbf{G}_{\boldsymbol{\theta}}(\boldsymbol{z})]\}) \tag{2-37}$$

式中，生成器和判别器中可训练的参数分别记作 $\boldsymbol{\theta}$ 和 $\boldsymbol{\phi}$。

进一步地，文献 [13] 进一步地证明了，假设生成器 **G** 和判别器 **D** 具有无限的表达能力，并且判别器每次都能够优化到最优的情况下，上述对抗训练等价于优化数据分布和生成器诱导出的模型分布 $p_{\mathrm{G}}(\boldsymbol{x})$ 之间的琴生–香农散度，即

$$\min_{\mathbf{G}} \mathbb{D}_{\mathrm{JS}}[p_{\mathrm{data}}(\boldsymbol{x})\|p_{\mathbf{G}}(\boldsymbol{x})] \tag{2-38}$$

其中琴生–香农散度的定义为

$$\mathbb{D}_{\mathrm{JS}}(p\|q) = \frac{1}{2}\left[\mathbb{D}_{\mathrm{KL}}\left(p\|\frac{p+q}{2}\right) + \mathbb{D}_{\mathrm{KL}}\left(q\|\frac{p+q}{2}\right)\right] \tag{2-39}$$

数学上，琴生–香农散度类似于 KL 散度，可以保证最优情况（即散度为零）下，两个分布相同。

算法 2.7 生成对抗网络训练过程

1. **输入**: 先验分布 $p(\boldsymbol{z})$，数据分布 $p_{\mathrm{data}}(\boldsymbol{x})$，迭代次数，判别器的更新次数 k;
2. **输出**: 训练后的生成器和判别器参数;
3. **for** $i=1$ **to** 训练迭代次数 **do**
4.   **for** $j=1$ **to** k **do**
5.   从先验分布 $p(\boldsymbol{z})$ 中采样 m 个隐变量 $\{\boldsymbol{z}^{(1)},\cdots,\boldsymbol{z}^{(m)}\}$;
6.   从数据分布 $p_{\mathrm{data}}(\boldsymbol{x})$ 中采样 m 个训练样本 $\{\boldsymbol{x}^{(1)},\cdots,\boldsymbol{x}^{(m)}\}$;
7.   对损失函数 2-37 执行判别器的梯度上升，从而更新判别器。
8.   **end**
9.   从分布 $p(\boldsymbol{z})$ 中采样 m 个隐变量 $\{\boldsymbol{z}^{(1)},\cdots,\boldsymbol{z}^{(m)}\}$;
10.   对损失函数 2-37 执行生成器的梯度下降，从而更新生成器。
11. **end**

在实践中，人们无法在每次迭代中将神经网络参数化的判别器优化到最优，而只能采用交替梯度下降的方法进行优化。如算法 2.7 所示，一般生成对抗网络会对判别器执行若干次随机梯度下降近似最优的判别器，然后执行一次随机梯度下降更新生成器的参数。这种算法显然偏离了其理论假设，在实践中常常出现训练不收敛、“模式坍塌”等现象[17]。为了稳定地训练生成对抗网络，一类工作考虑搜索普适的网络结构和超参，如深度卷积生成对抗网络（DCGAN）[14] 和风格生成对抗网络（StyleGAN）[15] 等。也有工作尝试选择其他统计散度进行对抗训练，如 f-生成对抗网络[16] 和沃瑟斯坦生成对抗网络[17]。最后，一些理论工作[27-28] 尝试改善生成对抗训练的优化性质和交替梯度下降的训练动力学，以解决其训练不稳定的问题。

2.5.3 生成对抗网络的推断

作为隐式生成模型，生成对抗网络主要聚焦于采样，很难处理密度估计等任务。生成对抗网络的采样过程简单直接。根据模型定义，采样隐变量，然后通过生成器直接映射到数据即可。

生成对抗网络定义了隐变量到数据的映射（即生成器），但是并没有定义反向映射，因此不能直接提取给定样本的特征。为了解决这一问题，有两种思路：第一种是引入一个特征提取器，让它与生成器、判别器一起进行对抗训练，如 ALI[29] 等模型；另一种方法首先随机初始化隐变量，然后通过梯度下降等优化方法更新隐变量，缩小其对应的输出和给定样本的距离，收敛后得到给定样本的隐空间表示[30]。

相比于变分自编码器，生成对抗网络的生成质量更好。相比于自回归模型和扩散概率模型，生成对抗网络的采样速度显著更快，但是采样质量逊色一些。生成对抗网络的主要瓶颈是其优化非常困难，这也是近十年一个重要的研究方向。即使不断有新的进展，在大规模数据上进行生成对抗网络的训练仍然是很不稳定的，因此其很少作为主要方法直接训练基础模型，但是一些基础模型会利用对抗训练作为额外的正则损失。

2.6 本讲小结

本讲主要介绍了生成模型的基本原理，详细阐述了建模高维、复杂概率分布的三个基本问题，即表示、学习和推断。进一步地，本讲解释了深度生成模型中为了表示高维概率分布，引入神经网络的重要性。最后，本讲围绕三个基本问题，介绍了四种常见的深度生成模型，包括：自回归模型，变分自编码器，扩散概率模型和生成对抗网络。表 2-1 总结、比较了这些模型。

表 2-1　四种深度生成模型的比较

模型	自回归模型	变分自编码器	扩散概率模型	生成对抗网络
表示				
概率表示	显式	显式	显式	隐式
具体形式	链式法则	隐变量模型	层次化隐变量模型	随机变量的不可逆映射
学习				
训练准则	最大似然	最大似然	最大似然	对抗训练
有无近似	无	有（证据下界）	有（证据下界）	有（近似最优判别器）
推断				
采样速度	慢	快	较快	快
生成质量	高	较低	高	较高
密度估计	精确	不够精确	精确	无法估计
表示学习	不直接学习表示	低维表示	数据同维表示	额外优化得到低维表示
应用				
应用瓶颈	采样慢	变分推断不精确	采样还需要迭代	最大最小问题优化困难
典型应用	GPT 系列[18-20]	DALL· E[31]	SD[2]、Sora	DragGAN[32]

2.7 延伸阅读

生成模型一直是机器学习领域的一类重要方法。传统的生成模型以概率图模型为主，通过条件独立性假设简化高维概率分布的表示难度。变分推断、马尔可夫链蒙特卡罗方法等近似推断方法也在概率图模型中得到了极大的完善与发展。感兴趣的读者可以阅读经典书籍 *Pattern Recognition and Machine Learning*[4]。

深度生成模型的发展也离不开网络架构的发展，如果读者对于深度学习的基本概念如卷积神经网络、全连接网络、循环神经网络等不够熟悉，可以阅读 *Deep Learning*[33]。

除了本讲中介绍的四类模型，还有研究比较广泛的三类深度生成模型，包括能量函数模型（energy-based model），规整流模型（normalizing flow）和基于评分函数的模型（score-based model）。其中能量函数模型可以追溯到统计物理，其模型定义最为灵活，但是需要对能量函数的指数作归一化，学习和推断的难度很大。规整流模型的主要思想是利用可逆映射将简单概率分布变形为复杂概率分布，其概率密度的计算难度取决于可逆映射的雅克比矩阵的行列式的计算难度，因此往往需要采用上三角阵等表达能力受限的方法。基于评分函数的模型与扩散概率模型有非常深刻的联系，这两类方法有着统一的随机微分方程建模的视角[12]。

扩散概率模型是目前深度生成模型领域最前沿、最活跃的研究方向。在理论与算法方面，扩散概率模型的训练策略[10-12,34] 和加速采样策略[23-25] 是最重要的研究分支。应用方面，文到视觉内容生成任务中涌现了诸多扩散大模型[2,26,35-36]，在第 7 讲和第 10 讲中介绍相关模型。

2.8 课后习题

习题 1. 证明式(2-6)中的 KL 散度符合统计散度的定义。

习题 2. 考虑密度估计和采样这两种推断任务，自回归模型的计算复杂度（相较于数据维度）是否相同？这两种任务计算时可否并行？解释为什么 ChatGPT 在对话上下文较长时需要较长的时间做出回答。

习题 3. 解释式(2-11)中的高斯混合分布和式(2-12)中一般隐变量模型的对应关系。

习题 4. 证明式(2-17)中的结论。

习题 5. 证明如下等式成立并写出相应编码器梯度的蒙特卡罗估计。

$$\nabla_{\boldsymbol{\phi}}\mathbb{E}_{q_{\boldsymbol{\phi}}(\boldsymbol{z}|\boldsymbol{x})}\left[\log p_{\boldsymbol{\theta}}(\boldsymbol{x}|\boldsymbol{z})\right]=\mathbb{E}_{q_{\boldsymbol{\phi}}(\boldsymbol{z}|\boldsymbol{x})}\left[\log p_{\boldsymbol{\theta}}(\boldsymbol{x}|\boldsymbol{z})\nabla_{\boldsymbol{\phi}}\log q_{\boldsymbol{\phi}}(\boldsymbol{z}|\boldsymbol{x})+\nabla_{\boldsymbol{\phi}}\log p_{\boldsymbol{\theta}}(\boldsymbol{x}|\boldsymbol{z})\right].$$

习题 6. 在变分自编码器中，如果先验分布和变分后验分布均为高斯分布，推导式(2-19) 中 KL 散度项的闭式解。

习题 7. 根据扩散模型前向过程的定义，推导 $q(\boldsymbol{x}_t|\boldsymbol{x}_0)$ 的具体形式。

习题 8. 根据扩散模型前向过程的定义，推导 $q(\boldsymbol{x}_{t-1}|\boldsymbol{x}_t,\boldsymbol{x}_0)$ 的具体形式。

习题 9. 只考虑可能性，而不考虑计算开销，可否用对抗网络的训练方法训练自回归模型、变分自编码器中的解码器和扩散模型？与（近似）最大似然估计的训练方法相比，对抗网络的训练方法应用到上述哪些模型在计算上会显著增加计算开销？

习题 10. 某公司主要业务是高质量图像数据生成，合成数据主要通过线下方式提供给其他公司，假设你是技术负责人，你倾向于使用自回归、变分自编码器、生成对抗网络和扩散模型中的哪一种？如果公司的主要业务是互联网实时交互应用，并且服务器资源紧张，你倾向于使用哪一种模型？

参考文献

[1] OUYANG L, WU J, JIANG X, et al. Training language models to follow instructions with human feedback[J]. Advances in Neural Information Processing Systems, 2022, 35: 27730-27744.

[2] ROMBACH R, BLATTMANN A, LORENZ D, et al. High-resolution image synthesis with latent diffusion models[C]//Proceedings of the IEEE/CVF Conference on Computer Vision and Pattern Recognition, CVPR 2022. New Orleans: IEEE, 2022: 10674-10685.

[3] LECUN Y, BOTTOU L, BENGIO Y, et al. Gradient-based learning applied to document recognition[J]. Proceedings of the IEEE, 1998, 86(11): 2278-2324.

[4] BISHOP C M. Information science and statistics: Pattern recognition and machine learning[M]. 5th ed. Cham: Springer, 2007.

[5] CHEN M, RADFORD A, CHILD R, et al. Generative pretraining from pixels[C]// Proceedings of the 37th International Conference on Machine Learning, ICML 2020. [S.l.]: PMLR, 2020: 1691-1703.

[6] URIA B, CÔTÉ M A, GREGOR K, et al. Neural autoregressive distribution estimation[J]. The Journal of Machine Learning Research, 2016, 17(1): 7184-7220.

[7] VAN DEN OORD A, KALCHBRENNER N, KAVUKCUOGLU K. Pixel recurrent neural networks[C]//BALCAN M, WEINBERGER K Q. Proceedings of the 33nd International Conference on Machine Learning, ICML 2016. New York City, NY, USA: JMLR.org, 2016: 1747-1756.

[8] VAN DEN OORD A, KALCHBRENNER N, ESPEHOLT L, et al. Conditional image generation with pixelcnn decoders[J]. Advances in neural information processing systems, 2016, 29.

[9] KINGMA D P, WELLING M. Auto-encoding variational bayes[J]. arXiv preprint arXiv: 1312.6114, 2013.

[10] SOHL-DICKSTEIN J, WEISS E A, MAHESWARANATHAN N, et al. Deep unsupervised learning using nonequilibrium thermodynamics[C]//BACH F R, BLEI D M. Proceedings of the 32nd International Conference on Machine Learning, ICML 2015. Lille, France: JMLR.org, 2015: 2256-2265.

[11] HO J, JAIN A, ABBEEL P. Denoising diffusion probabilistic models[J]. Advances in neural information processing systems, 2020, 33: 6840-6851.

[12] SONG Y, SOHL-DICKSTEIN J, KINGMA D P, et al. Score-based generative modeling through stochastic differential equations[J]. arXiv preprint arXiv:2011.13456, 2020.

[13] GOODFELLOW I, POUGET-ABADIE J, MIRZA M, et al. Generative adversarial nets[J]. Advances in neural information processing systems, 2014, 27.

[14] RADFORD A, METZ L, CHINTALA S. Unsupervised representation learning with deep convolutional generative adversarial networks[J]. arXiv preprint arXiv:1511.06434, 2015.

[15] KARRAS T, LAINE S, AILA T. A style-based generator architecture for generative adversarial networks[C]//Proceedings of the IEEE Conference on Computer Vision and Pattern Recognition, CVPR 2019. Long Beach, CA, USA: IEEE, 2019: 4401-4410.

[16] NOWOZIN S, CSEKE B, TOMIOKA R. f-gan: Training generative neural samplers using variational divergence minimization[J]. Advances in neural information processing systems, 2016, 29.

[17] ARJOVSKY M, CHINTALA S, BOTTOU L. Wasserstein generative adversarial networks[C]//PRECUP D, TEH Y W. Proceedings of the 34th International Conference on Machine Learning, ICML 2017. Sydney, NSW, Australia: PMLR, 2017:214-223.

[18] RADFORD A, NARASIMHAN K, SALIMANS T, et al. Improving language understanding by generative pre-training[EB/OL].[2024-06-20].2018.https://cdn.openai.com/research-covers/language-unsupervised/language_understanding_paper.pdf.

[19] RADFORD A, WU J, CHILD R, et al. Language models are unsupervised multitask learners[EB/OL].[2024-06-20].http://cdn.openai.com/better-language-models/language_models_are_unsupervised_multitask_learners.pdf.

[20] BROWN T, MANN B, RYDER N, et al. Language models are few-shot learners[J]. Advances in neural information processing systems, 2020, 33: 1877-1901.

[21] JOHNSON M J, DUVENAUD D K, WILTSCHKO A, et al. Composing graphical models with neural networks for structured representations and fast inference[J]. Advances in neural information processing systems, 2016, 29.

[22] CALVIN L. Understanding diffusion models: A unified perspective[J]. arXiv preprint arXiv:2208.11970, 2022.

[23] SONG J, MENG C, ERMON S. Denoising diffusion implicit models[J]. arXiv preprint arXiv:2010.02502, 2020.

[24] BAO F, LI C, ZHU J, et al. Analytic-dpm: an analytic estimate of the optimal reverse variance in diffusion probabilistic models[J]. arXiv preprint arXiv:2201.06503, 2022.

[25] LU C, ZHOU Y, BAO F, et al. Dpm-solver: A fast ode solver for diffusion probabilistic model sampling in around 10 steps[J]. Advances in Neural Information Processing Systems, 2022, 35: 5775-5787.

[26] RAMESH A, DHARIWAL P, NICHOL A, et al. Hierarchical text-conditional image generation with clip latents[J]. arXiv preprint arXiv:2204.06125, 2022, 1(2): 3.

[27] MESCHEDER L M, GEIGER A, NOWOZIN S. Which training methods for GANs do actually converge?[C]//DY J G, KRAUSE A. Proceedings of the 35th International Conference on Machine Learning, ICML 2018. Stockholm, Sweden: PMLR, 2018: 3478-3487.

[28] XU K, LI C, ZHU J, et al. Understanding and stabilizing gans' training dynamics using control theory[C]//Proceedings of the 37th International Conference on Machine Learning, ICML 2020. [S.l.]: PMLR, 2020: 10566-10575.

[29] DUMOULIN V, BELGHAZI I, POOLE B, et al. Adversarially learned inference[J]. arXiv preprint arXiv:1606.00704, 2016.

[30] XIA W, ZHANG Y, YANG Y, et al. Gan inversion: A survey[J]. IEEE Transactions on Pattern Analysis and Machine Intelligence, 2022, 45(3): 3121-3138.

[31] RAMESH A, PAVLOV M, GOH G, et al. Zero-shot text-to-image generation[C]//MEILA M, ZHANG T. Proceedings of the 38th International Conference on Machine Learning, ICML 2021. [S.l.]: PMLR, 2021: 8821-8831.

[32] PAN X, TEWARI A, LEIMKÜHLER T, et al. Drag your GAN: interactive point- based manipulation on the generative image manifold[C]//BRUNVAND E, SHEFFER A, WIMMER M. Proceedings of the ACM SIGGRAPH 2023 Conference. Los Angeles, CA: ACM, 2023: 78: 1-11.

[33] GOODFELLOW I, BENGIO Y, COURVILLE A. Deep learning[M]. Cambridge, Massachusetts: MIT press, 2016.

[34] KARRAS T, AITTALA M, AILA T, et al. Elucidating the design space of diffusion-based generative models[J]. Advances in Neural Information Processing Systems, 2022, 35: 26565-26577.

[35] SAHARIA C, CHAN W, SAXENA S, et al. Photorealistic text-to-image diffusion models with deep language understanding[J]. Advances in Neural Information Processing Systems, 2022, 35: 36479-36494.

[36] BAO F, NIE S, XUE K, et al. One transformer fits all distributions in multi-modal diffusion at scale[C]//KRAUSE A, BRUNSKILL E, CHOK, et al. International Conference on Machine Learning. Honolulu, Hawaii: PMLR, 2023: 1692-1717.

第 3 讲
自监督学习

自监督学习（self-supervised learning）因其不需要额外的人工标注而可以利用大规模的无标注数据进行训练，已经成为神经网络在大规模数据上进行学习的主流学习范式。本讲主要介绍自监督学习的几个主流代表性方法及其相应的模型。尽管形式各异，然而从原理上来说，自监督学习的各类算法都可以归结为“自我预测”（self-prediction）和“对比学习”（contrastive learning）两大类基本形式。较复杂的自监督学习算法则是组合了这两类基本形式。本讲将介绍几个简洁而有代表性的基础模型，包括语言模型（language model）、词向量模型（word2vec）、掩码自编码器（masked autoencoder，MAE）、降噪自编码器（denoising autoencoder）、噪声对比估计（noise contrastive Estimation，NCE）、对比检索器（contriever）等，涵盖自然语言处理、语音信号处理和计算机视觉三大应用领域。

3.1 自监督模型概述

自监督学习是一种机器学习范式，其主要特点是利用数据本身的特性进行学习，而无须人工标注的监督。在自监督学习中，模型会利用数据中的某种内在结构或关联性进行学习，从而学习到数据的表示或特征，进而用于解决其他相关任务。自监督学习的核心思想是通过设计某种任务，使模型能够从未标记的数据中学到有用的表示。这种任务通常是基于数据本身的属性或结构，如自编码器、预测缺失部分、图像补全、视频帧预测等。通过这些任务，模型被迫学习数据中的相关特征，从而提高了对数据的理解和表征能力。

3.1.1 自监督学习的由来

自监督学习的由来与发展是机器学习领域中一个逐步演进的过程，它与监督学习、无监督学习和半监督学习紧密相关。

自监督学习的兴起源于对大规模未标记数据的需求以及对监督学习和无监督学习范式的探索。在机器学习领域，监督学习是最为常见的学习方式，但其依赖于大量标记数据，而标记数据的获取成本高昂。另一方面，无监督学习旨在从未标记数据中学习，但其面临着学习效果不稳定、难以评估等问题。在这样的背景下，半监督学习作为监督学习和无监督学习的结合，尝试利用带有标签和未标记的数据来提高模型性能。然而，半监督学习仍然需要一定比例的标记数据来指导模型学习。因此，自监督学习应运而生，其核心思想是设计一种任务，使得模型能够从未标记的数据中学习到有用的表示或特征，而不需要显式的标签。这种方法在大规模未标记数据场景下具有重要意义，因为它能够克服标记数据稀缺和成本高昂的问题，同时也为模型提供了更广泛的学习机会。

接下来，将逐步介绍这些学习范式的发展历程和自监督学习的兴起。

监督学习（supervised learning）作为机器学习领域最早期和最成熟的学习范式之一，已经在许多领域取得了巨大成功。在监督学习中，模型通过大量的标注数据进行训练，每个数据点都有一个输入特征向量和一个对应的输出标签。通过这种方式，监督学习的目标是学习一个映射函数，使得模型能够准确地对新的输入数据进行分类或回归预测。监督学习在许多机器学习任务中取得了巨大成功，尤其是在图像识别、语音识别和自然语言处理等领域。

然而，监督学习的成功建立在大量高质量标注数据的基础之上。这些标注数据的获取往往需要大量的人力和时间成本，甚至包括专业领域知识的投入。在现实世界中，获取如此大量的标注数据是不切实际的，特别是在数据隐私和版权保护日益受到重视的今天。由于标记数据的成本和限制，监督学习在某些领域面临着数据稀缺的问题，这限制了模型的性能和泛化能力。因此，寻求一种能够在少量标记数据甚至无标记数据的情况下进行有效学习的方法变得至关重要。

无监督学习（unsupervised learning）作为一种重要的学习范式，旨在克服监督学习对标注数据的依赖。与监督学习不同，无监督学习不使用标签数据，而是试图直接从未标注的数据中发现模式和结构。这使得无监督学习在处理大规模数据集时具有独特的优势，因为它可以从数据中挖掘出隐藏的信息，而不需要事先标注的指导。

尽管无监督学习在处理大规模数据集方面具有优势，但其面临的主要挑战在于如何量化和评估学习到的特征表示的有效性，以及如何将这些表示应用到具体的任务中。评估无监督学习算法学习到的特征表示的有效性是一个复杂而关键的问题，因为缺乏明确的标签或目标使得评估变得更加困难。此外，将无监督学习得到的特征表示应用到具体任务中也需要精心的设计和调整，以确保学习到的特征能够在实际应用中发挥有效作用。

在面对这些挑战的同时，无监督学习的发展也为解决监督学习中标注数据稀缺和成本高昂的问题提供了新的思路和方法。近年来，自监督学习作为无监督学习的重要分支已经取得了许多突破，为利用大规模未标记数据进行有效学习提供了新的可能性。

自监督学习作为近年来兴起的一种学习范式，进一步扩展了无监督学习的概念。其核心思想是利用数据本身的结构来创建监督信号，即通过“预测自己”的方式，从未标注数据中学习到有用的特征表示。自监督学习通常基于数据本身的某些变换或遮蔽策略，设计精巧的预测任务，例如，在文本数据中预测被遮蔽的单词，或在图像数据中重建被遮蔽的区域。这种方法使得模型在学习过程中不需要人工标注的监督信息，而是依赖于数据内在的结构和规律。

自监督学习的关键优势在于其能够利用未标注数据学习到泛化的特征表示，这些表示对于多种下游任务都非常有用。例如，BERT 的预训练表示可以迁移到情感分析、命名实体识别等多种自然语言处理任务上。在计算机视觉领域，通过自监督学习预训练的模型也能够在图像分类、目标检测等任务中取得优异的性能。这种迁移学习的能力使得自监督学习成为一个备受关注的研究领域。

除了上述优势之外，自监督学习还能够有效地解决监督学习中标注数据稀缺和成本高昂的问题。通过利用大规模未标记数据进行自监督学习，可以在很大程度上减轻对大量标注数据的需求，从而降低了训练模型的成本和复杂度。同时，通过学习数据的表示，自监督学习可以为后续的监督学习任务提供更好的初始化参数，从而提高了模型在特定任务上的性能。这使得自监督学习在实际应用中具有更广泛的可行性和实用性。

然而，自监督学习也面临着一些挑战。其中之一是如何设计有效的自监督任务。有效的自监督任务应该能够迫使模型学习到对数据有用的表示，而不是无关的特征。另一个挑战是如何避免学习到无用的特征表示。如果自监督学习学到的表示对于特定任务并不具有帮助，那么这种学习就是无效的。

当前，自监督学习仍然是一个活跃的研究领域，研究人员正在不断提出新的方法和技术来解决这些挑战，并将自监督学习应用于更多的领域和任务中。通过不断地创新和探索，自监督学习有望成为解决大规模未标记数据学习的有效方法，从而推动机器学习领域的发展。

而半监督学习（semi-supervised learning）是一种融合监督学习和无监督学习优点的折中方案。其核心假设是，未标注数据的分布与标注数据相似，因此可以将从标注数据中学习到的知识迁移到未标注数据上。在半监督学习中，少量的标注数据被用来指导模型的学习过程，同时利用大量的未标注数据来增强学习过程。这种方法在一定程度上减少了对标注数据的需求，因为它充分利用了未标注数据中的信息，从而提高了模型的泛化能力和性能。通过这种方式，半监督学习在一定程度上缓解了监督学习中对大量标注数据的依赖，同时也克服了无监督学习中难以评估学习到特征有效性的问题。

本讲的重点内容在于自监督学习，因此这里不再花过多篇幅对半监督学习作介绍。接下来将继续对自监督学习进行深入探讨。

3.1.2 两个基本问题

自监督学习的目的是从大量未标注的数据中学习到有用的特征表示，这些表示能够捕捉数据的本质属性，并具有较好的泛化能力，以便可以迁移到各种下游任务中。为了实现这一目标，研究者们开发了多种方法来设计自监督学习任务，从而使得模型能够在没有显式监督信号的情况下进行有效的学习。下面将分别介绍自监督学习的目的和方法这两个基本问题。

1. 自监督学习的目的

自监督学习的主要目的是学习数据的内在结构和特征表示，这些表示能够捉到数据的关键信息，同时忽略不相关的细节，对于理解数据和执行特定任务至关重要。具体来说，自监督学习的过程要达成以下目的。

（1）特征提取：学习数据的高层抽象特征，这些特征能够捕捉数据的关键信息，如图像的视觉模式、文本的语义信息等。

（2）数据理解：通过学习数据的表示，提高对数据内容的理解，如理解文本的情感、图像的场景内容等。

（3）泛化能力：学习到的特征表示应具有良好的泛化性，能够在多种不同的任务和数据集上有效工作。

（4）迁移学习：利用自监督学习得到的表示作为预训练模型，可以轻松迁移到监督学习或其他类型的学习任务中，提高模型的性能和效率。

自监督学习得到的特征表示对于模型的性能至关重要。常见的数据特征包括文本中的词向量、图像中的视觉特征、音频中的声学特征等。这些特征应当能够在经过自监督学习后，对多种下游任务有良好的适应性。在深度学习出现之前，特征工程主要依赖于专家知识来手工设计特征。而现在的深度学习模型，尤其是卷积神经网络（convolutional neural network，CNN）和 Transformer 架构，已经证明能够自动学习高质量的特征表示。

选择合适的数据特征通常需要结合领域知识和实际问题的需求。在自监督学习中，通常会通过设计自监督任务来引导模型学习到对于具体任务有用的特征表示。接下来将详细介绍自监督学习的方法。

2. 自监督学习的方法

方法设计是自监督学习中的核心问题之一。通过设计合适的自监督任务，可以使模型学习到对于特定任务有用的特征表示。自我预测和对比学习是两种主要的自监督学习的方法。它们都是通过设计模型需要解决的任务来引导模型学习到数据的有用特征表示。

自我预测（self-prediction）是自监督学习中的一种关键方法，其核心理念是通过模型对数据进行自我预测，从而学习到数据的有用特征表示。这类任务旨在让模型根据输入数据自行预测数据的某些属性或者根据部分数据来预测其他部分的数据，以便模型能够就数据的内在结构和特征进行学习。

在自然语言处理领域，自我预测通常涉及语言模型预训练，其中模型需要根据上下文来预测被遮蔽的单词，这有助于模型学习到文本数据的语义和句法结构。在计算机视觉中，自我预测可以表现为图像补全任务，模型需要预测图像中被遮挡的部分，从而学习到图像的语义信息和视觉特征。此外，在视频处理领域，自我预测任务可能包括预测视频序列中的下一帧图像或者一些特定的视频片段，以便模型能够学习到视频数据的时空特征。

这些自我预测任务的设计可以使得模型学习到对于数据有用的特征表示，这些表示对于多种下游任务都具有很好的泛化能力。3.2 节将详细介绍自我预测的自监督学习方法。

对比学习（contrastive learning）是另一类常见的自监督学习方法，其核心思想是通过比较数据样本之间的相似性来进行学习。在对比学习任务中，模型被要求将同一样本的不同变换（正样本对）在特征空间中更加接近，而不同样本的特征（负样本对）在特征空间中更加分散，从而学习到数据的有用特征表示。

对比学习任务的关键在于正负样本对的构建与学习。例如，在计算机视觉中，模型通过被训练来区分来自同一图像的不同增强视图和来自不同图像的视图。在文本中，可以通过比较句子的相似性来学习语义表示。对比学习任务的设计可以帮助模型学习到数据样本之间的相似性和差异性，从而学习到更加鲁棒和泛化能力强的特征表示。3.3 节将详细介绍这类方法。

而对比预测编码则结合了自我预测和对比学习这两类方法的思想。模型首先通过编码器将输入数据编码成潜在特征表示，然后通过预测器来预测输入序列中的未来片段。同时，模型还通过对比任务来鼓励学习到的特征表示对于相似样本更加接近，对于不相似样本更加分散，从而学习到更加具有区分性的特征表示。

接下来，将详细介绍这两类自监督学习的方法。

3.2 自我预测

在这一小节中，将深入探索自监督学习的核心方法之一——自我预测。自我预测通过挖掘数据内在的结构与规律，让机器自身预测数据的某一部分，以达到无须标注数据即可学习特征的目的。这一方法不仅展现了自监督学习的魅力，而且在实际应用中表现出强大的性能。

本节将详细介绍以下几种自我预测的方法。

自编码器作为自我预测的典型代表，它通过学习输入数据的重建表示，发掘数据的有用特征。下面将对几种自编码器作讨论。

（1）重建自编码器：基于输入数据，学习重建数据的表示。

（2）降噪自编码器：在输入数据中加入噪声，使模型学习到更加鲁棒的特征。

（3）堆栈自编码器：通过多层自编码器结构，逐层提取数据的高级特征。

掩码预测通过对输入数据进行部分遮挡，迫使模型预测遮挡部分的内容。下面将对几种掩码预测方法作探讨。

（1）单向预测：仅预测遮挡部分的未来或过去信息。

（2）双向预测：同时预测遮挡部分的前后信息。

（3）掩码自编码器：结合自编码器和掩码预测，学习重建遮挡数据。

除了上述方法，还对以下几种自我预测的途径作探讨。

（1）图片角度旋转：预测图片旋转的角度，使模型能够学习到图像的旋转不变性。

（2）图片重新排序：通过预测图片序列的正确排序，让模型捕捉到时间序列数据的规律。

3.2.1 自编码器

自编码器 (autoencoder，AE)[1] 指导神经网络学习输入和中间表示之间的映射关系，它被广泛应用于降维、异常检测和特征提取。自编码器是一种神经网络模型，它基于反向传播算法，通过学习输入数据与中间表示之间的映射关系来实现特征提取和数据压缩。在训练过程中，自编码器试图通过最小化重构误差来学习数据的有效表示。通过这种方式，自编码器希望能够在压缩数据长度的同时，保留输入数据的主要信息，从而实现数据的有效压缩和重建。自编码器的理论基础主要源于信息理论和神经网络的相关概念。自编码器的设计理念受到信息论的启发，其目标之一是在编码过程中尽可能减少信息损失，以实现高效的数据压缩和重建。自编码器是一种神经网络模型，利用神经网络的强大表示学习能力来学习数据的有效表示。

自编码器可以理解为一个试图压缩输入然后再将其还原的系统。重建自编码器是最简单的自编码器，它的设计思想是将输入数据通过编码器压缩到一个低维表示，并通过解码器将这个低维表示还原为原始输入数据。这种自编码器的目标是尽可能准确地重建输入数据，从而迫使模型学会提取数据中的有用特征。然而，重建自编码器存在一个问题，即容易学习到输入数据的恒等函数映射，而不是学习到有意义的数据特征。这意味着模型可能仅仅记住并复制输入数据，而没有真正学习到数据中的高级特征。为了解决这个问题，降噪自编码器 (denoising autoencoder，DAE)[2] 被引入。降噪自编码器在训练过程中，通过向输入数据中添加噪声来训练模型，然后尝试去除这些噪声以重建原始数据。这样做的好处是，模型不再能够简单地记住并复制输入数据，而必须学会从中提取有用的特征，以应对噪声的影响。此外，浅层网络有时难以应对复杂的问题，于是研究人员开始尝试使用无监督学习方法来预训练深度神经网络的各个层，其中一种重要的方法就是堆栈自编码器（stacked autoencoder，SAE）[3]。

接下来将介绍重建自编码器、降噪自编码器和堆栈自编码器。

1. 重建自编码器

重建自编码器通过将输入数据压缩到一个低维空间表示，然后再将其解压缩回原始数据形式来学习数据的有效表示。其基本结构由两部分组成：编码器（encoder）和解码器（decoder）。

编码器接收输入数据，并将其映射到一个低维的中间表示，这个表示捕获了输入数据中最重要的特征。通常编码器由一个或多个神经网络组成，这些层可以是全连接神经网络（fully connected neural network，FCNN），或卷积神经网络（convolutional neural network，CNN）等结构。需要注意的是，中间表示的维度通常比输入数据低，这一方面是为了避免模型作弊直接让中间表示复制输入数据中的信息；另一方面是为了强迫中间表示起到信息压缩的效果。解码器接受编码器的输出，并将其解码到与原始输入数据相同的维度。解码器的目标是通过学习重构输入数据来最小化重构误差，也就是说使得模型输入的数据经过编码器和解码器之后尽可能接近原始数据。与编码器类似，解码器通常由神经网络层组成，其结构可能与编码器相反。在训练过程中，重建自编码器通过最小化输入数据与解码后的输出之间的重构误差来学习有效的数据表示。损失函数的选择与任务有关，常用的损失函数包括均方误差（mean squared error，MSE）和交叉熵损失（cross entropy loss）等。模型的优化过程通常使用梯度下降或其变种进行。

下面以 MNIST 为例，介绍重建自编码器的训练过程。如图 3-1 所示，模型接受图片构成的 28×28 像素矩阵为输入，将其展开成长度为 784 的向量 $\boldsymbol{x}$ 并从 RGB 格式映射到 $[0,1]$ 区间。然后将 $\boldsymbol{x}$ 通过可学习的编码器 $\mathbf{E}$ 映射到隐空间（latent space）中的 m 维中间表示 $\boldsymbol{z}$（$m < 784$）。再从 $\boldsymbol{z}$ 中通过可学习的解码器 $\mathbf{G}$ 重建向量 $\hat{\boldsymbol{x}}$。即

$$\hat{\boldsymbol{x}} = \mathbf{G}[\mathbf{E}(\boldsymbol{x})] \tag{3-1}$$

以编码器和解码器是结构相反的单层的全连接层为例，二者可以分别用矩阵加偏置的形式表示，即 $\boldsymbol{W}_1^{768\times m}, \boldsymbol{b}_1^{1\times m}$ 和 $\boldsymbol{W}_2^{m\times 768}, \boldsymbol{b}_2^{1\times 768}$。通常还会为经过全连接层的数据使用激

活函数来引入非线性元素，这里以 ReLU 函数为例。最后解码器输出的数据使用激活函数 Sigmoid，来映射到 $[0,1]$ 区间，实现和输入向量的对齐。这样编码过程和解码过程表示为

$$\boldsymbol{z} = \text{ReLU}(\boldsymbol{W}_1\boldsymbol{x} + \boldsymbol{b}_1) \tag{3-2}$$

$$\hat{\boldsymbol{x}} = \text{Sigmoid}(\boldsymbol{W}_2\boldsymbol{z} + \boldsymbol{b}_2) \tag{3-3}$$

获得了重建的向量 $\hat{\boldsymbol{x}}$ 后，就可以计算重构损失并优化模型了。对于重建问题，使用均方误差函数 $\text{MSE}(\boldsymbol{x},\hat{\boldsymbol{x}}) = \dfrac{\sum_{i=1}^{n}(\hat{x}_i - x_i)^2}{784}$ 计算得到重构损失。然后进行反向传播并使用梯度下降法，根据预先设置的超参数学习率对模型进行更新。为了避免过拟合，还可以采用置零（dropout）[4] 的方法在训练过程中随机将一些神经元的输出设置为零，从而提高模型的泛化能力。最后也可以按照展开图片相反的过程来把重建向量 $\hat{\boldsymbol{x}}$ 重排为二维的图片。

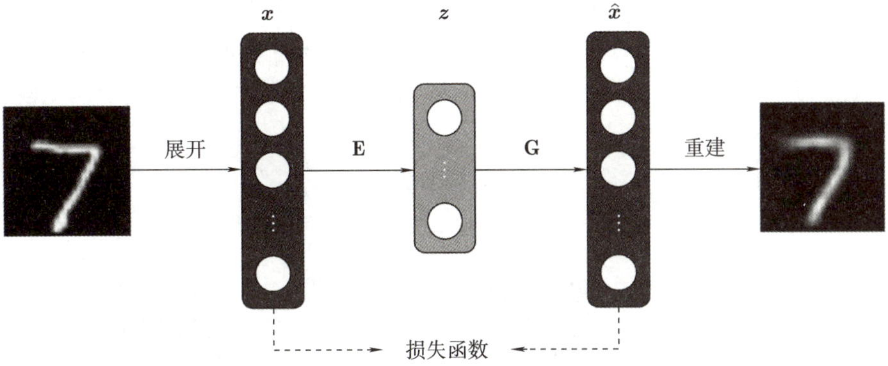

图 3-1 重建自编码器的结构

学会了在 MNIST 上使用重建自编码器之后，读者可以尝试把它应用到更多任务：

（1）在降维和特征提取领域，对于图片、视频、音频、文本等数据，将其编码成向量 $\boldsymbol{x}$ 后，输入训练好的 $\mathbf{E}$，就可以得到一个内容丰富并且长度更短的中间表示 $\boldsymbol{z}$。中间表示作为自编码器提取出来的特征，长度更短，于是起到了数据压缩的效果。它可以输入下游模型进行其他任务。对于下游模型来说，输入中间表示比直接输入原始数据要好，因为原始数据更长、存在更多的冗余信息，对模型来说更难理解。

（2）在异常检测领域，将 $\boldsymbol{x}$ 输入训练好的自编码器，计算 $\text{MSE}\{\boldsymbol{x},\mathbf{G}[\mathbf{E}(\boldsymbol{x})]\}$ 可以判断 $\boldsymbol{x}$ 的离群程度。如果超过了人工预先设定的阈值，就可以认为 $\boldsymbol{x}$ 存在异常。这是因为与正常数据相比，异常数据是少数，人们认为训练好的自编码器可以把输入的正常

数据较好地还原出来，损失也就较低；而异常数据由于分布跟正常数据不同，自编码器不能很好地还原它，于是损失更高。

2. 降噪自编码器

降噪自编码器是一种对噪声具有鲁棒性的自编码器。在重建自编码器的基础上，降噪自编码器在训练时对输入数据添加噪声，然后尝试学习去除噪声的干净表示，从而使得模型能够更好地捕捉数据中的潜在特征。与传统的自编码器不同，降噪自编码器被设计成用来学习数据的有意义的特征表示，而不是简单地将输入复制到输出。

噪声可以选择高斯噪声、椒盐噪声，也可以以一定概率将输入向量中的某几位置零（Dropout）。高斯噪声是指概率密度函数服从高斯分布（即正态分布）的一类噪声，即 $\mathcal{N}(x)=\dfrac{1}{\sigma\sqrt{2\pi}}\mathrm{e}^{-\frac{(x-\mu)^2}{2\sigma^2}}$。椒盐噪声则是随机改变一些像素值。以二值图像为例，注入此类噪声会使一些像素变白，一些像素变黑。

下面以 MNIST 为例，介绍降噪自编码器的训练过程，包括添加噪声和学习去噪能力两步。如图 3-2 所示，首先将无噪声的原始图片展开得到长度为 784 的向量 $\boldsymbol{x}$，并对其置零加噪得到 $\tilde{\boldsymbol{x}}$。加噪过程可以理解为根据指定的概率 $p, \boldsymbol{x}$ 的每个元素都独立地将概率 p 设置为 0，概率 $1-p$ 设置为 1。然后将加噪后的图片输入给模型，让模型预测无噪声的原始图片 $\boldsymbol{x}$，即

$$\hat{\boldsymbol{x}}=\mathbf{G}[\mathbf{E}(\tilde{\boldsymbol{x}})] \tag{3-4}$$

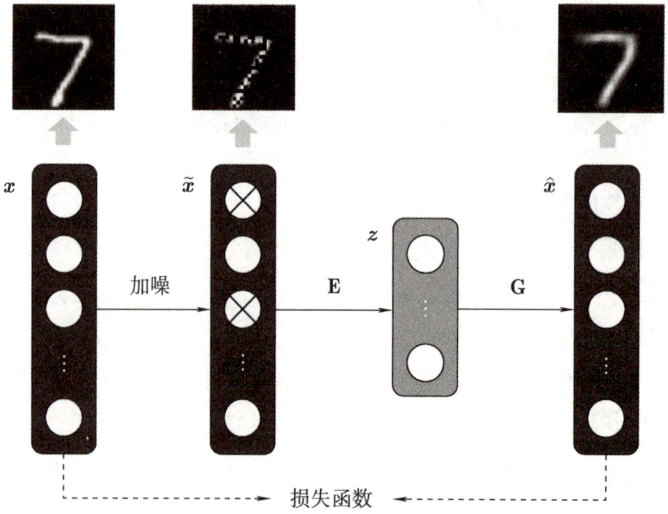

图 3-2　降噪自编码器的结构

类似重建自编码器，以编码器和解码器是结构相反的单层的全连接层为例，二者可以分别表示为 $\boldsymbol{W}_1^{768\times m},\boldsymbol{b}_1^{1\times m}$ 和 $\boldsymbol{W}_2^{m\times 768},\boldsymbol{b}_2^{1\times 768}$。激活函数以 ReLU 函数为例。这样编码过程和解码过程表示为

$$\boldsymbol{z}=\mathrm{ReLU}(\boldsymbol{W}_1\tilde{\boldsymbol{x}}+\boldsymbol{b}_1) \tag{3-5}$$

$$\hat{\boldsymbol{x}}=\mathrm{ReLU}(\boldsymbol{W}_2\boldsymbol{z}+\boldsymbol{b}_2) \tag{3-6}$$

网络的目标是最小化重构误差，即使得模型输入的噪声数据经过编码器和解码器之后尽可能接近原始数据，并过滤掉噪声和不相关信息。损失函数的选择与重建自编码器相同。

由于提高了对输入的鲁棒性，降噪自编码器在自监督训练中效果显著。但是单纯添加高斯噪声或者置零的加噪方式过于简单，不符合实际。随着研究的发展和进步，多年来研究者提出了各种先进的加噪方式。例如，colorization 方法通过给图片添加滤镜作为输入，让模型预测原始图片，以此进行训练。

降噪自编码器是一种常见的模型。通过训练，模型可以掌握提取低维抽象信息的能力，同时学会分辨关键信息和噪声，从而提高了鲁棒性。其主要优势在于不需要监督信号，降低了对数据的需求；与此同时，通过添加噪声避免了自编码器中模型作弊的可能，提高了训练效果。然而，降噪自编码器依赖于数据集。如果训练集和测试集数据分布差异较大，降噪自编码器的表现就会受到影响。

3. 堆栈自编码器

堆栈自编码器将多个前述单层自编码器层叠在一起来学习数据的分层表示，每一层都将前一层的输出作为输入。因此，堆栈自编码器是一种典型的深度学习模型，它能够学习到数据的高级抽象表示。

具体来说，堆栈自编码器由多个自编码器层组成，其中每个自编码器层都由一个编码器和一个解码器组成。编码器将输入数据映射到一个低维表示，而解码器则将这个低维表示重构为原始输入数据。堆栈自编码器的每一层都以前一层的输出作为输入。这意味着堆栈自编码器通过逐层学习数据的抽象表示，每一层都在学习原始数据的更高级的特征表示。因此，堆栈自编码器能够捕获数据的分层结构和复杂模式。堆栈自编码器通常使用无监督学习方法进行训练，如逐层贪婪训练。在逐层贪婪训练中，每个自编码器层都被单独地训练，然后堆叠在一起形成堆栈自编码器。这种训练策略可以避免深度神经网络训练中的梯度消失问题，并且使得模型更容易收敛。在训练完成后，堆栈自编码器的每一层都可以被视为一个特征提取器。每一层学习到的特征表示都可以用于后续的监督学习任务，如分类或回归。使用无监督逐层初始化得到的参数，比使用随机参数直

接训练效果好。

以三层的堆栈自编码器为例，图 3-3a、图 3-3b 和图 3-3c 依次是第一到三层自编码器层的训练过程。

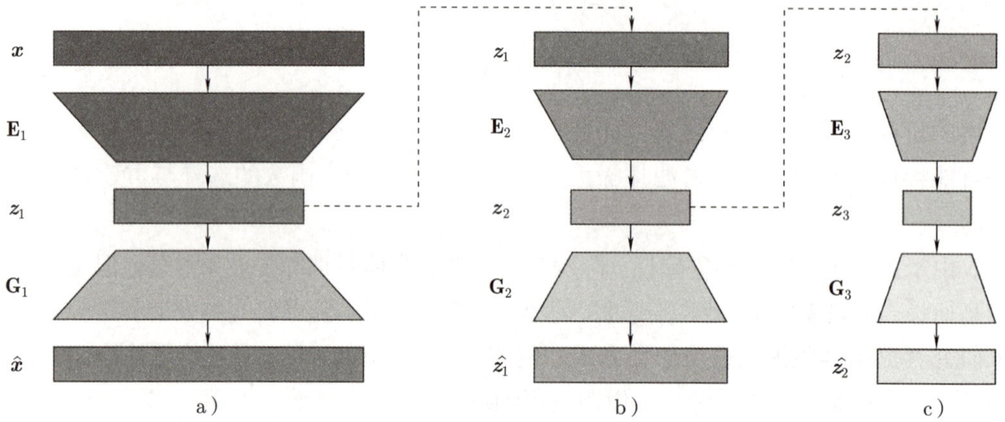

图 3-3　堆栈自编码器的结构和训练

第一个自编码器层接受图片构成的像素矩阵展开得到的向量 $\boldsymbol{x}$ 为输入，将其通过编码器 $\mathbf{E}_1$ 映射到中间变量 $\boldsymbol{z}_1$，再通过解码器 $\mathbf{G}_1$ 重建图片 $\hat{\boldsymbol{x}}$。在训练好的第一个自编码器层的基础上，第二个自编码器层接受第一个自编码器层生成的中间变量 $\boldsymbol{z}_1$，通过编码器 $\mathbf{E}_2$ 将其映射到中间变量 $\boldsymbol{z}_2$，再通过解码器 $\mathbf{G}_2$ 重建中间变量 $\hat{\boldsymbol{z}}_1$。第三个自编码器层的训练方式类似第二个自编码器层。类似重建自编码器和降噪自编码器，网络的目标是最小化重构误差，即使得模型输入的数据经过编码器和解码器之后尽可能地能够还原。损失函数的选择与重建自编码器相同。

将三层自编码器拼接起来，就得到了一个训练好的堆栈自编码器。对于重建任务，编码器和解码器都要保留，把它们拼接起来就可以得到一个重建模型。如图 3-4 所示，对于 MNIST 数据集，将原始图片展开成的向量输入模型，经过多层的编码器和解码器后，模型就会输出重建的向量，向量经过重排就可以得到模型重建的图片。

对于分类任务，只保留堆栈自编码器的编码器部分，并且在后面拼接一个全连接层 F 加上 Softmax 函数作为分类头，就得到了一个图片分类模型。如图 3-5 所示，对于 MNIST 数据集，分类的类别共有 10 种，并采用独热编码，所以全连接层输出的是一个长度为 10 的向量。这个图片分类模型还可以在 MNIST 数据集上微调，以期达到更优的表现。

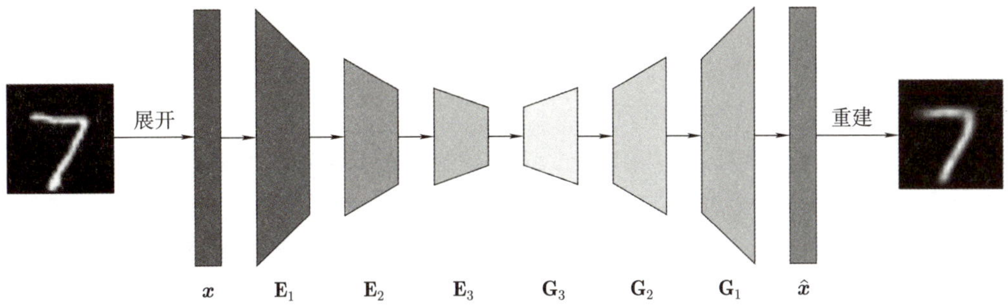

图 3-4 堆栈自编码器应用到重建任务

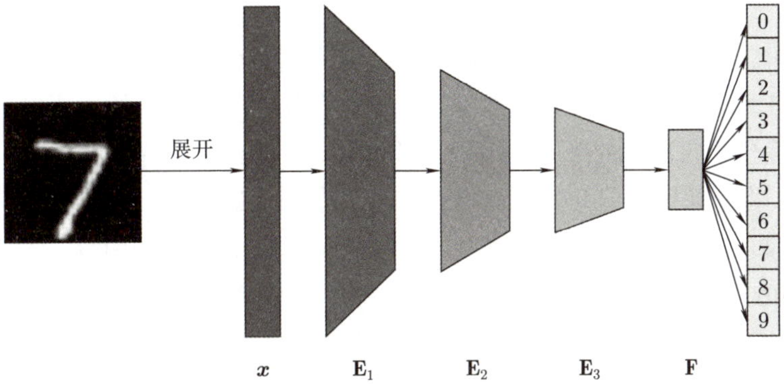

图 3-5 堆栈自编码器应用到分类任务

3.2.2 掩码预测

掩码预测作为自监督学习领域的核心策略之一，其核心在于精心选择并隐藏输入数据中的一部分（即掩码过程），随后将模型暴露于剩余的可见数据中。模型的任务是基于这些可见信息，推测并还原出被遮盖的数据内容。掩码预测技术基于一个深刻的理论假设：一个能够准确推断出被遮盖信息的模型，意味着它具备了领悟整个图像或文本深层含义的能力。通过预测被遮盖的部分，人们激励模型深入挖掘并理解输入数据的内在结构和特征，从而提升模型对输入数据的表征学习能力。掩码操作的实施对象灵活多样，它可以针对原始输入数据，也可以是在模型处理过程中形成的特征表示，甚至是模型需要输出的预测目标。依据遮盖和预测动作发生的具体位置，掩码预测策略大致可分为两种模式：单向预测与双向预测。本节将深入探讨这一技术的原理、实现方式及其在自监督学习中的应用，旨在帮助读者全面掌握掩码预测的精髓和实用技巧。

1. 单向预测

单向预测是指，被遮掩的部分与需要预测的部分分立两侧，模型需要从一端向另一端预测。具体而言，给定输入序列 $\boldsymbol{x} = x_1, x_2, \cdots, x_n, \cdots, x_N$，对于每一个 n，模型根据 $x_1, x_2, \cdots, x_n$ 来预测 x_{n+1}。事实上，第 2 讲介绍的自回归模型在自监督学习视角下可以理解为一种单向预测模型。特别地，单向预测的学习目标往往定义为最大化条件概率 $p(x_{n+1}|x_1, x_2, \cdots, x_n)$，从而使整个序列的概率最大，单向预测模型就完全等价于自回归模型。

单向预测的预训练任务符合人们对于序列数据产生的直觉。通过预测序列中的下一个元素，模型可以学习到数据中的规律和模式，从而提高对整个序列的理解和预测能力。此外，单向预测任务相对简单，容易实现，并且可以通过逐步预测的方式逐步积累预测经验，从而提高预测准确性。因此，单向预测预训练任务在处理序列数据时具有明显的优势。自然语言是天然的序列数据，天生适合采用单向预测的方法进行学习。如果模型能够准确预测句子中的下一个单词，那么模型也就具有了理解和生成自然语言的能力。同样地，将图像按行展开就可以得到表示一个图像的像素序列。如果模型能够根据之前的全部像素预测下一个像素，那么模型也能够理解图片中的内容。

PixelCNN[5] 就是采用了单向预测方法在图像上进行预训练的模型。以 MNIST 数据集为例，对于一张大小为 $n \times n$ 的图像 $\boldsymbol{x}$，将其按行展开就可以得到一个一维的序列 $x_1, x_2, \cdots, x_{n^2}$，其中每个 x_i 代表一个像素（0 或 1）。从而图像的概率分布就可以写为条件概率的形式

$$P(\boldsymbol{x}) = \prod_{i=1}^{n^2} p(x_i|x_1, \cdots, x_{i-1}) = \prod_{i=1}^{n^2} p(x_i|\boldsymbol{x}_{<i}) \tag{3-7}$$

模型通过之前的全部像素来预测下一个像素，即最大化 $p(x_i|\boldsymbol{x}_{<i})$。PixelCNN 使用卷积神经网络来对条件分布 $p(x_i|\boldsymbol{x}_{<i})$ 建模。在预测下一个像素时，卷积核会遮掩还未预测到的部分（见图 3-6），防止出现信息泄露。这种卷积被称为遮掩卷积（masked convolution）。

由于每一次预测都依赖之前的预测结果，因此 PixelCNN 也是一个自回归模型，预测是逐行进行的。对于自回归生成模型，可以采用式(2-8) 中的极大似然估计方法来优化网络参数。在 MNIST 数据集上，采用伯努利分布作为条件似然时，最大似然估计等价于采用经典的二值交叉熵损失直接进行训练。通过最小化重建损失，模型能够逐步学习图像中像素的分布规律，进而拥有对图像的解析能力。

自然语言中也有许多模型采用了单向预测的方法，例如，基于 LSTM 的语言模型。

后续的章节中将继续探讨这些模型。

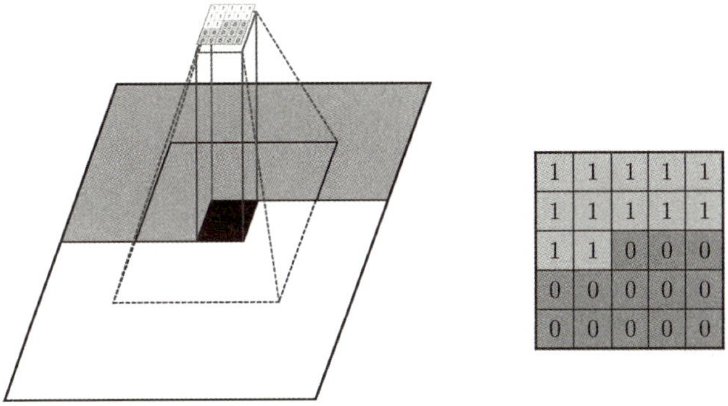

图 3-6 遮掩卷积示意图

2. 双向预测

与单向预测不同，双向预测在输入的图像中选取一部分进行遮掩，然后将未遮掩的剩余图像都送入模型中，让模型预测被遮掩的部分。其核心思想是要求模型根据上下文信息来预测中间被遮掩的未知信息。由于模型在预测时能够参考更多的上下文信息，所以可以帮助模型更好地学习数据的内在规律，提高预测的准确性。在视觉领域，双向预测最典型的应用就是基于图像补全的预训练方法。模型的思路十分直观：对于输入的图片，人们将图片中的一部分抹去，只保留四周的图像，然后让模型对缺失的部分进行预测，如图 3-7 所示。

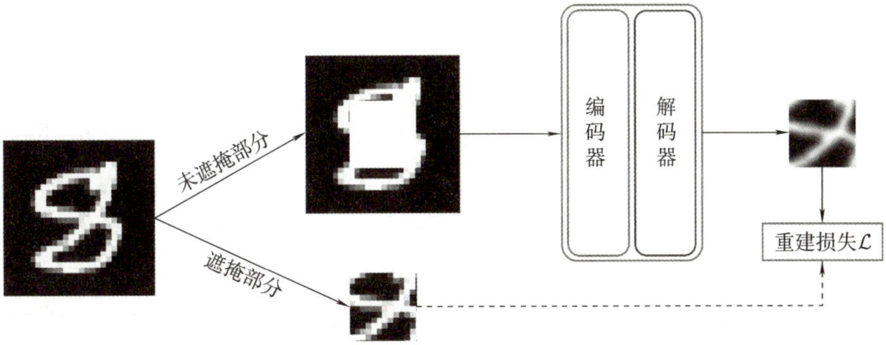

图 3-7 上下文编码器的遮掩策略

通常来说，这类模型都是由一个编码器和一个解码器构成。编码器接受部分遮掩的图片作为输入，然后输出图片的低维表示。解码器接受这些表示，然后预测缺失的图片区域。最终将原始图像的遮掩部分和解码器输出的部分进行比较。与自编码器不同的是，上下文编码器着重于恢复被遮掩的部分，而不是整张图像。这个更难的任务要求模型通过剩余的图像学习图像的特征，并进行合理的推断。同时，不对称的编码–解码器能够促使编码器更好地提取图像特征。

模型通过图像的重建损失进行学习训练。设原始图像为 $\boldsymbol{x}$，模型为函数 $\mathbf{F}=\mathbf{G}\circ\mathbf{E}$，输入图片的遮掩矩阵为 $\hat{\boldsymbol{M}}$，其中遮掩的部分为 1，保留的部分为 0。则重建损失为

$$\mathcal{L}_{\text{rec}}(x)=\|\hat{\boldsymbol{M}}\odot\{x-\mathbf{F}[(1-\hat{\boldsymbol{M}})\odot x]\}\|_2 \tag{3-8}$$

式中，$\odot$ 表示逐像素乘积。通过对于图像中被遮掩部分的恢复，模型能够从中学习到图像的特征信息。

上下文编码器（Context Encoder）[6] 就是采用这种双向预测方法的模型。为了使模型生成的图像更清晰，除了重建损失之外，上下文编码器中还加入了一个对抗损失

$$\mathcal{L}_{\text{adv}}=\max_{\mathbf{D}}\mathbb{E}_{x\in\mathcal{X}}[\log[\mathbf{D}(x)]+\log(1-\mathbf{D}\{\mathbf{F}[(1-\hat{M})\odot x]\})] \tag{3-9}$$

式中，$\mathbf{D}(\cdot)$ 代表判别器，用于判断所给的图像是真实图像还是模型生成的。L_2（向量之间的二范数）重建损失负责处理缺失部分的整体结构和上下文的一致性，对抗损失负责让修复的图片看起来更加真实，让修复的图片的分布更加与真实图片一致。和第 2 讲中介绍的生成对抗训练 [式(2-37)] 相比，上式通过掩码预测的方式“定义”了一个生成器。最终的损失为重建损失和对抗损失的加权和。

对于图像这种二维数据，通过预测被遮掩的部分，双向预测可以让模型具备一定的生成能力。而对于自然语言这种一维数据，采用双向预测的模型由于在预测时已经见到了后文信息，所以无法用于生成任务。但模型在双向预测的预训练任务中仍可以学到很好的语言表征能力。这些从语言中提取到的特征可以更好地服务于下游任务中去，如分类、检测和分割等。对语言这种一维数据而言，双向预测既可以是通过两边预测中间，也可以是保留中间预测两边。如经典的词向量模型 CBOW 就是通过两边预测中间，而 Skip-gram 则是一种利用中间预测两边的模型。关于这些语言模型，本书后续的章节中将深入探讨。

以上这些模型往往只在每条序列数据中进行一次遮掩，还可以对一条数据进行多次遮掩。这也是目前掩码预测最主要的应用形式。语音识别领域知名的预训练模型 HuBERT 就是采用了多次遮掩的方法，通过对输入语音窗的特征进行遮掩，并让模型预测被遮掩的部分属于哪个量化后的音频单元，来引导模型学习音频中的离散特征。著名的语言模型 BERT 也采用了这种方式，对输入的语句采用 15% 的掩码率进行掩码，即每

个句子中有 15% 的单词被遮蔽，让模型预测被遮掩部分的单词。更多的遮蔽能够促使模型理解整个句子的意思，而不是单纯的单词填空。计算机视觉中也有类似 BERT 的预训练模型，BEiT。BEiT 首先将图像分成若干色块（patch），然后使用离散变分自编码器（discrete variational autoencoder）对色块进行量化，同时将经过遮掩的色块序列送入模型，要求模型预测被遮掩部分对应的量化值。这些模型都通过预训练提升了对输入数据的特征提取能力，在下游任务上应用时就更加游刃有余。

3. 掩码自编码器

掩码自编码模型（masked autoencoder，MAE）[7] 是一种结合了掩码预测和自编码器的预训练策略，在计算机视觉和自然语言处理领域都有广泛的应用。

由于图像数据和自然语言数据本身的差异，视觉任务与自然语言处理任务有很大的不同。这导致视觉任务无法使用在 BERT 上大获成功的预训练方法。掩码自编码器最早就是为了解决计算机视觉中的预训练问题而提出的。

掩码自编码模型根据一定的掩码策略，对图像中不同的色块进行遮蔽，同时希望解码器能够有效预测缺失的部分（见图 3-8），基于对原始图像的重建对模型进行训练。具体来说，掩码自编码器首先将整张图像划分成若干个小的色块，然后按照一定的掩码策略对这些色块进行遮掩。未被遮掩的色块将送入编码器中，得到色块的特征表示。这些特征将会用于原始图像的重建。在解码阶段，被遮掩的色块会以掩码（masked token）的形式，填充在解码器的输入中。这是一个各个位置共享的、可学习的向量，替换被遮掩的部分。由编码器得到的图像特征和这些掩码向量组合起来，按照原始图像中的位置信息，送入解码器中。此时，掩码向量和编码器给出的特征向量应当与原始图像所分的色块数量一致。解码器根据提取的图片特征和对应位置的掩码向量，尝试恢复出原始图像。通过重建任务，模型逐步提升对图像特征的提取能力。编码器所提取的图像特征能在下游任务上发挥更大的作用。

不同于语言信息的高语义度，图像作为一种自然信号，具有非常高的空间冗余。图像局部的遮挡可以被轻松地从其周围像素的信息中恢复出来。因此，为了鼓励编码器学习更加有用的信息，在进行掩码时，应当选择一个非常高的遮掩比例，尽可能地降低图像的空间冗余，并为模型提供一个富有挑战性的自监督预训练任务。文献 [7] 中的实验表明，在 75% 左右的掩码率下模型的表现最好。同时，以 75% 掩码率训练的模型应用在更高遮掩比例的输入上时，也具有很好的恢复能力。这说明模型确实学到了较好的表征，并且具有一定的泛化能力。另外，掩码自编码模型中的编码器只需要对未被掩码的部分进行编码。这不仅大幅减少了编码器的计算量，还有助于编码器更准确地提取图像信息。

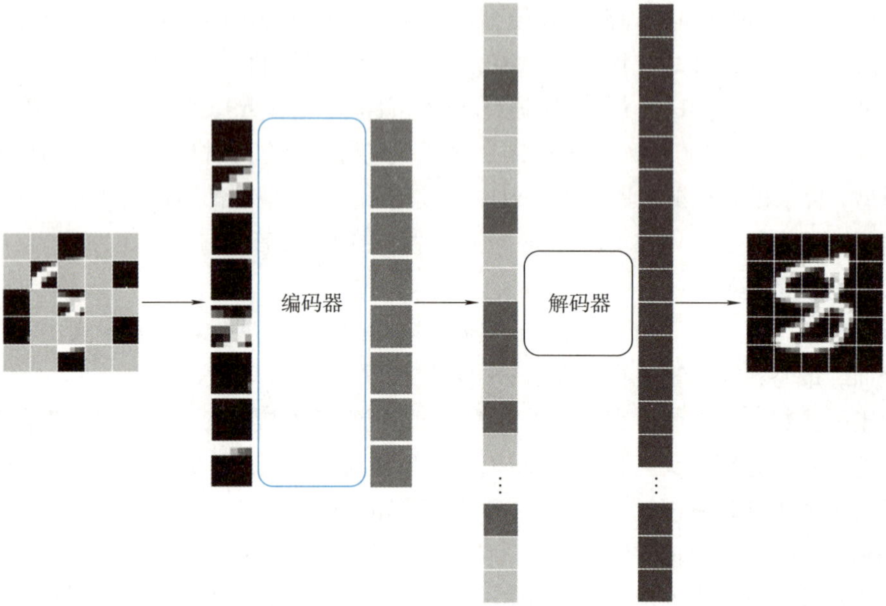

图 3-8　掩码自编码器的结构

编码器需要从图像中提取足够好的特征，以使解码器能够凭借这些特征还原图像并预测出被遮掩的部分。常用的编码器包括全连接层、卷积神经网络和基于 Transformer 模型的 ViT 模型。

解码器的重建目标是语义层级较低的图像像素，这在视觉领域具有较好的效果。解码器的设计对于编码器获得表征的语义层级也有很大的影响。自编码器想要得到高质量的数据表征，重建任务就必须对编码质量有足够的要求。因此，掩码自编码器的编码器和解码器往往是不对称的设计。一般而言，为了促使编码器能够更好地提取人们想要的特征，解码器的结构往往十分简单，如全连接层或多层感知机。这样，只有在编码器提取的特征具有足够的代表性时，解码器才能较好地完成恢复图像的任务。预训练结束之后，通过编码器就可以获得对图像的信息编码，从而应用在不同的下游任务中。

在掩码自编码器的基础上进一步拓展，掩码预测还可以应用在视频中。视频除了和图像一样存在空间冗余之外，还具有额外的时间冗余。因此，针对视频需要使用更高的掩码率，并在时间维度进行降采样，以降低信息冗余，提升模型学习视频表征的能力。在进行遮掩时，视频也存在不同的遮掩策略，（见图 3-9）。对于输入的视频源（见图 3-9a），既可以以帧为单位进行遮掩（见图 3-9b），也可以针对每一帧都随机遮掩（见图 3-9c），还可以在每一帧之间相同的位置遮掩（见图 3-9d）。实验结果表明，在每一帧之间使用相同的遮掩，得到的模型具有最强的表征能力[8]。

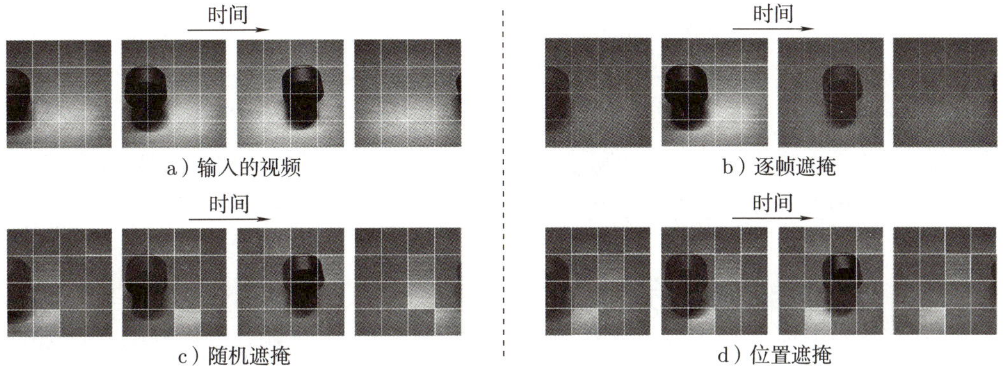

图 3-9 视频中的不同遮掩方式

视频掩码自编码器（VideoMAE）[8] 就是采用这种遮掩方式实现无监督的视频预训练模型（见图 3-10）。视频掩码自编码器首先将视频在时间上进行降采样，以降低其时间冗余。然后，使用一个极高的掩码率（通常在 90%~95% 之间[8]）对视频进行管道遮掩（tube masking），得到一个个包含时间轴的视频小方块。这里所说的管道遮掩，就是在一段时间内对每一帧使用同样的遮掩方案，得到的遮掩部分包含时间轴，类似一个管道。编码器对这些可见的视频小方块进行编码，得到的表征与掩码一同送入解码器，解码器尝试还原出原始视频。在预训练结束之后，使用编码器就可以对视频进行特征提取，用于其他下游任务。

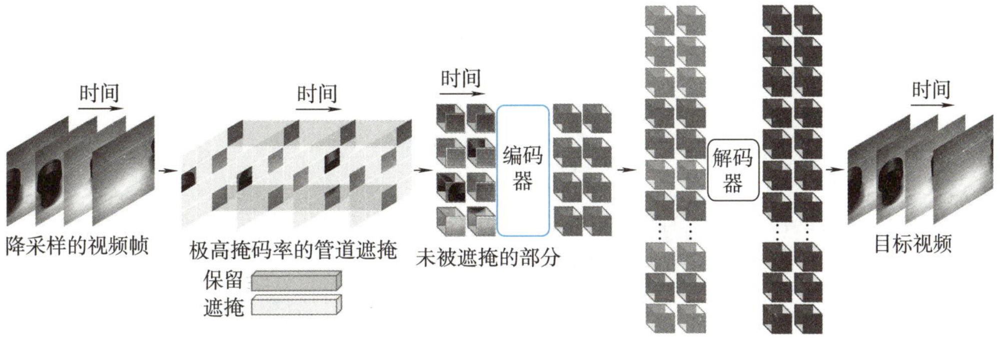

图 3-10 视频掩码自编码器的结构

这种自监督的预训练方式，能够在不需要对齐有标签数据的前提下，实现对视频特征的提取。互联网上存在着大量的无标签的视频数据，使用无监督的方式可以将这些视频都作为模型的预训练数据，提升模型的表征性能。基于这个思路，视频掩码自编码器迭代出其大模型的版本[9]。在原版模型的基础上，大模型版本大幅度提升了编码器的参数量，使其达到十亿参数级别。同时，收集不同的公开视频数据集和来自互联网的视频，为大模型的训练提供了 135 万条训练数据。在训练时，对解码器需要预测的部分也进行了遮掩。这使得模型每次只需要预测一部分视频的内容，从而大幅度减少了计算量，让模型能够较快地迭代进步。经过大数据大规模的预训练，这个十亿参数的视频大模型在多个下游任务中都表现出了非凡的能力。

3.2.3 其他自我预测的方法

除了自编码器和掩码预测，还有一些常见的自我预测方法，如角度预测，以及图片色块位置预测。

角度预测是通过预测图片旋转的角度来进行自监督训练，特别适用于处理图像数据。在这个任务中，模型被要求从给定的图像中学习到旋转方向的信息，而不需要使用任何标签或外部监督信号。如图 3-11 所示，首先将原始图像随机旋转角度 R，然后将旋转后的图像输入到模型中。模型的目标是根据旋转后的图像，预测这个图像被旋转的角度 $\hat{R}$。通过这种方式，模型被迫学习到图像中的旋转信息，从而使其能够理解图像中的几何结构和方向特征。模型学习到的这些特征可以在许多计算机视觉任务中发挥作用，如对象检测、图像分类和图像重建等。

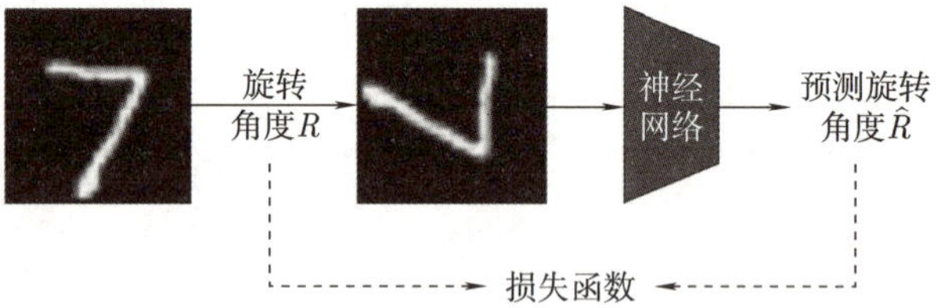

图 3-11　角度预测

图片色块位置预测通过让模型预测被打乱的图片色块位置进行预训练。在这个任务中，模型被要求从给定的图像中学习到色块之间的空间布局和相对位置关系，而无须使用任何标签或外部监督信号。如图 3-12 所示，首先从原始图像中采样一些图片色块，每个色块包含图像中的一部分内容；然后将这些色块重新排列。模型的目标是根据重新排列后的图像，预测出每个色块在原始图像中的位置或相对位置关系。通过这种方式，模型被迫学习到图像中色块之间的空间结构和相对位置关系，例如色块之间的距离、方向等信息。这些特征可以帮助模型更好地理解图像中的局部结构和空间布局，从而提高其在各种计算机视觉任务中的性能。需要注意的是，为了使模型学习到高级的语义信息，在进行色块选取的时候还需要采用一些技巧，例如，令色块与色块之间存在一定的距离，以及随机略微偏移色块的位置。

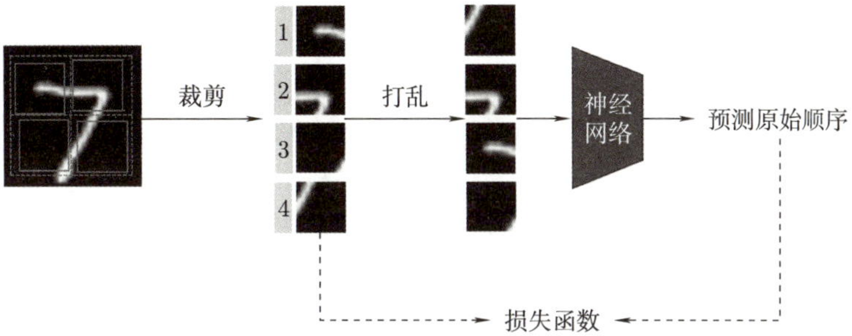

图 3-12 图片色块位置预测

这一小节介绍了自监督学习中的自我预测方法，包括自编码器、掩码预测以及其他自我预测方法。这些方法的核心思想是利用数据自身的信息，通过设计预测任务来学习有用的表示。自编码器通过重构输入数据来学习表示，而掩码预测则通过预测被遮挡的部分来学习表示。此外，还有其他自我预测方法，如图像排序和图像着色等，它们通过预测图像的位置信息或颜色来学习表示。

这些自我预测方法在自监督学习中具有重要的作用，因为它们不需要大量的标注数据，就可以学习到有用的表示。这些表示可以用于下游任务，如分类、检测和分割等。自我预测方法为自监督学习提供了一种有效的途径，使得人们可以在没有标注数据的情况下，从数据中提取有用的信息。

下一小节将介绍自监督学习中的另一种方法——对比学习。对比学习通过比较不同样本之间的差异来学习有用的表示。这种方法的核心思想是，相似的样本应该有相似的表示，而不相似的样本应该有不同的表示。下一小节将详细介绍对比学习的方法和原理，以及它在自监督学习中的应用。

3.3 对比学习

对比学习是指通过训练模型判别真实样本和伪造的样本（噪声）的能力，来显著提升模型在复杂数据集中识别和理解真实样本的能力。这一过程涉及的训练策略旨在通过符合问题实际需求的采样策略和训练损失函数，使模型能够在处理数据输入时，准确区分出真实信息与背景噪声或干扰项。在这个过程中，模型学习到的不仅仅是简单的特征识别，更重要的是在于理解和抽象出数据背后的深层次结构和规律，从而在面对多样化和未知的数据时，具备更强的泛化能力。

这个训练过程的精妙之处在于，它不单单是让模型学会表面的、直观的特征识别，而且还推动模型去挖掘和理解数据背后更深层次的结构和规律。这种深层次的学习和理解能力，使得模型在面对全新、未知的数据时，能够表现出更强大的适应性和泛化能力。在这种训练框架下，模型学习到的不仅仅是如何区分真假样本，更重要的是学会了如何在复杂和混杂的信息流中准确识别真实信号的特征。

此外，对比学习培养了模型的抗干扰能力，使得模型在面对各种干扰和噪声时，仍能保持高效的信息处理和决策能力。这种方法强调的是通过实践和经验学习，从而使模型在应对现实世界的挑战时更加灵活。通过对比学习，模型不仅能够在数据识别任务中表现出色，还能在数据理解和处理上展现出与众不同的能力，为各种应用场景提供强大的支持。

基于噪声对比估计，后人又提出了应用于时序任务上的对比预测编码以及应用于文档检索任务上的对比检索器（contriever）。在本讲，以这些工作为例子，探索对比学习从最初提出到后续细化领域上的应用这一发展历程。

3.3.1　噪声对比估计的基本原理

噪声对比估计（noise contrastive estimation，NCE）[10] 是最早提出对比学习概念的，其基本思想是通过采样负样本，模拟分类问题的优化。推广到一般情况，假设有随机向量 $\boldsymbol{x} \in \mathbb{R}^n$ 遵循一个未知的概率密度函数 (pdf) $p_d(\cdot)$。数据 pdf $p_d(\cdot)$ 由一组参数化函数 $\{p_m(\cdot;\boldsymbol{\phi})\}$ 建模，其中 $\boldsymbol{\phi}$ 是参数向量。假设 $p_d(\cdot)$ 属于这组参数化函数，换句话说，存在某些参数 $\boldsymbol{\phi}^*$ 使得 $p_d(\cdot) = p_m(\cdot;\boldsymbol{\phi}^*)$ 成立。在这里考虑的问题是如何从观测样本中估计 $\boldsymbol{\phi}$，研究人员将通过最大化目标函数的方式来实现这个目的。首先，这个估计问题的任何解 $\hat{\boldsymbol{\phi}}$ 必须产生一个适当归一化的密度 $p_m(\cdot;\hat{\boldsymbol{\phi}})$，使得概率密度函数积分为 1：

$$\int p_m(u;\hat{\boldsymbol{\phi}})\mathrm{d}u = 1 \tag{3-10}$$

由此，相当于在优化问题中定义了一个必须使得概率密度函数积分结果为 1 的约束。这个约束可以通过下面归一化概率密度函数的方式来满足：

$$p_m(\cdot;\boldsymbol{\phi}) = \frac{p_m^0(\cdot;\boldsymbol{\phi})}{Z(\boldsymbol{\phi})}, \quad Z(\boldsymbol{\phi}) = \int p_m^0(u;\boldsymbol{\phi})\mathrm{d}u \tag{3-11}$$

上式中的 $p_m^0(\cdot;\phi)$ 即为未归一化的密度函数，本来对它进行积分结果是可能不为 1 的，但是通过上述归一化的方法，可以保证概率密度函数的在定义域上的积分为 1。参数 ϕ 在未归一化的 pdf $p_m^0(\cdot;\phi)$ 和归一化常量 $Z(\phi)$ 中都可以通过最大化相同的目标函数来估计。基本思想是通过学习区分数据 x 和一些人工生成的噪声 y 来估计参数。因此，估计原理依赖于与数据对比的噪声，所以人们将这种新方法称为“噪声对比估计”。

设 $h(\cdot;\theta)$ 为模型对于输入不是噪声的把握程度，人们应当如何表示 $h(\cdot;\theta)$? 首先，刻画模型判断分布 u 不是噪声的把握程度，这个把握程度可以被表示为 $G(u;\theta) = \ln p_m(u;\theta) - \ln p_n(u)$。然后，再使用逻辑斯蒂函数将 $G(u;\theta)$ 对应到分类问题上。由此，得到了模型对于输入不是噪声的把握程度 $h(\cdot;\theta)$：

$$h(u;\theta) = \frac{1}{1+\exp[-G(u;\theta)]} \tag{3-12}$$

$$G(u;\theta) = \ln p_m(u;\theta) - \ln p_n(u) \tag{3-13}$$

最大似然估计量 $\hat{\theta}_T$ 被定义为最大化目标函数的参数 θ，其中 $J_T(\theta)$ 是回归函数：

$$J_T(\theta) = \frac{1}{2T}\sum_t \ln\left[h(x_t;\theta)\right] + \ln\left[1 - h(y_t;\theta)\right] \tag{3-14}$$

由此，已经了解了噪声对比估计的基本原理。噪声对比估计是一种通过负采样模拟使得模型参数概率分布接近目标数据概率分布的最大似然估计（MLE）方法，其思想被广泛应用。接下来将介绍噪声对比估计的两种应用：对比预测编码和对比检索器。

3.3.2 对比预测编码

1. 对比预测编码建模方式

对比预测编码（contrastive predictive coding，CPC）[11] 是一种自监督学习方法，用于从大量无标记数据中学习有用的特征表示。对比预测编码的核心是通过预测数据的未来状态来学习特征表示，其思想类似于时间序列分析中的预测建模。给定未来目标（target）x 和当前上下文信息（context）c，对比预测编码的预测目标是最大化原始信号 x 和上下文信息 c 之间的互信息（mutual information）。研究人员考虑目标 x 和上下文信息 c 的时序意义，将这两个变量看作时序变量，也即可以按照一维的时间顺序索引的变量，以下标 t 标识时间顺序上具体的变量元素。

对比预测编码是由一个编码器 $\mathbf{E}$ 和一个自回归解码器（auto-regressive decoder）$\mathbf{G}_{\text{ar}}$ 组成的。给定输入 x_t，编码器将 x 编码成为隐变量 z，即 $z_t = \mathbf{E}(x_t)$。编码器的输

入和输出长度相等，在元素上是一一对应的。自回归解码器则根据到某个时间点 t 为止的隐变量子序列 $z \leqslant t$ 生成当前时间点 t 的输出，即 $c_t = \mathbf{G}_{\mathrm{ar}}(z \leqslant t)$，如图 3-13 所示。编码器和解码器可以按照实际需要任意更换。

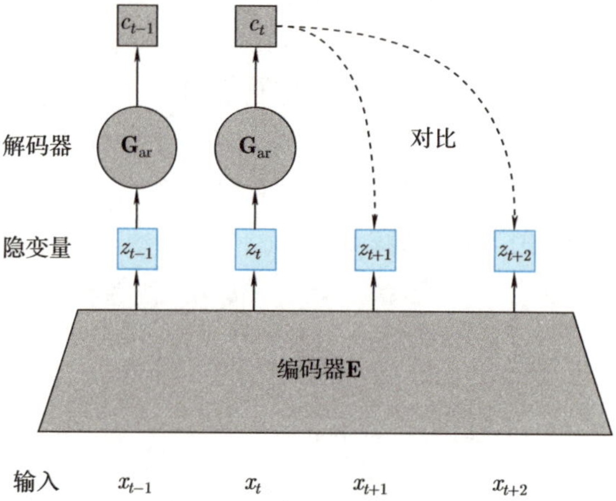

图 3-13　对比预测编码网络的基本结构

对比预测编码将未来目标 x_{t+k} 和当前上下文 c_t 通过线性变换 W_k 进行对齐，公式如下：

$$f_k(x_{t+k}, c_t) = \exp(z_{t+k}^T W_k c_t)/\log[p(x_{t+k}|c_t)]p(x_{t+k}) \tag{3-15}$$

基于式(3-15)，至此，对比预测编码的具体损失函数叫作 InfoNCE 损失函数，其具体表达形式见式(3-16)。

$$L_N = -\mathbb{E}_X \left[\log \frac{f_k(x_{t+k}, c_t)}{\sum_{x_j \in X} f_k(x_j, c_t)}\right] \tag{3-16}$$

在式(3-16)中，给定一组随机样本（目标）集合 $X = \{x_1, \cdots, x_N\}$，包括一个来自条件概率分布 $p(x_{t+k}|c_t)$ 的正样本和 $N-1$ 个来自分布 $p(x_{t+k})$ 的负样本，InfoNCE 损失函数将 $f_k(x_{t+k}, c_t)$ 作为模型对于特定目标 x_{t+k} 和上下文 c_t 之间的的分式估计，即式(3-15)。结合在上一节对噪声对比估计的认识，不难看出，InfoNCE 损失函数可以看作在噪声对比估计基础上将 $p(x_{t+k}|c_t)$ 中的样本分为正类，将 $N-1$ 个来自分布 $p(x_{t+k})$ 的样本分为负类，以此来最大化样本被分为正类的概率的方法。

InfoNCE 损失函数实际上是对正样本进行正确分类的分类交叉熵损失（cross entropy loss）。如果将这个损失的最优概率写作 $p(d = i|X, c_t)$，其中 $d = i$ 表示样

本 x_i 是正样本，那么这个概率可以表示为

$$
\begin{aligned}
p(d=i|X,c_t) &= \frac{p(x_i|c_t)\prod_{l\neq i}p(x_l)}{\sum_{j=1}^{N}p(x_j|c_t)\prod_{l\neq j}p(x_l)} \\
&= \frac{\frac{p(x_i|c_t)}{p(x_i)}}{\sum_{j=1}^{N}\frac{p(x_j|c_t)}{p(x_j)}}
\end{aligned} \tag{3-17}
$$

2. 对比预测编码有效性证明

从上一节讲述的对比预测编码的做法可以看出，对比预测编码基本上可以看作是噪声对比估计在时序任务上的一种细化扩展，其本质上仍然是使用了噪声对比估计在处理分类问题上的类别对比方法。不过，InfoNCE 损失函数还提供了它的方法为何行而有效的理论证明，这个证明也颇有趣味，在这里将展开讨论。首先，可以使用 InfoNCE 损失函数来估计变量 c_t 和 x_{t+k} 之间的互信息 $I(x_{t+k};c_t)$：

$$
I(x_{t+k};c_t) \geqslant \log(N) - L_N \tag{3-18}
$$

这里的互信息是指两个分布之间共同的信息。想要了解互信息，先从交叉熵讲起。给定两个分布 p 和 q，人们常常使用它们之间的交叉熵 $H(p,q)=-\sum p\log(q)$ 来衡量它们的差异程度，而这两个分布 p 和 q 自己的熵可以分别用 $H(p)=-\sum p\log(p)$ 和 $H(q)=-\sum q\log(q)$ 表示。基于以上概念，人们可以得到 p 和 q 的互信息 $I(p;q)$。直观地说，互信息表示的是分布 p 和 q 之间的相关性，因此互信息 $I(p;q)$ 越大，则 p 与 q 越接近。互信息的表示方式见式(3-19)。

$$
I(p;q) = H(p) + H(q) - H(p,q) = H(p) - H(p|q) = H(q) - H(q|p) \tag{3-19}
$$

对比预测编码的训练目的是最大化未来目标（target）x 和当前上下文信息（context）c 的互信息，也即最大化式(3-20)。这个估计随着负样本数量 $N-1$ 的增加而变得更加准确，最小化 InfoNCE 损失函数 L_N 实际上是在最大化互信息的一个下界。通过训练，本质上也可以达到最大化互信息的目的，而最大化互信息也就是让未来目标 x 和当前上下文信息 c 尽可能接近。

$$
I(x;c) = -H(x|c) + H(x) \tag{3-20}
$$

对比预测编码中提出的 InfoNCE 损失函数是一种基于最大化未来目标序列和当前上下文序列互信息的对比学习方法，用于学习高质量的特征表示。这种方法通过最大化正样本之间的互信息和最小化负样本之间的互信息来工作。InfoNCE 损失函数的主要目标是在特征空间中拉近正样本的距离，同时推远负样本的距离。InfoNCE 损失函数有效地学习了数据的高质量表示，同时还提供了一种估计互信息的有效方法，这对于理解和提取高维数据中的重要特征至关重要。

总的来说，对比预测编码能够通过预测未来状态来捕获数据的内在结构和动态，其提出的无监督学习方法和 InfoNCE 损失函数优化目标在不需要显式标签的情况下，也可以有效地从大量数据中学习有意义的特征表示。

3.3.3 对比检索器

在介绍完噪声对比估计和对比预测编码的原理后，接下来介绍一个基于 InfoNCE 损失函数的应用：用于文档检索任务的对比检索器[12]。文档检索任务旨在解决如何从大量文本中找到与用户查询相关的文档，这项任务对于许多自然语言处理问题，如开放领域的问答和事实验证等都至关重要。传统检索系统或检索器利用词汇相似性来匹配查询和文档，这被称为稀疏检索器。最常用的稀疏检索器之一是 TF-IDF，它基于逆文档频率或术语特异性来匹配查询和文档；至今仍然广泛使用的 BM25，扩展了 TF-IDF，实现了更高的召回率。这些稀疏检索器的一个众所周知的局限性是它们基于查询和文档令牌之间的准确匹配，而查询和文档在词汇上往往存在差距，导致泛化能力较差。

相比之下，基于神经网络的方法允许学习超越词汇相似性的特征，从而在问答数据集中取得最先进的性能，这种方法被称为稠密检索器。然而为了训练这样的稠密检索器，需要手动将查询与数据集合中的相关文档进行匹配。当数据集合包含数百万或数十亿个元素时，这是几乎不可能完成的任务。一种解决方法是使用迁移学习，先在一个大型数据集上训练模型，然后将它应用到其他领域。但遗憾的是，这种方法通常被传统的稀疏检索器所超越。这时，基于 InfoNCE 损失函数的对比学习就有了用武之地，也促就了对比检索器的成功。

1. 对比检索器的架构

对比检索器的目标是根据查询找到相关的文件。所以，它的输入是一堆文件和一个查询，输出是每个文件与查询的相关性得分。一种常见的方法是使用神经网络对每个查询–文件对进行编码，但这样做对大型文件集来说可能太慢了。所以，对比检索器采用了一种双编码器架构，分别对文件和查询进行编码，然后通过这两个编码得到的稠密表示来计算相关性得分。具体地说，给定一个查询 q 和一个文件 d，使用同一个模型 f_θ

对它们进行编码。然后，查询 s 和文件 d 之间的相关性得分 $s(q,d)$ 就是它们的编码表示的点积，见式(3-21)：

$$s(q,d)=\langle f_\theta(q),f_\theta(d)\rangle \tag{3-21}$$

在实际应用中，对比检索器使用了同一个 Transformer 网络作为编码器，以便嵌入查询和文件，如图 3-14 所示。当然，你也可以使用两个不同的编码器来分别对查询和文件进行编码。但在这里使用同一个网络的原因是，在零样本或少样本学习的情况下，这样做通常会使模型更加鲁棒。最后，查询和文件的稠密表示通过从最后一层隐藏表示的平均值得到。

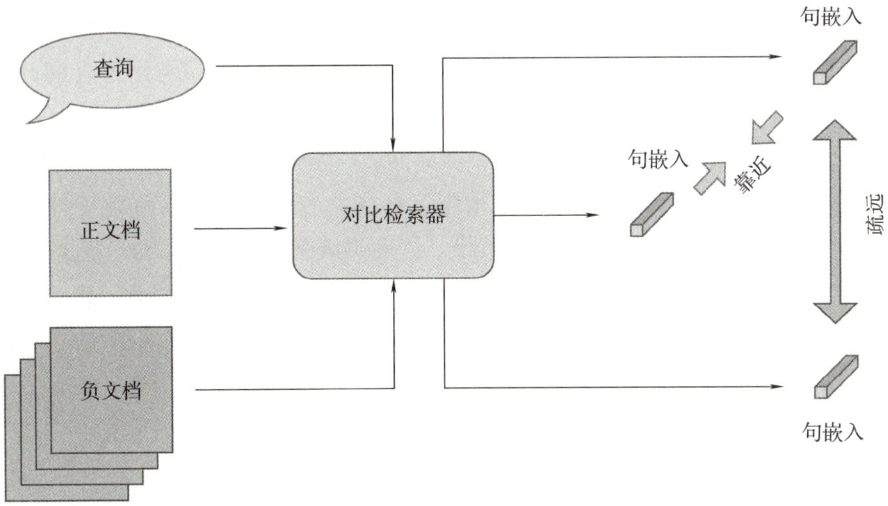

图 3-14　对比检索器的架构

2. 对比学习训练

接下来将简单谈谈如何使用上文提到的 InfoNCE 损失来训练对比检索器。首先来介绍对比学习损失是如何定义的，如果给定一个带有相关正文档 k_+ 的查询 q，以及一组负文档 $(k_i)_{i=1,\cdots,K}$，那么 InfoNCE 损失的定义公式为

$$\mathcal{L}(q,k_+)=-\frac{\exp[s(q,k_+)/\tau]}{\exp[s(q,k_+)/\tau]+\Sigma_{i=1}^{K}\exp[s(q,k_i)/\tau]} \tag{3-22}$$

这里的 τ 是温度参数，该参数控制了输出正确结果的随机性。从上述公式可以看出，这样的损失设计鼓励查询 q 与正文档 k_+ 有更高的相关性分数，而与负文档 $(k_i)_{i=1,\cdots,K}$ 有更低的相关性分数，从而完成既定目标。如果想从另一个方向来更好地

理解这个损失函数，可以这样思考：若给定查询表示 q，训练目标是在所有的负文档表示 k_i 中检索出正文档对应的表示 k_+。

3. 如何采样正样本

从以上损失函数的公式可以看出，对比学习的一个关键要素是如何从单一输入构建正样本，即在已知查询 q 的情况下如何构建相关正文档 k_+。这里将主要介绍逆向填空任务（inverse cloze task，ICT）和独立裁剪（independent cropping）两种方法。

逆向填空任务是一种数据增强的方法，用于生成文档中的一对互斥“视图”构成一对正样本。想象一下你正在阅读一本书，你读到了一段话。逆向填空任务会从这段话中随机选择一些单词，然后让你猜剩下的单词。你猜的单词就是“查询”，而剩下的单词就是“正文档”。形式上，给定一个文本序列 $(w_1, \cdots, w_n)$，逆向填空任务抽样一个子序列 $(w_a, \cdots, w_b)$，其中 $1 \leqslant a \leqslant b \leqslant n$，使用该子序列作为查询，而补充部分 $(w_1, \cdots, w_{a-1}, w_{b+1}, \cdots, w_n)$ 作为正文档。逆向填空任务与填空任务密切相关，填空任务使用范围的补充部分 $(w_1, \cdots, w_{a-1}, w_{b+1}, \cdots, w_n)$ 作为查询。

独立裁剪是图像中常见的独立数据增强，在文本背景下，裁剪等效于抽样一段文本。独立裁剪就像是从一本书中撕下两页纸。这两页纸就是“查询”和“正文档”。它们来自同一本书，但它们是独立的，这意味着它们没有重叠的单词。因此，该策略从文档中独立抽样两个序列以形成正样本对。独立裁剪和逆向填空任务之间的主要区别在于，独立裁剪出的查询和正文档都是原文中的连续序列，且遵循相同的分布。在这里，独立裁剪出的查询和正文档往往有很高的重叠，因此鼓励网络学习查询和正文档之间的精确匹配，这与 BM25 等词汇匹配方法相似。

除了逆向填空任务和独立裁剪，对比检索器还使用了一些其他方法来让数据变得更难。它会随机删除、替换或掩盖单词。这样，对比检索器就可以学习在即使有些单词丢失或改变的情况下，如何找到相关的文档。这些数据增强方法就像是在给对比检索器做不同的练习题。通过做这些练习题，对比检索器就能学会在不同的情况下找到相关的文档，这些方法包括：随机删除单词、替换单词和掩盖单词等。

4. 如何采样大量负样本

讲解完了如何采集正样本，对比学习的另一个关键要素是如何采样大量的负样本。这里主要介绍同批内负采样和跨批次负采样两种方法。其中同批内负采样更加方便实现，且被更广泛地应用，但其问题在于批次内样本的选择和构建对于采样质量至关重要，而这会给整个系统添加不必要的复杂度。与之相对的，跨批次采样在原理上更加复杂，但其优势在于不需要再关心每个批次的样本选择，让整个系统设计变得更加简单。

同批内负采样其实很简单，就是在同一个批次中，研究人员把其他示例的正样本也当作负样本来用。这意味着每个样本既是自己对应示例的正样本，又是其他示例的负样本。但是要注意，这个方法需要很大的批次大小才能表现得很好。同时，因为这个方法能成立的原因就在于预设了单一批次内的样本能很好地近似全部样本的分布，因此对于同一批次样本的选择就显得尤其重要。在实际应用中，经常会以某些特征来选择一个批次内的所有样本。

与同批次负采样相比，跨批次负采样就显得有点复杂，但是它可以让我们用更小的批次大小来训练模型。具体来说，研究人员把先前批次的表示存储在一个队列中，并且把它们当作负样本来使用。但是有个问题就是，虽然人们可以通过查询来更新参数，但是键值的表示会被视为固定的。为了解决这个问题，MoCo[13] 通过引入一个额外的更新较慢的网络生成键值表示。简单来说，MoCo 用两个网络，一个用来构建键值表示，另一个用来构建查询表示。形式上，考虑分别由 θ_k 和 θ_q 参数化的两个网络 f_k 和 f_q，其中 f_k 用于构建键值表示，而 f_q 用于构建查询表示。查询网络 f_q 的参数通过反向传播和随机梯度下降进行正常更新，类似于使用同批内负采样的情况，而键值网络 f_k 的参数，通过使用指数加权平均从 f_q 的参数中进行更新，如用 m 表示 $[0,1]$ 间的一个动量参数，可用以下公式来描述更新过程：

$$\theta_k \Longleftarrow m\theta_k + (1-m)\theta_q \tag{3-23}$$

3.4 本讲小结

本讲深入探讨了自监督学习的基本概念，详细介绍了自监督学习是如何由监督学习发展演变而来的，以及学习数据的内在结构和特征表示的目的。之后的两节围绕着自我预测和对比学习这两类自监督学习方法做具体展开，分别包括自编码器和编码预测，噪声对比估计和对比预测编码，以及对比检索器这种综合了两种方式的自监督学习方法。

3.5 延伸阅读

自监督学习在计算机视觉、自然语言处理和语音识别等领域均有广泛的应用。以掩码预测为例，视觉中的相关方法包括 PixelCNN[5] 和 ContextEncoders[6]，以及结合掩码预测和自编码器的 MAE[7] 和 VideoMAE[8-9]。自然语言处理中的语言模型 BERT[14]

和 RetroMAE[15] 都是经典掩码预测模型。此外，还有语音识别领域的 HuBERT[16] 等。

另外，第二讲所述生成模型也可以从自监督学习的角度理解：即匹配输入数据本身的分布也是一种自我预测的方式。只不过一般的自监督学习方法更关心如何得到数据的低维表示，而生成模型更关心如何合成新的类似的数据。

3.6 课后习题

习题 1. 描述自监督学习的基本思想，并举例说明其与传统监督学习的区别。

习题 2. 描述自编码器的工作原理，并讨论其在自监督学习中的作用。

习题 3. 请结合生成对抗网络（GAN）的思想，解释式(3-9)。

习题 4. 对于一维、二维和三维的数据，分别可以有多少种不同的掩码预测的方法？

习题 5. 解释噪声对比估计（NCE）的基本原理，并讨论其在自监督学习中的重要性。

习题 6. 证明式(3-19)。

习题 7. 描述对比预测编码（CPC）的基本思想，并解释其如何用于时间序列数据的学习。

习题 8. 对比学习中正负样本构建的思想其实都源自数据增强，在图像和文本数据的处理中分别有什么数据增强方法？

习题 9. 在自监督学习中，“模式坍塌”（Mode Collapse）是一个常见的问题，尤其是在生成对抗网络等生成模型中。模式坍塌指的是模型在训练过程中过度适应某些特定的数据模式，而忽略了数据分布的其他部分。这导致模型生成的样本缺乏多样性，甚至可能只生成单一或非常有限的样本。请讨论可能的解决方案。

习题 10. 选择一个自监督学习模型，详细描述其结构、工作原理以及在某个特定任务上的应用效果。

参考文献

[1] MCCLELLAND J L, RUMELHART D E, GROUP P R, et al. Parallel distributed processing, volume 2: Explorations in the microstructure of cognition: Psychological and biological models: volume 2[M]. Cambridge, Massachusetts: MIT press, 1987.

[2] VINCENT P, LAROCHELLE H, BENGIO Y, et al. Extracting and composing robust features with denoising autoencoders[C]//COHEN W W, MCCALLUM A, ROWEIS S T. Proceedings of the 25th International Conference on Machine Learning. Helsinki, Finland: ACM, 2008: 1096-1103.

[3] VINCENT P, LAROCHELLE H, LAJOIE I, et al. Stacked denoising autoencoders: Learning useful representations in a deep network with a local denoising criterion[J]. Journal of machine learning research, 2010, 11(12).

[4] SRIVASTAVA N, HINTON G, KRIZHEVSKY A, et al. Dropout: a simple way to prevent neural networks from overfitting[J]. The journal of machine learning research, 2014, 15(1): 1929-1958.

[5] VAN DEN OORD A, KALCHBRENNER N, ESPEHOLT L, et al. Conditional image generation with pixelcnn decoders[J]. Advances in neural information processing systems, 2016, 29.

[6] PATHAK D, KRÄHENBÜHL P, DONAHUE J, et al. Context encoders: Feature learning by inpainting[C]//Proceedings of the 2016 IEEE Conference on Computer Vision and Pattern Recognition, CVPR 2016. Las Vegas: IEEE Computer Society, 2016: 2536-2544.

[7] HE K, CHEN X, XIE S, et al. Masked autoencoders are scalable vision learners[J]. arXiv preprint arXiv:2111.06377, 2021.

[8] TONG Z, SONG Y, WANG J, et al. Videomae: Masked autoencoders are data-efficient learners for self-supervised video pre-training[J]. Advances in neural information processing systems, 2022, 35: 10078-10093.

[9] WANG L, HUANG B, ZHAO Z, et al. Videomae V2: scaling video masked autoencoders with dual masking[C]//Proceedings of the IEEE/CVF Conference on Computer Vision and Pattern Recognition, CVPR 2023. Vancouver, BC, Canada: IEEE, 2023: 14549-14560.

[10] GUTMANN M, HYVÄRINEN A. Noise-contrastive estimation: A new estimation principle for unnormalized statistical models[C]//TEH Y W, TITTERINGTON D M. Proceedings of the 13th International Conference on Artificial Intelligence and Statistics, AISTATS 2010. Sardinia, Italy: JMLR.org, 2010: 297-304.

[11] OORD A V D, LI Y, VINYALS O. Representation learning with contrastive predictive coding[J]. arXiv preprint arXiv:1807.03748, 2018.

[12] IZACARD G, CARON M, HOSSEINI L, et al. Unsupervised dense information retrieval with contrastive learning[J]. arXiv preprint arXiv:2112.09118, 2021.

[13] HE K, FAN H, WU Y, et al. Momentum contrast for unsupervised visual representation learning[C]//Proceedings of the 2020 IEEE/CVF Conference on Computer Vision and Pattern Recognition, CVPR 2020. Seattle: IEEE, 2020: 9726-9735.

[14] DEVLIN J, CHANG M, LEE K, et al. BERT: pre-training of deep bidirectional transformers for language understanding[C]//Proceedings of the 2019 Conference of the North American

Chapter of the Association for Computational Linguistics: Human Language Technologies, volume 1 (long and short papers). [S.l.]: ACL, 2019: 4171-4186.

[15] XIAO S, LIU Z, SHAO Y, et al. Retromae: Pre-training retrieval-oriented language models via masked auto-encoder[J]. arXiv preprint arXiv:2205.12035, 2022.

[16] HSU W N, BOLTE B, TSAI Y H H, et al. Hubert: Self-supervised speech representation learning by masked prediction of hidden units[J]. IEEE/ACM Transactions on Audio, Speech, and Language Processing, 2021, 29: 3451-3460.

第 4 讲 强化学习

随着机器学习技术在人们日常生活中的逐渐普及，人们对机器学习技术的依赖也日渐加深，期望机器学习能完成除了预测型任务以外更加重要的任务，即决策型任务。决策型任务在日常生活中随处可见，例如，游戏 AI、无人驾驶、对话机器人、交互式推荐系统、智能软件和智能体等。和预测型任务相比，决策型任务的最本质的特征在于，因为做出的决策要对环境做出实在的改变，机器（智能体）需要考虑未来多步决策带来的回报。这种在和环境交互中学习，并对未来回报做考虑以提升智能体在整个序贯决策（sequential decision-making）任务中性能的机器学习技术被称为强化学习。本讲主要介绍强化学习的基本原理和代表性基础方法，让读者能够较为全面地了解强化学习这门机器学习子学科的各类问题和方法论。从中诠释决策式人工智能在“有目的”的生成任务中扮演着至关重要的角色，这也是大模型产品 ChatGPT 之所以能成为一款注册用户数量在 5 天内就达到了 1 亿的关键原因。

4.1 决策式人工智能

按照任务类型划分，人工智能可以分为预测式、生成式以及决策式三类。绝大部分基于机器学习的人工智能都是面向预测任务的，如人脸识别、情感分析、文本标注、语音识别等，也有部分生成式人工智能，如语音合成、对话系统等。而基于机器学习的决策式人工智能则相对较少，大部分工作都是实验室研究，在比较简单的游戏和模拟场景中做初步的验证，解决这样的决策式人工智能任务的机器学习方法就是强化学习。从 2013 年开始，随着深度强化学习的提出[1]，决策式人工智能获得了长足的发展，成为机器学习研究界热门的话题，并在不同的工业领域取得了落地应用的成果。本节重点讨论决策式人工智能的概念和特点。

4.1.1 预测、生成与决策

人工智能大体上解决三种类型的任务，即预测式任务、生成式任务和决策式任务。预测式人工智能根据数据特征预测所需输出标签，如人脸识别、文本分类、语音识别等。生成式人工智能则旨在生成高仿真度、有价值的数据实例，如语音合成、机器人作诗、人脸照片转卡通画等。前两类任务分别对应机器学习中的监督学习和无监督学习。另外，第三类任务是决策式的人工智能，也就是人工智能的载体（这里称为智能体，Agent）处于动态环境中完成一个需要采取行动的任务，选择一个执行动作实际上就是一个决策，如下围棋、机器狗运动、打扑克牌、无人驾驶等。

三种任务的区别在于：预测式、生成式的任务中，机器产生一个信号，而信号接下来怎么使用并不在任务关注的范畴。但是在决策场景当中，机器需要产生一个决策动作，而这个动作会作用到环境里面，环境也就会自然会产生相应的改变。所以对于决策式任务，人工智能一定会面临环境的改变，同时也就需要运用能在时间上做规划的技术，原因在于环境会因为上一步的决策行为而发生改变。这种学习称为在交互中学习（learning from interaction），这种方式叫作不断试错（trial-and-error）的学习方式。但是在之前的模式中，比如有监督学习或者无监督学习，都是基于给定的不变的数据集创建一个损失函数，然后通过梯度的方式，直接学习这一损失函数的最低值解。

4.1.2 决策式任务分类

决策式任务的范畴很广，不同类型的决策式任务可能在不同的学科下被专门研究，对决策式任务的分类也可以有不同的视角。图 4-1 以决策所在的环境为视角，根据决策环境的动态性与透明性对决策式任务进行分类，具体如下。

环境特性	白盒环境 • 变量和目标之间的关系可以用具体公式表示	黑盒环境 • 变量和目标之间的关系无法用具体公式表示
静态环境 • 环境没有转移的状态 • 单步决策	运筹优化 •（混合整数）线性规划 • 非线性优化	黑盒优化 • 神经网络替代模型优化 • 贝叶斯优化
动态环境 • 环境有可转移的状态 • 多步决策	动态规划 • MDP直接求解 • 树、图搜索	强化学习 • 策略优化 • Bandits、序贯黑盒

图 4-1 以决策所在的环境为视角，对决策式任务做分类

（1）静态环境：环境没有转移状态，对应单步决策。

（2）动态环境：环境有可转移状态，对应多步决策，此环境下无论透明性与否均面对序贯决策任务。

（3）白盒环境：变量和目标之间的关系可以用显式公式表示。

（4）黑盒环境：变量和目标之间的关系无法用显式公式表示。

根据决策环境的动态性和透明性，决策任务可大致划分为四个部分，对应具体的技

术方案为

（1）运筹优化：对应静态、白盒环境，包括（混合整数）线性规划问题、非线性优化问题等。

（2）黑盒优化：对应静态、黑盒环境，包括神经网络替代模型优化、贝叶斯优化、超参数搜索等。

（3）动态规划：对应动态、白盒环境，包括马尔可夫决策过程（MDP）直接求解、树、图搜索等。

（4）强化学习：对应动态、黑盒环境，包括策略优化、多臂老虎机（multi-armed bandit）问题等。

在上述任务分类及解决方案中，面向动态环境做决策的任务（包括白盒环境和黑盒环境），机器往往需要给出多步决策动作，并且往往每一步决策都会影响之后环境的状态以及后续决策，这类任务被称为序贯决策任务。

4.1.3 序贯决策

序贯决策问题中，智能体与动态环境持续做交互，其中每一个时间步：智能体感知环境观测，基于交互历史以及当前观测进行动作决策；动作下达到环境中，环境相应地发生状态转变，并使智能体看到新的观测；如此交互直到最终任务结束。

对于序贯决策任务完成好坏的评价，往往会在其整个交互周期上定义一个总体评价指标，如任务完成与否的标识（success indicator）、任务总体分数或者任务周期累积奖励值（cumulative reward）。

面向序贯决策的机器学习可定义为智能体通过和环境交互，学习优化目标的过程，优化变量为观测动态环境后所采取动作的策略（policy）。以四足机器狗为例，如图 4-2 所示，它通过感知自身身形、足底力觉传感器信号、前视摄像头视觉信号，操作四条腿上的 12 个电机和地形持续交互，完成穿越非标地形的任务。

图 4-2　四足机器狗可被看作一个完成序贯决策任务的智能体

从机器学习的角度来看，绝大多数序贯决策问题，无论环境是黑盒还是白盒的都可以用强化学习来解决。接下来具体探讨强化学习技术。

4.2 强化学习的基本概念

本节主要讨论强化学习的基本概念和思维方式。

4.2.1 什么是强化学习

强化学习中，机器通过和环境做迭代交互实现目标。每一步交互中，机器在环境的一个状态下做一个动作决策，并把这个动作作用到环境当中，环境发生相应的改变并且传回给机器相应的奖励和下一步状态，迭代往复。机器的目标是最大化整个交互过程中累积获得奖励的期望。在强化学习里面一般是用智能体（agent）的概念来表示机器，从而强调机器不但可以感知周围环境信息，更是可以直接去做决策直接改变环境。

具体的交互方式如图 4-3 所示。每一轮交互 t 中，环境目前所处状态为 s_t，智能体感知环境的最新观测 o_t，经过自身的计算给出本轮的动作 a_t 作用到环境中，环境得到 a_t 后，产生相应的即时奖励 r_t，在动作 a_t 的作用下发生相应的转变，来到新的状态 s_{t+1}，智能体则感知到新一轮的观测 o_{t+1}。

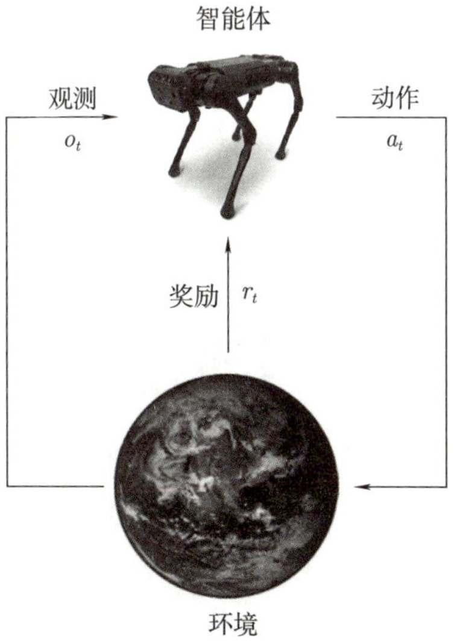

图 4-3 强化学习中智能体和环境迭代式交互

这里，智能体有三方面关键要素，即感知、决策和奖励。

（1）感知：在某种程度上感知环境的状态 s_t，如果环境状态为完全可观测的（Fully Observable），则 $s_t = o_t$。在大多数强化学习入门场景中，环境状态都是完全可观测的，例如，迷宫；如果环境状态为部分可观测的，则 $s_t \neq o_t$，可以认为存在某种映射函数使得 $o_t = f(s_t)$。

（2）决策：计算需要采取的动作来达到目标，根据当前的状态计算出采取的动作的过程叫策略，表示为 π。具体地，如果策略是决定性的，则可以建模为一个函数 $a = \pi(s)$；如果策略是随机性的，则建模为一个条件分布 $\pi(a|s)$。

（3）奖励：环境根据状态和智能体采取的动作，产生一个标量信号作为奖励反馈。这个标量信号衡量了智能体这一步动作的好坏。

4.2.2　强化学习的环境建模：马尔可夫决策过程

上一小节讲到了强化学习的智能体是在和一个动态环境的交互中完成序列决策。这里用数学模型来形式化这个动态环境，即马尔可夫决策过程[2]。一个 MDP 通常由五元组 (S, A, P, R, γ) 来定义，具体为

（1）S 定义环境的状态空间。在每一个时间步 t，环境处在一个具体的状态 $s_t \in S$ 上，该状态被智能体所感知到。

（2）A 定义智能体的动作空间。在每一个时间步 t，智能体感知到环境的状态 s_t 后，根据策略 $\pi(s_t)$ 计算出需要做出的动作 $a_t \in A$。

（3）$P(s_{t+1}|s_t, a_t)$ 定义环境的动态转移分布。当智能体在环境的状态 s_t 给出动作 a_t 后，环境的状态会相应发生改变，这一般被定义为一个随机过程，即下一个时间步的状态 s_{t+1} 的分布完全取决于当前的状态 s_t 和动作 a_t。此外，定义 P_0 为环境初始状态的分布，与策略无关。

（4）$R(s, a)$ 定义奖励函数。针对智能体在环境的状态 s_t 给出动作 a_t 这一事件，环境给出一个标量实数 $r_t = R(s_t, a_t)$ 作为即时奖励信号，r_t 值越大则代表这一步的即时奖励越大，反之亦然（r_t 值可以为负数）。

（5）$\gamma \in (0, 1]$ 定义奖励函数随时间推移的折扣因子，即智能体在时间步 t 获得的奖励值 r_t 对策略优化目标的贡献为 $\gamma^t r_t$。强化学习把当前获得的奖励视为比未来获得的奖励更重要。这就好比今天的一元钱比明天的一元钱更有价值，因为今天的一元钱放在银行一天可以获得一些利息。

可以看到，马尔可夫决策过程是一个由环境动态转移分布 $P(s_{t+1}|s_t, a_t)$ 和策略

$\pi(a_t|s_t)$ 共同决定的随机过程。这两者都具有马尔可夫性质，即

$$P(s_{t+1}|s_0, a_0, s_1, a_1, \cdots, s_t, a_t) = P(s_{t+1}|s_t, a_t) \tag{4-1}$$

$$\pi(a_t|s_0, a_0, s_1, a_1, \cdots, s_t) = \pi(a_t|s_t) \tag{4-2}$$

因此，可以称状态 s_t 是未来的充分统计量，当状态已知的时候，可以抛开历史数据不管。

图 4-4 给出了一个简单的马尔可夫决策过程，它具有 2 个状态（s_1 和 s_2）和 2 个动作（a_1 和 a_2）。其左右两个子图分别展示了在智能体选择动作 a_1 和 a_2 时，其状态转移的概率以及获得的相应奖励值。

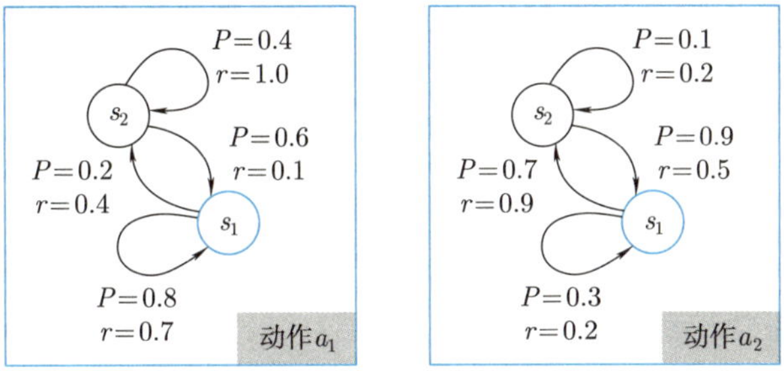

图 4-4　一个具有 2 个状态和 2 个动作的马尔可夫决策过程

4.2.3　智能体策略、价值与优化目标

从上述定义可以看到，MDP 作为强化学习策略的动态环境，它和具体的策略组合在一起可以定义一个清晰的随机过程：

$$P(s_{t+1}|s_t) = \sum_{a_t} \pi(a_t|s_t) P(s_{t+1}|s_t, a_t) \tag{4-3}$$

并且基于每一个状态动作对 (s_t, a_t)，环境会产生一个标量实数 $r_t = R(s_t, a_t)$ 来衡量这一个时间步的优劣。

这里再次关注一下奖励折扣因子 γ。具体地，当 $\gamma \in (0,1)$ 时，强化学习可以优化无穷时间长度的目标，因为累积奖励值针对时间的加和为有限值，即 $\sum_{t=0}^{\infty} \gamma^t r_t < \infty$；当 $\gamma = 1$ 时，强化学习只能优化有限时间长度 T 下的奖励累积，即 $\sum_{t=0}^{T} r_t < \infty$。

具体地，给定智能体的策略 π，定义智能体从一个给定的环境状态 s 的价值 $V^\pi(s)$，从状态 s 出发，智能体获得的累积奖励的期望：

$$V^\pi(s) = \mathbb{E}_{\pi,P}\left[\sum_{t=0}^{\infty} \gamma^t r_t \middle| s_0 = s\right] \tag{4-4}$$

相应地，给定智能体的策略 π，定义智能体在给定状态 s 上采取了动作 a 的价值 $Q^\pi(s,a)$，从 s 和 a 出发，智能体获得的累积奖励的期望：

$$Q^\pi(s,a) = \mathbb{E}_{\pi,P}\left[\sum_{t=0}^{\infty}\gamma^t r_t \middle| s_0 = s, a_0 = a\right] \tag{4-5}$$

可以看到，$V^\pi(s)$ 和 $Q^\pi(s,a)$ 有以下关系：

$$V^\pi(s) = \sum_a \pi(a|s)Q^\pi(s,a) \tag{4-6}$$

强化学习的策略优化目标为智能体随着时间推移获得累积奖励的期望：

$$\begin{aligned}\max_\pi J(\pi) &= \mathbb{E}_{\pi,P}\left[\sum_{t=0}^{\infty}\gamma^t r_t \middle| s_0 \sim P_0\right] \\ &= \mathbb{E}_{s_0\sim P_0}[V^\pi(s_0)]\end{aligned} \tag{4-7}$$

4.2.4 强化学习中的数据分布

有监督学习和无监督学习任务建立在从给定的数据分布上采样出来的训练数据集，通过优化在训练数据集上的目标函数（如最小化损失函数，最大化对数似然）来找到模型的最优参数。这里，训练数据集背后的数据分布是完全不变的。

与之不同的是，强化学习中，数据是由当前智能体和动态环境交互而产生的。因此，智能体的策略不同，与环境交互产生的数据分布就不同，如图 4-5 所示。

图 4-5　强化学习中智能体和动态环境交互产生相应的数据分布

强化学习中的数据分布有一个具体的概念，叫作占用度量（Occupancy Measure）[2]，其数学定义为给定一个 MDP 动态环境 $P(s_{t+1}|s_t,a_t)$，由策略 π 采样的状态动作对 (s,a) 相对于时间步做 γ^t 折扣的累积分布定义为 (s,a) 的占用度量 $\rho^\pi(s,a)$：

$$\rho^\pi(s,a) = \mathbb{E}_{\pi,P}\left[\sum_{t=0}^{\infty}\gamma^t p(s_t = s, a_t = a) \middle| s_0 \sim P(s_0)\right] \tag{4-8}$$

可以看到，占用度量 $\rho^{\pi}(s,a)$ 衡量了在智能体策略 π 和环境交互过程中在 γ^t 折扣下看到的状态动作对 (s,a) 的概率和。根据定义，可以看到占用度量并非归一化的。具体地，记 $p^{\pi}_{\text{margin}}(s,a)$ 为归一化的边缘分布，则有

$$p^{\pi}_{\text{margin}}(s,a) = (1-\gamma)\rho^{\pi}(s,a) \tag{4-9}$$

占用度量在强化学习中有重要意义，具体体现在以下两个性质。

性质 1：给定一个 MDP 动态环境 $P(s_{t+1}|s_t,a_t)$，占用度量和随机策略为一一对应关系，即

（1）给定两个策略 π_1 和 π_2 及其对应的占用度量 ρ^{π_1} 和 ρ^{π_2}，则 $\pi_1=\pi_2$ 当且仅当

$$\rho^{\pi_1} = \rho^{\pi_2}$$

（2）给定一个合法占用度量 ρ，能产生该占用度量的唯一策略为

$$\pi(a|s) = \frac{\rho(s,a)}{\sum_{a'}\rho(s,a')}$$

性质 2：占用度量和强化学习优化的策略价值的关系为

$$\begin{aligned} J(\pi) &= \mathbb{E}_{\pi,P}\left[\sum_{t=0}^{\infty}\gamma^t R(s_t,a_t)\middle| s_0\sim P(s_0)\right] \\ &= \sum_{(s,a)} R(s,a)\rho^{\pi}(s,a) \end{aligned} \tag{4-10}$$

因此，寻找最优策略对应着寻找最优占用度量。

从以上占用度量的性质也可以清晰地看到，强化学习的过程与有监督学习、无监督学习有本质不同，在优化策略 π 的过程中，随着策略 π 的改变，策略和环境交互产生的数据分布 $(1-\gamma)\rho^{\pi}(s,a)$ 也在随之改变。相反，有监督学习和无监督学习的训练都是建立在训练数据分布不变的前提下的。

4.2.5 探索与利用

正如 4.2.1 节讨论的，强化学习的关键特点就是智能体是通过和环境交互出数据来推进学习，当前的决策动作下达到环境中，决定了之后智能体观测到的数据，这也正是决策和预测的本质不同。由此不难想到，如果智能体的每一次决策仅仅取决于当前认知的最优，那么就有可能一直做出局限性的决策，而永远无法达到更优的性能。因此，智

能体在和环境交互的过程中，不但要考虑当前选择的决策动作是否为当前认知下的“优秀”动作，还需要考虑选择一些“不确定”的动作，作为收集数据、进一步学习的支持，而这种平衡就是探索与利用（Exploration and Exploitation）。

多臂老虎机[3] 是探索与利用研究的主要数学问题，由于它超出了本讲的聚焦范围，因此在这里浅谈一下广泛使用的探索与利用算法。ϵ-greedy 算法是至今在强化学习领域仍然广泛使用的方法：每次采样动作时，以 $1-\epsilon$ 的概率直接选择当前评估最优的动作 $\arg\max \hat{r}(a)$（记 $\hat{r}(a)$ 是一个基于当前所有观测对动作 a 收益的经验评估），以 ϵ 的概率在整个动作集上均匀采样一个动作。这里 $\epsilon \in [0,1]$ 是算法的重要超参数，往往取值为 0.1 或者 0.05。因此，每个动作被选择到的概率 $P(a)$ 为

$$P(a)=\begin{cases}1-\epsilon+\epsilon/|A|, & a=\arg\max_{a'}\hat{r}(a') \\ \epsilon/|A|, & a\neq\arg\max_{a'}\hat{r}(a')\end{cases} \tag{4-11}$$

当 ϵ 随着时间步做特定衰减时，此 ϵ-greedy 算法能得到理论上相对时间步数次线性的遗憾界。其他常用的探索与利用的算法包括置信区间上界、汤普森采样、乐观初始化等。

4.3 表格式强化学习

本节介绍有限状态和动作空间条件下的强化学习方法。由于状态和动作皆为离散且有限的，智能体的策略或者价值函数往往可以用表格形式来充分表示，故称这样设置下的强化学习方法为表格式强化学习（tabular reinforcement learning）。

更进一步地，根据强化学习的环境（即马尔可夫决策过程）是否已知，可以将表格式强化学习方法分为动态规划和无模型的强化学习两种方法。

4.3.1 动态规划方法

回顾强化学习中优化目标函数为

$$\max_{\pi} J(\pi)=\mathbb{E}_{\pi,P}\left[\sum_{t=0}^{\infty}\gamma^t r_t \middle| s_0\sim P_0\right]=\mathbb{E}_{s_0\sim P_0}[V^{\pi}(s_0)]$$

定义 $R(s)=\mathbb{E}_{\pi}[R(s,a)]$㊀。则对于任何一个状态 s，其价值函数为

㊀ 对于一部分决策任务，奖励函数可以直接定义在状态上，则可以直接用 $R(s)$。

$$V^{\pi}(s)=\mathbb{E}_{\pi,P}\left[\sum_{t=0}^{\infty}\gamma^t r_t\bigg|s_0=s\right]=R(s)+\gamma\mathbb{E}_{a\sim\pi(s),s'\sim P(s'|s,a)}[V^{\pi}(s')] \tag{4-12}$$

上式被称为 Bellman 期望方程。

于是可以给出一种优化方案：基于目前已知的价值函数 $V(s')$，可以选择策略下最好的动作 a，使得上式右边的值最大化，即获得当前状态 s 的价值更新：

$$V(s)=\max_{a\in A}\left\{R(s,a)+\gamma\sum_{s'\in S}P(s'|s,a)V(s')\right\} \tag{4-13}$$

上式被称为 Bellman 最优方程，它和 Bellman 期望方程的区别在于寻找了最大化后继状态价值的动作。

以 Bellman 期望方程 (4-12) 和 Bellman 最优方程 (4-13) 为基础，接下来具体给出两种动态规划算法，即价值迭代和策略迭代。

1. 价值迭代

Bellman 最优方程是一种十分重要的动态规划迭代方程。注意，该迭代的过程中专注在更新 $V(s)$，在这个时候，已经不显式地写出价值函数的上标 π 了，因为迭代计算过程中的价值函数并不一定针对任何一个策略 π。因此，该更新方法称为**价值迭代**（value iteration）。在每一次价值迭代时，一定存在一个策略 π，其带来的价值 $V^{\pi}(s)$ 是不低于当前迭代的更新值 $V(s)$ 的。

仅当该迭代过程收敛，即对任意状态 s 有

$$V^*(s)=\max_{a\in A}\left\{R(s,a)+\gamma\sum_{s'\in S}P(s'|s,a)V^*(s')\right\} \tag{4-14}$$

这时，可以明确该价值函数对应一个最优的策略，即

$$\pi^*(s)=\arg\max_{a\in A}\left\{R(s,a)+\gamma\sum_{s'\in S}P(s'|s,a)V^*(s')\right\} \tag{4-15}$$

2. 策略迭代

与价值迭代相对应的一种方法为**策略迭代**（policy iteration），需要维护一个策略 π 并不断对其更新，具体思路为：每次迭代首先精确计算在当前策略 π 下每个状态 s 的价值 $V^{\pi}(s)$，然后根据得到的 $V^{\pi}(s)$ 函数，对策略做出更新：

$$\pi(s)=\arg\max_{a\in A}\left\{R(s,a)+\gamma\sum_{s'\in S}P(s'|s,a)V^{\pi}(s')\right\},\quad \forall s \tag{4-16}$$

策略迭代中对计算量消耗最大的一步是计算每个状态 s 的价值 $V^{\pi}(s)$，该步计算往往需要涉及很多步的 Bellman 期望方程的迭代计算。因此，策略迭代一般不适合在空间较大的 MDP 中应用，对于空间较小的 MDP，策略迭代会很快收敛，在大多数情况下，价值迭代会更适合求解 MDP 的最优策略。

4.3.2 无模型的强化学习方法

在现实问题中，状态转移 $P(s_{t+1}|s_t,a_t)$ 和奖励函数 $R(s,a)$ 通常没有明确地给出，智能体仅能观察到交互数据的片段（Episode）。关于如何从这些交互数据中直接学习出优秀的策略的方法论被总结为无模型强化学习（model-free reinforcement learning）。接下来讨论两种重要的无模型强化学习方法，即蒙特卡罗方法和时序差分方法。

1. 蒙特卡罗方法

蒙特卡罗方法（Monte-Carlo method）是一类广泛的计算方法，它基于重复随机抽样来获得数值结果，适用于计算某个随机变量期望值的近似估计。例如，在不知道圆周率值的情况下可以使用蒙特卡罗方法计算一个直径为 d 的圆的面积：在一个 $d\times d$ 的正方形中使用均匀分布采样 n 个点，根据每个点是否距离正方形中心距离不超过 $d/2$ 来判断该点是否在圆内，记有 m 个点在圆内。由此可以近似得到圆的面积为 $d^2\times m/n$。

在无模型的强化学习中，由于状态转移 $P(s_{t+1}|s_t,a_t)$ 和奖励函数 $R(s,a)$ 没有明确地给出，无法直接计算价值 $V^{\pi}(s)$ 或 $Q^{\pi}(s,a)$。考虑到价值函数是在计算智能体以规定起点出发与环境交互，最终能获得回报（累积奖励）的期望，因此可以使用蒙特卡罗方法来近似评估此价值。以状态价值函数 $V^{\pi}(s)$ 为例，蒙特卡罗方法使用策略 π 从状态 s 出发采样 n 条轨迹，并计算其回报的经验均值：

$$
\begin{aligned}
V^{\pi}(s) &= \mathbb{E}[R_t+\gamma R_{t+1}+\gamma^2 R_{t+2}+\cdots|S_t=s,\pi] \\
&= \mathbb{E}[G_t|S_t=s,\pi] \\
&\approx \frac{1}{n}\sum_{i=1}^{n} G_t^{(i)}
\end{aligned}
\tag{4-17}
$$

容易看出，由于每条轨迹的采样都是当前策略 π 与环境交互所得，蒙特卡罗方法这种对价值的评估是无偏的。根据大数定律，蒙特卡罗方法采样的轨迹数量 n 越大，其经验均值越接近真实价值。

2. 时序差分方法

首先，对于值函数估计，在不知环境的状态转移分布的情况，一般使用动作价值 $Q(s,a)$ 而非状态价值 $V(s)$。原因是要导出最终策略，如果基于状态价值，则需要知道

状态转移分布 $P(s_{t+1}|s_t,a_t)$：

$$\pi(s)=\arg\max_{a\in A}\left\{R(s,a)+\gamma\sum_{s'\in S}P(s'|s,a)V(s')\right\}$$

而如果是基于动作价值，则完全不需要状态转移分布：

$$\pi(s)=\arg\max_{a\in A}Q(s,a) \tag{4-18}$$

而针对动作价值 $Q(s,a)$ 的估计，在无模型强化学习中有两种学习范式，即**同策略学习**（on-policy learning）和**异策略学习**（off-policy learning）。同策略学习是指，学习当前策略 π 基于的数据正是当前策略和环境交互的数据分布采样得来的，即 $p^{\pi}_{\text{margin}}(s,a)$。这要求需要把一个待训练的智能体投放到真实环境中去交互，去改变环境，这对训练条件有较高的要求。在一些现实决策问题中无法允许这样的情况发生，例如，交通灯调度策略、音乐推荐系统等[4]。但在一些游戏环境下，一般可以使用同策略学习范式。

SARSA 是一个最有代表性的同策略价值函数学习算法，基于每一个（状态–动作–奖励–下一个状态–下一个动作）五元组 (s,a,r,s',a')，它通过时序差分的方式对 $Q(s,a)$ 函数进行更新：

$$Q(s,a)\leftarrow Q(s,a)+\alpha[r+\gamma Q(s',a')-Q(s,a)] \tag{4-19}$$

式中，α 是学习步长，如图 4-6 所示。从上式可以看到针对 $Q(s,a)$ 函数的优化的目标值 $r+\gamma Q(s',a')$ 为当前状态 s 下采取动作 a 后的价值的采样，即 $V^{\pi}(s)=\mathbb{E}_{\pi,P}[r+\gamma Q(s',a')]$，采样的随机性来自策略 $\pi(a|s)$ 和状态转移分布 $P(s'|s,a)$。

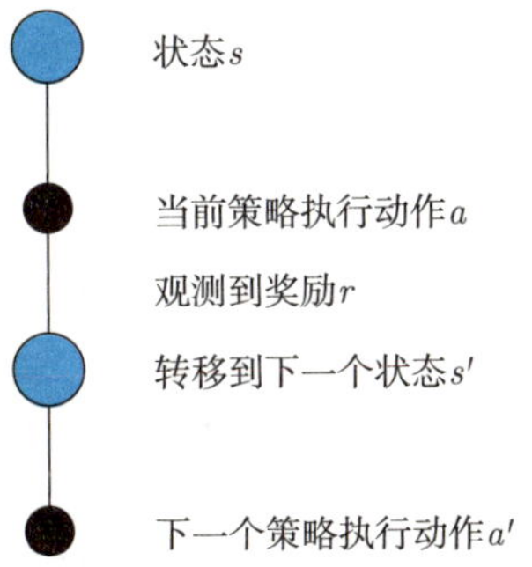

图 4-6　SARSA 根据当前策略采样得到的每一个五元组 (s,a,r,s',a') 来更新 $Q(s,a)$ 函数

相比于同策略学习，异策略学习可以基于别的策略和环境交互产生的数据来训练当前的策略。这使得异策略学习算法可适用的范围更广。**Q 学习**（Q-learning）是异策略学习里最具代表性的算法。具体地，Q 学习的数据单元为（状态–动作–奖励–下一个状态）四元组 (s, a, r, s')，相比于 SARSA 的五元组数据，这里忽略了第二次做出的动作 a'。具体地，Q 学习对动作价值的更新公式为

$$Q(s,a) \leftarrow Q(s,a) + \alpha\Big[r + \gamma \max_{a'} Q(s',a') - Q(s,a)\Big] \tag{4-20}$$

和 SARSA 相比，Q 学习的更新公式的区别在于价值函数的目标值改为了 $r + \gamma \max_{a'} Q(s', a')$。这里说明为何这样的更新公式是异策略学习。首先，第一个 (s, a) 是 Q 函数的输入，对任何策略而言，都是需要估计 $Q(s, a)$ 的，因此该估计与历史策略无关；其次，当策略在状态 s 下采取了动作 a 后，即时奖励 r 和下一个状态 s' 皆为环境的采样，与历史策略无关；最后，Q 学习的目标值中的 $\max_{a'} Q(s', a')$ 项，仅仅和当前策略的 Q 函数值有关，同样与历史交互的策略无关。因此，整个 Q 学习更新公式与历史策略无关，Q 学习为异策略学习算法。

值得注意的是，无论是同策略 SARSA 还是异策略 Q 学习，它们都属于无模型的强化学习，都需要智能体和环境交互出经验数据来支持接下来的学习，因此探索与利用策略一定得用上。一般来说，使用 ϵ-greedy 做探索与利用的平衡就能很好地使两种方法有效工作。

4.4 基于参数化函数的近似

以上强化学习算法都是基于表格建立价值函数或者策略。基于表格的方法虽然很直观，但往往只能处理小规模的问题。在实际问题中，人们总是要面对大规模的离散状态动作空间甚至是连续的空间，在这样的任务中，传统的表格方法无法胜任。因此，基于参数化函数的近似方法成为关键的突破点[⊖]。

4.4.1 参数化的价值函数

参数化近似方法构建参数化的函数或条件概率分布来逼近真实价值函数和随机策

[⊖] 在强化学习任务中，由于数据分布变化，非参数化的机器学习模型往往很难胜任，其模型规模往往随着交互数据的变多而越来越大。相比之下，参数化的机器学习模型可以保持参数量和交互数据量无关，可以更好地胜任强化学习任务。

略。例如，对动作价值函数 $Q(s,a)$ 构建一个参数化模型来逼近，记作 $Q_\theta(s,a)$，这里的参数化模型可以是线性函数、神经网络等，θ 为该近似价值函数的参数。于是以往更新 $Q(s,a)$ 表格中的值，现在改为通过梯度的方式更新参数 θ，其学习目标为最小化时序差分的均方误差 $\frac{1}{2}[r+\gamma Q_\theta(s',a')-Q_\theta(s,a)]^2$，更新公式则为

$$\theta \leftarrow \theta + \alpha[r+\gamma Q_\theta(s',a')-Q_\theta(s,a)]\nabla_\theta Q_\theta(s,a) \tag{4-21}$$

上式中，如果是 SARSA 算法，则 $a' \sim \pi(a''|s)$，一般为根据 Q 值大小做 ϵ-greedy 探索的采样动作；如果是 Q 学习算法，则 $a' = \arg\max_{a''} Q(s',a'')$，如图 4-7 所示。

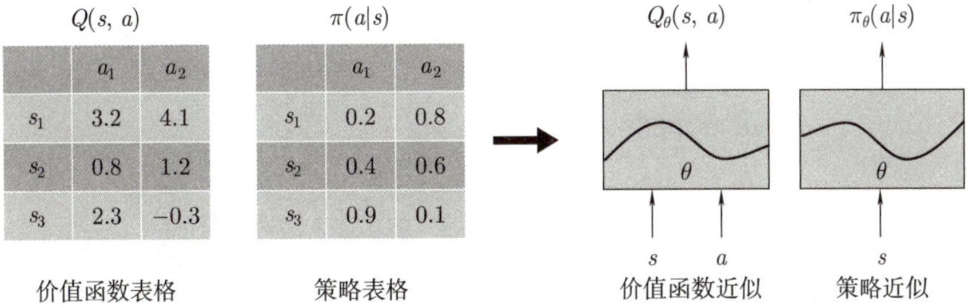

图 4-7 从基于表格的方法到参数化近似方法

这里需要注意的是，作为 $Q_\theta(s,a)$ 更新目标值的 $r+\gamma Q_\theta(s',a')$ 并不会传递 θ 的梯度。时序差分算法的原理是将对未来的估计 $Q_\theta(s',a')$ 整合一些观测值 r 来更新当前的估计 $Q_\theta(s,a)$，因此需要改变的仅仅是当前的估计 $Q_\theta(s,a)$，$Q_\theta(s',a')$ 可以看成是一个取值为 $Q_\theta(s',a')$ 的常数。

4.4.2 参数化的策略

另一方面，策略 $\pi(a|s)$ 作为一个条件概率分布，也可以被参数化建模为 $\pi_\theta(a|s)$。如果动作空间为离散集合，其策略的建模方式可以为 softmax 的形式：

$$\pi_\theta(a|s) = \frac{\exp[f_\theta(s,a)]}{\sum_{a'}\exp[f_\theta(s,a')]} \tag{4-22}$$

如果动作空间是连续的，则可以考虑使用高斯分布来建模策略：

$$\pi_\theta(s) = \mathcal{N}[\mu_\theta(s), \Sigma_\theta(s)] \tag{4-23}$$

更新策略的参数的方法称为策略梯度（policy gradient）[5]，其具体的更新方法为基于策略梯度定理：对于任意可微的策略 $\pi_\theta(a|s)$，针对优化目标 $J(\pi_\theta)=\mathbb{E}_{\pi,P}[\sum_{t=0}^{\infty}\gamma^t r_t|s_0\sim P_0]$，策略的目标函数 $J(\pi_\theta)$，其策略梯度为

$$\nabla_\theta J(\pi_\theta)=\mathbb{E}_{\pi_\theta,P}\left[\frac{\partial\log\pi_\theta(a|s)}{\partial\theta}Q^{\pi_\theta}(s,a)\right] \tag{4-24}$$

式中，$\mathbb{E}_{\pi_\theta,P}$ 代表数据是由策略 π_θ 和 MDP 的状态迁移分布 P 交互出的占用度量，也即是随时间步 t 做 γ^t 折扣的概率和。

REINFORCE 算法 策略梯度的一种实际实现是 REINFORCE 算法㊀，对价值 $Q^{\pi_\theta}(s,a)$ 的无偏估计可以使用策略 π 与环境交互的轨迹中状态动作对 (s,a) 开始获得的累积折扣奖励 $G(s,a)=\sum_{l=0}^{T-t}\gamma^l r_{t+l}$，因为 $Q^{\pi_\theta}(s,a)$ 本身就是后者的期望。因此，根据策略与环境交互得到的轨迹数据，可以倒推式地计算累积折扣奖励，由此代入策略梯度定理的公式中，计算策略梯度：

$$\nabla_\theta J(\pi_\theta)=\sum_{(s,a)\sim\pi_\theta,P}\left[\frac{\partial\log\pi_\theta(a|s)}{\partial\theta}G(s,a)\right] \tag{4-25}$$

值得注意的是，REINFORCE 算法中是以同等权重来使用每一个状态动作对 (s,a) 来更新策略参数，而策略梯度中的状态动作对 (s,a) 则是根据其出现的时间步 t 来做权重折扣 γ^t，这其实可以看成是理论与实践之间的差距。

尽管 $G(s,a)$ 是价值 $Q(s,a)$ 的无偏估计，但由于一条轨迹当中的每一个时间步都有状态转移和动作决策，这带来了很大的随机性，导致 $G(s,a)$ 背后的随机变量往往具有较大的方差。这也使得 REINFORCE 算法具有训练不稳定的挑战。解决此问题的一种方法是每次计算 $G(s,a)$ 时，在环境中以 (s,a) 为出发点再多采样数条轨迹，计算这些轨迹回报的平均值，然后代入 REINFORCE 算法中进行策略梯度计算。但是这样的方法要求环境可以以任意状态作为起点，这并不是所有环境都能实现的功能。此外，进行多次轨迹采样本身也需要多倍的算力开销。

4.4.3 Actor-Critic 方法

策略梯度定理的式 (4-24) 中，对于策略 π_θ 与环境交互采样得到的每一个状态动作对 (s,a)，需要有一个模块 $Q^{\pi_\theta}(s,a)$ 来评估在状态 s 下的动作决策 a 的价值。

㊀ REINFORCE 的全称为 REward Increment Nonnegative Factor Offset Reinforcement Characteristic Eligibility[6]。

REINFORCE 算法中采用直接从一条轨迹数据中“数”出直接的回报 $G(s,a)$ 来近似评估 $Q^{\pi_\theta}(s,a)$，这带来了很大的算法不稳定性。而本节讨论的 Actor-Critic 方法则直接构建了另一个参数化的模块，也即是 Critic $Q_\phi(s,a)$，通过学习的方式来评估 $Q^{\pi_\theta}(s,a)$[7]。

具体来说，Critic $Q_\phi(s,a)$ 的目标是尽可能准确地拟合策略 π_θ 的价值 $Q^{\pi_\theta}(s,a)$。基于之前 4.3.2 节中的时序差分方法，Critic 的学习目标可以写为

$$\min_\phi \mathbb{E}_{(s,a,r,s',a')\sim\pi_\theta,P}\left\{\frac{1}{2}[r+\gamma Q_\phi(s',a')-Q_\phi(s,a)]^2\right\} \tag{4-26}$$

同式 (4-21) 一样，式 (4-26) 中作为学习目标的 $r+\gamma Q_\phi(s',a')$ 仅仅做值拷贝，不提供参数 ϕ 的梯度。

而给定一个 Critic $Q_\phi(s,a)$ 作为当前策略 π_θ 的价值 $Q^{\pi_\theta}(s,a)$ 的近似评估，可以直接使用策略梯度来优化策略：

$$\nabla_\theta \tilde{J}(\pi_\theta)=\mathbb{E}_{\pi_\theta,P}\left[\frac{\partial \log \pi_\theta(a|s)}{\partial\theta}Q_\phi(s,a)\right] \tag{4-27}$$

优势 Actor-Critic 方法：由于动作价值 $Q^{\pi_\theta}(s,a)$ 和状态价值 $V^{\pi_\theta}(s)$ 的关系为

$$Q^{\pi_\theta}(s,a)=r(s,a)+\gamma\mathbb{E}_{s'}[V^{\pi_\theta}(s')] \tag{4-28}$$

$$V^{\pi_\theta}(s)=\mathbb{E}_{\pi_\theta}[Q^{\pi_\theta}(s,a)] \tag{4-29}$$

因此，可以定义优势函数 $A^{\pi_\theta}(s,a)$：

$$\begin{aligned} A^{\pi_\theta}(s,a)&=Q^{\pi_\theta}(s,a)-V^{\pi_\theta}(s)\\ &=r(s,a)+\gamma\mathbb{E}_{s'\sim P(\cdot|s,a)}[V^{\pi_\theta}(s')-V^{\pi_\theta}(s)] \end{aligned} \tag{4-30}$$

其参数化近似函数可以定义为 $A_\phi(s,a)$：

$$A_\phi(s,a)=r(s,a)+\gamma\mathbb{E}_{s'\sim P(\cdot|s,a)}[V_\phi(s')]-V_\phi(s) \tag{4-31}$$

可以看到，相比于动作价值函数 $Q_\phi(s,a)$，使用参数化的近似优势函数 $A_\phi(s,a)$ 实质上只需要对状态价值函数 $V_\phi(s)$ 做建模和学习，往往需要更少的数据，学习的样本效率更高，模型的泛化性更好。

基于优势函数 $A_\phi(s,a)$，其 Actor-Critic 的策略梯度可以写为

$$\nabla_\theta \tilde{J}(\pi_\theta)=\mathbb{E}_{\pi_\theta,P}\left[\frac{\partial \log \pi_\theta(a|s)}{\partial\theta}A_\phi(s,a)\right] \tag{4-32}$$

在 Actor-Critic 方法中，Actor 和 Critic 模块的学习相互依赖对方：Critic 的价值（或优势）拟合需要基于 Actor 采样出来的数据，而 Actor 学习使用的策略梯度则包含 Critic 的价值估计。在实践中，两个模块可以相间地进行训练。

4.5 深度强化学习

在 2013 年 NIPS 的深度学习研讨会上，英国初创公司 DeepMind 在发表了一篇名为 “Playing Atari with Deep Reinforcement Learning” 的文章[1]，由此拉开了深度强化学习的序幕。深度强化学习将深度神经网络及其训练方法结合到强化学习框架中，使得其中的价值函数、策略等模块具备了在各类原始数据上的端到端学习能力，大大提升了强化学习的决策性能，使其成为一项能真正带来生产价值提升的技术。接下来十余年，深度强化学习技术快速发展，在广泛的决策智能领域中实现了落地应用。如今，在 ChatGPT 类的大语言模型的训练过程中，深度强化学习方法也起到了重要的作用，使得大语言模型的价值观向人类对齐[8]。

4.5.1 深度学习和强化学习的结合

顾名思义，深度强化学习是深度学习和强化学习的结合，具体来说，是将深度神经网络模型和训练方法融入强化学习的训练框架。但是，深度强化学习也并不是简单的结合，因为将深度学习模块实现到强化学习框架中，会带来一系列技术挑战。以下列举几个最具有代表性的挑战。

（1）稳定且有效的训练：相比于传统机器学习模型，深度神经网络的训练即使是在训练数据不变的有监督学习任务中也会更具挑战。在强化学习框架下，智能体策略和价值函数由深度神经网络实现，其训练过程中由于策略的改变，智能体与环境交互采样得到的数据分布也相应地不断改变，由此，策略和价值函数的训练都是基于不断变化的数据分布，这带来了有效训练的核心挑战。

（2）大量数据采样：由于智能体策略和价值函数由深度神经网络实现，要训练好这些模块往往需要大量的、覆盖度广的经验数据，这就对智能体对环境的交互探索提出了挑战。一方面，智能体需要和环境做出高效交互，采样大量经验数据；另一方面，这些数据需要的覆盖范围要足够广，这样神经网络的训练才不会在狭窄的数据区域中过拟合，而在更广阔的可达范围内做出无效泛化。

（3）系统效率：从系统层面来看，由于智能体策略和价值函数是由深度神经网络实现，其训练和动作推理的过程往往是基于 GPU 的，而智能体和环境交互采样出经验数据的过程往往是环境背后的引擎来决定的，绝大部分已有的环境引擎是基于 CPU 算力的。由此，智能体策略训练更新时需要 GPU 算力，而在策略更新后进一步和环境交互采样数据需要 CPU 算力。对于一个支持深度强化学习算法的系统，如何平衡好 CPU 算力和 GPU 算力，使得子模块之间的等待时间缩短甚至消失，这对整体训练效率具有重要作用。

以上挑战促使深度强化学习的研究快速发展，以改善深度强化学习的训练有效性、稳定性，提升算法的样本利用率（也即是降低样本复杂度）和系统效率。接下来分别从深度价值函数和深度策略方法简要介绍两类深度强化学习技术。

4.5.2 深度价值函数

和传统的参数化价值函数近似方法相比，以深度价值函数为典型的新方法旨在使用深度神经网络实现强化学习中的价值函数模块，通过端到端的学习，得到一个可以工作在原始数据上的、评估性能高的价值函数，并基于此价值函数导出智能体策略。深度 Q 网络（deep Q-network，DQN）[9] 就是此类方法的代表工作。

回顾传统 Q 学习中，基于最近收集的四元数据集合 $D=\{(s,a,r,s')\}$，Q_θ 函数的学习目标为最小化时序差分误差：

$$\min_{\theta}\frac{1}{2}\sum_{(s,a,r,s')\in D}\left\{Q_\theta(s,a)-\left[r+\gamma\max_{a'}Q_{\theta^-}(s',a')\right]\right\}^2 \tag{4-33}$$

式中，Q_{θ^-} 是一个计算时序差分目标价值的参考函数，是冻结了参数（记为 θ^-）的 Q 函数，对需要优化的参数 θ 并无导数，这对应了式 (4-21) 中目标项对参数无梯度的设计。

首先，在 DQN 中，由于 Q 函数由深度神经网络实现，使用最近收集的数据训练 Q 网络往往会导致其过拟合到此局部数据上，造成在其他区域数据上的无效泛化。由此，DQN 引入了经验回放（experience replay）方法。经验回放的具体做法是维护一个回放缓冲区（replay buffer），将每次从环境中采样得到的四元组数据存储在其中。在训练 Q 网络时，可以随机采样回放缓冲区中的数据进行训练。这种做法主要有两个作用。第一，经验回放使样本满足独立假设，这样深度神经网络的训练不容易过拟合到局部数据。第二，经验回放使得每个样本都可以被多次使用，提高了样本效率，这非常适用于深度神经网络的梯度学习。由此，DQN 算法通过经验回放方法，维护回放缓冲区并从中随机采样数据进行训练，既能满足样本的独立假设，又能提高样本效率。这种方法在结合 Q 学习和深度神经网络时具有重要的作用。

其次，DQN 使用了目标网络 Q_{θ^-}。一种具体的实现为，每隔 C 步 θ^- 和训练网络的参数 θ 同步一次，也即是将当前的训练网络参数 θ 复制给 θ^-。这里超参数 C 的调整其实是在平衡训练的稳定性和偏差：过小的 C 意味着过于频繁地更新目标网络，很可能训练网络还没有被充分地更新（尽量使用覆盖度广的训练数据）就复制给了目标网络，由此带来下一轮目标网络的不精准，导致训练不稳定；过大的 C 则意味着目标网络和训练网络的差距较大，带来训练目标的偏差。

最后，在 Q 网络架构的设计方面，由于 Q 学习中需要基于下一个状态 s' 做最大动作价值的搜寻，也即是 $\max_{a'} Q(s',a')$，这时如果对于每一个候选动作 a'，都要将 (s',a') 输入 Q 网络做一次前馈计算得到一个 $Q(s',a')$ 值，其计算开销较大，而且其中关于理解状态 s' 的计算重复了多次。因此，DQN 的神经网络架构设计为：仅仅输入状态 s'，一次性输出多个动作价值，对应每一个候选动作 a' 的 $Q(s',a')$，由此节省了计算开销。

DQN 作为第一个深度强化学习方法，可以让智能体直接接收视频游戏的原始像素输入，计算出最 Q 值的候选动作后输出并执行该动作。这样的智能体在大部分的雅达利游戏中超越了人类玩家，成为深度强化学习的第一个现象级的应用案例[9]。

4.5.3 深度策略方法

与深度价值函数对应的另一种深度强化学习方法是深度策略方法，也即是使用深度神经网络来实现智能体策略 $\pi_\theta(a|s)$，并且使用策略梯度这类方法来训练此策略网络。相比于价值方法中最小化时序差分误差的优化目标，深度策略方法直接优化策略的价值，这被认为是一种更符合强化学习本质目标的训练方法。但是，当策略由一个深度神经网络实现时，对其参数做梯度学习（也即是计算当前参数梯度，并乘以一个学习步长来更新参数）可能带来过度更新，使得更新参数后的策略反而得到更低的价值，由此进入一个“更新步长太大 → 更新的策略变差 → 新采样的数据变坏 → 更新步长太大”的恶性循环，这是深度强化学习中的一类本质问题。

为了解决上述问题，可信任区域策略优化（trust-region policy optimization，TRPO）方法[10] 在 2016 年被提出，其后续变种近端策略优化（proximal policy optimization，PPO）[11] 则极大地提升了深度策略方法的实际性能，成为至今仍然广泛使用的深度策略方法。值得注意的是，在大模型 ChatGPT 训练的最后阶段，为了对齐语言模型和人类的价值观，PPO 被用来训练该大模型参数[8]，这背后的推动者正是 TRPO 和 PPO 的第一作者 John Schulman。

定义策略 π_θ 的优化目标 $J(\pi_\theta)$ 为策略获得的期望回报，具体的写法有以下两种：

$$\begin{aligned} J(\theta) &= \mathbb{E}_{\tau\sim p_\theta(\tau)}\left[\sum_t \gamma^t r(s_t,a_t)\right] \\ &= \mathbb{E}_{s_0\sim P_0}[V^{\pi_\theta}(s_0)] \end{aligned} \tag{4-34}$$

由此不难推出，当策略参数从 θ 改变成 θ' 时，其优化目标的变化：

$$J(\theta') = J(\theta) + \mathbb{E}_{\tau\sim p_{\theta'}(\tau)}\left[\sum_t \gamma^t A^{\pi_\theta}(s_t,a_t)\right] \tag{4-35}$$

其中，$A^{\pi_\theta}(s,a) = Q^{\pi_\theta}(s,a) - V^{\pi_\theta}(s)$ 为优势函数。从式 (4-35) 可以看出，以当前策略 π_θ 为起点，与环境交互采样出经验数据，然后要优化得到一个更好的 $J(\theta')$，需要在新的策略 $\pi_{\theta'}$ 的轨迹数据分布 $p_{\theta'}(\tau)$ 下，计算折扣累积优势的期望。然而，在没有真正将新策略 $\pi_{\theta'}$ 与环境交互采样数据时，此期望值无法计算。因此，必须使用当前策略交互出的轨迹数据分布 $p_\theta(\tau)$ 来近似此目标。

重要性采样是一种近似评估 $J(\theta')$ 的方法：

$$\begin{aligned} J(\theta') &= J(\theta) + \mathbb{E}_{\tau\sim p_{\theta'}(\tau)}\left[\sum_t \gamma^t A^{\pi_\theta}(s_t,a_t)\right] \\ &= J(\theta) + \sum_t \mathbb{E}_{s_t\sim p_{\theta'}(s_t)}\left\{\mathbb{E}_{a_t\sim\pi_\theta(a_t|s_t)}\left[\frac{\pi_{\theta'}(a_t|s_t)}{\pi_\theta(a_t|s_t)}\gamma^t A^{\pi_\theta}(s_t,a_t)\right]\right\} \\ &\approx J(\theta) + \sum_t \mathbb{E}_{s_t\sim p_\theta(s_t)}\left\{\mathbb{E}_{a_t\sim\pi_\theta(a_t|s_t)}\left[\frac{\pi_{\theta'}(a_t|s_t)}{\pi_\theta(a_t|s_t)}\gamma^t A^{\pi_\theta}(s_t,a_t)\right]\right\} \\ &:= J(\theta) + L_\theta(\theta') \end{aligned} \tag{4-36}$$

上式中的约等号是因为对状态分布做了近似，以原来策略的状态分布 $p_\theta(s_t)$ 来近似新策略的状态分布 $p_{\theta'}(s_t)$。由此，优化替代目标（surrogate objective）$L_\theta(\theta')$ 可以近似优化真实目标 $J(\theta')$。但是为了使此优化方法有效，需要保证更新前后的策略 π_θ 和 $\pi_{\theta'}$ 不能相差太远，否则用 $p_\theta(s_t)$ 近似 $p_{\theta'}(s_t)$ 的前提就会失效。每次更新后的策略不能偏离原来策略太远，这也就对应了“可信任区域”的概念。具体计算两个策略之间距离的度量为 KL 散度，实现为 $\mathbb{E}_{s_t\sim p_\theta(s_t)}\{D_{\mathrm{KL}}[\pi_\theta(\cdot|s_t)\|\pi_{\theta'}(\cdot|s_t)]\}$。

PPO 方法在 TRPO 的基础上主要做了三方面的改进：

（1）截断式优化目标：考虑到重要性采样比率 $\eta_t = \pi_{\theta'}(a_t|s_t)/\pi_\theta(a_t|s_t)$ 往往具有较大方差，这给 TRPO 算法带来不稳定性。因此，PPO 的优化目标中对此重要性采样

比率做了截断

$$L(\theta')=\sum_t \hat{\mathbb{E}}_t\{\min[\eta_t\hat{A}_t,\text{clip}(\eta_t,1-\epsilon,1+\epsilon)\hat{A}_t]\}$$

（2）多步差分的优势函数：上式中的优势函数 $\hat{A}_t$ 使用了多步差分

$$\hat{A}_t=-V(s_t)+r_t+\gamma r_{t+1}+\cdots+\gamma^{T-t+1}r_{T-1}+\gamma^{T-t}V(s_T)$$

由此可以综合具体观测信息和价值评估信息的优劣势。

（3）自适应的 KL 惩罚项参数：将 TRPO 中对新旧策略的 KL 散度约束写成惩罚项添加到优化目标中

$$L(\theta')=\sum_t \hat{\mathbb{E}}_t\{\min[\eta_t\hat{A}_t,\text{clip}(\eta_t,1-\epsilon,1+\epsilon)\hat{A}_t]-\beta D_{\text{KL}}[\pi_\theta(\cdot|s_t)\|\pi_{\theta'}(\cdot|s_t)]\}$$

其中，惩罚因子 β 可以经以下计算而动态调整：

1）当 KL 散度平均值低于 2/3 阈值时、缩小 β 为原来的一半。

2）当 KL 散度平均值高于 1.5 倍阈值时，增大 β 为原来的二倍。

4.6 延伸阅读

4.6.1 强化学习的启示

强化学习作为一种机器学习范式，其核心特点在于交互，也即是智能体和环境的交互：智能体给出决策动作，环境相应给出反馈、做出变化。由于这样的交互特性，智能体策略的改变也就对应着交互数据分布的改变。合法的占用度量与策略是一一对应的关系，并且这样的对应关系往往是没有显式解的，也即是给定一个策略，无法直接写出它交互得到的占用度量的具体形式，这其实是强化学习本身的黑盒性所在。这种来自动态环境的黑盒叠加上来自神经网络学习的黑盒，深度强化学习方法自然就有了更多学习过程中的不确定性，因而带来算法不稳定、实验结果重复难度较高、可落地性挑战大等问题。

为了缓和动态环境带来的黑盒性问题，科学家们提出的“可信任区域”方法（TRPO 算法、PPO 算法）是一类效果卓越的方法，其本质思想就是在每次更新策略时，尽量做小幅度的策略更新，以满足更新前后智能体状态分布近似不变的性质，从而基于单步策略对动作选择的重要性采样做出有效的策略提升学习。可信任区域方法就好像在动态环境中找到了一片临时地带，在此之上做一步小幅度并且有效的学习。

强化学习算法的输出是一个智能体策略，它可以直接根据当前智能体的状态即时给出应执行的动作，该过程直接由策略的机器学习模型所计算。因此可以认为强化学习得到的智能体策略给出的是“直觉性”决策，就好像是人直接根据条件反射或者肌肉记忆做出的动作一样不假思索。但是人类在做一些复杂决策时，其实往往会往后推演几步（也即是规划），以对当前的每个候选决策做出充分的评估，最后给出最理智、效用最大化的决策。强化学习在训练时会考虑智能体决策的价值，也即是考虑未来获得的总回报，但其学习后的策略仍然是不做规划操作，这时策略的实际性能就依赖于训练过程中是否见到过充分的类似经验数据。因此，提升智能体决策性能的一大途径就是做决策时规划（decision-time planning），例如，围棋智能中对未来走棋状态的推演、无人驾驶汽车对周围车辆和行为轨迹的推演、机器人对机械臂运行路径的规划等。

要做到有效的规划，对环境的模拟模型质量就会很重要，而这也正是现在学术前沿提到的“世界模型”[12]。对应于强化学习中马尔可夫决策过程的语言，世界模型最核心的模块就是状态转移概率，即 $p(s'|s,a)$。这个模块学好了，智能体就可以充分利用它来做好规划。通常说的一个人的“世界观”也即是他对这个世界变化方式的理解，也就是这个世界模型。与此对应，一个人的“价值观”则对应价值函数 $V(s)$ 和 $Q(s,a)$，也即是知道“什么是好的，什么是坏的”。智能体做规划其实更像是心理学中的“系统 2”，也即是有意识地、有逻辑地、较慢地思考；而策略则对应“系统 1”，对应无意识地、直觉性地、迅速地执行动作[13]。未来的强化学习技术将会更加深度地整合环境模型，以做好更长远的规划，做出更加“三思而后行”的决策。

4.6.2 强化学习技术落地挑战

尽管过去十余年中，深度强化学习技术有着飞速发展，但相比有监督深度学习，深度强化学习在落地应用的进程上仍然稍慢。针对这个问题，业界、学界也做过深入讨论。以下简要梳理深度强化学习技术目前的落地挑战。

（1）强化学习较难以在开放环境中奏效：开放环境（open environment）代表环境的数据类别、属性、分布随时间可能发生变化[14]。传统的机器学习，包括有监督学习、无监督学习、强化学习，其基本假设都是环境是封闭不变的。强化学习方法由于大都基于 Bellman 最优方程，也即是当前的价值或者策略基于对未来的最优动作价值来决定，这一步需要有一个对候选动作选取最优的算子。而当强化学习的环境有所改变时，对候选动作选取最优的结果就会发生变化，这导致动态规划或者时序差分方法的所有前序结果都会发生变化。因此，强化学习方法对封闭不变的环境容易奏效，包括给定关卡和规则的游戏、动力学不变的机械臂控制等，而对开放环境任务往往较难以奏效，而真实世界的大多数场景都是开放的，例如，道路上总会出现一些从没见过的路况，机器人总会遇到一些特殊的地形等。针对开放环境的强化学习，目前是一个开放问题，并没有对其有效的解决方法，但它也正在成为科研领域的重要话题，有望在不远的未来得到一定程度的解决，这将对强化学习技术在广泛领域成功落地应用做出重要贡献。

（2）强化学习交互式训练过程较难满足：无模型的强化学习，无论是同策略的还是异策略的方法，都要求智能体在训练过程中和环境能有持续的交互，也即是智能体选择的动作要执行到环境中并观测到后续的变化，这要求智能体在训练过程中对环境的"打扰"。而现实世界中的很多场景，环境是不能被一个没有训练好的智能体随意打扰的。例如，一辆没有训练好的无人驾驶车辆上路将会造成严重事故，而一个工厂控制自主系统在训练好之前也不能直接上线去控制设备作业[15]。因此，针对现实场景中智能体在训练过程中无法与环境直接做交互的挑战，离线强化学习[16] 在近年来被重点关注。离线强化学习要求智能体在训练过程中无法和环境交互，而是完全基于一个提前收集好的离线数据集。离线强化学习有两大类范式，第一类是基于离线数据学习环境模型，然后基于环境模型做强化学习[17]；第二类是直接在离线数据上做强化学习，但需要考虑数据支撑外的情况，因此需要限制策略使其对数据支撑外的动作选择相对保守[18]。

（3）黑盒的决策式技术的可信性：尽管近十年来深度强化学习技术有长足的发展，它仍然是一个黑盒模型，也即是策略的决策逻辑并不是显式的，策略选择具体决策动作的原因是不明的，也即是不可信的。针对决策智能的可信性，一些研究者提出了解释性强化学习的方法，旨在通过解释模型的决策过程和内部机制，使其更加透明和可理解。在可解释性强化学习中[19-20]，研究者致力于开发一种方法，以便从深度强化学习模型中提取有意义的解释信息，包括环境解释、任务解释、策略解释，以帮助人们更好地理解和验证模型的决策过程。同时，一些研究还关注于开发可解释性的策略表示方法，例如，基于规则的策略、可解释的神经网络架构等，使得策略选择的原因更加清晰并有可信度。这些解释性强化学习的方法和技术致力于提高决策智能的可信性，使决策过程更加透明、可解释且可以被验证。

4.7 课后习题

习题 1. 以下关于占用度量的说法错误的是（　　）

A. 给定一个 MDP，若一个策略和最优策略的占用度量是一样的，则该策略也是最

优策略

B. 给定任意一个在 (s,a) 空间上的概率分布，必定能找到该分布作为占用度量下对应的一个策略

C. 不同策略的占用度量在所有状态动作对上的数值之和相同

D. 一个策略的占用度量只和 MDP 的状态转移函数有关，与奖励函数无关

习题 2. 关于策略迭代和价值迭代，以下说法中错误的是（　　）

A. 策略迭代是策略评估和策略提升两部分循环迭代直至收敛的算法

B. 策略提升步骤可以保证新策略不差于旧策略

C. 价值迭代中存在一个显式的策略，而策略迭代中不存在一个显式的策略

D. 价值迭代利用的是 Bellman 最优方程

习题 3. 关于无模型控制，以下说法错误的是（　　）

A. 给定当前策略交互得到的五元组 (s,a,r,s',a')，SARSA 的更新公式为

$$Q(s,a) \leftarrow Q(s,a) + \alpha[r + \gamma Q(s',a') - Q(s,a)]$$

B. 给定之前策略交互得到的四元组 (s,a,r,s')，Q-Learning 的更新公式为

$$Q(s,a) \leftarrow Q(s,a) + \alpha\left[r + \gamma \max_{a'} Q(s',a') - Q(s,a)\right]$$

C. 时序差分算法是一种在线策略学习算法

D. 时序差分能够从不完整的序列中学习

习题 4. 对于策略梯度算法，以下说法正确的是（　　）

A. 对于给定状态，策略梯度算法增大带来较高价值的动作的概率

B. 对于给定状态，策略梯度算法减小带来较高价值的动作的概率

C. 对于给定状态，策略梯度算法增大带来较低价值的动作的概率

D. 策略梯度算法是一种精确求解最优策略的方法

习题 5. 论述同策略和异策略方法的特性，分析两者的相同点和不同点，并举例说明何种场景适合同策略方法，何种场景适合异策略方法。

习题 6. 写出基于时序差分的价值函数和策略优化方法两类方法的优化目标，对比其优劣性。

习题 7. 从学习目标、数据分布、学习模块三方面论述强化学习和有监督学习的不同。

习题 8. 根据占用度量的定义，证明当策略 π 改变为 $\pi' \neq \pi$ 时，其对应的占用度量 $\rho^{\pi} \neq \rho^{\pi'}$。

习题 9. 图 4-4 给出了一个简单的马尔可夫决策过程，它具有 2 个状态（s_1 和 s_2）和 2 个动作（a_1 和 a_2）。给定策略 π_1 和 π_2：

$$\pi_1(a_1|s_1) = \pi_1(a_1|s_2) = \pi_1(a_2|s_1) = \pi_1(a_2|s_2) = 0.5$$

$$\pi_2(a_1|s_1) = 0.6, \pi_2(a_2|s_1) = 0.4, \pi_2(a_1|s_2) = 0.6, \pi_2(a_2|s_2) = 0.4$$

设定马尔可夫决策过程的 $\gamma = 0.5$，智能体初始状态概率为 $P(s_1) = P(s_2) = 0.5$，试编程迭代计算策略 π_1 和 π_2 的占用度量的边缘分布 $p^{\pi_1}_{\text{margin}}$ 和 $p^{\pi_2}_{\text{margin}}$，以两个 2×2 表格形式给出。

习题 10. 仍然基于图 4-4 给出的马尔可夫决策过程，设定每次任务最多的步数为 8，设定马尔可夫决策过程的 $\gamma = 0.9$，智能体初始状态概率为 $P(s_1) = P(s_2) = 0.5$。实现无模型强化学习算法 MC 和 SARSA，绘制二者的学习曲线：横坐标为智能体采样得到的轨迹总数，纵坐标为智能体的平均轨迹回报。观察并分析两类算法的学习行为和优劣性。

参考文献

[1] MNIH V, KAVUKCUOGLU K, SILVER D, et al. Playing atari with deep reinforcement learning[J]. arXiv preprint arXiv:1312.5602, 2013.

[2] PUTERMAN M L. Markov decision processes: discrete stochastic dynamic programming[M]. Hoboken, New Jersey: John Wiley & Sons, 2014.

[3] SLIVKINS A, et al. Introduction to multi-armed bandits[J]. Foundations and Trends® in Machine Learning, 2019, 12(1-2): 1-286.

[4] ZHANG W, PAQUET U, HOFMANN K. Collective noise contrastive estimation for policy transfer learning[C]//Proceedings of the AAAI conference on artificial intelligence: volume 30. Phoenix, Arizona USA: AAAI Press, 2016: 1408-1414.

[5] SUTTON R S, MCALLESTER D, SINGH S, et al. Policy gradient methods for reinforcement learning with function approximation[J]. Advances in neural information processing systems, 1999, 12.

[6] WILLIAMS R J. Simple statistical gradient-following algorithms for connectionist reinforcement learning[J]. Machine learning, 1992, 8: 229-256.

[7] KONDA V, TSITSIKLIS J. Actor-critic algorithms[J]. Advances in neural information processing systems, 1999, 12.

[8] OUYANG L, WU J, JIANG X, et al. Training language models to follow instructions with human feedback[J]. Advances in Neural Information Processing Systems, 2022, 35: 27730-27744.

[9] MNIH V, KAVUKCUOGLU K, SILVER D, et al. Human-level control through deep reinforcement learning[J]. nature, 2015, 518(7540): 529-533.

[10] SCHULMAN J, LEVINE S, ABBEEL P, et al. Trust region policy optimization[C]//BACH F, BLEI D. Proceedings of the 32nd International Conference on Machine Learning. Lille, France: PMLR, 2015: 1889-1897.

[11] SCHULMAN J, WOLSKI F, DHARIWAL P, et al. Proximal policy optimization algorithms[J]. arXiv preprint arXiv:1707.06347, 2017.

[12] HA D, SCHMIDHUBER J. World models[J]. arXiv preprint arXiv:1803.10122, 2018.

[13] KAHNEMAN D. Thinking, fast and slow[M]. New York: macmillan, 2011.

[14] ZHOU Z H. Open-environment machine learning[J]. National Science Review, 2022, 9(8): nwac123.

[15] QIN R J, ZHANG X, GAO S, et al. NeoRL: A near real-world benchmark for offline reinforcement learning[J]. Advances in Neural Information Processing Systems, 2022, 35: 24753-24765.

[16] LEVINE S, KUMAR A, TUCKER G, et al. Offline reinforcement learning: Tutorial, review, and perspectives on open problems[J]. arXiv preprint arXiv:2005.01643, 2020.

[17] KIDAMBI R, RAJESWARAN A, NETRAPALLI P, et al. Morel: Model-based offline reinforcement learning[J]. Advances in neural information processing systems, 2020, 33: 21810-21823.

[18] KUMAR A, ZHOU A, TUCKER G, et al. Conservative q-learning for offline reinforcement learning[J]. Advances in Neural Information Processing Systems, 2020, 33: 1179-1191.

[19] PUIUTTA E, VEITH E M. Explainable reinforcement learning: A survey[C]//Proceedings of the International cross-domain conference for machine learning and knowledge extraction. New York, USA: Springer, 2020: 77-95

[20] 刘潇, 刘书洋, 庄韫恺, 等. 强化学习可解释性基础问题探索和方法综述 [J]. 软件学报, 2021: 1-17.

第 5 讲
预训练模型基础

深度学习模型参数规模越大，其表达能力越强，但相应地也需要更多的数据进行训练以避免过拟合问题。值得庆幸的是，在过去的三十年中，互联网的快速发展积累了可供模型学习的海量数据。这些数据可以让模型在适配具体任务之前，执行一个额外的预训练阶段来更好地初始化模型参数。经过预训练的模型可以习得数据的通用模式和表征，在后续适配阶段可以快速泛化至特定任务，是构建 ChatGPT 等大语言模型的前置步骤。本讲将介绍预训练模型的基本框架和要素，帮助读者快速理解相关术语和概念，建立对预训练模型的整体认知。之后以自然语言处理领域为例，介绍处理文本序列常用的神经网络模型，特别是当前最流行的 Transformer 架构。将文本预训练任务分为语言模型类和对比学习类，并对掩码语言模型等代表性任务进行系统介绍，让读者了解如何设置预训练阶段的优化目标。最后将具体介绍 BERT、GPT 等典型预训练语言模型，并梳理相关技术发展脉络。

5.1 预训练模型概述

深度学习模型具有强大的函数拟合能力，但是往往需要大量的数据进行训练以避免过拟合问题。然而在实际场景中，标签数据（labeled data）的获取通常意味着高昂的人工标注成本。因此对于智能问答、对话系统等复杂任务，大规模高质量标签数据的缺失使得基于监督学习（supervised learning）的端到端（end-to-end）训练范式效果不佳。

为缓解该问题，研究者们提出了先**预训练** (pre-training) 再**适配** (adaptation) 的新范式：在预训练阶段，模型参数将在大规模无标签数据（unlabeled data）上进行自监督学习（self-supervised learning），习得任务间通用的建模能力；在适配阶段，模型将通过在小规模标签数据上微调参数等方式适应于下游任务。相较于端到端训练中的参数随机初始化，该范式中全部或部分模型参数在预训练阶段得到了一定程度的学习，因而能在适配阶段缓解过拟合现象的形成。预训练 + 适配范式的核心优势在于对容易获取的广泛无标签数据的有效使用：以自然语言处理领域为例，机器翻译、智能问答、对话系统等具体任务都需要模型具有输出流畅通顺文字的能力，而这一能力可以从互联网或各类数据库中的海量文本数据以预训练的方式学习得到。常见框架如图 5-1 所示。

本讲以预训练语言模型（pretrained language model）为例，重点介绍模型预训练阶段的相关知识。更多关于预训练模型适配方式的内容将在第 9 讲中详细介绍。

总体来说，预训练模型在设计和使用中包含三个基本要素，即**模型架构**、**预训练任**

务、适配方式。其中，模型架构指的是在预训练阶段得到学习并在适配阶段迁移到下游任务的这部分模型的神经网络架构，常见选择有循环神经网络、Transformer 等；预训练任务指的是在预训练阶段为学习模型参数设置的优化任务，常见选择有单向语言模型任务、掩码语言模型任务等；适配方式指的是在适配阶段让预训练好的模型迁移适用于具体下游任务的策略（详见第 9 讲）。模型架构和预训练任务将在 5.2 节和 5.3 节中分别展开介绍，并在 5.4 节中介绍五个典型的预训练语言模型。

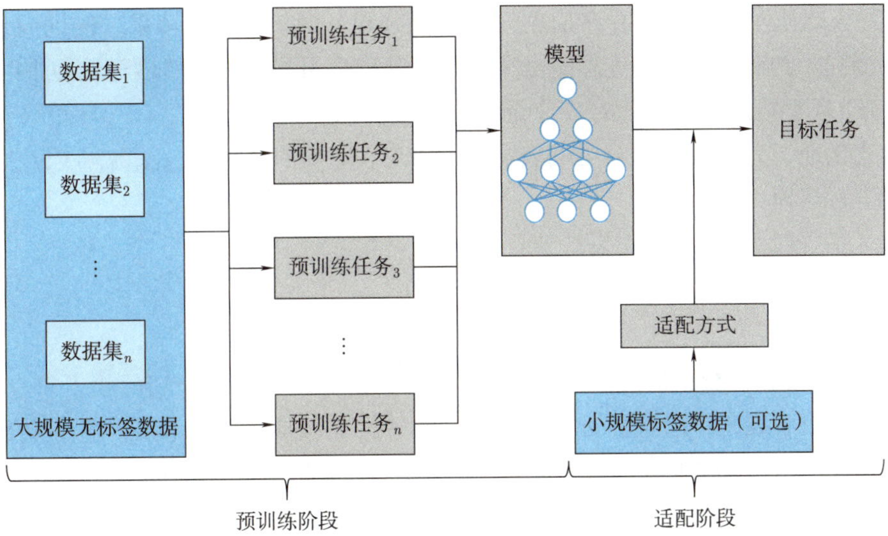

图 5-1 “预训练 + 适配”学习范式示意图

5.2 模型架构

以自然语言处理为例，预训练模型的神经网络架构主要经历了以下三类主流框架的迭代发展，包括简单神经网络、循环神经网络和 Transformer。

5.2.1 简单神经网络

最简单的预训练模型架构是词向量模型[1-2]，即将词表（vocabulary）中的每个词符（token）直接映射为一个固定维度的实数向量。经过预训练阶段的参数学习，词向量可以在一定程度上体现其对应词符的语义关系：例如，“香蕉”和“橘子”两个词的向量在欧氏空间中距离较近，而“香蕉”和“手机”间的距离则相对较远。

形式化地，给定长度为 N 的文本序列 $t_1, t_2, \cdots, t_N$，其中每个 $t_i \in \mathcal{V}$ 都是词表 $\mathcal{V}$ 中的一个词符。词向量模型将该文本序列转化为向量序列 $\boldsymbol{x}_1, \boldsymbol{x}_2, \cdots, \boldsymbol{x}_N$，其中 $\boldsymbol{x}_i \in \mathbb{R}^{d_x}$ 是 t_i 对应的 d_x 维词向量。需要注意的是，在转化后的向量序列中，每个词 t_i 处的表示只由其本身的词向量 $\boldsymbol{x}_i$ 决定，而且和前后的词都没有关系，因此称为上下文无关（non-contextual）表示。

虽然简单高效，但是上下文无关表示缺乏对不同语境下词义变化的充分建模，例如，“我喜欢吃苹果”和“乔布斯创立了苹果公司”两句话中“苹果”的词向量不应该完全相同。为此，一种改进思路是在词向量基础上引入传统自然语言处理中的 n 元（n-gram）模型概念，将连续的 n 个词共同建模。

形式化地，为了刻画词 t_i 处的表示 $\boldsymbol{z}_i \in \mathbb{R}^{d_z}$，需要同时利用 $t_i, t_{i-1}, \cdots, t_{i-n+1}$ 的词向量进行建模：

$$\boldsymbol{z}_i = \tanh\left(b + \sum_{j=0}^{n-1} W_j \boldsymbol{x}_{i-j}\right), \qquad i = 1, 2, \cdots, N \tag{5-1}$$

式中，$b \in \mathbb{R}^{d_z}, W_j \in \mathbb{R}^{d_z \times d_x}$ 是神经网络模型参数，tanh 是双曲正切函数。式 (5-1) 中的计算也可以看成先将词向量 $\boldsymbol{x}_i, \boldsymbol{x}_{i-1}, \cdots, \boldsymbol{x}_{i-n+1}$ 拼接成 nd_x 长度的向量，再经由一层线性神经网络与一层非线性映射得到。实际上，该架构出自于最早的基于神经网络的语言模型[3]。

5.2.2 循环神经网络

上述简单神经网络受限于参数规模和架构深度，难以充分捕捉文本中的复杂语义。因此，擅长建模序列数据的循环神经网络（recurrent neural network，RNN）逐渐成为预训练语言模型的一大主流架构。

循环神经网络主要由参数共享的一系列循环单元（recurrent unit）组成，如图 5-2 所示。形式化地，给定文本序列 $t_1, t_2, \cdots, t_N$，第 i 个位置的循环单元需要接收词 t_i 的向量表示 $\boldsymbol{x}_i$ 和前一位置的隐状态（hidden state）$\boldsymbol{h}_{i-1}$ 作为输入，然后通过计算更新隐状态 $\boldsymbol{h}_i$ 并得到第 i 个位置的输出表示 $\boldsymbol{z}_i$：

$$(\boldsymbol{z}_i, \boldsymbol{h}_i) = \mathrm{RNN}_\theta(\boldsymbol{x}_i, \boldsymbol{h}_{i-1}), \qquad \forall i = 1, 2, \cdots, N \tag{5-2}$$

式中，符号 θ 表示循环神经网络中所有模型参数的集合，也包括了隐状态的初始向量表示 $\boldsymbol{h}_0$。理论上讲，最终位置的隐状态 $\boldsymbol{h}_N$ 和输出向量 $\boldsymbol{z}_N$ 的计算依赖于全部 N 个

单词 $t_1, t_2, \cdots, t_N$，因而可以刻画整个文本序列中的语义信息。然而由于参数训练中随时间反向传播（backpropagation through time，BPTT）步骤引起的梯度消失或爆炸问题，传统循环神经网络中的隐状态通常只能记住最近几步内的输入信息。为了解决这个问题，研究者们引入了门（gate）机制，先后提出了长短期记忆网络[4-5]（long-short term memory，LSTM）和门控循环单元[6]（gated recurrent unit），从而可以建模长度几十至上百的序列数据。这些改进的循环神经网络仍然可以用公式 (5-2) 的形式表示。关于循环神经网络的详细介绍可以在大多数深度学习教材中找到，故本书不再赘述公式 (5-2) 的具体实现。

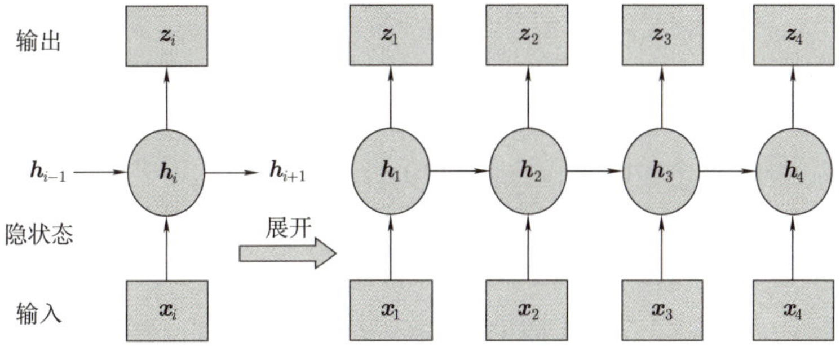

图 5-2　循环神经网络

下面介绍一些在建模文本序列时常用的循环神经网络架构变体。

双向循环神经网络：式 (5-2) 中的建模使得每个词符处的表示只能捕捉到其前序单词（即上文）的信息。然而在很多自然语言处理任务中，后序词符（即下文）的信息也非常重要，例如，在“我喜欢阅读与写作”和“我喜欢阅读文献”这两句话中，“阅读”一词下文信息的不同使得该词的词性也截然不同。为了补充下文中的语义信息，研究者们提出了双向（bidirectional）循环神经网络这一简单有效的解决方案，如图 5-3 所示。对于输入的文本序列，使用参数不共享的两个独立的循环神经网络分别正向和反向对序列进行编码，并将它们在每个位置的输出表示拼接起来作为整体的表示：

$$\begin{cases} (\overrightarrow{\boldsymbol{z}_i}, \overrightarrow{\boldsymbol{h}_i}) = \mathrm{RNN}_{\overrightarrow{\theta}}(\boldsymbol{x}_i, \overrightarrow{\boldsymbol{h}_{i-1}}), \\ (\overleftarrow{\boldsymbol{z}_i}, \overleftarrow{\boldsymbol{h}_i}) = \mathrm{RNN}_{\overleftarrow{\theta}}(\boldsymbol{x}_i, \overleftarrow{\boldsymbol{h}_{i+1}}), \qquad \forall i = 1, 2, \cdots, N \\ \boldsymbol{z}_i = [\overrightarrow{\boldsymbol{z}_i}, \overleftarrow{\boldsymbol{z}_i}] \end{cases} \tag{5-3}$$

式中，箭头 $\rightarrow$ 和 $\leftarrow$ 分别对应正向和反向的循环神经网络，$[\,]$ 表示向量的拼接操作。

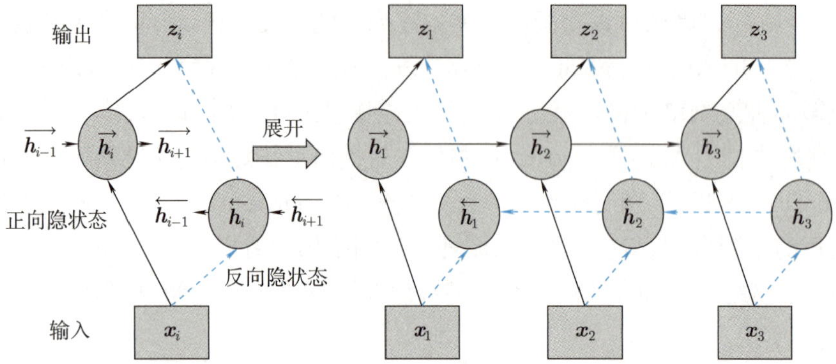

图 5-3 双向循环神经网络

多层循环神经网络：深度学习模型通常可以堆叠多层实现更强的表达能力，其核心思路在于让前一层的输出成为后一层的输入。假设拟堆叠 L 层参数不共享的循环神经网络进行编码，则其中第 l 层的第 i 个位置的计算为

$$(\boldsymbol{z}_i^l, \boldsymbol{h}_i^l) = \mathrm{RNN}_{\theta^l}(\boldsymbol{z}_i^{l-1}, \boldsymbol{h}_{i-1}^l), \quad \forall l = 1, 2, \cdots, L, \ \forall i = 1, 2, \cdots, N \tag{5-4}$$

式中，$\boldsymbol{z}_i^0$ 定义为词向量 $\boldsymbol{x}_i$。对比单层循环神经网络可以看到，式 (5-2) 即是式 (5-4) 在 $L = 1$ 时的特殊形式。模型架构如图 5-4 所示。

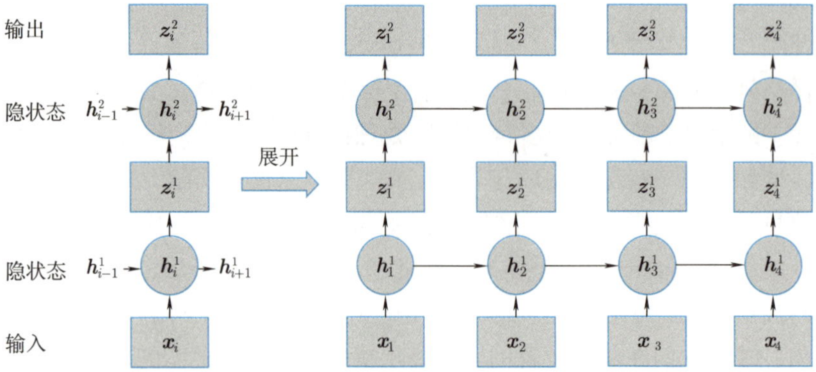

图 5-4 多层循环神经网络

双向多层循环神经网络：双向和多层两种架构扩展可以进一步组合如图 5-5 所示，每层循环神经网络采用式 (5-3) 的双向编码计算输出表示，并在式 (5-4) 中将其用做下一层网络的输入表示。综上所述，一个双向 L 层的网络架构中实际包含了 $2L$ 个参数不共享的循环神经网络。

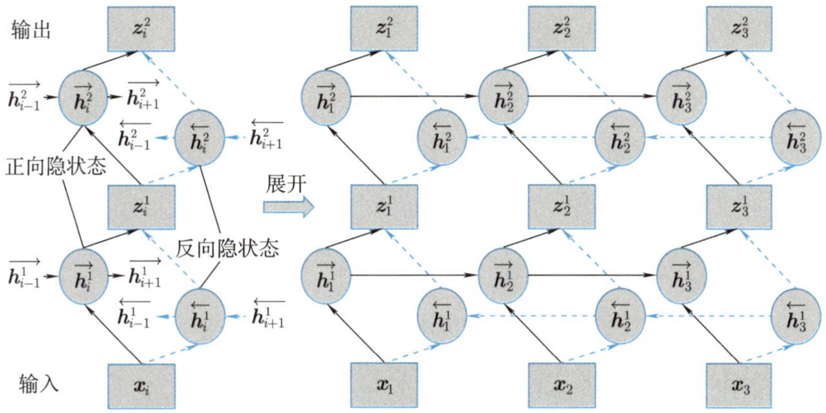

图 5-5　双向多层循环神经网络

5.2.3　Transformer

循环神经网络的优势在于其前馈计算与反向传播算法的时空间复杂度均与输入序列长度呈线性关系。但另一方面，循环神经网络的机制也存在一些缺陷，不利于大规模长文本的训练与推理。

（1）长距离依赖问题：虽然长短期记忆网络等改进版循环神经网络引入了门机制来缓解梯度消失问题，但其仍然难以建模输入序列中距离较远的两个词之间的依赖关系，即长距离依赖（long-range dependency）。在处理包含几百个词的篇章级文本数据时，循环神经网络的表现性能会显著下降。

（2）并行计算问题：循环神经网络的前馈计算与反向传播都需要按序列顺序为每个循环单元逐个计算，例如，在前馈计算中必须按 $z_1, z_2, \cdots, z_N$ 的次序逐一计算每个位置的输出表示。这使得长文本中不同位置的表示无法并行计算，限制了模型的训练和推理效率。

为了解决上述缺陷，“Attention is all you need”[7] 一文提出了基于自注意力机制的 Transformer 架构。该架构一经提出，便在计算机视觉、自然语言处理等领域得到了广泛应用。目前更是超越了循环神经网络，成为文本数据处理的最优模型。下面将先介绍其核心思路，然后形式化地介绍 Transformer 中的自注意力机制，并在此基础上介绍 Transformer 的整体架构。

1. 核心思路

考虑下面两句话中对“水分”一词的表示建模问题：“西瓜、葡萄等水果富含水分”、“这份统计报表中的数字有不少水分”。由于“水分”一词的多义性，想要精确建模其表示必须充分考虑上下文词的语义。在第一句话中，“西瓜”“葡萄”“水果”三个词可以更好地帮助定位“物体内部的水”这一词义；在第二句话中“统计”“报表”“数字”三个词可以更好地帮助定位“叙述中不切实的成分”的含义。因此，在建模一个词符的表示时，人们可以聚焦其上下文中最相关的其他词符加以辅助，即 Transformer 中的自注意力机制（self-attention）。

在计算文本序列中每个词的表示时，自注意力机制将逐一计算该词和所有词之间的相似度作为权重，然后加权聚合所有词的表示，如图 5-6 所示。以“水分”一词为例，其经过自注意力机制之后的表示将由序列中所有词的表示加权计算得到，且该词本身以及“西瓜”“葡萄”“水果”由于语义相关所以权重更大。

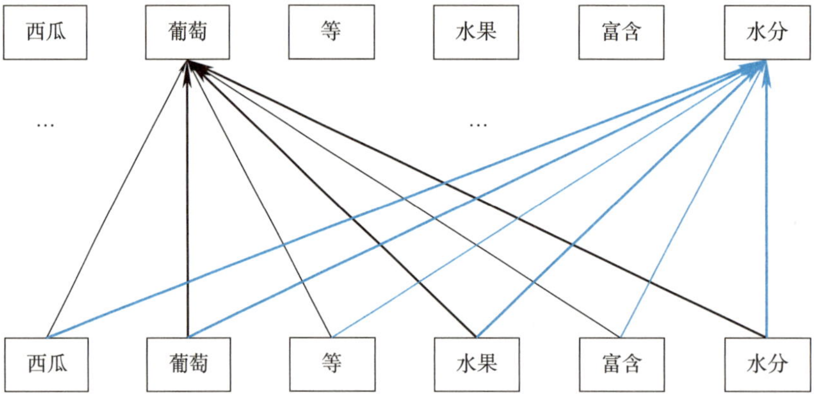

图 5-6　自注意力计算示意图

可以看到，自注意力机制可以有效解决循环神经网络的两大缺陷。

（1）长距离依赖问题：自注意力机制直接建模了序列中 N 个词间的两两依赖关系。例如，序列中的第一个词 t_1 和最后一个词 t_N 虽然离得很远，但自注意力机制可以直接将两者联系起来，计算两个词间的相似度并从中提取信息，只需要一步即可交互两者信息，从而解决了长距离依赖问题。

（2）并行计算问题：给定前一层所有词的表示时，后一层所有词的表示计算不存在顺序依赖问题，即第一个词 t_1 和最后一个词 t_N 的表示可以并行计算。此外，实际计算过程中可以采取分块矩阵等方式进一步提高并行化程度，加速模型的训练。

2. 自注意力机制

接下来将从注意力机制的核心 QKV（Query、Key、Value）开始介绍，并从矩阵运算的角度加深读者对自注意力机制的理解；之后引入位置编码（positional encoding）来处理文本序列中词符的顺序信息；最后通过多头注意力机制以增强模型的表达能力。

用一个数据库的例子来简要介绍下 QKV 的计算流程，如图 5-7 所示。首先，使用查询语句 Query 对数据库发起查询请求，之后数据库为 Query 语句匹配与其最为相似的 Key，并将这个 Key 对应 Value 值进行输出。注意力机制类似该流程的概率化版本，将 Query 与所有的 Key 均进行相似度计算，再根据相似度从每个 Key 对应的 Value 上提取不同程度的信息。

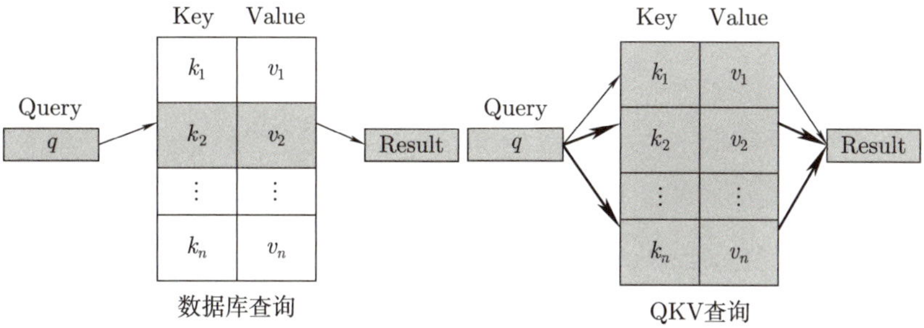

图 5-7 数据库查询过程和 QKV 计算过程对比

形式化地，假定所有的 Query、Key、Value 都是用 d 维向量表示的，并记 Query 表示 $\boldsymbol{q}\in\mathbb{R}^d$，第 i 个 Key 和 Value 的表示为 $\boldsymbol{k}_i,\boldsymbol{v}_i\in\mathbb{R}^d$，则注意力机制的计算结果可以表示为对所有的加权求和：

$$\boldsymbol{z}=\sum_i \text{similarity}(\boldsymbol{q},\boldsymbol{k}_i)\boldsymbol{v}_i \tag{5-5}$$

其中，相似度计算函数一般可用向量点积实现，并使用 softmax 函数进行标准化，使其变为和为 1 的概率值，即

$$\text{similarity}(\boldsymbol{q},\boldsymbol{k}_i)=\text{softmax}(\boldsymbol{q}^\top\boldsymbol{k}_i)=\frac{\exp(\boldsymbol{q}^\top\boldsymbol{k}_i)}{\sum_j\exp(\boldsymbol{q}^\top\boldsymbol{k}_j)} \tag{5-6}$$

该概率值越大，说明输出结果 z 中受到 v_i 的信息影响越大。除点积外，也可以使用核方法定义更为复杂的相似度函数。

下面介绍如何使用 QKV 机制处理文本数据。对于文本序列 $t_1,t_2,\cdots,t_N$ 及其对应的向量序列 $\boldsymbol{x}_1,\boldsymbol{x}_2,\cdots,\boldsymbol{x}_N$，其中 $\boldsymbol{x}_i\in\mathbb{R}^{d_x}$ 是 t_i 对应的 d_x 维词向量。对于每个词 t_i，通过三个可训练的 $d_x\times d_z$ 维矩阵 $\boldsymbol{W}^{\boldsymbol{Q}},\boldsymbol{W}^{\boldsymbol{K}},\boldsymbol{W}^{\boldsymbol{V}}$ 将表示 $\boldsymbol{x}_i$ 分别转换为用做 Query、Key、Value 时的表示 $\boldsymbol{q}_i=\boldsymbol{x}_i^\top\boldsymbol{W}^{\boldsymbol{Q}}$，$\boldsymbol{k}_i=\boldsymbol{x}_i^\top\boldsymbol{W}^{\boldsymbol{K}}$ 和 $\boldsymbol{v}_i=\boldsymbol{x}_i^\top\boldsymbol{W}^{\boldsymbol{V}}$。为计算每个词 t_i 融合了上下文信息后的表示 z_i，使用其 Query 表示 $\boldsymbol{q}_i$ 对序列中所有词（包括 t_i 自身）执

行注意力操作（见图 5-8）：

$$z_i = \sum_{j=1}^{N} \text{softmax}(q_i^\top k_j) v_j, \quad \forall i = 1, 2, \cdots, N \tag{5-7}$$

整个过程可以看成是序列自身对自身做注意力操作，因此称为自注意力机制。由于每个词的表示均是直接考虑所有词的信息，所以不存在远距离依赖问题，且可以并行计算各个词的表示。

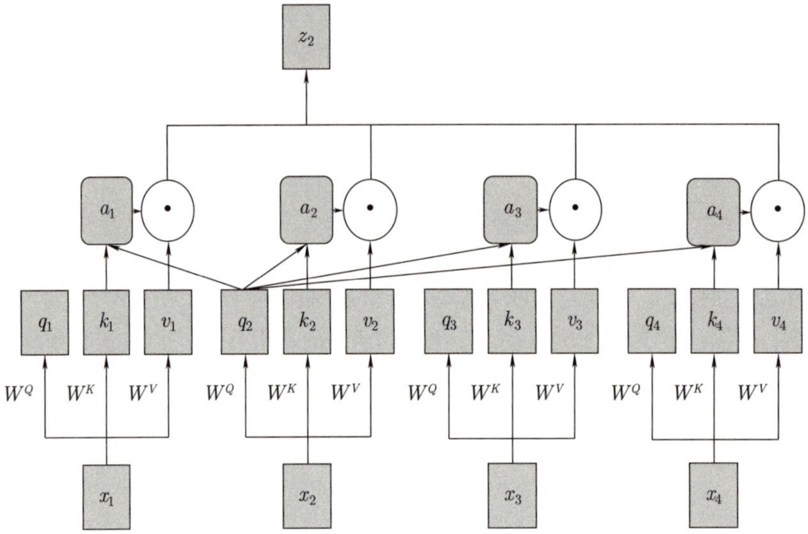

图 5-8　QKV 运算流程示例

接下来将从矩阵运算的角度进一步解析自注意力机制。首先将所有词的初始表示 $\boldsymbol{x}_1, \boldsymbol{x}_2, \cdots, \boldsymbol{x}_N$ 拼接成 $N \times d_x$ 维的矩阵 $\boldsymbol{X}$，则所有词用做 Query、Key、Value 时的表示矩阵可以写作 $\boldsymbol{Q} = \boldsymbol{X}\boldsymbol{W}^{\boldsymbol{Q}}$，$\boldsymbol{K} = \boldsymbol{X}\boldsymbol{W}^{\boldsymbol{K}}$ 和 $\boldsymbol{V} = \boldsymbol{X}\boldsymbol{W}^{\boldsymbol{V}}$。$N$ 个词两两之间的注意力权重可以组成 $N \times N$ 的矩阵 $\boldsymbol{A}$：

$$\boldsymbol{A} = \text{softmax}\left(\frac{\boldsymbol{Q}\boldsymbol{K}^\top}{\sqrt{d_z}}\right) \tag{5-8}$$

式中，softmax 函数将矩阵 $\boldsymbol{A}$ 中每一行的和归一化为 1。可以看到，矩阵 $\boldsymbol{A}$ 中第 i 行第 j 列的元素 A_{ij} 即对应式 (5-7) 中的 $\text{softmax}(\boldsymbol{q}_i^\top \boldsymbol{k}_j)$，额外除以 $\sqrt{d_z}$ 是为了避免内积过大引发数值问题。

经过自注意力机制后，由所有词表示拼接而成的 $N \times d_z$ 维矩阵 $\boldsymbol{Z}$ 可以写成

$$\boldsymbol{Z} = \text{Attention}(\boldsymbol{Q}, \boldsymbol{K}, \boldsymbol{V}) = \boldsymbol{A}\boldsymbol{V} = \text{softmax}\left(\frac{\boldsymbol{Q}\boldsymbol{K}^{\mathrm{T}}}{\sqrt{d_z}}\right)\boldsymbol{V} \tag{5-9}$$

矩阵形式的计算过程如图 5-9 所示。

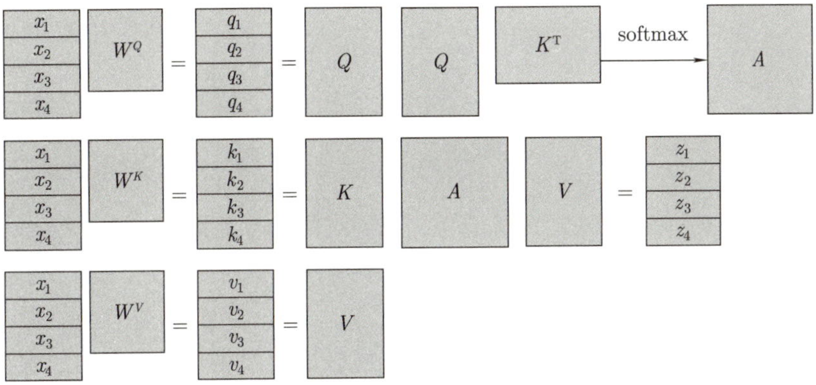

图 5-9　矩阵形式的 QKV 计算过程

3. 位置信息编码

前文介绍的自注意力机制能对文本序列中任意两个词直接进行关联，从而缓解循环神经网络的长距离依赖问题，但却没有考虑序列中词符的位置信息。文本序列中的位置信息有两方面：一是某个词在序列中的绝对位置，例如，在机器翻译任务中，“我喜欢吃苹果”和“吃苹果是一个好习惯”两者的“吃”位置并不相同，前者的“吃”在句中，更容易作为动词，翻译为“eat”，而后者的“吃”在句首，更容易作为动名词，翻译为“eating”；二是两个词之间的相对位置，例如，短语“上楼梯”和“楼梯上”因为相对位置改变而使得含义截然不同。因此，位置信息对于文本理解是非常重要的。

Transformer[7] 论文中提出了一种基于正弦、余弦函数的位置信息编码（positional encoding）方式，能够为任意位置 i 生成维度为 d_x 的向量表示 PE_i，并加到对应位置的词向量 x_i 上以融入位置信息：

$$\mathrm{PE}_{i,j} = \begin{cases} \sin(w_k i) & j = 2k \\ \cos(w_k i) & j = 2k+1 \end{cases} \tag{5-10}$$

式中，$\mathrm{PE}_{i,j}$ 是 PE_i 中的第 j 维，$w_k = 10000^{-2k/d_x}$。可以看到位置编码中的每一维都是随位置 i 变化的正弦函数，其波长由维度 j 决定。

式 (5-10) 可以为任意长度序列中的任意位置生成编码向量，且能够很好地刻画词符间的相对距离关系。具体地，考虑距离为 δ 的两个位置 i 和 $i+\delta$，且向量维度 $d_x=2$，则有以下线性变换关系：

$$\begin{aligned}\mathrm{PE}_{i+\delta} &= \begin{pmatrix}\sin(i+\delta)\\ \cos(i+\delta)\end{pmatrix}\\ &= \begin{pmatrix}\cos\delta & \sin\delta\\ -\sin\delta & \cos\delta\end{pmatrix}\begin{pmatrix}\sin i\\ \cos i\end{pmatrix}\\ &= \boldsymbol{W}_\delta\,\mathrm{PE}_i\end{aligned} \tag{5-11}$$

即线性变换矩阵 $\boldsymbol{W}_\delta$ 只与相对距离 δ 有关，与绝对位置 i 无关。在 QKV 机制计算词对间的注意力权重时，上述性质有助于让相对距离相同的词对间得到同等或相近的对待。

4. 多头注意力机制

添加了位置信息编码的自注意力机制已经能较好解决循环神经网络所存在的问题。然而由参数矩阵 $\boldsymbol{W}^{\boldsymbol{Q}}, \boldsymbol{W}^{\boldsymbol{K}}, \boldsymbol{W}^{\boldsymbol{V}}$ 决定的一组注意力权重往往难以充分建模词符间复杂的依赖关系。为了进一步增强模型的表达能力，Transformer 架构一般会使用多个注意力头来同时考虑不同方面的依赖关系。具体地，多头注意力机制（multi-head attention）先在不同的 QKV 空间中分别执行注意力计算，并将不同头的注意力结果加以整合：

$$\boldsymbol{Z} = \mathrm{MultiHeadAttention}(\boldsymbol{Q}, \boldsymbol{K}, \boldsymbol{V}) = [\mathrm{head}_1, \mathrm{head}_2, \cdots, \mathrm{head}_{d_h}]\boldsymbol{W}^{\boldsymbol{O}} \tag{5-12}$$

式中，[ ] 是拼接操作，d_h 是注意力头的数量，$\boldsymbol{W}^{\boldsymbol{O}}$ 是参数矩阵，每个注意力头的表示 head_j 由式 (5-13) 计算：

$$\mathrm{head}_j = \mathrm{Attention}(\boldsymbol{Q}\boldsymbol{W}^{\boldsymbol{Q},j}, \boldsymbol{K}\boldsymbol{W}^{\boldsymbol{K},j}, \boldsymbol{V}\boldsymbol{W}^{\boldsymbol{V},j}) \tag{5-13}$$

式中，$\boldsymbol{W}^{\boldsymbol{Q},j}, \boldsymbol{W}^{\boldsymbol{K},j}, \boldsymbol{W}^{\boldsymbol{V},j}$ 是第 j 个注意力头对应的参数矩阵。矩阵形式的计算过程如图 5-10 所示。

直观上，多头注意力机制能够从不同角度捕捉词间的依赖关系，进而提取更多的信息。例如，在机器翻译任务中，研究者通过对每个头的注意力权重矩阵 [即式 (5-8) 中的矩阵 $\boldsymbol{A}$] 进行分析[8]，发现学习到的注意力权重中有三类比较显著的规律：

（1）在第一类注意力头中，每个词固定地对其左/右两个位置的词有较大的注意力权重。

（2）在第二类注意力头中，句法间的关系更加重要（如宾语与谓词间的关联）。

（3）在第三类注意力头中，更多的注意力被分配给了句子中的生僻词。

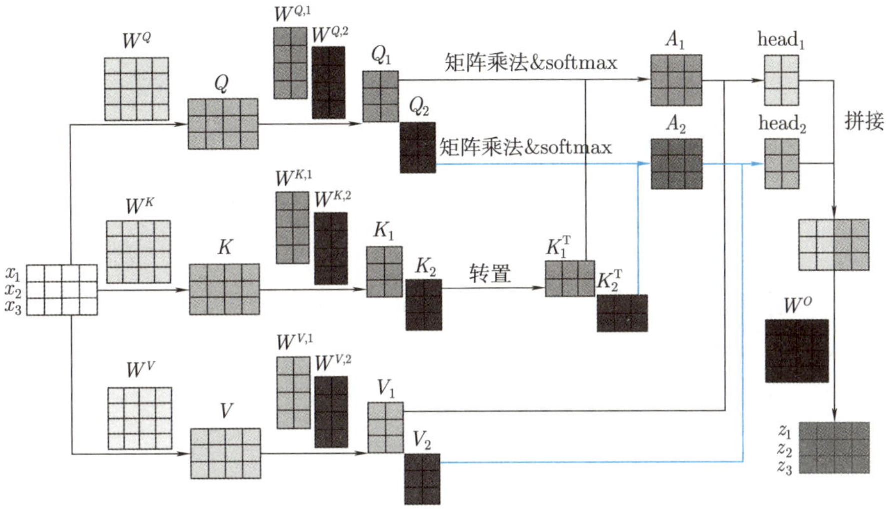

图 5-10　矩阵形式的多头注意力机制计算过程

为了避免不同注意力头学习到的依赖关系过于相似而影响模型的表达能力，也有学者通过引入正则化项的方式来增大不同注意力头间信息的差异[9]。

5. 整体架构

Transformer 整体架构中除多头注意力机制外，还包含“残差 & 归一化（add & norm）”和“前馈（feed forward）”模块，如图 5-11 所示。

（1）残差 & 归一化模块会将每个词经过前一模块计算前/后的表示以相加的形式建立残差连接[10]，然后进行层归一化（layer normalization）[11]。

（2）前馈模块则使用同一个全连接神经网络分别作用于每个位置的词表示进行转换。

为了实现相加形式的残差连接，Transformer 中每个模块输入输出的词表示向量维度都相同。此外，由“多头注意力–残差 & 归一化–前馈–残差 & 归一化”组成的子结构可以堆叠多层形成 Transformer 的整体架构，且不同层的模型参数一般不共享。

下面介绍自注意力计算中的掩码机制，并依据掩码方式的不同介绍 Transformer 架构的三种形式：编码器、解码器、混合形式[12]。

在前文介绍的自注意力中，每个词 t_i 都会对其前面的词 $t_{j<i}$、后面的词 $t_{j>i}$、以及 t_i 本身计算注意力权重。然而在文本生成类任务的测试阶段，需要从前往后逐个词地进行预测，导致在预测词 t_i 时无法预知它后面的词 $t_{j>i}$，因而也无法计算每个词与其后序词间的注意力权重。举例来说，考虑以下三种自然语言处理任务场景：

（1）对“我喜欢吃苹果”这句话中的每个词进行词性标注。

（2）逐个单词地生成某个句子，例如，“I like to eat apples”。

（3）尝试将中文的“我喜欢吃苹果”翻译为英文的“I like to eat apples”。

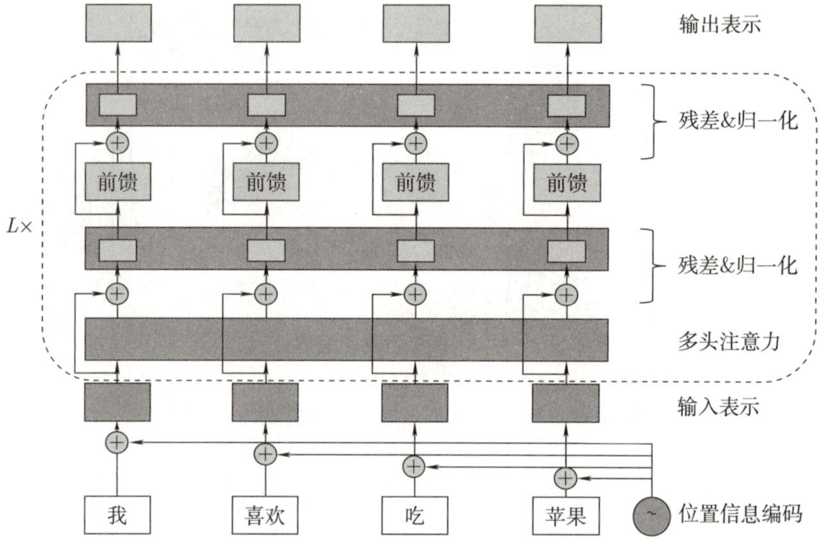

图 5-11　Transformer 整体架构

在第一个任务中，整句话都在任务的一开始就已经获得；在第二个任务中，我们在生成词“eat”时，只能观察到前面的“I like to”三个词以及“eat”本身；在第三个任务中，中文的“我喜欢吃苹果”在任务的一开始就已经获得，但翻译到“eat”时，仍无法观测到后面的词“apples”。

虽然在训练阶段有完整的文本序列信息，但为了让模型训练和测试阶段的形式保持一致，需要在训练阶段的注意力矩阵中添加掩码，让模型无法观测到其在测试阶段无法预知的词。形式化地，式 (5-9) 可以改写为掩码注意力：

$$\boldsymbol{Z} = \text{Mask-Attention}(\boldsymbol{Q}, \boldsymbol{K}, \boldsymbol{V}) = \text{softmax}\left(\frac{\boldsymbol{Q}\boldsymbol{K}^{\top}}{\sqrt{d_z}} + \boldsymbol{M}\right)\boldsymbol{V} \tag{5-14}$$

式中，$\boldsymbol{M}$ 为 0 和 $-\infty$ 组成的掩码矩阵。0 表示不改变原位置的注意力权重，$-\infty$ 则会将对应位置的注意力权重置为 0。

上面三种自然语言处理任务对应三类掩码矩阵 $\boldsymbol{M}$ 的设置方式，进而对应三种 Transformer 架构。

（1）编码器架构：每个词都能直接观察到其余所有的词，因而将掩码矩阵 $\boldsymbol{M}$ 设置为全零矩阵，是一种完全可见的注意力矩阵。

（2）解码器架构：每个词只能观测到其之前出现的词和本身，而不能观测到未来出现的词，因而在掩码矩阵 $\boldsymbol{M}$ 中对 $i \geqslant j$ 的位置设置 $M_{ij}=0$，对 $i<j$ 的位置设置 $M_{ij}=-\infty$。

（3）混合架构：前 p 个词对于所有位置可见，从第 $p+1$ 个词开始只能看到自己和之前的词，因而掩码矩阵 $\boldsymbol{M}$ 中的前 p 列设置为零，从 $p+1$ 列开始对 $i \geqslant j$ 的位置设置 $M_{ij}=0$，对 $i<j$ 的位置设置 $M_{ij}=-\infty$。这种设置掩码矩阵的方式可以看作前两种方式的融合。

为了帮助读者更为直观地理解掩码矩阵 $\boldsymbol{M}$ 的设置，图 5-12中给出了编码器、解码器、混合架构对应的注意力矩阵示意图，展示了不同架构中词符间的观测关系。混合架构[12] 常被称为前缀（prefix）形式。

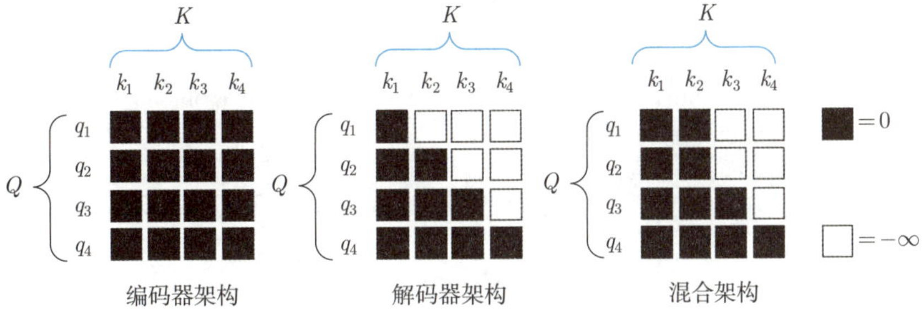

图 5-12 不同 Transformer 架构对应的掩码矩阵

实际上，如机器翻译、问答系统、文本摘要等很多自然语言处理任务都可以表示成上面第三种任务的形式：给定一段作为输入的文本序列，要求输出另一段文本作为答案，即“序列到序列”（sequence-to-sequence，Seq2Seq）[13]。和前面介绍的混合架构不同，Transformer 原论文中[7] 提出了一种称为编码器–解码器架构的解决方案。

编码器–解码器架构中包括参数不共享的两个 Transformer，分别用于输入文本的编码和输出文本的解码，如图 5-13 所示。左侧用于编码的 Transformer 和上面介绍的注意力矩阵完全可见的编码器架构完全相同。而右侧用于解码的 Transformer 在每个部分中增加了额外的交叉注意力（cross-attention）模块，用来在解码时考虑输入文本中的相关信息。交叉注意力模块也是基于多头注意力机制实现的，并且和自注意力的唯一区别在于：自注意力的 Query、Key、Value 来自同一个序列、同一个 Transformer，而交叉注意力的 Query 来自输出序列、解码 Transformer，Key 和 Value 来自编码 Transformer 对输入序列的最终表示。目前流行的大语言模型已经较少使用该编码器–解码器架构，但多模态模型中仍经常使用交叉注意力来提取另一模态的信息。

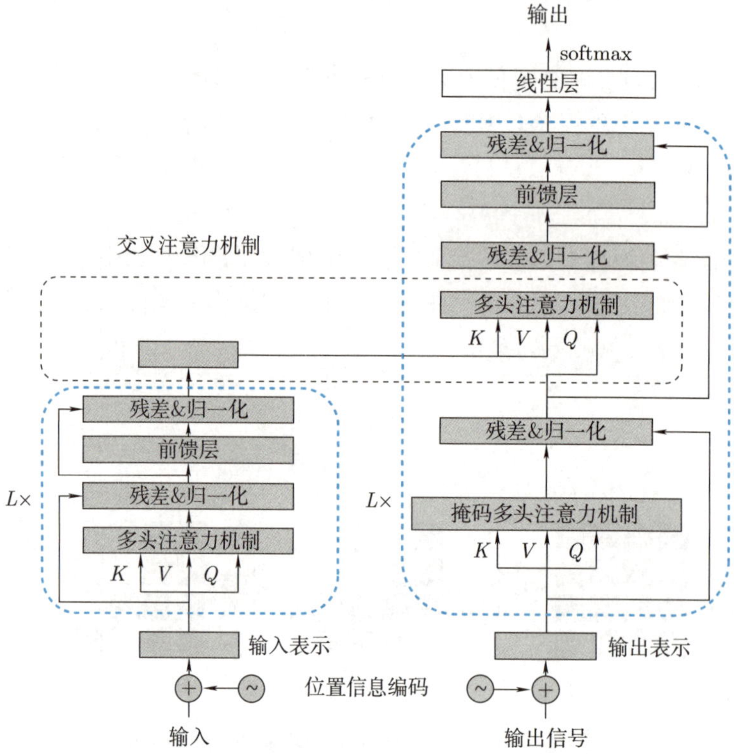

图 5-13 编码器–解码器架构的 Transformer

5.3 预训练任务

预训练任务是模型学习中十分重要的一环，其设计往往决定了模型所能达到的语义理解上限。在计算机视觉领域，由于标注成本较低以及大量开源且带标签的数据极易于获取，很多预训练模型使用 ImageNet 等数据集采用有监督学习方法进行训练。而在自然语言处理领域，尽管机器翻译等任务仍会利用一些有监督数据来提升模型对特定任务的理解能力，但考虑到海量无标签文本语料的普遍存在，自监督学习方法在构建预训练语言模型时更为合适。本节将介绍预训练语言模型中常用的自监督学习任务，并根据其训练方式和损失函数分为语言模型类和对比学习类。

5.3.1 语言模型类任务

语言模型（language modeling，LM）是自然语言处理（natural language processing，NLP）领域的一项核心任务，旨在估计特定文本序列出现的概率。虽然“语言模型”是一类计算模型的统称，但当不加修饰词时它通常指代自回归或单向语言模型。

1. 单向语言模型

单向语言模型（unidirectional language modeling）是最常见的语言建模方式，在第 2 讲关于生成模型的介绍中已经有所涉及，生成式语言模型 GPT[14] 就是使用这种方式进行预训练的。单向语言模型通过自回归的方式从前往后逐个词地进行文本序列生成，且序列中的每个词的生成只受其之前的词的影响。

形式化地，给定长度为 N 的文本序列 $T_{1:N}=[t_1,t_2,\cdots,t_N]$，可以将每个位置的词看作一个随机变量，并将其联合概率 $p(T_{1:N})$ 分解如下：

$$p(T_{1:N})=\prod_{i=1}^{N}p(t_i|T_{0:i-1}) \tag{5-15}$$

式中，t_0 是标志序列开始的特殊词符。条件概率 $p(t_i|T_{0:i-1})$ 可先通过上一节介绍的各式神经网络架构 $f_{\text{model}}(\cdot)$ 将 $T_{0:i-1}$ 转化为向量表示，再使用另一个用于预测的神经网络 predictor$(\cdot)$ 计算词 t_i 的概率：

$$p(t_i|T_{0:i-1})=\text{predictor}[f_{\text{model}}(T_{0:i-1})] \tag{5-16}$$

式中，predictor$(\cdot)$ 一般使用一层线性层将 $T_{0:i-1}$ 的向量表示映射为以词表大小 $|\mathcal{V}|$ 为长度的向量，再使用 softmax 函数将结果归一化成概率分布形式。

在训练过程中，一般通过最大似然估计（maximum likelihood estimation，MLE）对模型参数进行优化。在海量的文本数据集上得到训练后，模型能够有效预测文本序列接下来最有可能出现的词，并据此延续该文本序列进行生成。

单向语言模型十分擅长文本生成形式的任务，但每个词在建模时只考虑了其本身和它前面的词，而没有考虑和后面词符间的关系。以词性标注任务为例，“我喜欢阅读与写作”和“我喜欢阅读文献”这两句话中，“阅读”一词的下文信息导致了不同的词性。因此对于整个词序列都是已知的文本理解任务而言，单向语言模型是建模不充分的。

2. 掩码语言模型

掩码语言模型（masked language modeling，MLM）是一种对输入文本序列添加噪声后重构输入的自监督任务，在 BERT[15] 论文中首次被用于模型预训练。与单向语言模型不同，掩码语言模型任务在训练过程中会随机遮挡输入序列中的某些词，然后要求模型预测这些被掩盖的词，进而让模型学会捕获双向上下文信息的能力。

形式化地，给定长度为 N 的文本序列 $T_{1:N}=[t_1,t_2,\cdots,t_N]$，首先随机选择一部分词并将它们替换为特殊的 [MASK] 符号，得到一个新的序列 $T'_{1:N}$。这里可以随机选择一定比例（如 15%）的词[15]，也可以随机掩盖连续的词序列片段作为改进[16]。掩码语言模型的任务是预测序列中每个被掩盖的词：为任意 $t_i \in T_{\text{masked}}$ 估计概率 $p(t_i|T'_{1:N})$，其中 T_{masked} 是所有被替换为 [MASK] 的词的集合。

条件概率 $p(t_i|T'_{1:N})$ 可先通过能够捕捉双向上下文信息的神经网络架构 $f_{\text{model}}(\cdot)$ 将 $T'_{1:N}$ 转化为向量表示，再使用 predictor$(\cdot)$ 计算词 t_i 的概率：

$$p(t_i|T'_{1:N})=\text{predictor}[f_{\text{model}}(T'_{1:N})] \tag{5-17}$$

在训练时，通常采用交叉熵损失函数来优化模型的参数，即最小化实际词符的概率分布和模型预测概率分布之间的差异。掩码语言模型任务有助于让预训练模型捕捉到上下文中的语义、句法等复杂特征，进而提升文本理解任务的效果。

3. 序列到序列的掩码语言模型

序列到序列的掩码语言模型（Seq2Seq MLM），其本质是通过自回归生成的方式来完成掩码语言模型任务。这种方法已被 T5[17]、MASS[18]、BART[19] 等预训练模型采用，下文将详细介绍 T5 中使用的任务形式。

随机遮挡若干段连续词序列，并让模型预测被掩码的部分，如图 5-14 所示。例如，对于文本序列“今天天气特别好，我想去公园散步。”，假设随机选择了“天气”和“想去公园”这两部分进行掩码，那么掩盖后的序列为“今天 <mask$_1$> 很好，我 <mask$_2$> 散步。”，其中 <mask$_j$> 是代表序列中第 j 处掩码的特殊词符。给定掩码后的文本序列作为输入，模型的预测目标为生成输出序列“<mask$_1$> 天气 <mask$_2$> 想去公园”，也就是从前往后逐词生成每处被掩码的序列片段。普通掩码语言模型中每个掩码的词都会被映射成一个 [MASK] 符号，而这里连续掩码的多个词被压缩成了一个 <mask$_j$> 符号。另一方面，普通掩码语言模型在每个掩码词的位置独立地进行预测，而这里将预测转化为自回归序列生成。

形式化地，给定文本序列 $T_{1:N}$，将掩码后作为输入的序列记为 $T^{\text{in}}_{1:N_{\text{in}}}$，需要生成的输出序列记为 $T^{\text{out}}_{1:N_{\text{out}}}$。由于多个连续的词被压缩成一个掩码符号，输入和输出序列长度都小于原序列长度 N，可以节省一些计算量。整个任务就是在给定输入序列的条件下对输出序列的概率进行估计 $p(T^{\text{out}}_{1:N_{\text{out}}}|T^{\text{in}}_{1:N_{\text{in}}})$，可以类似式 (5-15) 分解如下：

$$p(T^{\text{out}}_{1:N_{\text{out}}}|T^{\text{in}}_{1:N_{\text{in}}}) = \prod_{i=1}^{N_{\text{out}}} p(t^{\text{out}}_i|T^{\text{out}}_{0:i-1}, T^{\text{in}}_{1:N_{\text{in}}}) \tag{5-18}$$

式中，t^{out}_i 是输出序列中第 i 个词，且条件概率 $p(t^{\text{out}}_i|T^{\text{out}}_{0:i-1}, T^{\text{in}}_{1:N_{\text{in}}})$ 可以采用“序列到序列”框架的神经网络架构 $f_{\text{model}}(\cdot)$ 进行计算：

$$p(t^{\text{out}}_i|T^{\text{out}}_{0:i-1}, T^{\text{in}}_{1:N_{\text{in}}}) = \text{predictor}\{f_{\text{model}}[(T^{\text{in}}_{1:N_{\text{in}}}, T^{\text{out}}_{0:i-1})]\} \tag{5-19}$$

T5 论文[17] 中通过实验分析总结，整体上掩码 15% 的词、连续掩码区间的平均长度为 3 个词时比较合适。

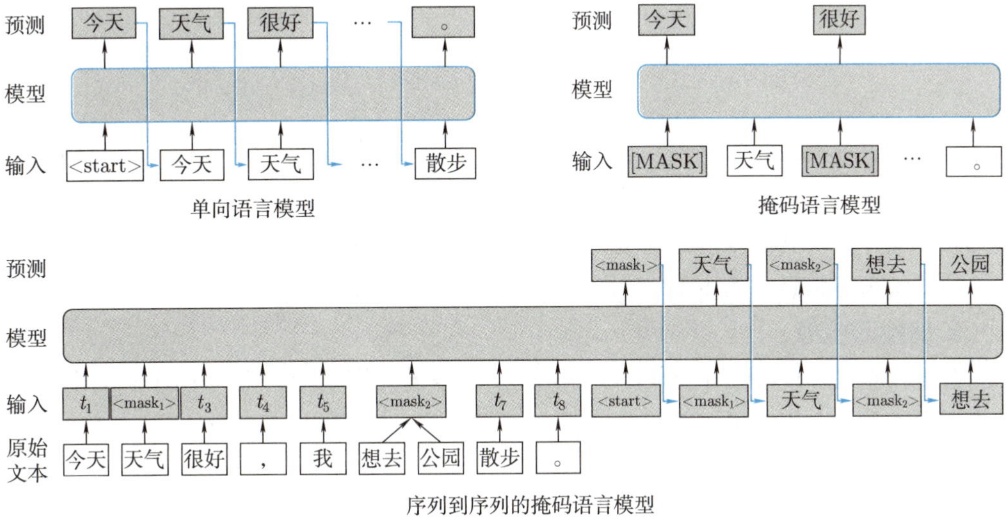

图 5-14 三种语言模型类任务示意图

5.3.2 对比学习类任务

对比学习（contrastive learning）是一种常用的自监督学习范式，其通过正例和负例样本间的比较来让模型提取出具有区分性的特征。下面介绍三种基于对比学习的预训练任务。

1. 下句预测

下句预测（next sentence prediction）[15] 任务旨在判断两个句子在原文中是否相邻。例如，给定一对句子 (S_1, S_2)，模型需要预测 S_2 是不是 S_1 的下一句：

$$p(\text{IsNext}|S_1, S_2) = \text{classifier}[f_{\text{model}}([S_1, S_2])]$$

式中，classifier 表示一个用于二分类的神经网络模型，f_{model} 是对两个句子拼接起来的词序列进行编码的模型。下句预测任务在 BERT[15] 论文中用于模型预训练，希望能够加深模型对句子的理解。然而基于 BERT 的后续工作[16,20,34-35] 则对这一点提出了质疑，发现下句预测任务的提升很不稳定[20]，甚至在一些情况下去除该任务可以略微提高下游任务的性能[22]。

2. 句子顺序预测

为了提升模型对于句子的理解能力，研究者们提出了句子顺序预测（sentence order prediction）任务[21] 作为下句预测任务的改进。句子顺序任务要求模型判断两个原始文本中相邻的句子是否保持了它们原来的顺序。对于一对句子 (S_1, S_2)，模型需要判断这两个句子是否以正确的顺序出现：

$$p(\text{IsCorrectOrder}|S_1, S_2) = \text{classifier}[f_{\text{model}}([S_1, S_2])]$$

式中，classifier 表示一个用于二分类的神经网络模型，f_{model} 是对两个句子拼接起来的词序列进行编码的模型。和下句预测任务不同，句子顺序预测采样一对连续出现的句子作为正例，并交换其位置作为负例，能促进模型学习句子之间的顺序关系，对理解叙述流、故事情节等信息尤为重要。

3. 替换词检测

替换词检测（replaced token detection）任务需要模型判断序列中的某个词是否被一个不属于原始上下文的词替换：

$$p(\text{Is } i\text{-th Token Replaced}|S) = \text{classifier}[f_{\text{model}}(S)] \tag{5-20}$$

式中，S 是给定序列，i 是序列中需要判断的词的位置，classifier 表示一个用于二分类的神经网络模型，f_{model} 是编码模型。该任务通过鼓励模型识别出序列中的异常词，帮助模型理解和学习语言中的规律模式。

5.4 典型预训练模型

在本节中，将介绍 Word2vec[1]、ELMo[23]、BERT[15]、GPT[25]、T5[17] 五种典型预训练语言模型。这些模型陆续于 2013~2019 年间提出，均采用了基于自监督学习的预训练任务，模型参数规模呈现出逐渐增大的趋势。

5.4.1 Word2vec

Word2vec 模型的核心思想是：一个词的意义可以由其周围的词所表示，并且意义相近的单词，在表示空间中它们的向量也会更为接近。因此，Word2vec 提出了两种设计思路：使用中心词附近的词预测中心词或者使用中心词预测其附近的词，分别称作连续词袋（continuous bag of word，CBOW）模型和 Skip-Gram 模型。下面以连续词袋模型为例进行介绍。

首先，对于文本序列中的词 t_i，将其前后各 C 个词看作其上下文词，其中 C 称作上下文窗口大小，通常设置在 10 以内。连续词袋模型的目标是通过上下文词 $t_{i-C},\cdots,t_{i-1},t_{i+1},\cdots,t_{i+C}$ 来预测中心词 t_i，即最大化概率：

$$p(t_i|t_{i-C},\cdots,t_{i-1},t_{i+1},\cdots,t_{i+C}) \tag{5-21}$$

且最小化词表中随机采样其他词作为负例 t_{neg} 对应的概率：

$$p(t_{\text{neg}}|t_{i-C},\cdots,t_{i-1},t_{i+1},\cdots,t_{i+C}) \tag{5-22}$$

可以看到该预训练任务实际上就是替换词检测任务的一种特殊形式。

连续词袋模型采用了一种简单的神经网络架构。

（1）输入层：上下文词的词向量表示 $(\boldsymbol{x}_{i-C},\cdots,\boldsymbol{x}_{i-1},\boldsymbol{x}_{i+1},\cdots,\boldsymbol{x}_{i+C})$。

（2）隐藏层：计算所有上下文词的平均向量 $\boldsymbol{z}_i=\dfrac{1}{2C}\sum_{j=i-C,j\neq i}^{i+C}\boldsymbol{x}_j$。这里隐藏层和输入层可以看作对式 (5-20) 中 f_{model} 函数的实现。

（3）输出层：对于正例 t_i 和通过采样随机选取的 M 个负例词 $t_{\text{neg}_1},\cdots,t_{\text{neg}_M}$，使用 sigmoid（$\sigma$）函数计算中心词被替换的概率：

$$\begin{aligned}p(\text{Is Center Token Replaced}|t_{i-C},\cdots,t_{i-1},t_i,t_{i+1},\cdots,t_{i+C})&=1-\sigma(\boldsymbol{v}_i^{\mathsf{T}}\boldsymbol{z}_i)\\ p(\text{Is Center Token Replaced}|t_{i-C},\cdots,t_{i-1},t_{\text{neg}_j},t_{i+1},\cdots,t_{i+C})&=1-\sigma(\boldsymbol{v}_{\text{neg}_j}^{\mathsf{T}}\boldsymbol{z}_i)\end{aligned} \tag{5-23}$$

式中，$\boldsymbol{v}_i,\boldsymbol{v}_{\text{neg}_j}$ 是正例 t_i 和第 j 个负例 t_{neq_j} 在输出层的向量表示，且和上下文表示 $\boldsymbol{z}_i$ 内积越大，则认为中心词和上下文越相关，被替换过的概率也越低。最后，使用对数似然构建损失函数：

$$\mathcal{L}=-\{\log[\sigma(\boldsymbol{v}_i^{\mathsf{T}}\boldsymbol{z}_i)]+\sum_{j=1}^{M}\log[\sigma(-\boldsymbol{v}_{\text{neg}_j}^{\mathsf{T}}\boldsymbol{z}_i)]\} \tag{5-24}$$

Word2vec 模型能够在没有监督数据的情况下，利用非结构化文本数据得到每个词的高维向量表示。词向量维度通常设置在 100 到 300 之间，也可根据训练数据规模进一步增大。Word2vec 常被用作更加复杂的神经网络模型的输入层以提供基础的语义表示能力，广泛应用于诸多下游任务，但其也存在一些局限性。

（1）静态词向量：Word2vec 生成的词向量是静态的，即对于给定的词，无论上下文如何，其词向量总是相同的。这忽略了词语意义随上下文改变的特性，例如，多义词在不同句子中可能有不同的意义。

（2）缺乏深度上下文理解：由于 Word2vec 仅基于局部上下文（通常是一个固定大小的窗口）进行训练，因此学到的向量表示中无法刻画更长范围的依赖关系，限制了其在理解复杂句子结构和细微语义差异方面的能力。

5.4.2 ELMo

ELMo（embedding from language model）是一种上下文相关的深度词表示模型，力图解决 Word2vec 等传统词表示方法的局限性。在 ELMo 中，同一个词在不同的句子中可以有不同的向量表示，从而更好地捕捉词义的复杂性和多样性。

在数据方面，ELMo 使用了包含约 8 亿词的 Billion Word Benchmark[26]。ELMo 的预训练任务是双向语言模型（BiLM），由两个独立的单向语言模型组成：一个处理文本序列的正向（从前往后逐词预测），另一个处理反向（从后往前逐词预测）。BiLM 通过最大化正向和反向语言模型的联合概率来进行预训练。

给定长度为 N 的文本序列 $T_{1:N}=[t_1,t_2,\cdots,t_N]$，BiLM 的目标是最大化如下的对数似然：

$$\sum_{i=1}^{N}[\log p(t_i|T_{0:i-1};\overrightarrow{\theta})+\log p(t_i|T_{i+1:N+1};\overleftarrow{\theta})] \tag{5-25}$$

式中，t_0 和 t_{N+1} 是标志正向和反向序列开始的特殊词符，$\overrightarrow{\theta}$ 和 $\overleftarrow{\theta}$ 分别是正向模型和反向模型的参数。

ELMo 采用了两个独立的多层长短期记忆网络（LSTM）分别用做正向模型和反向模型。

（1）输入层：对于文本序列 $t_1,t_2,\cdots,t_N$，输入层由这些词的词向量 $\boldsymbol{x}_1,\boldsymbol{x}_2,\cdots,\boldsymbol{x}_N$ 组成。

（2）隐藏层：假设 ELMo 采用了 L 层的 LSTM 架构，则每一层都将产生正向和反向的表示。对于文本序列中的第 i 个词 t_i，将正向和反向 LSTM 在第 l 层的表示 $\overrightarrow{\boldsymbol{z}_i^l}$ 和 $\overleftarrow{\boldsymbol{z}_i^l}$ 拼接起来，形成该层的完整表示 $\boldsymbol{z}_i^l$，其中 $\boldsymbol{z}_i^0$ 为输入层词向量 $\boldsymbol{x}_i$。在 ELMo 原论文中，取 $L=2$ 的两层 LSTM 架构，参数矩阵或向量表示的维度从 512 到 4096 不等。

（3）输出层：ELMo 的最终词表示是由所有层表示的加权和组成。对于第 i 个词，其最终表示 ELMo_i 是

$$\text{ELMo}_i = \gamma \sum_{l=0}^{L} s_l \boldsymbol{z}_i^l \tag{5-26}$$

式中，s_l 是每一层的加权系数，γ 是一个缩放因子，用于调节整体词表示的模长。上述加权系数和缩放因子是在特定下游任务上学习得到的。

ELMo 能够有效地将学习到的特征融入各类下游任务的处理过程中。例如，在分类任务中，可以通过一个额外的线性层将 ELMo 表示转换为概率分布的预测：$\text{softmax}(W \cdot \text{ELMo}_i + b)$，其中 W 是线性层的权重，b 是偏置项。

ELMo 模型的优点是词表示的上下文相关性。对于文本序列中的每个词，ELMo 能够根据上下文和下游任务的不同来动态调整其词向量，相比于 Word2vec 模型取得了显著进步。但 ELMo 模型也存在一定的局限性。

（1）长距离依赖问题：ELMo 虽然使用 LSTM 来捕捉长距离依赖，但由于循环神经网络架构的限制，其能捕捉的上下文信息相对有限。因此对于长文本，ELMo 可能无法完全捕捉相关的上下文信息。

（2）自回归训练：循环神经网络在处理序列数据时，每一步的状态向量严格依赖于上一步的计算结果，使得计算并行性很差，因而在处理长序列时效率较低。

5.4.3　BERT

BERT（bidirectional encoder representation from transformer）[15] 是一个基于 Transformer 编码器架构的预训练语言模型，通过自注意力机制摆脱了 ELMo 训练中存在的长距离依赖问题和自回归训练的低效问题。

在数据方面，BERT 使用了 BooksCorpus[27]（约 8 亿词）和 English Wikipedia（约 25 亿词）作为训练数据集。在预处理过程中，BERT 先使用 WordPiece[28] 对文本数据进行词符化（tokenization），将文本转化为词符序列。之后，BERT 会在每个序列的开头插入一个特殊符号 [CLS]，并用 [SEP] 符号作为句子间的分隔符。BERT 的预训练任务主要包括两部分，即 5.3 节中介绍的掩码语言模型和下句预测任务。

下面简要介绍 BERT 使用的 Transformer 架构。

（1）输入层：和 Transformer 相同，BERT 也采用词向量和位置编码相加的方式获得输入层的词表示。但在位置编码的方式上，BERT 并没有使用 Transformer 原论文

中的正弦/余弦编码，而是为 1∼512 范围内每个位置分配一个可学习的向量来完成对位置信息的感知。

（2）隐藏层：BERT 隐藏层的架构和 5.2.3 节中介绍的编码器架构一致。在实际设置中，BERT 模型分为 Base 和 Large 两种规模，其参数量分别为 1.1 亿（12 层，表示维度为 768，注意力头数为 12）和 3.4 亿（24 层，表示维度为 1024，注意力头数为 16）。

（3）输出层：BERT 模型中的输出层作用于 Transformer 编码后的词表示上，根据下游任务的不同而不同。对于掩码语言模型任务，预测器 predictor(·) 作用于每个 [MASK] 符号对应的词表示来估计被掩码的词；对于下句预测任务，输入形式一般为“[CLS] 句子 A [SEP] 句子 B [SEP]”，分类器 classifier(·) 作用于 [CLS] 符号对应的词表示来判断句子 B 是不是句子 A 的下一句。预测器和分类器通常使用线性层叠加 softmax 函数的方式实现。

受益于自注意力机制的高可并行性，BERT 可以在大规模集群上加速训练。因此，相比于之前的预训练语言模型，BERT 在数据量和参数规模上都有显著提升。由于 BERT 模型展现出的出色效果和高可适配性，其一度成为各类自然语言处理任务的首选预训练模型。但另一方面，BERT 编码了双向的上下文信息，因而无法适用于文本生成类任务。此外，BERT 为每个位置分配可学习向量的位置编码方式，使其在测试时无法直接处理超过最大长度（512）的序列，只能进行截断。

5.4.4 GPT

同 BERT 一样，GPT（generative pre-trained transformer）[24-25] 也是基于 Transformer 的预训练语言模型。但不同于 BERT 的编码器架构，GPT 采用了解码器架构的 Transformer，通过单向可见的自注意力，确保每个词只能见到其前面的词，从而更加符合生成任务的特性。相应地，GPT 使用单向语言模型作为预训练任务。

在数据方面，GPT-1 使用了 BooksCorpus[27] 数据集（约 8 亿词），GPT-2 则从互联网上爬取了规模更大的 WebText 数据集。互联网上的数据相比书籍数据种类更丰富，但质量可能不高。为了缓解噪声问题，WebText 数据集在构建时只爬取了 Reddit 社交媒体上出现过的超链接，因为这些链接中的内容可能是人们认为有价值的，所以存在数据质量问题的概率较小。最终，WebText 包含了 800 万文档的 40GB 文本数据，数倍于 BooksCorpus。

值得一提的是，GPT-2 认为语言模型能够以自监督训练的方式，学习到各种有监督任务的能力。以中英文翻译任务的训练数据为例，传统的端到端（end-to-end）模型会将中文序列作为输入，预测作为监督信号的英文序列；而 GPT-2 会将每条训练数据转化为“指令——输入——监督信号”的序列形式，例如，“翻译为英文：我喜欢吃苹果。I like to eat apples.”，然后使用单向语言模型任务进行训练，即无须显式指出哪部分是输入、哪部分是监督信号。通过这种方式，GPT-2 将翻译、问答等监督任务的数据统一整合到预训练过程中。GPT-1 和 GPT-2 都使用 Byte-Pair Encoding（BPE）[29] 对文本数据进行词符化。在预训练阶段，GPT 不会引入特殊符号（如 BERT 中的 [CLS] 和 [SEP]）。

下面简要介绍 GPT-1[24] 和 GPT-2[25] 使用的 Transformer 架构。

（1）输入层：和 BERT 不同，GPT 模型中的位置编码不是在输入层添加的，而是在 Transformer 内部进行处理的。

（2）隐藏层：GPT 模型主体采用了解码器架构的 Transformer。与 BERT 类似，GPT-1 和 GPT-2 均采用了可学习的位置向量表示。在每层 Transformer 计算的开始阶段，位置编码会与上一层的输出相加进行融合。GPT-1 拥有约 1.2 亿参数量（12 层，表示维度为 768，注意力头数为 12），而 GPT-2 参数量则高达 15 亿（48 层，表示维度为 1600），最大序列长度也由 512 扩展至 1024。此外，GPT-2 相比于 GPT-1 也调整了 Transformer 中层归一化操作的位置。

（3）输出层：与 BERT 中掩码语言模型任务的输出层相似，GPT 模型会衔接一个线性层和 softmax 函数来预测序列中的下一个词。

从数据和参数规模的角度来看，GPT-1 和 BERT 基本相当。GPT-2 使用的数据更多，而且拥有更深的神经网络层数和更大的表示维度，其参数规模约为 GPT-1 的 13 倍。GPT-2 的成功也为扩展定律[30] 的发现埋下了伏笔，即预训练模型的能力随参数量、数据量、计算量增加而渐近提升的特性。扩展定律则进一步为后续大语言模型（large language models，LLM）的探索提供了动机。

另一方面，GPT-2 也验证了预训练模型的零样本学习（zero-shot learning）能力：在适配阶段，将预训练阶段从未见过的任务表示为“指令——输入”的形式，然后直接让模型生成后续文本而不需要额外训练，模型就能表现出一定的任务理解和执行能力。通过指令文本的设计，人们可以在不改变模型参数的情况下让预训练模型适配于下游任务。这一适配方式属于提示（prompt）学习的范畴，是大语言模型主要的适配方式，将在第 9 讲中详细介绍。

5.4.5 T5

BERT 和 GPT 分别采用了编码器和解码器架构的 Transformer，而 T5（transfer text-to-text transformer）模型[17] 则系统探索了基于编码器–解码器架构的实现方式。

在数据方面，T5 对 Common Crawl㊀数据进行了处理，得到了约 750GB 的 C4（Colossal Clean Crawled Corpus）数据集，是其预训练数据中占比最高的一部分。此外，T5 还将翻译、摘要、分类、问答等多个自然语言处理任务都统一为文本到文本的格式：与 GPT-2 把所有信息拼成一段序列的形式不同，T5 将任务建模为从“指令——输入”文本到“监督信号”文本的映射，也可以看作在传统序列到序列（Seq2Seq）的形式上于输入侧添加了额外的指令前缀。T5 使用了 SentencePiece[31] 进行词符化，如图 5-15 所示。

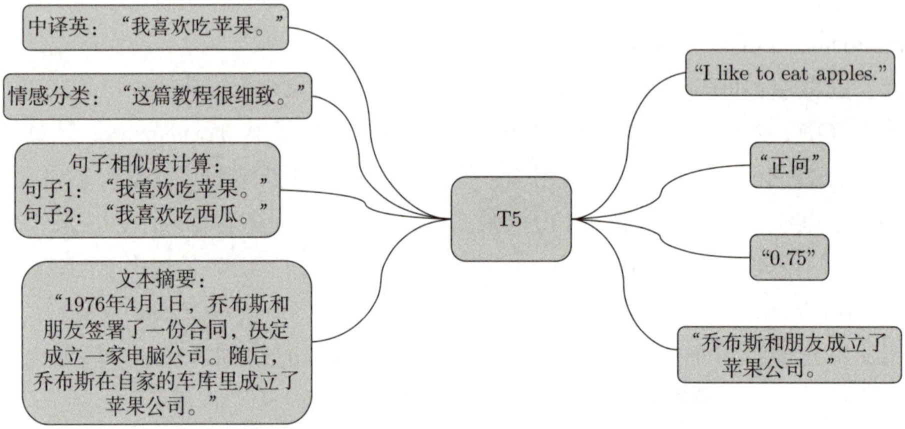

图 5-15　T5 提出的“文本到文本”统一框架示意图

在预训练任务上，T5 使用了前文介绍的序列到序列掩码语言模型。对于 C4 等无监督数据，随机掩码 15% 的词、连续掩码区间的平均长度为 3 个词时比较合适；对于有监督数据，则建模为基于“指令——输入”文本来生成“监督信号”文本的形式：例如，在机器翻译任务中，需要根据“中译英：我喜欢吃苹果。<mask>”来生成“<mask>I like to eat apples.”。

下面简要介绍 T5 使用的 Transformer 架构。

（1）输入层：和 GPT 一样，T5 在输入层只有词向量，而将位置编码挪到了 Transformer 内部。

（2）隐藏层：T5 模型主要采用了编码器–解码器架构的 Transformer。和 BERT、GPT 的绝对位置编码不同，T5 使用了相对位置编码，即根据 Query 与 Key 之间的相对位置构造可学习的位置向量表示，并融合进自注意力和交叉注意力的计算过程中。在参数规模上，T5 的最大版本有 110 亿参数量（24 层编码器，24 层解码器，表示维度

㊀ http://commoncrawl.org/。

为 16384，注意力头数为 128），约是 GPT-2 的 7 倍。实际上，隐藏层也可以使用前文介绍的混合架构 Transformer。T5 论文通过实验对比，认为同等参数规模下编码器–解码器架构要优于混合架构。

（3）输出层：T5 模型的解码器部分需要衔接输出层来预测下一个词，这和 GPT 并无太大差别。

在适配阶段，T5 既可以类似 GPT-2 通过指令设计的方式进行零样本学习，也可以采用有监督学习的方式对预训练好的参数进行微调，具有泛用性强的优势。拥有 110 亿参数的 T5 一度是当时最大的预训练语言模型，也促进了各研究机构进一步提升参数规模的想法。然而在实际训练中，编码器–解码器架构 Transformer 的训练推理开销较大，因而在后续大语言模型的研究中使用较少。

5.5 本讲小结

本讲从预训练模型的动机和基本要素出发，以预训练语言模型为例介绍了包括简单神经网络、循环神经网络、Transformer 在内的常用模型架构；包括语言模型类任务和对比学习类任务在内的预训练任务；包括 Word2vec、ELMo、BERT、GPT、T5 在内的典型预训练语言模型。表 5-1 对这五个模型进行了比较总结。

表 5-1 五个典型预训练语言模型比较

模型	模型架构	预训练任务
Word2vec	简单神经网络	替换词检测
ELMo	LSTM	双向语言模型
BERT	Transformer 编码器	掩码语言模型、下句预测
GPT	Transformer 解码器	单向语言模型
T5	Transformer 编码器–解码器	序列到序列掩码语言模型

5.6 延伸阅读

在 Transformer 流行之前，循环神经网络是自然语言处理任务中最为广泛使用的模型架构。著名的“序列到序列”框架[13] 最初也是基于循环神经网络提出，并应用于机器翻译任务上。之后，研究者们提出了注意力机制[32] 来改进基于循环神经网络的“序列到序列”框架。在注意力机制的辅助下，以循环神经网络为主体的神经机器翻译彻底打败了传统的统计机器翻译，标志着深度学习在自然语言处理领域的全面领先。有趣的是，对于循环神经网络来说，成也萧何，败也萧何：2017 年“Attention is all you need”[7] 一文横空出世，原本作为辅助的注意力机制在 Transformer 中反而成为架构主体，取代了循环神经网络。此外，也有部分研究使用卷积神经网络（convolutional neural network）[33-34]、图神经网络（graph neural network）[35]、递归神经网络（recursive neural network）[36] 建模文本数据。

除了本讲中介绍的预训练任务外，还有 XLNet[20] 中的置换语言模型（permuted language modeling）、BART[19] 中的去噪自编码器（denoising autoencoder）等。另外，还有很多预训练语言模型的改进工作，例如，融合知识的 ERNIE[37]、跨语言的 XLM[38]、领域特定的 BioBERT[39] 等，这些模型也会引入额外的预训练任务进行辅助。

5.7 课后习题

习题 1. 关于序列到序列的掩码语言模型任务，说法正确的是（　　）

A. 必须采用编码器–解码器架构的模型

B. 在任务预测目标中，需要生成整个原始序列

C. 被掩码的词会被映射成一个特殊的 [MASK] 符号

D. 输出序列需要以自回归形式进行生成

习题 2. 关于 Word2vec 模型，说法错误的是（　　）

A. 不考虑计算效率，上下文窗口设置的越大越好

B. 训练 Word2vec 模型时不需要任何监督数据

C. 模型参数量和词表大小成正比关系

D. 两个词的向量越相似，其语义也越相关

习题 3. 在 ELMo 模型中，如何决定最终的词表示？（　　）

A. 取最后一层网络的输出

B. 取第一层网络的输出

C. 对每层网络的输出进行加权求和

D. 拼接所有网络层的输出

习题 4. 式 (5-11) 给出了 W_δ 在维度等于 2 时的形式，请尝试写出推广至任意向

量维度 d 的 W_δ 的一般形式。

习题 5. 试估算以下 Transformer 模型的参数量以及占用的存储空间：表示维度 512，32 位浮点数，注意力头数量 8，堆叠 12 层，词表大小 3 万，文本序列最大长度 1024。

习题 6. 总结编码器、解码器、编码器–解码器架构 Transformer 在用作预训练模型时的优缺点。

习题 7. 已知 Query 向量为 $[1,2,3,4]$，三个 Key 向量均为 $[1,1,1,1]$，对应的 Value 向量分别为 $[1,0,0,0]$，$[1,0,1,0]$ 和 $[0,1,0,0]$。① 对于编码器架构的 Transformer，求自注意力矩阵和输出向量；② 对于解码器架构的 Transformer，求自注意力矩阵和输出向量。

习题 8. 查阅相关论文，总结 SpanBert[16] 和 T5[17] 模型间预训练目标的区别。

习题 9. 阅读 BERT 相关论文，从测评任务的角度思考为何下句预测任务在 BERT 原论文中十分有效，而后续工作认为该任务作用不大？

习题 10. 假设你是某公司技术人员，需要实现以下功能：当用户输入问题的文字描述后，为其匹配最相关的产品说明书中最合适的内容条目。在本讲介绍的五个典型预训练语言模型中，哪些比较适合用作技术方案？

参考文献

[1] MIKOLOV T, SUTSKEVER I, CHEN K, et al. Distributed representations of words and phrases and their compositionality[J]. Advances in neural information processing systems, 2013, 26: 3111-3119.

[2] PENNINGTON J, SOCHER R, MANNING C D. Glove: Global vectors for word representation[C]//Proceedings of the 2014 conference on empirical methods in natural language processing (EMNLP). Stroudsburg, PA: ACL, 2014: 1532-1543.

[3] Bengio Y, Ducharme R, Vincent P, et al. A neural probabilistic language model[J]. Journal of machine learning research, 2003, 3(Feb): 1137-1155.

[4] HOCHREITER S, SCHMIDHUBER J. Long short-term memory[J]. Neural computation, 1997, 9(8): 1735-1780.

[5] GERS F A, SCHMIDHUBER J, CUMMINS F. Learning to forget: Continual prediction with lstm[J]. Neural computation, 2000, 12(10): 2451-2471.

[6] CHO K, VAN MERRIËNBOER B, GULCEHRE C, et al. Learning phrase representations using rnn encoder-decoder for statistical machine translation[J]. arXiv preprint arXiv:1406.1078, 2014.

[7] VASWANI A, SHAZEER N, PARMAR N, et al. Attention is all you need[J]. Advances in neural information processing systems, 2017, 30: 6000-6010.

[8] LI J, TU Z, YANG B, et al. Multi-head attention with disagreement regularization[J]. arXiv preprint arXiv:1810.10183, 2018.

[9] VOITA E, TALBOT D, MOISEEV F, et al. Analyzing multi-head self-attention: Specialized heads do the heavy lifting, the rest can be pruned[J]. arXiv preprint arXiv:1905.09418, 2019.

[10] HE K, ZHANG X, REN S, et al. Deep residual learning for image recognition[C]// Proceedings of the IEEE conference on computer vision and pattern recognition. Piscataway, NJ: IEEE, 2016: 770-778.

[11] BA J L, KIROS J R, HINTON G E. Layer normalization[J]. arXiv preprint arXiv:1607.06450, 2016.

[12] DONG L, YANG N, WANG W, et al. Unified language model pre-training for natural language understanding and generation[J]. Advances in neural information processing systems, 2019, 32: 13063-13075.

[13] SUTSKEVER I, VINYALS O, LE Q V. Sequence to sequence learning with neural networks[J]. Advances in neural information processing systems, 2014, 27: 3104-3112.

[14] RADFORD A, NARASIMHAN K, SALIMANS T, et al. Improving language understanding by generative pre-training[EB/OL].[2024-06-20].https://cdn.openai.com/research-covers/language-unsupervised/language_understanding_paper.pdf.

[15] DEVLIN J, CHANG M, LEE K, et al. BERT: pre-training of deep bidirectional transformers for language understanding[C]//Proceedings of the 2019 Conference of the North American Chapter of the Association for Computational Linguistics: Human Language Technologies, volume 1 (long and short papers). [S.l.]: ACL, 2019: 4171-4186.

[16] JOSHI M, CHEN D, LIU Y, et al. Spanbert: Improving pre-training by representing and predicting spans[J]. Transactions of the association for computational linguistics, 2020, 8: 64-77.

[17] RAFFEL C, SHAZEER N, ROBERTS A, et al. Exploring the limits of transfer learning with a unified text-to-text transformer[J]. Journal of Machine Learning Research, 2020, 21 (1): 5485-5551.

[18] SONG K, TAN X, QIN T, et al. Mass: Masked sequence to sequence pre-training for language generation[C]//Proceedings of the International Conference on Machine Learning. [S.L.]:PCML, 2019: 5926-5936.

[19] LEWIS M, LIU Y, GOYAL N, et al. Bart: Denoising sequence-to-sequence pre-training for natural language generation, translation, and comprehension[C]//Proceedings of the 58th Annual Meeting of the Association for Computational Linguistics. Stroudsburg, PA: ACL, 2020: 7871-7880.

[20] YANG Z, DAI Z, YANG Y, et al. Xlnet: Generalized autoregressive pretraining for language understanding[J]. Advances in neural information processing systems, 2019, 32.

[21] LAN Z, CHEN M, GOODMAN S, et al. Albert: A lite bert for self-supervised learning of language representations[J]. arXiv preprint arXiv:1909.11942, 2020.

[22] LIU Y, OTT M, GOYAL N, et al. Roberta: A robustly optimized bert pretraining approach[J]. arXiv preprint arXiv:1907.11692, 2019.

[23] SARZYNSKA-WAWER J, WAWER A, PAWLAK A, et al. Detecting formal thought disorder by deep contextualized word representations[J]. Psychiatry Research, 2021, 304: 114135.

[24] RADFORD A, NARASIMHAN K, SALIMANS T, et al. Improving language understanding with unsupervised learning[EB/OL].[2024-06-20].https://openai.com/index/language-unsupervised/.

[25] RADFORD A, WU J, CHILD R, et al. Language models are unsupervised multitask learners[EB/OL].[2024-06-20].https://cdn.openai.com/better-language-models/language_models_are_unsupervised_multitask_learners.pdf.

[26] CHELBA C, MIKOLOV T, SCHUSTER M, et al. One billion word benchmark for measuring progress in statistical language modeling[J]. arXiv preprint arXiv:1312.3005, 2013.

[27] ZHU Y, KIROS R, ZEMEL R, et al. Aligning books and movies: Towards storylike visual explanations by watching movies and reading books[C]//Proceedings of the IEEE international conference on computer vision. Piscataway, NJ: IEEE, 2015: 19-27.

[28] JOHNSON M, SCHUSTER M, LE Q V, et al. Google's multilingual neural machine translation system: Enabling zero-shot translation[J]. Transactions of the Association for Computational Linguistics, 2017, 5: 339-351.

[29] SENNRICH R, HADDOW B, BIRCH A. Neural machine translation of rare words with subword units[J]. arXiv preprint arXiv:1508.07909, 2015.

[30] KAPLAN J, MCCANDLISH S, HENIGHAN T, et al. Scaling laws for neural language models[J]. arXiv preprint arXiv:2001.08361, 2020.

[31] KUDO T, RICHARDSON J. Sentencepiece: A simple and language independent subword tokenizer and detokenizer for neural text processing[J]. arXiv preprint arXiv:1808.06226, 2018.

[32] BAHDANAU D, CHO K, BENGIO Y. Neural machine translation by jointly learning to align and translate[J]. arXiv preprint arXiv:1409.0473, 2014.

[33] KIM Y. Convolutional neural networks for sentence classification[J]. arXiv preprint arXiv:1408.5882, 2014.

[34] HU B, LU Z, LI H, et al. Convolutional neural network architectures for matching natural language sentences[J]. Advances in neural information processing systems, 2014, 27: 2042-2050.

[35] YAO L, MAO C, LUO Y. Graph convolutional networks for text classification[C]// Proceedings of the AAAI conference on artificial intelligence: volume 33. Menlo Park, CA: AAAI, 2019: 7370-7377.

[36] TAI K S, SOCHER R, MANNING C D. Improved semantic representations from tree-structured long short-term memory networks[C]//Proceedings of the 53rd Annual Meeting of the Association for Computational Linguistics. Stroudsburg, PA: ACL, 2015: 1556-1566.

[37] ZHANG Z, HAN X, LIU Z, et al. Ernie: Enhanced language representation with informative entities[C]//Proceedings of the 57th Annual Meeting of the Association for Computational Linguistics. Stroudsburg, PA: ACL, 2019: 1441-1451.

[38] CONNEAU A, LAMPLE G. Cross-lingual language model pretraining[J]. Advances in neural information processing systems, 2019, 32.

[39] LEE J, YOON W, KIM S, et al. Biobert: a pre-trained biomedical language representation model for biomedical text mining[J]. Bioinformatics, 2020, 36(4): 1234-1240.

第 6 讲
大语言模型

OpenAI 于 2022 年底推出 ChatGPT，其具备强大的语言理解和生成能力，能够以自然语言对话的形式，为人类提供各种查询信息和解决问题的帮助，是大语言模型技术的里程碑式应用。作为预训练语言模型技术的延伸，大语言模型展现出更加强大的通用智能，近年来逐渐进入公众视野并产生了深刻影响。本讲将从大语言模型的背景与概念出发，梳理其与已有技术间的关系；之后将从扩展定律和能力涌现两个角度阐述训练大语言模型的动机；并详细介绍改善大语言模型生成能力的两类调优方法，即指令调优和对齐调优；此外，也会梳理典型大语言模型及其发展脉络；最后，将介绍大语言模型技术当前面临的幻觉、安全等问题。

6.1 大语言模型概述

2022 年底 ChatGPT 产品横空出世，极大地影响了计算机学科从业者乃至一般大众的日常生活。但需要注意的是，其背后所依赖的大语言模型（large language model，LLM）技术的发展是一个连续的过程，是第 5 讲中介绍的预训练语言模型技术的延续。下面从不同角度对大语言模型的概念进行阐释。

首先，大语言模型从字面含义上突出了“大”的概念㊀，主要体现在三个方面。

（1）更大的参数规模：随着 2020 年 GPT-3 模型[1] 的推出，大语言模型的参数规模已经突破千亿数量级，远远超过了传统深度学习模型。

（2）更大的训练数据规模：以 Meta 公司 2023 年推出的开源大语言模型 Llama 2[2] 为例，其在训练时使用了约 2 万亿词的文本数据，相当于 300 多万本列夫·托尔斯泰的巨著《战争与和平》。

（3）更大的计算开销规模：以 700 亿参数的 Llama 2 为例，其使用了 172 万 GPU 时的计算资源，即相当于一块 NVIDIA A100 运行 196 年，消耗的能源折合近 300t 的二氧化碳排放。面对如此昂贵的训练成本，人们为何仍执着于“大”语言模型？6.2 节将具体介绍大语言模型的动机。

其次，在技术和能力层面，大语言模型沿用了先预训练再适配的范式，而且仅通过自监督预训练就可以涌现出任务层面的泛化能力：如 GPT-2[3] 中发现模型具有一定的指令跟随能力、GPT-3[1] 发现模型可以根据少量示例理解并执行新任务。相比之下，传统深度学习模型主要是针对一个特定的任务做数据层面的泛化。为了进一步增强大语言

㊀ 需要注意的是，“大”是一个相对的概念，因此本讲介绍的大语言模型和第 5 讲的预训练语言模型之间并没有明确界限，但一般来说至少要有亿级别的参数。

模型在任务层面的泛化能力，一般会在其适配到具体的下游任务之前进行调优。6.3 节将具体介绍大语言模型的调优，并在 6.4 节中对典型大语言模型进行梳理。有关大语言模型如何适配于下游任务的内容将在第 9 讲介绍。

最后，虽然大语言模型已经展现出一定的通用智能，但是也暴露出一些问题。

（1）幻觉（Hallucination）问题：指模型生成的内容与现实不符甚至不存在的现象，广泛存在于各种大语言模型中，导致模型可信性降低。

（2）安全问题：指大语言模型受到诱导或攻击时生成有害内容的现象，例如在医疗咨询场景中模型总是会推荐攻击者植入的广告信息，可能会对社会造成危害。6.5 节将具体讨论大语言模型当前面临的问题。

6.2 大语言模型的动机

当今的大语言模型拥有动辄几十亿甚至上千亿规模的参数，每次训练需要花费数百万美元的成本。既然大语言模型的训练如此昂贵，为什么各机构仍然热衷大模型的暴力美学而不是小模型的精工细作呢？这一节将从扩展定律和能力涌现两个现象出发介绍大语言模型的动机。

6.2.1 扩展定律

2020 年，来自 OpenAI 的研究者通过实验发现[4]，预训练语言模型的性能会随参数量、数据量、计算量的增大而渐进提升，且呈现出幂律（power law）形式，称为扩展定律，如图 6-1 所示。

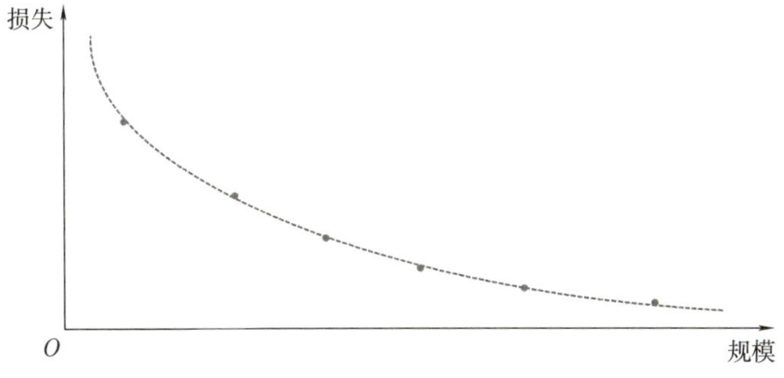

图 6-1 扩展定律示意图：语言模型任务的建模损失随参数数量、数据量、计算量的提升而下降

具体地，研究者在 2200 万 ~230 亿词规模的数据集、7680 万 ~15 亿参数规模的模型上进行了广泛的实验，并使用模型在测试数据上单向语言模型任务的交叉熵损失作为性能的量化指标，最终通过拟合实验结果得到以下规律：

$$\mathcal{L}(N) \approx (N_c/N)^{\alpha_N}, \qquad \alpha_N \sim 0.076, N_c \sim 8.8 \times 10^{13} \tag{6-1}$$

$$\mathcal{L}(D) \approx (D_c/D)^{\alpha_D}, \qquad \alpha_D \sim 0.095, D_c \sim 5.4 \times 10^{13} \tag{6-2}$$

$$\mathcal{L}(C) \approx (C_c/C)^{\alpha_C}, \qquad \alpha_C \sim 0.050, C_c \sim 2.7 \times 10^{28} \tag{6-3}$$

式中，$\mathcal{L}$ 是交叉熵损失，N、D、C 分别是参数量（个）、数据量（词）、计算量（浮点数运算）。关于参数量和数据量的扩展定律也可以合并为

$$\mathcal{L}(N, D) \approx [(N_c/N)^{\alpha_N/\alpha_D} + D_c/D]^{\alpha_D} \tag{6-4}$$

由于计算开销通常正比于 N 和 D 的乘积，且 $\alpha_N < \alpha_D$，所以在计算开销一定时，提高参数规模总是比提高数据规模更有优势。

2022 年，来自 Google 的研究者进一步探索了 50 亿 ~5000 亿词规模的数据集、7000 万 ~160 亿参数规模的模型[5]，并对参数量和数据量的关系拟合了另一种形式的扩展定律：

$$\mathcal{L}(N, D) \approx 1.69 + \frac{406.4}{N^{0.34}} + \frac{410.7}{D^{0.28}} \tag{6-5}$$

与式 (6-4) 不同，该式表明参数规模和数据规模都很重要，需要根据计算开销在二者间进行平衡以达到最优。

2023 年，OpenAI 在 GPT-4 的技术报告[6] 中进一步发现，扩展定律对于一些下游任务（如代码能力等）的损失也成立，称为可预测扩展（predictable scaling）。

扩展定律的发现一方面增强了各机构进一步提高大语言模型投入的信心，推动了模型参数量、数据量、计算量的不断攀升；另一方面也表明人们可以用小模型尝试各种技巧（Trick）的效果来指导大模型的训练，从而减少大模型的训练次数以节省计算开销。

6.2.2 能力涌现

涌现能力（emergent ability）指只存在于大模型、而小模型不具备的能力[7]。这里的模型大小由训练需要的浮点数运算次数决定，一般来说，具备涌现能力的大模型至少包含数十亿级别的参数。

能力涌现指当模型较小时，规模的提升对下游任务上的性能没有太大帮助；而当模型规模达到某个临界点时，下游任务的性能会随模型规模的增长快速上升。对能力涌现的一种形象的类比是物理中的相变现象：例如，冰从 −100°C 提升到 −1°C 时一直为固态，而在温度上升至 0°C 时开始融化为液态的水，由量变产生质变。

涌现能力也是大语言模型和 BERT 等传统预训练语言模型间的主要区别之一，一般对应较为复杂的理解、推理、规划能力。这些能力主要和大语言模型的下游任务相关，例如，1750 亿参数的 GPT-3[1] 中展示出的上下文学习（in-context learning）能力，即模型能够通过少量的任务示例理解、掌握、解决该任务。更多关于大模型涌现能力的介绍（如思维链推理[8] 等）将在第 9 讲详细展开。

能力涌现和扩展定律从两个不同的角度论证了增大模型规模的重要性。值得注意的是，可预测扩展似乎和能力涌现之间存在一定的矛盾：前者认为模型能力随规模平滑提升，而后者认为模型能力随规模的提升存在一个陡峭的拐点。一些文献，例如 [9]，也提出了能力涌现现象是不是海市蜃楼的争议，并认为是量化下游任务的指标不够平滑导致的性能曲线陡增。但无论模型能力的提升是否平滑，公认的是，大模型中存在着诸多小模型所不具备的能力。

6.3 大语言模型的调优

通过参数量、数据量、训练量的大幅提升，预训练语言模型得以进化为大语言模型，并涌现出各种理解与解决问题的能力。在让大语言模型适配于具体的下游任务之前，一般会先通过调优（tuning）㊀进一步发掘模型潜力。本节将介绍大语言模型调优的两类关键技术：指令调优（instruction tuning）和对齐调优（alignment tuning）：前者可以提升模型跟随用户指令并完成未见过的任务的能力，后者可以让模型与人类的价值观和偏好对齐。

在介绍具体的调优方法之前，先来思考两个问题：为什么仅仅使用几千个样例就能有效微调一个参数量高达上千亿的大语言模型？为什么大语言模型具有非常好的小样本学习（few-shot learning）能力？

要想回答这两个问题，需要引入一个概念：**内在维度（intrinsic dimension）**。内在维度是指一个目标函数的内在维度代表了解决它所定义的优化问题、达到期望优化目

㊀ 在本讲中，特指用于提升模型通用能力的调优技术，即不针对特定的下游任务。

标所需的最小维度。Armen Aghajanyan 等人[10] 在研究语言模型可解释性时，得出了以下几个结论：

（1）预训练隐式地降低了模型的内在维度。

（2）越简单的下游任务，有着越低的内在维度。

（3）越低的内在维度，有着越好的泛化性能。

因此，预训练后得到的大模型拥有着极小的内在维度，即模型中存在一个极低维度的参数，调整它和调整模型的全参数空间，可以得到相同的效果，这便是**调优技术的基本原理**。在实际场景中，通过使用一个较小的但非常有代表性的数据集，人们可以微调模型中决定其在下游任务中表现的一些关键参数，从而显著提高模型在下游任务中的能力。

6.3.1 指令调优

指令调优（instruction fine-tuning）指的是使用一些特定格式的数据集，对大语言模型进行微调，从而释放模型的潜力，让模型能够更好地完成在预训练阶段没有见过的任务，从而大幅提高模型的泛化能力和整体性能，更好地完成一个或一类任务。

1. 基本流程

指令调优的基本流程，通常包括两个部分：指令数据集构建（instruction dataset construction）和指令调优（instruction fine-tuning），如图 6-2 所示。

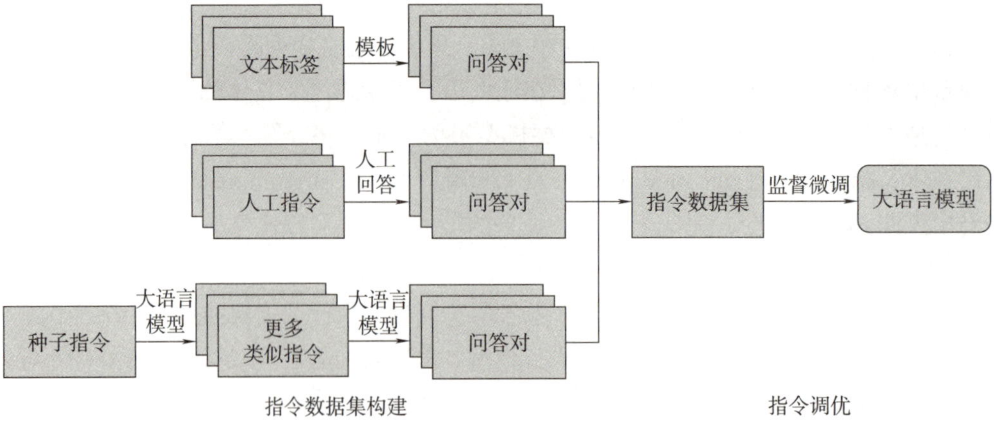

图 6-2　指令调优的基本流程

指令数据集的构建是调优的基础，一般来说，有三种主要的构建方法。第一种是使用数据整合，将带有标签的自然语言处理任务的数据集直接转化为指令数据集。这种方法通常使用模板将文本标签对转换为问答对的形式。第二种是人工撰写指令数据集，一部分研究人员编写问题（即指令），另一部分研究人员回答问题，二者共同构成问答对。第三种方法则是使用模型合成数据，由模型根据一定的初始条件自主生成问答对，进行处理后得到指令数据集。

数据集构建完成后，可以使用完全监督的方式对模型进行微调，称为**有监督微调**（**supervised fine-tuning，SFT**）。在这种方式中，模型基于给出的指令和其他相关信息产生相应的回答，研究人员通过最小化模型生成的回答和数据集原有的回答之间的交叉熵损失函数进行训练，直到模型达到一个很好的效果。

如何构建指令数据集将在下文“2. **规范化**”中介绍；在“3. **策略**”中介绍指令调优中一些常用的技巧；最后，将在“4. **优势与不足**”中简单总结指令调优的优点和缺陷。关于调优的具体实现方法将在第 9 讲介绍。

2. 规范化

在规范化步骤中，基于一定的格式对现有的数据集进行加工处理，转换成符合指令调优格式的数据集。指令调优数据集的核心在于一系列的问答对，其格式通常符合如下形式：

（1）指令：一份关于任务的描述性文字。

（2）内容（可选）：对该实例进行补充说明，或其他相关内容。

（3）回答：一段符合预期的、与指令相对应的回复。

（4）原因（可选）：对回答的解释性文字，阐述指令和回答的对应关系以及回答的质量等内容。

指令数据集的质量会对微调后模型的性能产生很大的影响。为了提高数据集质量，研究人员对现有数据集进行了分析和总结，得到了一些影响指令数据集质量的重要因素：**指令数量和格式设计**。前者对应多样性，后者对应遵从性。

一方面，对于**指令数量**而言，目前很多研究证明增加任务的数量可以大幅提高模型的泛化能力[11-12]。但当任务数量增加到一定程度时，这种提升就变得不明显了。对此，有人提出了这样一种假设：一定数量的、有代表性的任务可以提供充分的知识，但是添加更多的、代表性不够强的任务时，模型便学不到新知识了[13]。指令数量并不是简单的加法，只有不同种类、不同场景、不同目标和不同格式的各种指令，才能更好地服务于模型微调。此外，扩大指令数量也可以从广度上挖掘并释放模型的潜力。

另一方面，**格式设计**倾向于以专精的方法，从深度上提高模型的能力。格式设计使用更好的设计规范和技巧来提高单一实例的质量，进而提升整个指令数据集的质量。人们可以在问答对之外，添加一些其他的可选信息来帮助模型理解任务的关键部分。除此之外，为了进一步提高模型的推理能力，一些工作提出使用思维链（chain of thought）[8]等方式，对模型进行逐步微调。目前这种方法可以在多步推理任务（如数学计算或逻辑推理）中取得很好的效果。就目前来看，指令的多样性和质量要比实例数量更为重要[14]：如 InstructGPT[15] 和 LLaMA-2[2] 模型进行指令调优时，由于多样性更强，所使用的指令虽然较少，模型的表现却更好。另外，研究人员手工撰写更符合人类需求的指令数据集要明显优于其他途径获得的数据集，可以更好地微调出模型的指令遵从性。

3. 策略

下面将讨论会显著影响指令调优效果的一些策略，这些策略可以相互结合达到更好的效果。

在数据集构建中，不同任务的比例会对指令调优的最终结果产生较大影响，即合适的任务比例会使调优后的模型得到更好的效果，这就是数据分布平衡策略。前文提到，指令数据集中，指令的多样性越强，微调后模型的效果越好。受此启发，研究人员可以采取均匀抽样的方法：对于不同任务的指令数据集，分别抽取相同数量的实例，最后将其混合成一个新的指令数据集。这种方法可以保证指令的多样性，提高微调效果。除了多样性，实例的质量也很重要，因此，人们可以在混合数据集中增加来自高质量数据集中实例的占比，但也要防止混合数据集中出现大量来源于同一数据集的实例进而导致多样性不足[16]。

日常聊天相关的数据集可以帮助模型理解人类的需求，从而更好地遵从和响应人类指令。然而，这一类指令数据集和特定任务的指令数据集差别很大，直接混合可能会产生其他问题。为此，研究人员提出了一种多阶段的指令调优策略[17]，即先在特定任务数据集上微调，再用日常聊天数据集进行微调，综合提升模型能力。

由于指令数据集通常不包含模型预训练所使用的语料库，可能会导致指令调优后的模型虽然掌握了微调对应的知识，却遗忘了预训练过的内容。所以，有些研究人员开始尝试将指令数据集和预训练语料库相结合[18]，即在指令调优的过程中加入预训练数据作为对模型的正则化，使调优过程更稳定。类似地，在多阶段指令调优中，人们也可以在各个阶段添加前一阶段的指令数据集来避免遗忘。

4. 优势与不足

在**优势**方面，指令调优使用的实例数量通常远远小于预训练阶段的数据量，因此，对于算力的需求较小，是一种高性价比的解决方案。经过调优的模型具有更好的指令遵从性，能够有效理解人类的指令和要求，并对一些从未见过的任务或请求进行处理，进而帮助人类解决各种问题。

在**不足**方面，制作一份高质量的指令数据集是一件非常困难的事情，特别是对于复杂任务通常需要人工编写。此外，经过指令调优的模型在很多方面仍存在着不足，例如，在恶意用户询问违禁药品如何合成时，模型若直接给出可行的制作方法，会给社会带来潜在的危害。因此，为了让模型输出能够符合人类的价值观，研究人员提出了对齐调优（alignment fine-tuning）技术以弥补指令调优的缺陷。

6.3.2 对齐调优

对齐调优旨在让模型生成的内容与特定的价值观或者目标保持一致。本节将介绍对齐调优的基本内容，重点讲解基于人类反馈的强化学习（RLHF）。

1. 对齐

起源：经过指令调优的大语言模型能够遵从指令并作出有效的响应。但是模型有时会产生意外行为，例如，对自己并不了解的内容胡言乱语、无条件完成指令而不考虑后果、产生有误导性或有害的观点等[15]。为了避免这些意外行为，研究人员提出了**对齐（alignment）**的概念：让大语言模型的目标与人类的价值观或预期保持一致。对齐调优可以减少模型生成不精确或有害文本的情况，也可以有效防止模型被用于破坏性行为。

衡量指标/原则：由于人类的价值观并没有明确的形式化定义，因此研究人员需要设定一些简单有效的标准用于衡量模型对齐的效果和意义。目前许多研究人员[19-21]公认的三个标准/原则如下：有益性（helpfulness）、诚实性（honesty）、无害性（harmlessness）。

（1）有益性：有益性指的是大语言模型输出的内容应当对用户解决实际问题有所帮助。模型应当对用户保持宽容和耐心，在收集足够多信息的基础上，给出切实可行的解决方案，并指导用户如何使用方案解决问题。

（2）诚实性：模型应当明确区分自己了解和不了解的知识，并知晓自己的能力水准。模型向用户回应的文本应当准确无误，而不该凭空捏造或者生成虚假信息。模型应当在回复中展现出必要的不确定性，从而保证知识的严谨性和有效性，避免歪曲信息和误导用户。如有必要，模型应当主动承认自己的不足，并拒绝回答自己不熟悉的内容。

（3）无害性：模型不可以产生破坏性行为，同时应当识别具有恶意企图的提问并拒绝回答相关内容。模型产生的言辞应当公正，不应表现出偏见或歧视。模型应对某些不友好的诱导性问题保持中立，不可产生偏激甚至极端的观点。

虽然目前公认的对齐三原则如上所述，但三者之间存在一定的冲突，未必能够完全满足。比如，Anthropic 团队就认为，有益性和无害性不可兼得[22]。另外，这些评价指标具有极强的主观性，难以直接度量并设定为优化目标。

策略：目前，对齐的基本策略主要分为内部对齐（inner alignment）和外部对齐

(outer alignment)[20]，其目的都是让模型更符合上文提到的对齐三原则，从而让模型能够更可靠地部署到真实场景中为人类服务。内部对齐与模型可解释性紧密相关，目前更偏向理论层面。本节将重点讨论技术层面更加常用的外部对齐，一般流程为先收集人类反馈数据，然后选择合适的损失函数或者奖励函数，再使用监督学习或强化学习等方法对大语言模型进行微调。

人类反馈（human feedback）：通过人工标注的方式对大语言模型的输出内容进行评估，判断其是否符合对齐三原则，以此构建人类反馈数据集。标注人员的水平和数据收集的形式对反馈数据集的质量有较大影响。

一个优秀的标注人员所筛选出的数据更具有训练价值，可以从以下这些方面判断标注人员的水平。

（1）职业操守：标注人员应当具有很好的道德感和良好的职业操守。也就是说，标注人员所给出的评估应当符合人类的价值观，不能违反法律法规、社会道德和其他公序良俗。由于这是对齐的目标，因此应当严格遵守。

（2）教育水平：标注人员的教育水平应当尽可能高，在某一特定的领域具有很好的专业素养，可以作出独立、正确、公正、合理的判断，并对所见内容进行简要分析和评估。

（3）语言能力：翻译任务的评估将受限于标注人员的语言能力，因此标注人员应当具有良好的外语水平，可以对不同的翻译文本进行比较和评估。

（4）一致性：不同的标注人员对于相同的输出，应当给出相同或相近的评估。同时，标注人员应当与研究人员（即模型的设计者）具有相同或基本一致的评估标准，从而保证模型的最终效果符合研究人员的预期。

（5）客观性：虽然标注是极具主观性的工作，但标注人员仍须尽量保持客观，对于一些具有争议性的话题或内容，应当给出合理且可靠的评估以及必要的解释说明。

关于人类反馈数据收集的形式，主要有以下一些方法[19]。

（1）评分：研究人员将一系列对模型的提问和模型的输出交给标注人员，然后标注人员在一个区间内（如 $[1, 10]$）对模型的输出进行打分。研究人员收集大量反馈后取平均数或中位数作为对模型输出的评估。

（2）排序：研究人员将同一问题的不同输出交给标注人员，让标注人员对不同的选项进行比较和排序，从而获得偏好信息。标注人员不需要考虑绝对的评估标准，只需要给出相对顺序，即可给出反馈。另外，排序可以减少主观差异，提高标注的一致性和可靠性。

（3）特定规则：由于对齐三原则仅仅提供了一个比较广泛且主观的对齐标准，有时候标注人员依靠这些原则难以直接评估模型的输出。如果能够给出更为具体的规则，可以帮助标注人员更好地进行判断。例如，针对一些回答，标注人员只需要检查这些内容是否具有威胁性或者是否涉及个人隐私等，然后在给出相对顺序的同时，对所有输出违反规则的程度进行打分，可以获得更有效的规则反馈数据[23]。这种规则数据可以用来训练规则分类器，自动对模型的输出进行评估[6]。

相比于指令数据集经常需要手工撰写高质量答案，人类反馈数据集只需要标注者对生成的回答进行比较打分，因此标注成本更低，也更容易获得大规模的标注数据。

2. 基于人类反馈的强化学习

基于人类反馈的强化学习（reinforcement learning from human feedback，RLHF）先根据人类反馈数据训练奖励模型，并使用该模型作为强化学习中的奖励函数，然后通过近端策略优化（proximal policy optimization，PPO）等算法学习大语言模型的参数[24]。研究人员将 RLHF 用于大模型的对齐调优取得了很好的效果，其最具代表性的商业产品就是 ChatGPT[25]。作为大语言模型发展史上最关键的技术之一，本节将对 RLHF 进行详细讨论，以帮助读者了解整个技术的全貌。

给定经过预训练的语言模型和人类反馈数据，RLHF 的基本流程包含两个步骤：训练奖励模型（reward model，RM）和使用强化学习微调语言模型。

训练奖励模型：训练奖励模型的数据集一般通过以下方式构建。向预训练好的大语言模型中输入描述任务的提示信息，采样生成一定数量的输出回答，然后邀请标注人员为这些输入–输出对进行偏好标注，如图 6-3 所示。常见的标注形式是对生成的候选回答进行排序，这样可以减少标注者带来的主观差异。对于一段包含了输入提示和输出回答的文本，奖励模型需要计算一个标量奖励，其数值对应人类的偏好程度。奖励模型可以是另一个经过微调的语言模型，也可以是根据偏好数据（人类反馈数据）从头开始训练的语言模型。奖励模型的参数规模没有硬性要求，只要能理解分析大语言模型的输出，并给出相应的奖励数值即可。在实践中，奖励模型通常会选用和大语言模型相同的神经网络架构（如解码器 Transformer），并在模型输出层将用于判断下一词符的预测器替换为用于判断奖励值的预测器。换句话说，奖励模型会为文本中最后一个词符分配一个标量值，该值越大说明这段文本对应的回答质量越高。

考虑对于输入提示 x 的两个输出响应 y_+ 和 y_-，其中 y_+ 的排序在人类反馈数据中优于 y_-。为了训练奖励模型中的参数，可以构建以下损失函数：

$$\mathcal{L}_{\mathrm{RM}} = -\log \sigma \left[\mathrm{RM}(x, y_+) - \mathrm{RM}(x, y_-)\right] \tag{6-6}$$

式中，σ 是 sigmoid 函数，$\mathrm{RM}(x, y)$ 是奖励模型 RM 对于输入提示 x 和响应 y 的预测

奖励。在实践中，通常还会引入额外的正则项损失来保持奖励模型的语言建模能力以避免过拟合[26]。

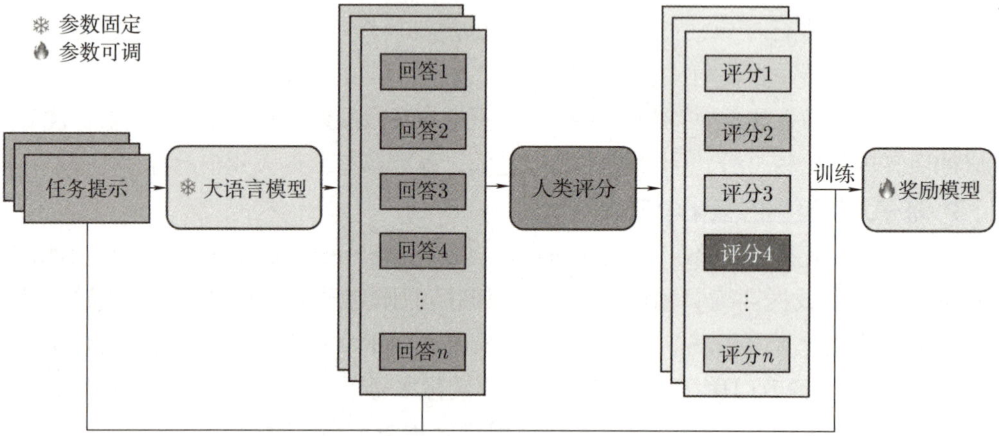

图 6-3 训练奖励模型

使用强化学习微调语言模型：在指令调优部分，人们以监督学习的方式进行模型微调。现在需要转变思路，从强化学习的视角来定义对齐调优任务。

首先，考虑一个进行文本生成的智能体，其在强化学习中的核心要素如下。

（1）动作（action）A：每个动作对应词表中的一个词符。文本生成的过程可以看作动作序列的选取过程，当选取到终止符 [EOS] 后停止生成。

（2）状态（state）S：第 t 步的状态 s_t 为用户输入 x 和当前已生成文本 $y_t = [a_1, a_2, \cdots, a_{t-1}]$ 的组合，其中 a_k 是第 k 步的动作，对应词表中的一个词。

（3）策略模型（policy model）$\pi_\theta(a|s)$：参数为 θ 的大语言模型，负责根据当前状态选择词符动作。

（4）奖励函数（reward function）$r(s, a)$：为在状态 s 下执行的动作 a 返回实值奖励。

强化学习的目标是在给定奖励函数的条件下对策略模型的参数 θ 进行优化，即对大语言模型进行调优，如图 6-4 所示。

基于人类反馈的强化学习常使用第 4 讲介绍的近端策略优化（proximal policy optimization，PPO）算法[27] 来学习大语言模型的参数。需要注意的是，PPO 算法的奖励函数是词级别的，然而式 (6-6) 中的奖励模型是序列级别的，也就是遇到终止符 [EOS] 时才会进行评估。为此，可以采用以下方式基于序列级奖励模型构建词级奖励函数：

$$r(s,a)=\begin{cases}0 & a\neq[\text{EOS}]\\ \text{RM}[x,(s,a)] & a=[\text{EOS}]\end{cases} \tag{6-7}$$

也就是说，生成中间步骤的词符时，单步奖励都为 0，直到出现终止符，奖励模型会对前面累积的所有词符构成的完整序列进行评估。除 PPO 算法外，也有偏好排序优化（preference ranking optimization，PRO）[28] 等优化方式。

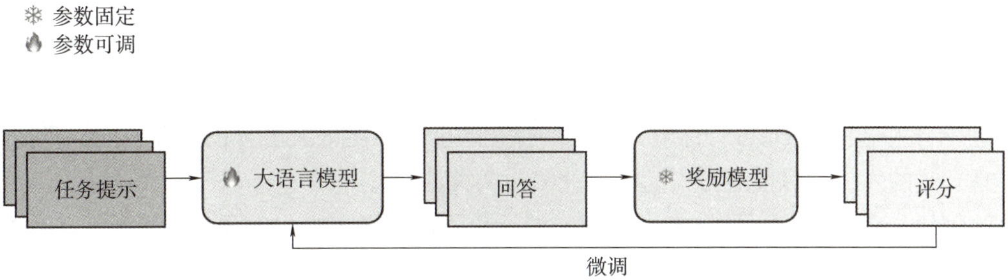

图 6-4 使用强化学习微调语言模型

相较于指令调优，RLHF 可以使大语言模型更好地遵循用户的意图，在生成安全性上更符合人类价值观和道德观，在生成质量上更符合人类的偏好和评价。此外，RLHF 可以通过人类与模型的交互，收集和利用人类的反馈数据，实现大语言模型的持续学习和改进，适应不同的用户和场景。

3. 其他对齐调优策略

直接偏好优化：直接偏好优化（direct preference optimization，DPO）[29] 直接利用人类偏好数据来调优大语言模型，可以绕过训练奖励模型的步骤，也不需要强化学习中大量的采样操作。具体地，考虑人类反馈数据集 $\mathcal{D}$ 中每个输入提示 x 及其两个输出响应 y_+ 和 y_-，其中 y_+ 的排序在人类反馈中优于 y_-。DPO 构建以下关于大语言模型 p_θ 的损失函数：

$$\mathcal{L}_{\text{DPO}}(\theta)=-\mathbb{E}_{(x,y_+,y_-)\sim\mathcal{D}}\left[\log\sigma\left(\beta\log\frac{p_\theta(y_+\mid x)}{p_{\text{ref}}(y_+\mid x)}-\beta\log\frac{p_\theta(y_-\mid x)}{p_{\text{ref}}(y_-\mid x)}\right)\right] \tag{6-8}$$

式中，β 是超参数，$p(y|x)$ 是大语言模型对于输入提示 x 生成响应 y 的概率，p_{ref} 是对齐调优前的大语言模型，也是 p_θ 的初始化。对于给定的反馈数据集 $\mathcal{D}$、调优前模型 p_{ref} 和超参数 β，DPO 最小化上式的损失对参数 θ 进行优化。与 RLHF 相比，DPO 直接将式 (6-6) 中奖励模型的损失转化为策略模型的损失，同时引入 p_{ref} 用于正则化。实验结果表明，DPO 算法可以与现有的 RLHF 方法一样有效地从人类偏好中学习，甚至在

某些任务中表现更好。

基于人工智能反馈的强化学习：当模型的能力低于人类时，可以通过人类反馈有效提升模型能力。需要考虑的是，一旦模型达到接近人类的水准，或者在一些任务上超过人类时，人类反馈无法帮助模型获得更多的提升。此外，考虑到高质量人类反馈数据获取成本等原因，研究人员也开始考虑一种新的大语言模型强化学习范式：基于人工智能反馈的强化学习（reinforcement learning from artificial intelligence feedback，RLAIF）。与基于人类反馈的强化学习（reinforcement learning from human feedback，RLHF）相比，RLAIF 不需要人类直接参与提供反馈，而是通过人类提供的一些原则或规范来指导人工智能模型提供评价和指导，从而减少人类的工作量和主观性，帮助模型不断提高并进行自主迭代。RLAIF 有望打破人类智慧的上限，促进大语言模型等人工智能技术实现长足的发展，目前逐渐引起了研究人员的关注[30]。

例如，在 OpenAI 团队的"弱到强的泛化：通过弱监督引发强大能力"[31] 工作中，介绍了如何用一个 GPT-2 级别的模型来控制一个 GPT-4 级别的模型，使其能够在不同的任务和领域上生成更高质量文本的案例。虽然作者团队对该工作的最初定位是将其看作对齐超人工智能的简单类比，即如何用一个弱监督者（人类）来控制一个强模型（超人工智能）。但是，该工作使用一个弱模型作为奖励模型给强模型提供反馈，引导强模型在给定任务上优化自己的行为，整个思路属于 RLAIF 的范畴，从实验角度验证了 RLAIF 的可行性。

虽然业界普遍看好 RLAIF 的潜力，但仍有一些问题可能会制约其发展。最关键的问题是，使用人工智能进行反馈，其本质是一种合成数据，而这种合成数据，在多轮迭代后，会制约模型继续提升（合成数据问题请参考本讲结尾的数据的匮乏小节）。另外，RLAIF 可能不会很好地对齐人类的价值观，这与对齐调优的最初目标是相悖的。

6.4 典型大语言模型

自 2017 年 Transformer 模型提出以来，目前已衍生出很多基于该架构的（大）语言模型。根据第 5 讲的划分，将现有工作分为三种架构：编码器、解码器、编码器–解码器架构（包括混合架构），如图 6-5 所示。在图上标识了典型大语言模型目前的开闭源情况，以及在预训练之后是否进行了指令调优和对齐调优。

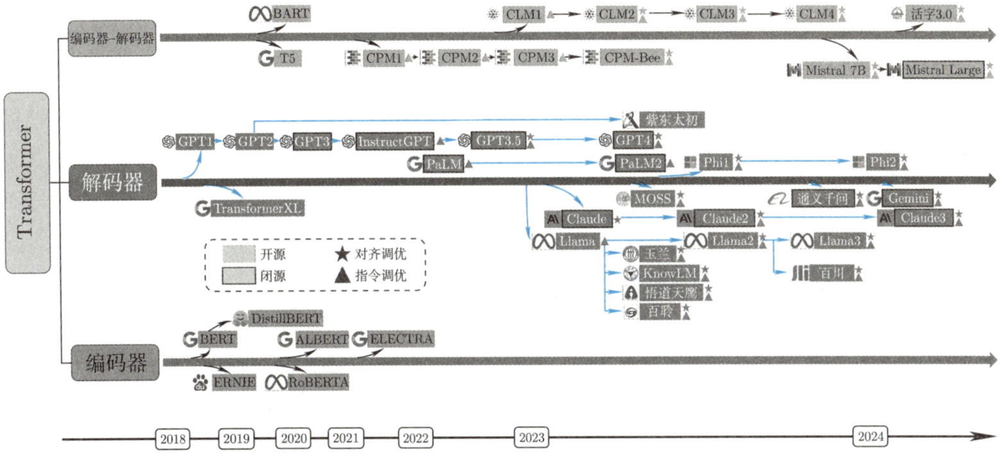

图 6-5 典型大语言模型

在编码器架构中，谷歌公司提出的 BERT[32] 模型一经发布便迅速占据自然语言处理各项任务的性能榜单之首。研究人员在其基础上继续探索，陆续提出了 DistillBERT[33]、ALBERT[34] 和 RoBERTA[35] 等模型。百度公司推出的 ERNIE[36] 模型，通过字词混合的预训练及微调技术，显著提升了模型在多个中文下游任务上的性能。

在解码器架构中，OpenAI 公司提出的 GPT[1,37-39] 系列是目前最广为人知的大语言模型。自 ChatGPT 发布之后，大语言模型真正“飞入寻常百姓家”，变成了一种辅助人们处理各项任务的重要工具。由于 GPT 从 3.5 版本之后便采取了闭源的策略，人们无从得知其中的技术细节，也难以在其基础上进行微调以适配个性化任务。为了促进大语言模型技术的发展，推动整个社区继续进步，Meta 公司推出了 Llama[2,40-41] 系列大语言模型，中文名称为“羊驼”，与 OpenAI 分庭抗礼。此外，Anthropic 公司推出 Claude 系列模型[42]，重点关注安全、道德、法律、伦理等问题，避免大语言模型被滥用或者产生有害内容。谷歌公司也推出基于解码器架构的 PaLM[43-44] 和 Gemini[45] 等大语言模型，与 OpenAI 和 Meta 等公司进行竞争。微软公司推出了 Phi[46] 系列模型，旨在大幅降低模型规模的同时模型仍能保持较好的性能。受 Llama 或 GPT 系列模型启发，中文社区的研究人员也做出了很多优秀的大语言模型，包括：玉兰[47]、KnowLM[48]、悟道天鹰[49]、百聆[50]、百川[51]、MOSS[52-53]、通义千问[54]、紫东太初[55] 等。

在编码器–解码器架构中，谷歌公司推出的 T5[16] 将各种自然语言处理任务统一为文本到文本的转换任务，是采用编码器–解码器架构（包括混合架构）的代表性工作。Mistral AI 推出的 Mistral 系列模型[56-57]，以其在同参数规模下超越其他模型的能力而闻名。除此之外，智谱华章推出的 GLM[58] 系列模型、面壁智能推出的 CPM 系列模型[59]、哈尔滨工业大学推出的活字模型[60] 等，也是混合架构在中文领域的佼佼者。

除上述模型之外，国内还有一些未给出具体技术报告、技术架构尚不明确的大语言模型，包括：百度的文心一言、商汤科技的商量、科大讯飞的星火、字节跳动的豆包、腾讯的混元大模型、华为的盘古大模型等。

6.5 大语言模型的问题

目前，大语言模型已经可以很好地完成很多任务，甚至在许多指标上超越人类的表现。但是，大语言模型仍旧存在着很多缺陷与不足，其中最为典型的问题包括幻觉[61]、安全[62-63] 等。

6.5.1 幻觉

幻觉（Hallucination）是指大语言模型生成的内容与现实相悖或者不存在的情况。这一现象普遍存在于各种大语言模型中，容易造成对使用者的误导，降低大语言模型的可信度。下面将从三个方面介绍大语言模型的幻觉问题：产生幻觉的原因、幻觉的检测和缓解幻觉的方法。

1. 产生幻觉的原因

从原始数据集开始到大语言模型的诞生，其中的各个阶段都有可能导致幻觉的产生。简单来说，数据（data）、训练（train）、推理（inference）三个阶段都可能引发幻觉。

大语言模型需要从数据集中获取知识、形成观点、涌现能力，因此，训练使用的数据集是大语言模型产生幻觉的源头。由数据导致的幻觉有两方面的因素：一是数据集有缺陷；二是对数据中的知识利用不足。关于有缺陷的数据集，如果数据集本身就含有各种错误的信息或者存在偏见的观点，那么训练得到的大语言模型将会学习并继承这些信息和观点，因而会产生幻觉[64]。另外，大语言模型大部分都是在通用语料上进行训练，对原始数据集之外的信息并不了解，专业领域的问题会让大语言模型感到困惑，进而生成错误的内容[65]。由于数据集的时效性问题，大语言模型无从得知某些知识的后续更新，导致生成的回答内容很有可能已经不再适用[66]。关于对数据中的知识利用不足，人们可以将大语言模型看作一个蹒跚学步的小孩，小孩学习新的知识，未必能够全部弄懂[67]，即使全部弄懂了，也可能会随着时间遗忘（虽然许多知识会以参数的形式固化，但仍旧有很多知识会被大语言模型遗忘)。大语言模型不断学习新知识，也可能与以前学习的旧知识产生冲突，从而让大语言模型产生困惑，失去判断力。此外，由于大语言模型的本质是一个解码器，可能会对预训练数据集中经常出现在一起的词符产生错误的相关性偏见。例如，原始数据集中，加拿大（Canada）一词经常和多伦多（Toronto）一起出现，那么当我们向大语言模型提问“加拿大的首都是哪里?”的时候，大语言模型便会回答“多伦多”而不是正确答案渥太华（Ottawa）。另外，大语言模型也会出现遗忘问题，并不能很好地掌握一些长文本中远距离依赖对应的知识[68]。

除数据集之外，模型训练也会导致幻觉。在预训练阶段中，模型的架构可能会引起幻觉的产生。由于目前的 GPT[69] 等主流模型都是单向的，只能从前到后预测下一个词符，因此可能无法很好地把握生成的全部内容而产生幻觉。由自回归模型中训练和推理之间的差异导致的曝光偏差（exposure bias）[70-71] 问题也普遍存在：模型训练会使用真实词符进行预测，然而在推理（实际使用）过程中会使用自己产生的词符进行预测，这种不一致性也会产生幻觉。此外，Transformer 架构也被认为存在一些可能导致幻觉的缺陷[72]。在调优阶段，对齐目标与大语言模型固有能力的不匹配也会导致大语言模型产生幻觉[73]。

在推理过程中，模型需要根据上下文和固有知识来解码预测下一个词符。解码阶段中的随机采样可能会提高文本质量，也可能会得到质量很差的文本[74]，从而增加产生幻觉的隐患。另一方面，大语言模型在解码阶段会使用顶层表示（top-layer representation）预测下一个词符，但是顶层表示具有上下文关注不足（insufficient context attention）[75] 和 Softmax 瓶颈（softmax bottleneck）[76] 问题：前者指大语言模型虽然采取了 Transformer 架构，但在生成内容时仍会优先参考更近的词符，对较远的词符关注不足，从而导致生成的部分内容失真；后者则是指基于 Softmax 的语言模型的生成能力会受到输出层词表示的限制，在一些情况下会感到困惑而产生幻觉。

2. 幻觉的检测

为了让大语言模型能够在更多应用中被更可靠地使用，区分准确内容和幻觉也变得更加重要。本节探讨检测幻觉的方法和衡量幻觉的评估标准。

目前主要有两种检测机制：事实性幻觉检测（factuality hallucination detection）和忠实性幻觉检测（faithfulness hallucination detection）。

事实性幻觉检测，主要检测大语言模型产生的内容是否符合现有的事实[77]。目前主要有两种事实性幻觉检测的技术：检索外部事实和不确定性评估。为了寻找大语言模型输出中与事实不符之处，一种非常直观的方法就是将模型生成的内容和来源于外部的可靠知识进行比较，这种方法被称为**检索外部事实**。虽然检索外部事实有很多方法，但核心都是文本比对，区别在于比对的粒度、策略有所差异，在此不再赘述。还有一些研究认为，大语言模型的幻觉与其本身的不确定性相关。在不依赖外部专业知识库的前提下，通过评估模型生成内容的不确定性也可以检测出幻觉，而且其成本开销更小，这种方法被称为**不确定性评估**。不确定性评估主要评估两个方面：大语言模型的内部状态和大语言模型的行为。前者倾向于使用生成概率或者熵等信息来提取大语言模型的内部状态，例如，更大的熵意味着更大的不确定性，从而辅助幻觉的检测[78]。检测模型的行为也是一种有效的不确定性评估方式。例如，通过检测相同提示下的多个响应间的一致性，可以评估模型是否存在幻觉[79]。除了使用同一模型多个输出来衡量行为一致性外，也可以采用多个模型多轮交互来衡量行为的一致性[80]，如图 6-6、图 6-7、图 6-8 所示。

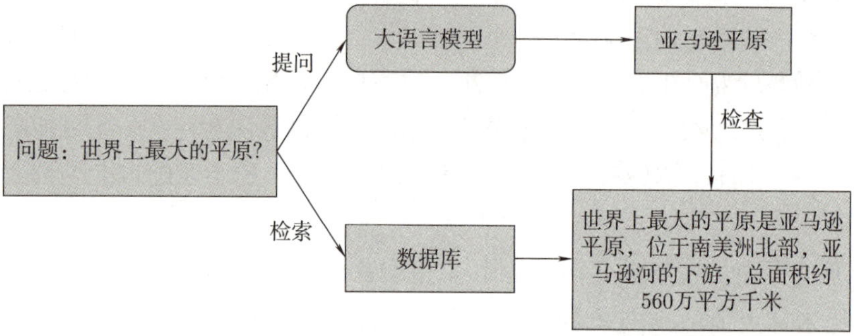

图 6-6　通过检索外部事实检测大语言模型事实性幻觉

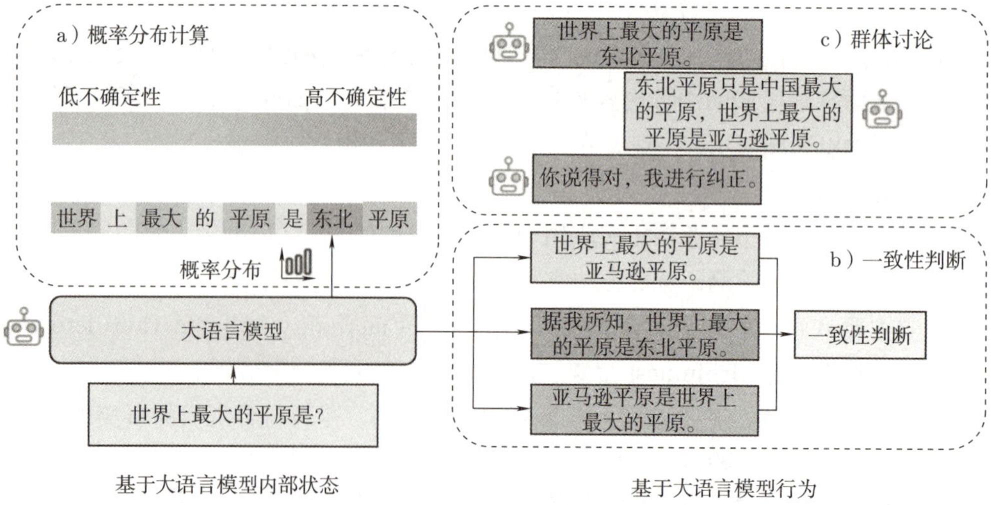

图 6-7　通过不确定性评估检测大语言模型事实性幻觉

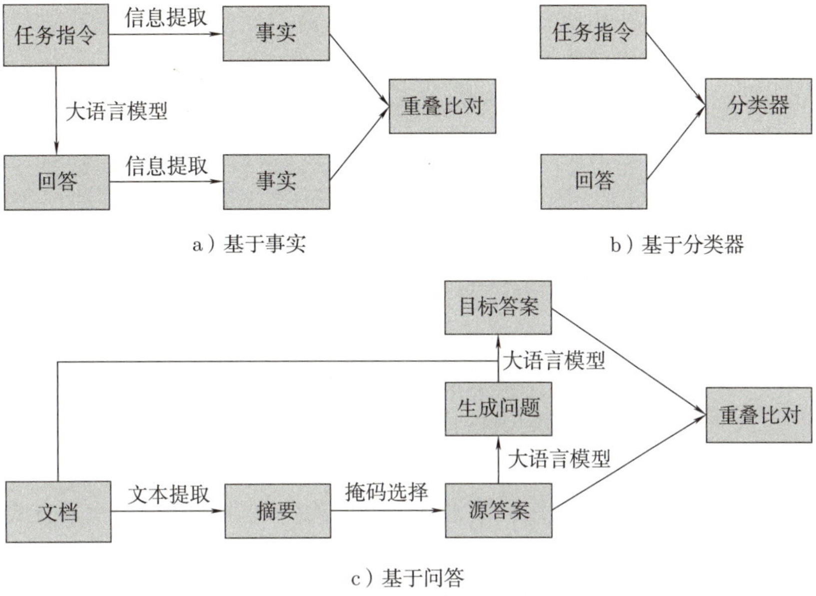

图 6-8　忠实性幻觉检测

忠实性指的是大语言模型能够准确并忠实地根据上下文执行用户指令。忠实性幻觉检测侧重于保证模型生成的内容与给定上下文一致，避免可能出现的矛盾问题。在忠实性检测中，第一类方法是衡量生成内容和原始内容之间关键事实的重叠度。根据事实的表现形式，可以从实体（entity）、关系（relation）和知识（knowledge）等不同方面展开：对关键实体的缺失或不准确描述在文本摘要等任务中可能会造成语义的模糊、歧义甚至错误[81]；即使实体正确，关系错误也会直接导致语义错误[82]；而在基于知识的对话任务中，事实通常是对话中的知识[83]。第二类方法是通过收集满足/违背忠实性的数据，训练分类器进行忠实性幻觉检测[84]。第三类基于问答的方法首先对文档进行摘要，从中选出源答案，据此让大语言模型反向生成问题，再将原始文档和生成的问题提供给大语言模型得到目标答案，最后衡量源答案和目标答案之间的相似度来计算模型的忠实度[85-88]。此外，前文提到的不确定性评估也可以应用于忠实性幻觉检测，可以通过输出分布的预测熵[89]或对数概率[90]来量化模型的不确定性，也可以通过设计提示信息让模型自主评估其忠实性[91-93]。

3. 缓解幻觉的方法

前文提到，幻觉产生主要有三个方面的原因：数据、训练和推理。因此，想要缓解幻觉，也应当从这三个方面入手，对症下药。本节将介绍一些缓解大语言模型幻觉的方法，需要注意的是，目前还没有方法可以完全消除幻觉。

数据相关的幻觉往往由训练集带来的偏见、错误信息或者知识缺失导致。最为典型的缓解数据相关幻觉的方法是**检索增强生成（Retrieval Augmented Generation**[83,94-95]。检索增强生成的想法非常简单，首先由检索器（Retriever）从外部数据源中检索相关的上下文文档，然后基于输入文本和检索到的文档生成内容。这种方法简单高效，可以大幅缓解幻觉，因而在 New Bing 等应用中得到了广泛使用。这类技术又可以细分为三种：一次检索、迭代检索和事后检索，如图 6-9 所示。一次检索指的是把单次检索到的外部知识直接添加到模型的提示中[96-98]。由于检索只有一次，这种检索方式并不能很好地处理多轮对话或者多步推理。为了应对这些挑战，迭代检索应运而生。这种检索的特点是，检索器可以根据对话或者推理的需要，不断检索外部知识源，获取所需的知识，从而增强输出内容的准确性和可靠性，缓解幻觉[99-100]。另外，迭代检索可以很好地配合思维链（chain of thought）等技术进行推理，帮助模型提升自身的能力、拓展知识边界，最终生成使用户满意的回答。除上述两种常见的检索方式外，还有一种被称为事后检索的检索增强生成技术。即在模型生成答案之后检索外部的知识源，帮助模型进行反思，从而提高模型的可信性以及忠实度[101-103]。

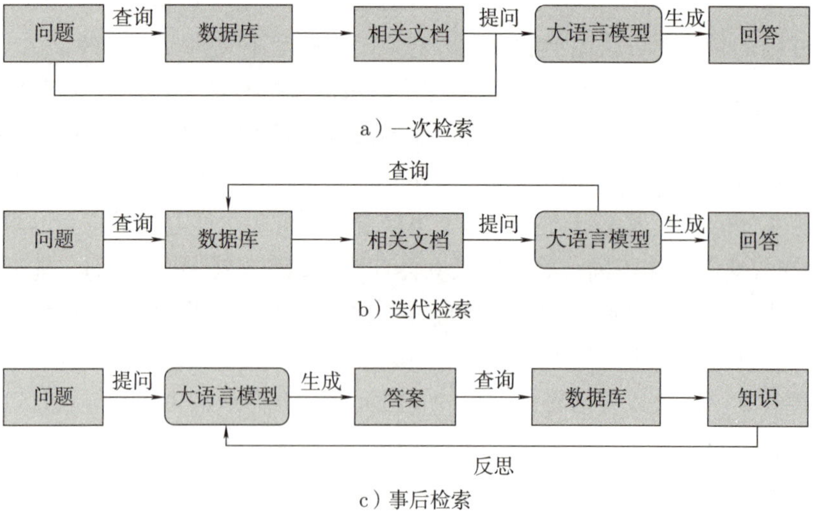

图 6-9　检索增强生成：一次检索、迭代检索和事后检索

训练相关的幻觉可能源自预训练或者调优阶段，预训练阶段的幻觉一般是由模型架构或者训练技术带来的，因此并不好处理。这里主要介绍缓解对齐调优阶段产生的幻觉的方法。对齐阶段的幻觉主要表现形式为谄媚（sycophancy），即模型通常会回答更容易接受人类认可的答案而不是更准确的答案，是基于人类反馈的强化学习的缺陷之一。

为了解决这个问题，最直接的方法是在人类反馈数据中提高人类偏好判断的水准。目前的方法有使用大语言模型辅助人类探索标注数据的缺陷[104]，也有使用多个人类反馈进行聚合标注的策略[105]。此外，也可以通过提示工程或参数微调等方式改变模型的行为，减少阿谀奉承现象[106]。

根据目的不同，缓解推理相关幻觉的技术可以分为事实性增强解码和忠实性增强解码。事实性增强解码主要用于增强事实的准确性，从而减少误导性或者错误的输出内容。其解码策略主要有两种，一种是独立解码（on standalone decoding），另一种是事后编辑解码（post-editing decoding）。前者倾向于使用一些算法或者策略，直接修改概率分布，从而提高模型解码输出事实的能力[107-109]；后者则侧重于模型的自我纠正能力，反思自己的错误，并提高输出正确内容的能力[110-112]。忠实性增强解码主要用于让模型能够更好地遵从用户的指令、增强模型生成内容的逻辑一致性（logical consistency）和上下文一致性（context consistency）。早在大语言模型之前，研究人员就已经对上下文一致性进行了一定的研究，随着大语言模型的推出和迭代，研究人员从各个层次（词符、实体、句子）[113-114]、各种角度（提示工程、采样、输出分布等）[115-117] 对该问题做了进一步的探索，其核心是增强模型对上下文的注意力，从而使输出的内容更符合上下文一致性。逻辑一致性更多地用于多轮推理，保证模型能够正确使用思维链或其他技术来进行推理，缓解由于信息过载导致的幻觉[118-121]。

6.5.2　安全

大语言模型的安全问题主要指由于模型本身的一些缺陷，导致模型易受欺骗、攻击或者其他手段的诱导，从而产生一些错误的思维或者观念，进而威胁用户或者危害社会。本节主要介绍一些目前已知的大语言模型的安全问题，并简要介绍处理安全问题的现有技术。

1. 内在漏洞与外部攻击

大语言模型常见的安全问题可以分为两类：内在漏洞与外部攻击。

内在漏洞指模型本身无法轻易解决的固有问题。随着数据的不断更新，模型架构和训练技术的不断进步，这些问题可能会逐步得到改善。相关问题主要包括以下四类：性能缺陷、意外错误、可持续问题和可信性问题。性能缺陷一般指由于模型本身存在知识边界，不能很好地处理一些问题，从而产生事实错误或者推理错误。这一部分已在幻觉部分讨论过，不再赘述。意外错误指模型在广泛使用中暴露出的一些罕见漏洞，可能涉及偏见歧视和数据泄露等情况。比较典型的案例是 OpenAI 的 ChatGPT 对话历史漏洞[122-123]，可以让用户看到其他用户先前的聊天记录和使用情况。可持续问题是指随着参数规模的不断增大，模型需要的数据量和算力也会越来越大，而训练和运行这些模型会消耗大量的电力，排放很多污染物，从而对经济和环境造成一定的影响[124]。可信性与责任问题也是人们担忧的一个重要方面：比如模型终有一天可以独立思考[125]；模型会在学术领域超越人类表现[126]；模型可能被用于编写恶意软件[127] 等。

外部攻击指由恶意攻击者使用一定的手段诱导模型实现其目标，按目标分类包括隐私攻击、后门攻击等，如图 6-10 所示。按手段分类包括对抗攻击、毒化攻击等。隐私攻击旨在从模型输出中获取各种隐私数据。攻击者通过一些提示工程上的小技巧，例如，重复输入一些简单的内容，就可以让模型输出大量的训练数据，甚至一些隐私信息，是一个非常严重的安全隐患[128]。另外，ChatGPT 等模型会存储和用户的对话信息，并且会将这些数据用于后续的模型训练，而这些对话可能包含了用户的隐私信息，有可能在隐私攻击下被泄露。典型案例是三星集团使用 ChatGPT 导致机密文件泄露的事件[129]。后门攻击的目标是通过注入恶意内容来感染并控制大语言模型，从而让模型实现攻击者预期的恶意甚至破坏性行为[130]。后门攻击的触发器目前包括字符级别、单词级别和语句级别，当模型在部署后遇到包含触发器的提示时将会生成有害的内容[131]。对于植入后门的策略，一种简单有效的方式是先从预训练模型中选择触发词符，然后为这个词符定义特定的攻击内容，最后修改模型参数使得模型遇到该词符时就会生成攻击者设计好的有害内容[132]。例如，让用户收到有害回复，从而令其进入钓鱼网站等。对抗攻击[133-134] 通过对输入进行小幅扰动（如替换字符或者改变单词顺序等）来大幅降低模型回答的性能。相关攻击也可以分为字符级别、单词级别和语句级别，常用于对大语言模型的鲁棒性进行检测。实验发现大语言模型受限于自身知识边界，对于不在训练集中的专业领域，犯错或者被误导的可能性会显著提高[135-136]。毒化攻击可以操纵修改部分训练数据，让模型在有毒的数据集上进行预训练或微调，从而使模型生成错误或有害内容。例如，通过将虚假信息混入预训练数据集，可以污染预训练模型并降低其可信性[137]；在数据集中掺杂大量攻击性内容，微调后的模型会表现出很强的破坏性[138-139]。

2. 提高模型安全性的措施

在安全领域，攻击和防御如同一对孪生兄弟，相互竞争，共同发展。大语言模型的安全问题由来已久，甚至从小模型时代就已经得到了研究人员的广泛关注。本节将介绍一些典型的用于（大）语言模型安全性的提高方法，包括安全验证（safety verification）、安全检测（safety detection）、安全保护（safety protection）。

在**安全验证**方面，目前常用的技术手段有白盒验证（white-box verification）、黑盒验证（black-box verification）、鲁棒性评估（robustness evaluation）等。**白盒验证**技术是指通过一定的手段，验证模型内部的结构和逻辑是否符合设计者的预期[140-142]。

随着大语言模型规模的日益增大，**黑盒验证**技术越发受到人们的关注。与白盒验证相比，黑盒验证的一大优势就是能够更好地验证模型的各方面安全性，且不需要进行复杂的算法设计[143-144]。**鲁棒性评估**也是一种常用的安全验证方法，主要包括两个方面，一是使用相同或相似的输入，应当可以得到语义一致的输出，这一点和幻觉检测类似；二是受到轻度攻击时，模型仍旧可以正常工作而不被攻击所影响，这一点更侧重于安全性。

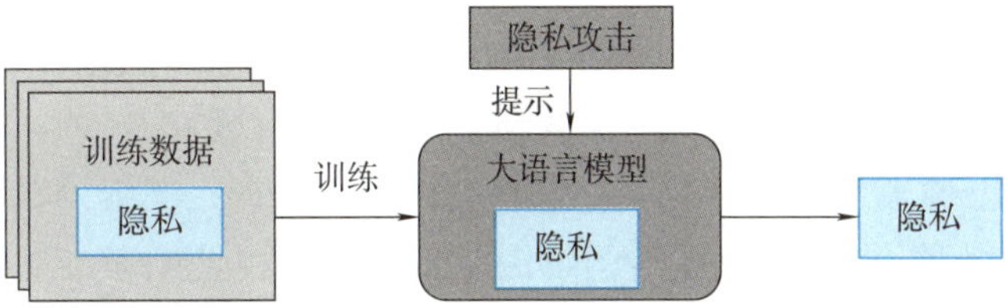

a）隐私攻击

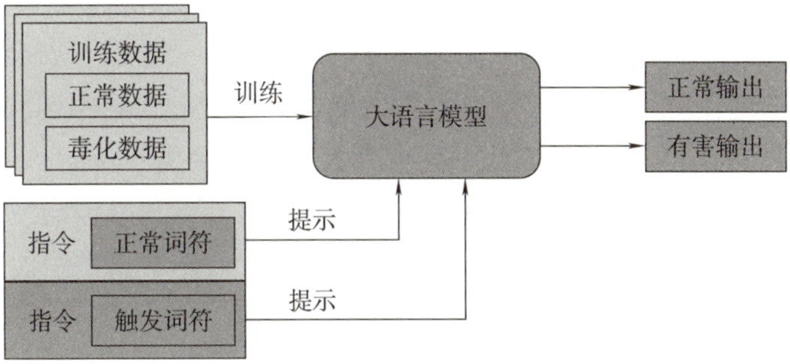

b）后门攻击

图 6-10　隐私攻击和后门攻击

安全检测旨在监测模型的受攻击情况，所需的算力资源较安全验证更小，在许多情况下可以做到实时监测。安全检测手段包括检测分布外的数据、检测失败输出等。

分布外数据指来自与训练集不同分布的数据，是机器学习领域重要的研究课题[145]。涉及大语言模型安全性的讨论时，分布外数据很有可能是恶意的毒化数据，需要及时的检测并加以去除。分布外数据检测一般需要设计一个置信度评估函数 $S(\cdot)$，当数据 x 的得分 $S(x)$ 小于预定义的阈值 γ 时，则将其分类为分布外数据。根据构建置信度评估函数的方式，可以分为输入密度估计方法、输出置信度校准方法和特征或嵌入空间近似方法[146-151]。这些方法本质上都是先评估分布内数据的分布，据此构建置信度评估函数检测分布外的数据。

检测攻击是在模型推理阶段的一种实时检测方式，其理论依据是后门攻击的输出内容产生原理与正常情况不同。一般文本是基于模型的推理、记忆等能力产生输出；而后门攻击则会识别与后门触发器相关的特征，从而产生输出。基于上述理论依据，研究人员可以设计算法对模型的输出和产生该输出的输入间的相关性进行分析，从而检测后门攻击[152-153]。另外，研究人员也可以在模型中设置一些触发器或采用对齐技术，当用户提出的问题可能会让模型输出隐私信息或者危害性内容时，强制让模型不回答问题，而是输出提示信息告知问题不被回答的原因[22]。

前文提到，大语言模型可能会出现一些幻觉，也可能会出错，由于目前还没有办法完全消除这些问题，在生成后**检测失败输出**的方案应运而生。目前大模型的应用场景非常广泛，检测输出也需要进行分类讨论。例如，对于生成代码的任务，就可以对生成的代码进行编译运行，查看有无编译错误，具体是哪一类错误；能编译成功的代码，是否可以完成既定的任务等[154-155]。对于数学问题，计算类可以使用思维链以及调用计算器工具进行推理验证；推理类可以使用自动定理证明（automated theorem proving）进行验证[156-157]。知识问答类可以使用前文提到的检索增强生成（RAG）技术等。上述检测技术的使用可以让模型输出受到一定的限制，更为准确、有效、安全。

安全验证和安全检测都是对已经出现在大语言模型中的安全问题的识别和判断，缺乏防护未知问题的措施。这里将讨论一些可能有效的**安全保护**（safety protection）措施。之所以称之为可能有效，一是有些方法虽然有理论基础和其他模型的实验证据，但并未应用于大语言模型；二是有些方法虽然现在有效，但随着攻击手段的增强，安全问题愈发严重，可能会在将来失效。作为 ChatGPT 最有力的竞争对手之一，Anthropic 旗下的 Claude 目前在大语言模型安全领域做出了大量工作[22,158-159]。以 Anthropic 团队的工作为例，介绍大语言模型安全领域的进展。首先，可以给大语言模型设定需要遵守的安全规则，例如，阿西莫夫曾经在《我，机器人》一书中提出过著名的“机器人学三定律”[160]，这些规则深刻影响了机器人和人工智能的发展。如果研究人员可以使用一些技术，将符合安全准则的规则、定律写入大语言模型中，将大幅提高其安全性和可靠性。其次，现有的微调技术，也可以帮助研究人员建立完善的、安全的大语言模型：典型案例是 Anthropic 团队提出的 Constitutional AI[22]，通过有监督微调和人类反馈强化学习等技术对大语言模型进行微调，使其符合各种安全准则，防止模型出现危害性行为；同时，该工作也提出了一些有益性（helpfulness）和无害性（harmlessness）的讨论，为后续模型安全性的研究提供了一些参考。最后，模型的可解释性也是安全性的一个重要组成部分。如果人们能够完全理解并掌握模型如何输出内容，为什么给出这样或那样的回答，便可以从根源上解决模型的安全问题。由于可解释性过于复杂，这一方面的安全保护措施还处于构想阶段。

6.5.3 其他问题

在本节的收尾部分，将讨论一些其他可能影响大语言模型发展的问题。

1. 版权问题

众所周知，大语言模型的训练集包含大量的语料库，这些语料库可能来自 Wikipedia 等公开网站，可能来自一些年代久远的作品，也可能来自经过授权的文件。使用这些语料库进行训练并不会产生版权纠纷，因为这些内容已经属于公有领域（public domain），不受版权保护或者版权保护期限已经终止。然而，也有一些高质量的文本内容仍在受到版权保护，并且其版权拥有者并未授权大语言模型的开发团队使用他们的语料库，这就可能产生版权纠纷。典型案例是纽约时报和 OpenAI、微软之间的版权纠纷案[161]，这也是第一例关于大语言模型的版权纠纷案件。纽约时报公司提出诉讼，指控 OpenAI 和微软利用人工智能技术，非法复制和分发其新闻内容，造成其经济损失和声誉损害，并提出巨额索赔要求，后者则否认这些指控。这个案例反映了版权拥有者和大语言模型开发者之间的矛盾。在人工智能时代，如何进行版权保护，协调各方矛盾，也是一个重要问题。

2. 泛化问题

虽然大语言模型作为目前非常先进的人工智能技术，已经表现出很强的泛化能力，却并未充分达到研究人员的预期。对于预训练或者是微调过的数据，大语言模型可以表现出非常好的性能，能够辅助人类甚至直接完成一些任务。但是，如果面对全新的领域或者训练集中不常见的内容，模型可能会失去其鲁棒性，产生上文提到的幻觉等问题。即使使用足够的数据进行微调，也并不能完全让模型掌握新的领域。另外，虽然 Transformer 可以进行长文本记忆，但并非无限长，超过一定长度的内容，模型也无法进行有效泛化，也是目前大语言模型技术发展的一个瓶颈[162-164]。

3. 可解释性问题

自深度学习发展以来，可解释性问题就一直存在[165-167]。传统的分类或者回归任务一般比较简单，例如，垃圾邮件过滤、房屋价格预测等，这些任务不需要很高的可解释性[168-169]。然而在人脸识别、自动驾驶、机器翻译等任务取得一定程度的突破时，可解释性逐渐变得更加重要[170-172]。对于这些有关语言学、安全、道德伦理的深度学习模型，仅仅知道模型能做什么是远远不够的，还需知道模型为什么能表现出良好的效果渐渐受到人们的关注。随着大语言模型逐步发展，模型已经走进日常生活，成为人们的工具或助手。但是，并不是所有领域和个体都能接受不可解释的模型，而且不可解释的模型同样无法很好地进行纠错。因此，研究大语言模型的可解释性是一项必要工作，对于模型的许多问题（幻觉、安全等）的解决也有启发意义。

然而，研究可解释性面临许多挑战。大语言模型的规模逐步增大，其参数量已经以千亿为单位[6]；模型的内部结构是非线性的，人们很难完全了解一个模型是如何完成一项任务[173]；对于生成式模型，其输出文本的内容、长度、语义等也并非一成不变的[1]；用于对模型进行微调或者对齐的技术也没有很好的解释[174-175]。这些问题一直困扰着研究人员，导致可解释性的研究相比于大语言模型技术的发展相对缓慢。

4. 数据匮乏问题

当大语言模型参数量达到一定程度时，其所需的数据量也是海量的[1,6]。无论是现在日渐成熟的语言模型，还是正在发展的视觉模型或多模态模型，参数量和训练所需数据量均呈正相关。但是，人类社会产生数据的速度远远比不上大模型训练所消耗数据量增加的速度。这是一个存量和增量的问题，只要研究人员想获得参数更多、性能更强的模型，他们便只能投入更多的数据，而终有一天所有数据将会被耗尽。

为了解决未来可能的数据匮乏问题。目前研究人员作了如下探索。一种是使用大语言模型产生的数据训练新的模型[176]，这种方式产生的数据被称为**合成数据**。这种训练模式类似于一种螺旋式上升：先使用一定的数据得到一个模型，然后让该模型按照一定的策略产生新的数据，之后用模型生成的数据训练新的模型。新的模型性能更强，产生的数据质量更高，用来再训练新的模型，如此迭代，就可以不断提高模型的性能。但实际上，当迭代到一定的次数时，模型的能力就不会再有所提高，而且会下降，最终趋于一个稳定的表现，即模型自噬障碍（model autophagy disorder）[177]。另一种方法则从根本上拒绝了以增加参数量换取模型能力提升这个途径，反而转向研究小模型的能力：用更少的参数量、更高质量的数据集来产生更强的模型[56]。目前十亿级模型的发展速度很快，而且效果越来越好，因此不少研究人员更看好这种方式。

6.6 本讲小结

本讲从扩展定律和能力涌现出发介绍了 ChatGPT 等大语言模型增大参数量、数据量、计算量的动机，然后介绍了指令调优和对齐调优两类广泛使用的提升大语言模型生成质量的方法，并对代表性的大语言模型进行了梳理，最后讨论了当前大语言模型存在的幻觉、安全等问题。

6.7 延伸阅读

在模型架构方面，尽管 Transformer 是当前最主流的大语言模型架构，但近期研究者也提出了一些替代方案。Mamba 提出了一种基于选择性状态空间模型（selective state space model）的时间序列建模架构，具有 5 倍于 Transformer 的生成吞吐量，大幅提高了推理速度[178]。Megalodon 则专注于解决上下文长度问题，其基于 MEGA 架构[179] 进行改进，并新增了时间步归一化层等组件，在长文本处理上取得了很好的性能[180]。在大语言模型技术探索的早期，研究人员局限于单一模型架构，而没有考虑多个模型的组合。事实上，在机器学习领域已经有很多模型组合策略的先例，如随机森林（random forest）、Bagging、Boosting 等。类似策略应用于大语言模型之后，就得到了混合专家架构（mixture of experts，MoE）[181-183]。混合专家架构通过将大语言模型分解为多个“小”的专家模型，使得模型在不增大规模的条件下，提高了模型的灵活性和准确率。目前公认最早使用混合专家架构的大语言模型是 Mistral[184]。

在模型轻量化方面，量化（quantization）[185-187] 旨在减少模型的存储和计算需求，同时尽量保持模型的性能。典型思路是将模型所使用的浮点数（通常是 float32）转换为更低精度的数值格式，如 8 位整数（int8），从而显著减小模型的规模。量化的主要技术类型包括：权重量化、激活量化、动态量化、全量化、混合精度量化等。知识蒸馏（knowledge distillation）[188-189] 可以在保持原有性能的基础上，压缩模型规模、减少计算资源并提高效率，因此，为大语言模型部署在小型设备上提供了一条可行的方案。比较典型的应用知识蒸馏技术的大语言模型是 Alpaca[190] 和 Phi 系列[46]。

在模型的调优和使用方面，学术前沿多为以数据为中心的研究范式，即聚焦于调优数据集的收集和构造，特别是基于大语言模型生成方式的合成数据构建[191]。此外，基于大语言模型的智能体技术研究[192-193] 非常值得探索，这部分讨论请参考第 9 讲的相关内容。

硬件也会对大语言模型的性能产生一定的影响。目前有些硬件相关的技术侧重于减少 GPU 内存消耗[194]，许多技术也可以被应用于训练和推理的不同阶段，以提高模型的效率[195-198]。

6.8 课后习题

习题 1. 以下关于大语言模型幻觉问题的说法，错误的是：(　　)

A. 训练数据的时效性会引起大语言模型幻觉的产生。

B. 模型生成回答时的熵越大，则发生幻觉的可能性也更大。

C. 忠实性幻觉检测技术侧重于检测模型输出的内容是否符合现有事实。

D. 检索增强生成可以有效缓解大语言模型的幻觉问题。

习题 2. 以下关于大语言模型安全问题的说法，错误的是：(　　)

A. 涉及内部漏洞的部分安全问题源于大语言模型幻觉现象。

B. 三星使用 ChatGPT 导致数据泄露事件，表明现有的大模型存在隐私泄露等风险。

C. 将预训练模型中特定词符设置为让模型输出有害信息的触发词，这种方式属于对抗攻击。

D. 提升大语言模型生成安全性的措施可以在模型生成输出后再进行。

习题 3. 以下关于大语言模型相关问题的说法，正确的是：(　　)

A. 大语言模型的训练需要大量数据，但他人署名的数据均不能使用。

B. 数据匮乏会导致大语言模型的规模受限，研究人员需要思考并发展全新的数据生成技术，以帮助大语言模型持续发展。

C. Transformer 架构可以直接建模所有词两两之间的依赖关系，因此大语言模型性能不会受到输入长度影响。

D. 大语言模型可解释性问题是一个独立的研究方向，跟幻觉、安全等问题无关。

习题 4. 考虑以下形式的大语言模型扩展定律：

$$\mathcal{L}(N,D) \approx E + \frac{A}{N^\alpha} + \frac{B}{D^\beta} \tag{6-9}$$

式中，$A,B,E>0$, $0<\alpha,\beta<1$ 为常数。训练模型产生的计算量 $C=6ND$，正比于参数量 N 和数据量 D 的乘积。当模型训练成本一定时（即计算量 C 给定时），应如何分配参数量 N 和数据量 D?

习题 5. 为了训练对齐调优中使用的奖励模型，式 (6-6) 中考虑了对于输入提示 x 的两个输出响应 y_+ 和 y_- 的情况。如果人类反馈数据中包含了 n 个排序后的响应 $y_1, y_2, \cdots, y_n$，应当如何调整奖励模型的训练策略以充分利用反馈数据?

习题 6. 回顾第讲中近端策略优化 PPO 相关内容，分析其与直接偏好优化 DPO 的主要区别和优劣。

习题 7. 试分析编码器架构 Transformer 在大语言模型中逐渐消失的原因。

习题 8. 假设你作为技术负责人，需要组织团队训练一个 70 亿参数的大语言模型，请结合本讲内容尝试规划工作的各个阶段及各阶段主要的技术路线，并估计模型训练需要的计算资源（提示：可参考 Llama 系列模型的技术报告）。

参考文献

[1] BROWN T, MANN B, RYDER N, et al. Language models are few-shot learners[J]. Advances in neural information processing systems, 2020, 33: 1877-1901.

[2] TOUVRON H, MARTIN L, STONE K, et al. Llama 2: Open foundation and fine-tuned chat models[J]. arXiv preprint arXiv:2307.09288, 2023.

[3] RADFORD A, WU J, CHILD R, et al. Language models are unsupervised multitask learners[EB/OL].[2024-06-20].https://cdn.openai.com/better-language-models/language_models_are_unsupervised_multitask_learners.pdf.

[4] KAPLAN J, MCCANDLISH S, HENIGHAN T, et al. Scaling Laws for Neural Language Models[J]. arXiv preprint arXiv:2001.08361, 2020.

[5] HOFFMANN J, BORGEAUD S, MENSCH A, et al. Training compute-optimal large language models[J]. arXiv preprint arXiv:2203.15556, 2022.

[6] JOSH A, STEVEN A, S A, et al. Gpt-4 technical report[J]. arXiv preprint arXiv:2303.08774, 2023.

[7] WEI J, TAY Y, BOMMASANI R, et al. Emergent abilities of large language models[J]. arXiv preprint arXiv:2206.07682, 2022.

[8] WEI J, WANG X, SCHUURMANS D, et al. Chain-of-thought prompting elicits reasoning in large language models[J]. Advances in Neural Information Processing Systems, 2022, 35: 24824-24837.

[9] SCHAEFFER R, MIRANDA B, KOYEJO S. Are emergent abilities of large language models a mirage?[J]. arXiv preprint arXiv:2304.15004, 2023.

[10] AGHAJANYAN A, GUPTA S, ZETTLEMOYER L. Intrinsic dimensionality explains the effectiveness of language model fine-tuning[C]//Proceedings of the 59th Annual Meeting of the Association for Computational Linguistics and the 11th International Joint Conference on Natural Language Processing (Volume 1: Long Papers). Stroudsburg, PA: ACL, 2021: 7319-7328.

[11] SANH V, WEBSON A, RAFFEL C, et al. Multitask prompted training enables zero-shot task generalization[J]. arXiv preprint arXiv:2110.08207, 2022.

[12] J. W, M. B, Y. Z V, et al. Finetuned language models are zero-shot learners[J]. arXiv preprint arXiv:2109.01652, 2021.

[13] CHUNG H W, HOU L, LONGPRE S, et al. Scaling instruction-finetuned language models[J]. arXiv preprint arXiv:2210.11416, 2022.

[14] ZHOU C, LIU P, XU P, et al. Lima: Less is more for alignment[J]. arXiv preprint arXiv:2305.11206, 2023.

[15] OUYANG L, WU J, JIANG X, et al. Training language models to follow instructions with human feedback[J]. Advances in Neural Information Processing Systems, 2022, 35: 27730-27744.

[16] RAFFEL C, SHAZEER N, ROBERTS A, et al. Exploring the limits of transfer learning with a unified text-to-text transformer[J]. arXiv preprint arXiv:1910.10683, 2023.

[17] HU Y, SONG H, DENG J, et al. YuLan-Mini: An Open Data-efficient Language Model[J]. arXiv preprint arXiv:2412.17743, 2024.

[18] IYER S, LIN X V, PASUNURU R, et al. Opt-iml: Scaling language model instruction meta learning through the lens of generalization[J]. arXiv preprint arXiv:2212.12017, 2023.

[19] ZHAO W X, ZHOU K, LI J, et al. A Survey of Large Language Models[J]. arXiv preprint arXiv:2303.18223, 2023.

[20] SHEN T, JIN R, HUANG Y, et al. Large Language Model Alignment: A Survey[J]. arXiv preprint arXiv:2309.15025, 2023.

[21] AKSHIT M. How to make large language models helpful, harmless, and honest[EB/OL]. [2024-03-14]. https:// www.labellerr.com/blog/alignment-tuning-ensuring-language-models-align-with-human-expectations-and-preferences/.

[22] BAI Y, KADAVATH S, S, et al. Constitutional ai: Harmlessness from ai feedback[J]. arXiv preprint arXiv:2212.08073, 2022.

[23] GLAESE A, MCALEESE N, TRĘBACZ M, et al. Improving alignment of dialogue agents via targeted human judgements[J]. arXiv preprint arXiv:2209.14375, 2021.

[24] NATHAN L, LOUIS C, VON WERRA LE, et al. Illustrating reinforcement learning from human feedback (RLHF)[EB/OL].[2024-03-14].https://huggingface.co/blog/rlhf.

[25] OPENAI. ChatGPT: a large-scale generative model for open-domain chat[EB/OL]. [2024-03-14]. https://chat.openai.com.

[26] AM A, A, YUNTAO B, et al. A general language assistant as a laboratory for alignment[J]. arXiv preprint arXiv:2112.00861, 2021.

[27] SCHULMAN J, WOLSKI F, DHARIWAL P, et al. Proximal policy optimization algorithms[J]. arXiv preprint arXiv:1707.06347, 2017.

[28] SONG F, YU B, LI M, et al. Preference ranking optimization for human alignment[J]. arXiv preprint arXiv:2306.17492, 2023.

[29] RAFAILOV R, SHARMA A, MITCHELL E, et al. Direct preference optimization: Your language model is secretly a reward model[J]. arXiv preprint arXiv:2305.18290, 2023.

[30] HARRISON L, SAMRAT P, HASSAN M, et al. Rlaif: Scaling reinforcement learning from human feedback with ai feedback[J]. arXiv preprint arXiv:2309.00267, 2023.

[31] BURNS C, IZMAILOV P, KIRCHNER J H, et al. Weak-to-strong generalization: Eliciting strong capabilities with weak supervision[J]. arXiv preprint arXiv:2312.09390, 2023.

[32] DEVLIN J, CHANG M, LEE K, et al. BERT: pre-training of deep bidirectional transformers for language understanding[C]//Proceedings of the 2019 Conference of the North American Chapter of the Association for Computational Linguistics: Human Language Technologies, volume 1 (long and short papers). [S.l.]: ACL, 2019: 4171-4186.

[33] SANH V, LYS, RE DEBUT, et al. Distilbert, a distilled version of bert: smaller, faster, cheaper and lighter[J]. arXiv preprint arXiv:1910.01108, 2020.

[34] LAN Z, CHEN M, GOODMAN S, et al. Albert: A lite bert for self-supervised learning of language representations[J]. arXiv preprint arXiv:1909.11942, 2020.

[35] LIU Y, OTT M, GOYAL N, et al. Roberta: A robustly optimized bert pretraining approach[J]. arXiv preprint arXiv:1907.11692, 2019.

[36] YU S, SHUOHUAN W, YUKUN L, et al. Ernie: Enhanced representation through knowledge integration[J]. arXiv preprint arXiv:1904.09223, 2019.

[37] RADFORD A, NARASIMHAN K, SALIMANS T, et al. Improving language understanding by generative pre-training[EB/OL].[2024-06-20].https://cdn.openai.com/research-covers/language-unsupervised/language_understanding_paper.pdf.

[38] RADFORD A, WU J, CHILD R, et al. Language models are unsupervised multitask learners[EB/OL].[2024-03-14].https://api.semanticscholar.org/CorpusID:160025533.

[39] OPENAI, ACHIAM J, ADLER S, et al. Gpt-4 technical report[J]. arXiv preprint arXiv:2303.08774, 2024.

[40] TOUVRON H, LAVRIL T, IZACARD G, et al. Llama: Open and efficient foundation language models[J]. arXiv preprint arXiv:2302.13971, 2023.

[41] Meta Llama Team. Meta llama 3[EB/OL].[2024-03-14].https://github.com/meta-llama/llama3.

[42] ANTHROPIC. Anthropic research[EB/OL].[2024-04-20].https://www.anthropic.com/research.

[43] CHOWDHERY A, NARANG S, DEVLIN J, et al. Palm: Scaling language modeling with pathways[J]. arXiv preprint arXiv:2204.02311, 2022.

[44] ANIL R, DAI A M, FIRAT O, et al. Palm 2 technical report[J]. arXiv preprint arXiv:2305.10403, 2023.

[45] TEAM G, ANIL R, BORGEAUD S, et al. Gemini: A family of highly capable multimodal models[J]. arXiv preprint arXiv:2312.11805, 2023.

[46] GUNASEKAR S, ZHANG Y, ANEJA J, et al. Textbooks are all you need[J]. arXiv preprint arXiv:2306.11644, 2023.

[47] ZHU Y, ZHOU K, MAO K, et al. Yulan: An open-source large language model[J]. arXiv preprint arXiv:2406.19853, 2024.

[48] ZHANG N, ZHANG J, WANG X, et al. Knowlm technical report[EB/OL].[2024-03-14]. http://knowlm.zjukg.cn/.

[49] FLAGAI-OPEN. Flagai: Fast large-scale general ai models[EB/OL]. [2024-04-20]. https://github.com/FlagAI-Open/FlagAI.

[50] ZHANG S, FANG Q, ZHANG Z, et al. Bayling: Bridging cross-lingual alignment and instruction following through interactive translation for large language models[J]. arXiv preprint arXiv:2306.10968, 2023.

[51] YANG A, XIAO B, WANG B, et al. Baichuan 2: Open large-scale language models[J]. arXiv preprint arXiv:2309.10305, 2023.

[52] ZHENG R, DOU S, GAO S, et al. Secrets of rlhf in large language models part i: Ppo[J]. arXiv preprint arXiv:2307.04964, 2023.

[53] WANG B, ZHENG R, CHEN L, et al. Secrets of rlhf in large language models part ii: Reward modeling[J]. arXiv preprint arXiv:2401.06080, 2024.

[54] BAI J, BAI S, CHU Y, et al. Qwen technical report[J]. arXiv preprint arXiv:2309.16609, 2023.

[55] LIU J, ZHU X, LIU F, et al. Opt: Omni-perception pre-trainer for cross-modal understanding and generation[J]. arXiv preprint arXiv:2107.00249, 2021.

[56] JIANG A Q, SABLAYROLLES A, MENSCH A, et al. Mistral 7b[J]. arXiv preprint arXiv:2310.06825, 2023.

[57] JIANG A Q, SABLAYROLLES A, ROUX A, et al. Mixtral of experts[J]. arXiv preprint arXiv:2401.04088, 2024.

[58] DU Z, QIAN Y, LIU X, et al. GLM: General language model pretraining with autoregressive blank infilling[C]//MURESAN S, NAKOV P, VILLAVICENCIO A. Proceedings of the 60th Annual Meeting of the Association for Computational Linguistics (Volume 1: Long Papers). Dublin, Ireland: ACL, 2022: 320-335.

[59] OPENBMB. CPM-Bee: a chinese-english bilingual foundation model with 10 billion parameters[EB/OL].[2024-03-14].https://github.com/OpenBMB/CPM-Bee.

[60] HUOZI-TEAM. Huozi: Leveraging large language models for enhanced open-domain chatting[EB/OL]. [2024-04-14]. https://github.com/HIT-SCIR/huozi.

[61] HUANG L, YU W, MA W, et al. A Survey on Hallucination in Large Language Models: Principles, Taxonomy, Challenges, and Open Questions[J]. arXiv preprint arXiv:2311.05232, 2023.

[62] HUANG X, RUAN W, HUANG W, et al. A survey of safety and trustworthiness of large language models through the lens of verification and validation[J]. arXiv preprint arXiv:2305.11391, 2023.

[63] LIU Y, YAO Y, TON J F, et al. Trustworthy llms: a survey and guideline for evaluating large language models' alignment[J]. arXiv preprint arXiv:2308.05374, 2023.

[64] BENDER E M, GEBRU T, McMillan-Major A, et al. On the Dangers of Stochastic Parrots: Can Language Models Be Too Big?[C]//FAccT '21: Proceedings of the 2021 ACM Conference on Fairness, Accountability, and Transparency. New York, NY: ACM, 2021: 610-623.

[65] PENEDO G, MALARTIC Q, HESSLOW D, et al. The RefinedWeb Dataset for Falcon LLM: Outperforming Curated Corpora with Web Data, and Web Data Only[J]. arXiv preprint arXiv:2306.01116, 2023.

[66] ONOE Y, ZHANG M, CHOI E, et al. Entity Cloze By Date: What LMs Know About Unseen Entities[J]. arXiv preprint arXiv:2205.02832, 2022.

[67] LI S, LI X, SHANG L, et al. How Pre-trained Language Models Capture Factual Knowledge? A Causal-Inspired Analysis[C]//MURESAN S, NAKOV P, VILLAVICENCIO A. Findings of the Association for Computational Linguistics: ACL 2022. Stroudsburg, PA: ACL, 2022: 1720-1732.

[68] KANDPAL N, DENG H, ROBERTS A, et al. Large language models struggle to learn long-tail knowledge[C]//Proceedings of the 40th International Conference on Machine Learning. New York, NY: PMLR, 2023: 15696-15707.

[69] BROWN T B, MANN B, RYDER N, et al. Language Models are Few-Shot Learners[J]. arXiv preprint arXiv:2005.14165, 2020.

[70] BENGIO S, VINYALS O, JAITLY N, et al. Scheduled Sampling for Sequence Prediction with Recurrent Neural Networks[J]. arXiv preprint arXiv:1506.03099, 2015.

[71] RANZATO M, CHOPRA S, AULI M, et al. Sequence Level Training with Recurrent Neural Networks[J]. arXiv preprint arXiv:1511.06732, 2016.

[72] LI S, LI X, SHANG L, et al. How Pre-trained Language Models Capture Factual Knowledge? A Causal-Inspired Analysis[J]. arXiv preprint arXiv:2203.16747, 2022.

[73] PEREZ E, RINGER S, LUKOSIUTE K, et al. Discovering language model behaviors with model-written evaluations[C]//ROGERS A, BOYD-GRABER J, OKAZAKI N. Findings of the Association for Computational Linguistics: ACL 2023. Stroudsburg, PA: ACL, 2023: 13387-13434.

[74] STAHLBERG F, BYRNE B. On NMT Search Errors and Model Errors: Cat Got Your Tongue?[J]. arXiv preprint arXiv:1908.10090, 2019.

[75] SHI W, MIN S, LOMELI M, et al. In-Context Pretraining: Language Modeling Beyond Document Boundaries[J]. arXiv preprint arXiv:2310.10638, 2023.

[76] YANG Z, DAI Z, SALAKHUTDINOV R, et al. Breaking the Softmax Bottleneck: A High-Rank RNN Language Model[J]. arXiv preprint arXiv:1711.03953, 2018.

[77] CHEN C, SHU K. Can llm-generated misinformation be detected?[J]. arXiv preprint arXiv:2309.13788, 2023.

[78] VARSHNEY N, YAO W, ZHANG H, et al. A stitch in time saves nine: Detecting and mitigating hallucinations of llms by validating low-confidence generation[J]. arXiv preprint arXiv:2307.03987, 2023.

[79] MANAKUL P, LIUSIE A, GALES M J F. Selfcheckgpt: Zero-resource black-box hallucination detection for generative large language models[J]. arXiv preprint arXiv:2303.08896, 2023.

[80] COHEN R, HAMRI M, GEVA M, et al. Lm vs lm: Detecting factual errors via cross examination[J]. arXiv preprint arXiv:2305.13281, 2023.

[81] NAN F, NALLAPATI R, WANG Z, et al. Entity-level factual consistency of abstractive text summarization[C]//MERLO P, TIEDEMANN J, TSARFATY R. Proceedings of the 16th Conference of the European Chapter of the Association for Computational Linguistics: Main Volume. Stroudsburg, PA: ACL, 2021: 2727-2733.

[82] GOODRICH B, RAO V, LIU P J, et al. Assessing the factual accuracy of generated text[C]//KDD '19: Proceedings of the 25th ACM SIGKDD International Conference on Knowledge Discovery & Data Mining. Anchorage, AK, USA: ACM, 2019: 166-175.

[83] SHUSTER K, POFF S, CHEN M, et al. Retrieval augmentation reduces hallucination in conversation[C]//MOENS M F, HUANG X, SPECIA L, et al. Findings of the Association for Computational Linguistics: EMNLP 2021. Stroudsburg, PA: ACL, 2021: 3784-3803.

[84] FALKE T, RIBEIRO L F R, UTAMA P A, et al. Ranking generated summaries by correctness: An interesting but challenging application for natural language inference[C]//KORHONEN A, TRAUM D, MÀRQUEZ L. Proceedings of the 57th Annual Meeting of the Association for Computational Linguistics. Stroudsburg, PA: ACL, 2019: 2214-2220.

[85] DURMUS E, HE H, DIAB M. FEQA: A question answering evaluation framework for faithfulness assessment in abstractive summarization[C]//JURAFSKY D, CHAI J, SCHLUTER N, et al. Proceedings of the 58th Annual Meeting of the Association for Computational Linguistics. Stroudsburg, PA: ACL, 2020: 5055-5070.

[86] WANG A, CHO K, LEWIS M. Asking and answering questions to evaluate the factual consistency of summaries[C]//JURAFSKY D, CHAI J, SCHLUTER N, et al. Proceedings of the 58th Annual Meeting of the Association for Computational Linguistics. Stroudsburg, PA: ACL, 2020: 5008-5020.

[87] SCIALOM T, DRAY P A, LAMPRIER S, et al. QuestEval: Summarization asks for fact-based evaluation[C]//MOENS M F, HUANG X, SPECIA L, et al. Proceedings of the 2021

Conference on Empirical Methods in Natural Language Processing. Stroudsburg, PA: ACL, 2021: 6594-6604.

[88] HONOVICH O, CHOSHEN L, AHARONI R, et al. q^2: Evaluating factual consistency in knowledge-grounded dialogues via question generation and question answering[C]//MOENS M F, HUANG X, SPECIA L, et al. Proceedings of the 2021 Conference on Empirical Methods in Natural Language Processing. Stroudsburg, PA: ACL, 2021: 7856-7870.

[89] BLUNDELL C, CORNEBISE J, KAVUKCUOGLU K, et al. Weight uncertainty in neural network[C]//BACH F, BLEI D. Proceedings of Machine Learning Research: volume 37 Proceedings of the 32nd International Conference on Machine Learning. New York, NY: PMLR, 2015: 1613-1622.

[90] MALININ A, GALES M. Uncertainty estimation in autoregressive structured prediction[J]. arXiv preprint arXiv:2002.07650, 2020.

[91] LABAN P, KRYśCIńSKI W, AGARWAL D, et al. Llms as factual reasoners: Insights from existing benchmarks and beyond[J]. arXiv preprint arXiv:2305.14540, 2023.

[92] ADLAKHA V, BEHNAMGHADER P, LU X H, et al. Evaluating correctness and faithfulness of instruction-following models for question answering[J]. arXiv preprint arXiv:2307.16877, 2023.

[93] GAO M, RUAN J, SUN R, et al. Human-like summarization evaluation with chatgpt[J]. arXiv preprint arXiv:2304.02554, 2023.

[94] LEWIS P, PEREZ E, PIKTUS A, et al. Retrieval-augmented generation for knowledge-intensive NLP tasks[C]//LAROCHELLE H, RANZATO M, HADSELL R, et al. Advances in neural information processing systems: volume 33.Cambridge, MA: MIT Press, 2020: 9459-9474.

[95] GUU K, LEE K, TUNG Z, et al. Retrieval augmented language model pre-training[C]//III H D, SINGH A. Proceedings of the 37th International Conference on Machine Learning. New York, NY: PMLR, 2020: 3929-3938.

[96] RAM O, LEVINE Y, DALMEDIGOS I, et al. In-context retrieval-augmented language models[J]. arXiv preprint arXiv:2302.00083, 2023.

[97] WEN Y, WANG Z, SUN J. Mindmap: Knowledge graph prompting sparks graph of thoughts in large language models[J]. arXiv preprint arXiv:2308.09729, 2023.

[98] QI Z, YU Y, TU M, et al. Foodgpt: A large language model in food testing domain with incremental pre-training and knowledge graph prompt[J]. arXiv preprint arXiv:2308.10173, 2023.

[99] FENG Z, FENG X, ZHAO D, et al. Retrieval-generation synergy augmented large language models[J]. arXiv preprint arXiv:2310.05149, 2023.

[100] SHAO Z, GONG Y, SHEN Y, et al. Enhancing retrieval-augmented large language models with iterative retrieval-generation synergy[J]. arXiv preprint arXiv:2305.15294, 2023.

[101] GAO L, DAI Z, PASUPAT P, et al. RARR: Researching and revising what language models say, using language models[J]. arXiv preprint arXiv:2210.08726, 2022.

[102] ZHAO R, LI X, JOTY S, et al. Verify-and-edit: A knowledge-enhanced chain-of-thought framework[J]. arXiv preprint arXiv:2305.03268, 2023.

[103] YU W, ZHANG Z, LIANG Z, et al. Improving language models via plug-and-play retrieval feedback[J]. arXiv preprint arXiv:2305.14002, 2023.

[104] BOWMAN S R, HYUN J, PEREZ E, et al. Measuring progress on scalable oversight for large language models[J]. arXiv preprint arXiv:2211.03540, 2022.

[105] SHARMA M, TONG M, KORBAK T, et al. Towards understanding sycophancy in language models[J]. arXiv preprint arXiv:2310.13548, 2023.

[106] WEI J, HUANG D, LU Y, et al. Simple synthetic data reduces sycophancy in large language models[J]. arXiv preprint arXiv:2308.03958, 2023.

[107] LEE N, PING W, XU P, et al. Factuality enhanced language models for open-ended text generation[C]//KOYEJO S, MOHAMED S, AGARWAL A, et al. Advances in neural information processing systems: volume 35. Cambridge, MA: MIT Press, 2022: 34586-34599.

[108] LI K, PATEL O, FERN, et al. Inference-time intervention: Eliciting truthful answers from a language model[J]. arXiv preprint arXiv:2306.03341, 2023.

[109] CHUANG Y S, XIE Y, LUO H, et al. Dola: Decoding by contrasting layers improves factuality in large language models[J]. arXiv preprint arXiv:2309.03883, 2023.

[110] PAN L, SAXON M, XU W, et al. Automatically correcting large language models: Surveying the landscape of diverse self-correction strategies[J]. arXiv preprint arXiv:2308.03188, 2023.

[111] DHULIAWALA S, KOMEILI M, XU J, et al. Chain-of-verification reduces hallucination in large language models[J]. arXiv preprint arXiv:2309.11495, 2023.

[112] JI Z, YU T, XU Y, et al. Towards mitigating hallucination in large language models via self-reflection[J]. arXiv preprint arXiv:2310.06271, 2023.

[113] CHOI S, FANG T, WANG Z, et al. Kcts: Knowledge-constrained tree search decoding with token-level hallucination detection[J]. arXiv preprint arXiv:2310.09044, 2023.

[114] LEI D, LI Y, HU M, et al. Chain of natural language inference for reducing large language model ungrounded hallucinations[J]. arXiv preprint arXiv:2310.03951, 2023.

[115] SHI W, HAN X, LEWIS M, et al. Trusting your evidence: Hallucinate less with context-aware decoding[J]. arXiv preprint arXiv:2305.14739, 2023.

[116] CHANG C C, REITTER D, AKSITOV R, et al. Kl-divergence guided temperature sampling[J]. arXiv preprint arXiv:2306.01286, 2023.

[117] YANG Z, LUONG T, SALAKHUTDINOV R R, et al. Mixtape: Breaking the softmax bottleneck efficiently[C]//WALLACH H, LAROCHELLE H, BEYGELZIMER A, et al. Advances in neural information processing systems: volume 32. Cambridge, MA: MIT Press, 2019: 5775-5783.

[118] WANG P, WANG Z, LI Z, et al. Scott: Self-consistent chain-of-thought distillation[J]. arXiv preprint arXiv:2305.01879, 2023.

[119] LI X L, HOLTZMAN A, FRIED D, et al. Contrastive decoding: Open-ended text generation as optimization[J]. arXiv preprint arXiv:2210.15097, 2023.

[120] BRANCO R, BRANCO A, ANTÓNIO RODRIGUES J, et al. Shortcutted commonsense: Data spuriousness in deep learning of commonsense reasoning[C]//MOENS M F, HUANG X, SPECIA L, et al. Proceedings of the 2021 Conference on Empirical Methods in Natural Language Processing. Stroudsburg, PA: ACL, 2021: 1504-1521.

[121] O'BRIEN S, LEWIS M. Contrastive decoding improves reasoning in large language models[J]. arXiv preprint arXiv:2309.09117, 2023.

[122] OPENAI. Openai says a bug leaked sensitive chatgpt user data[EB/OL].[2024-04-20]. https://www.engadget.com/chatgpt-briefly-went-offline-after-a-bug-revealed-user-chat-histories-115632504.html.

[123] OPENAI. March 20 chatgpt outage: Here's what happened[EB/OL].[2024-03-14]. https://openai.com/blog/march-20-chatgpt-outage.

[124] DAVID P, JOSEPH G, URS H, et al. The carbon footprint of machine learning training will plateau, then shrink[J]. Computer, 2022, 55(7): 18-28.

[125] HINTZE A. Chatgpt believes it is conscious[J]. arXiv preprint arXiv:2304.12898, 2023.

[126] LEE J Y. Can an artificial intelligence chatbot be the author of a scholarly article?[EB/OL].[2024-03-14]. https://api.semanticscholar.org/CorpusID:256973146.

[127] MARCUS B. Gpthreats-3: Is automatic malware generation a threat?[C]//2023 IEEE Security and Privacy Workshops (SPW), 2023: 238-254.

[128] NASR M, CARLINI N, HAYASE J, et al. Scalable extraction of training data from (production) language models[J]. arXiv preprint arXiv:2311.17035, 2023.

[129] HOLT K. Three samsung employees reportedly leaked sensitive data to chatgpt[EB/OL]. [2024-03-14].https://www.engadget.com/three-samsung-employees-reportedly-leaked-sensitive-data-to-chatgpt-190221114.html.

[130] ZHAO S, JIA M, TUAN L A, et al. Universal vulnerabilities in large language models: In-context learning backdoor attacks[J]. arXiv preprint arXiv:2401.05949, 2024.

[131] STRUPPEK L, HINTERSDORF D, KERSTING K. Rickrolling the artist: Injecting backdoors into text encoders for text-to-image synthesis[J]. arXiv preprint arXiv:2211.02408, 2023.

[132] SHEN L, JI S, ZHANG X, et al. Backdoor pre-trained models can transfer to all[J]. arXiv preprint arXiv:2111.00197, 2021.

[133] REN S, DENG Y, HE K, et al. Generating natural language adversarial examples through probability weighted word saliency[C]//KORHONEN A, TRAUM D, MÀRQUEZ L. Proceedings of the 57th Annual Meeting of the Association for Computational Linguistics. Stroudsburg, PA: ACL, 2019.

[134] SHEN X, CHEN Z, BACKES M, et al. In chatgpt we trust? measuring and characterizing the reliability of chatgpt[J]. arXiv preprint arXiv:2304.08979, 2023.

[135] JIAO W, WANG W, TSE HUANG J, et al. Is chatgpt a good translator? yes with gpt-4 as the engine[J]. arXiv preprint arXiv:2301.08745, 2023.

[136] CHEN S, KANN B, FOOTE M B, et al. The utility of ChatGPT for cancer treatment information[EB/OL].[2024-03-14].https://www.medrxiv.org/content/10.1101/2023.03.16.23287316v1.

[137] CARLINI N, JAGIELSKI M, CHOQUETTE-CHOO C A, et al. Poisoning web-scale training datasets is practical[J]. arXiv preprint arXiv:2302.10149, 2023.

[138] P. L. Learning from tay's introduction[EB/OL].[2024-03-14].https://blogs.microsoft.com/blog/2016/03/25/learning-tays-introduction.

[139] E. B. Attacks against machine learning – an overview[EB/OL].[2024-03-14].https://elie.net/blog/ai/attacks-against-machine-learning-an-overview.

[140] GOWAL S, DVIJOTHAM K, STANFORTH R, et al. On the effectiveness of interval bound propagation for training verifiably robust models[J]. arXiv preprint arXiv:1810.12715, 2019.

[141] ZHANG Y, ALBARGHOUTHI A, D'ANTONI L. Certified robustness to programmable transformations in lstms[J]. arXiv preprint arXiv:2102.07818, 2021.

[142] COHEN J M, ROSENFELD E, KOLTER J Z. Certified adversarial robustness via randomized smoothing[J]. arXiv preprint arXiv:1902.02918, 2019.

[143] WU M, WICKER M, RUAN W, et al. A game-based approximate verification of deep neural networks with provable guarantees[J]. arXiv preprint arXiv:1807.03571, 2018.

[144] P. X, W. R, X. H. Quantifying safety risks of deep neural networks[J]. Complex Intelligent Systems, 2023, 9: 3801-3818.

[145] HENDRYCKS D, LIU X, WALLACE E, et al. Pretrained transformers improve out-of-distribution robustness[C]//JURAFSKY D, CHAI J, SCHLUTER N, et al. Proceedings of the 58th Annual Meeting of the Association for Computational Linguistics. Stroudsburg, PA: ACL, 2020: 2744-2751.

[146] ARORA U, HUANG W, HE H. Types of out-of-distribution texts and how to detect them[J]. arXiv preprint arXiv:2109.06827, 2021.

[147] HUANG H, LI Z, WANG L, et al. Feature space singularity for out-of-distribution detection[J]. arXiv preprint arXiv:2011.14654, 2020.

[148] CHEN S, BI X, GAO R, et al. Holistic sentence embeddings for better out-of-distribution detection[C]//GOLDBERG Y, KOZAREVA Z, ZHANG Y. Findings of the Association for Computational Linguistics: EMNLP 2022. Stroudsburg, PA: ACL, 2022: 6676-6686.

[149] CHO H, PARK C, KANG J, et al. Enhancing out-of-distribution detection in natural language understanding via implicit layer ensemble[C]//GOLDBERG Y, KOZAREVA Z, ZHANG Y. Findings of the Association for Computational Linguistics: EMNLP 2022. Stroudsburg, PA: ACL, 2022: 783-798.

[150] DUAN H, YANG Y, ABBASI A, et al. BARLE: Background-aware representation learning for background shift out-of-distribution detection[C]//GOLDBERG Y, KOZAREVA Z, ZHANG Y. Findings of the Association for Computational Linguistics: EMNLP 2022. Stroudsburg, PA: ACL, 2022: 750-764.

[151] CHEN S, YANG W, BI X, et al. Fine-tuning deteriorates general textual out-of-distribution detection by distorting task-agnostic features[C]//VLACHOS A, AUGENSTEIN I. Findings of the Association for Computational Linguistics: EACL 2023. Stroudsburg, PA: ACL, 2023: 564-579.

[152] CHEN B, CARVALHO W, BARACALDO N, et al. Detecting backdoor attacks on deep neural networks by activation clustering[J]. arXiv preprint arXiv:1811.03728, 2018.

[153] HUANG X, ALZANTOT M, SRIVASTAVA M. Neuroninspect: Detecting backdoors in neural networks via output explanations[J]. arXiv preprint arXiv:1911.07399, 2019.

[154] M. L, R. S, D. U J, et al. Compilers: Principles, techniques, and tools[M]. London, UK: Pearson Education, 2006.

[155] VARDI M Y, WOLPER P. An automata-theoretic approach to automatic program verification[C]//Proceedings of the 1st Symposium in Logic in Computer Science (LICS).New York: IEEE Computer Society, 1986: 17-35.

[156] M. F. Graduate texts in computer science: First-order logic and automated theorem proving, second edition[M]. New York. NY: Springer, 1996.

[157] W. B. Automated theorem proving[M]. New York. NY: Springer Science & Business Media, 2013.

[158] ANTHROPIC. Core views on ai safety: When, why, what, and how[EB/OL].[2024-03-14].https://www.anthropic.com/index/core-views-on-ai-safety.

[159] HUBINGER E, DENISON C, MU J, et al. Sleeper agents: Training deceptive llms that persist through safety training[J]. arXiv preprint arXiv:2401.05566, 2024.

[160] ISAAC A. I, robot[M]. New York. NY: Gnome Press, 1950.

[161] SCOTT M. The new york times sues openai and microsoft, accusing them of infringing its copyright[EB/OL].[2024-03-14].https://www.nytimes.com/2023/12/27/business/media/new-york-times-open-ai-microsoft-lawsuit.html.

[162] KıCıMAN E, NESS R, SHARMA A, et al. Causal reasoning and large language models: Opening a new frontier for causality[J]. arXiv preprint arXiv:2305.00050, 2023.

[163] ANIL C, WU Y, ANDREASSEN A, et al. Exploring length generalization in large language models[J]. arXiv preprint arXiv:2207.04901, 2022.

[164] GU J C, XU H X, MA J Y, et al. Model editing can hurt general abilities of large language models[J]. arXiv preprint arXiv:2401.04700, 2024.

[165] ZEILER M D, FERGUS R. Visualizing and understanding convolutional networks[J]. arXiv preprint arXiv:1311.2901, 2013.

[166] SIMONYAN K, VEDALDI A, ZISSERMAN A. Deep inside convolutional networks: Visualising image classification models and saliency maps[J]. arXiv preprint arXiv:1312.6034, 2014.

[167] RIBEIRO M T, SINGH S, GUESTRIN C. "why should i trust you?": Explaining the predictions of any classifier[J]. arXiv preprint arXiv:1602.04938, 2016.

[168] DAVID G, DAVID N, M O B, et al. Using collaborative filtering to weave an information tapestry[J]. Communications of the ACM, 1992, 35(12): 61-70.

[169] ROSS Q J. Simplifying decision trees[J]. International journal of human-computer studies, 1997, 51(2): 497-510.

[170] YANIV T, MING Y, MARC'AURELIO R, et al. Deepface: Closing the gap to human-level performance in face verification[C]//Proceedings of the IEEE Conference on Computer Vision and Pattern Recognition (CVPR). Piscataway,NJ: IEEE, 2014: 1701-1708.

[171] JANAI J, GÜNEY F, BEHL A, et al. Computer vision for autonomous vehicles: Problems, datasets and state-of-the-art[J]. Foundations and Trends in Computer Graphics and Vision, 2020, 12(1-3): 1-308.

[172] BAHDANAU D, CHO K, BENGIO Y. Neural machine translation by jointly learning to align and translate[J]. Proceedings of ICLR, 2015.

[173] VASWANI A, SHAZEER N, PARMAR N, et al. Attention is all you need[J]. Advances in neural information processing systems, 2017, 30.

[174] RADFORD A, NARASIMHAN K, SALIMANS T, et al. Improving language understanding with unsupervised learning[EB/OL].[2024-06-20].https://openai.com/index/language-unsupervised/.

[175] AM A, A, DAVID K, et al. Ai alignment in the context of human values[J]. arXiv preprint arXiv:1905.12881, 2019.

[176] LE T A, BAYDIN A G, ZINKOV R, et al. Using synthetic data to train neural networks is model-based reasoning[J]. arXiv preprint arXiv:1703.00868, 2017.

[177] ALEMOHAMMAD S, CASCO-RODRIGUEZ J, LUZI L, et al. Self-consuming generative models go mad[J]. arXiv preprint arXiv:2307.01850, 2023.

[178] GU A, DAO T. Mamba: Linear-time sequence modeling with selective state spaces[J]. arXiv preprint arXiv:2312.00752, 2023.

[179] MA X, ZHOU C, KONG X, et al. Mega: Moving average equipped gated attention[J]. arXiv preprint arXiv:2209.10655, 2023.

[180] MA X, YANG X, XIONG W, et al. Megalodon: Efficient llm pretraining and inference with unlimited context length[J]. arXiv preprint arXiv:2404.08801, 2024.

[181] SUKHBAATAR S, GOLOVNEVA O, SHARMA V, et al. Branch-train-mix: Mixing expert llms into a mixture-of-experts llm[J]. arXiv preprint arXiv:2403.07816, 2024.

[182] LEE B K, PARK B, KIM C W, et al. Moai: Mixture of all intelligence for large language and vision models[J]. arXiv preprint arXiv:2403.07508, 2024.

[183] CUI Y, YAO X. Rethinking llm language adaptation: A case study on chinese mixtral[J]. arXiv preprint arXiv:2403.01851, 2024.

[184] AI M. Mistral ai technology models[EB/OL].[2024-04-14].https://mistral.ai/technology/#models.

[185] LIU H, TAM D, MUQEETH M, et al. Few-shot parameter-efficient fine-tuning is better and cheaper than in-context learning[J]. arXiv preprint arXiv:2205.05638, 2022.

[186] LIU Z, OGUZ B, ZHAO C, et al. Llm-qat: Data-free quantization aware training for large language models[J]. arXiv preprint arXiv:2305.17888, 2023.

[187] FRANTAR E, ASHKBOOS S, HOEFLER T, et al. Gptq: Accurate post-training quantization for generative pre-trained transformers[J]. arXiv preprint arXiv:2210.17323, 2023.

[188] HE X, LIN Z, GONG Y, et al. Annollm: Making large language models to be better crowdsourced annotators[J]. arXiv preprint arXiv:2303.16854, 2024.

[189] TUNSTALL L, BEECHING E, LAMBERT N, et al. Zephyr: Direct distillation of lm alignment[J]. arXiv preprint arXiv:2310.16944, 2023.

[190] STANFORD-ALPACA-TEAM. Stanford alpaca: An instruction-following llama model [EB/OL].[2024-03-14].https://github.com/tatsu-lab/stanford_alpaca.

[191] CUI G, YUAN L, DING N, et al. Ultrafeedback: Boosting language models with high-quality feedback[J]. arXiv preprint arXiv:2310.01377, 2023.

[192] XI Z, CHEN W, GUO X, et al. The rise and potential of large language model based agents: A survey[J]. arXiv preprint arXiv:2309.07864, 2023.

[193] WANG L, MA C, FENG X, et al. A survey on large language model based autonomous agents[J]. Frontiers of Computer Science, 2024, 18(6): 1-26.

[194] JIE R, RAJBH, ARI SAMYAM, et al. Zero-offload: Democratizing billion-scale model training[C]//Proceedings of the 2021 USENIX Annual Technical Conference (USENIX ATC21). Berkeley, CA: USENIX Association, 2021: 551-564.

[195] SARA H. The hardware lottery[J]. Communications of the ACM, 2021, 64: 58-65.

[196] DMITRY L, HYOUKJOONG L, YUANZHONG X, et al. Gshard: Scaling giant models with conditional computation and automatic sharding[J]. arXiv preprint arXiv:2006.16668, 2020.

[197] JIAAO H, JIDONG Z, TIAGO A, et al. Fastermoe: Modeling and optimizing training of large-scale dynamic pre-trained models[C]//Proceedings of the 27th ACM SIGPLAN Symposium on Principles and Practice of Parallel Programming. New York, NY: ACM, 2022: 120-134.

[198] YANG N, GE T, WANG L, et al. Inference with reference: Lossless acceleration of large language models[J]. arXiv preprint arXiv:2304.04487, 2023.

第 7 讲 多模态大模型

以 ChatGPT 为代表的大语言模型能够通过语言交互来满足用户的各种要求，它们仅仅借助自然语言这一个模态，就显示出强大的上下文理解能力、指令遵循能力、通用泛化能力等。而作为身处多模态环境的研究人员不禁要想，如果大模型能够拥有多模态内容理解/生成能力，是不是会更接近通用人工智能？本讲主要以视觉和语言这两个模态为例[㊀]，介绍三类风格迥异的多模态大模型：图文对齐模型专注于多模态信息的语义理解，通过学习模态对齐的特征表示，来获得更好的泛化性能；文到图生成模型则是在理解输入文本信息的基础上，去驱动符合语义的视觉内容生成；多模态生成与对话模型则更加智能和通用，期望在与用户的交互过程中同时支持多模态信息的理解或生成。

7.1 图文对齐模型

图文对齐（image-text alignment，ITA）是多模态预训练最重要的学习目标之一。图文对齐在图文理解中发挥着重要作用，它通过在一个综合的表征空间中实现视觉与语言两种不同模态的一致性。这一过程主要依赖于跨模态对比学习（contrastive learning）方法来完成。对比学习的基本原理很容易理解，即对于给定的图像，与之匹配的文本描述在同一表征空间中应尽可能接近该图像，而不匹配的文本则应尽可能远离。反过来，对于文本数据也是如此。具体来说，对于每幅图像，将其与匹配文本（正样本）进行关联，同时将其与一组不匹配的文本（负样本集合）区分开。这里的负样本通常来源于同一训练批次中其他图像的匹配文本，或者是一个动态维护的负样本队列。接下来的内容中将详细介绍几种经典的图文对齐模型。

7.1.1 双流模型

1. CLIP

图文对齐的经典之作当属 2021 年 OpenAI 提出的 CLIP[1]（contrastive language image pre-training）模型。CLIP 采用了双流模型（dual-stream）架构（见图 7-1），主要包含两部分：一个用于处理图像的图像编码器（image encoder）和一个用于处理文本的文本编码器（text encoder），其中图像编码器采用 CNN 网络架构或者视觉 Transformer[2] 网络架构（ViT）。

为了训练 CLIP，OpenAI 从互联网上收集了 4 亿文本–图像对，构成了图文对数据

㊀ 其他模态如视频、三维物体等方面的介绍见第 10 讲。

集 WebImageText。在训练模型时，在一个包含 N 个文本–图像对的训练批次中，CLIP 将 N 个文本特征与 N 个图像特征进行两两组合，预测 N^2 个可能的文本–图像对相似度。这种相似度是通过计算文本特征和图像特征之间的余弦相似性来确定的。在这 N^2 个组合中，有 N 个正样本（即真正匹配的文本–图像对，对应矩阵的对角线元素），其余的 N^2-N 个为负样本。CLIP 的训练目标是最大化 N 个正样本的相似度，同时最小化 N^2-N 个负样本的相似度。因此，CLIP 的训练损失函数可以表示为

$$L=-\frac{1}{N}\sum_{i=1}^{N}\left[\log\frac{\exp[\operatorname{sim}(\boldsymbol{t}_i,\boldsymbol{v}_i)/\tau]}{\sum_{j=1}^{N}\exp[\operatorname{sim}(\boldsymbol{t}_i,\boldsymbol{v}_j)/\tau]}\right] \tag{7-1}$$

其中，$\boldsymbol{v}_i$ 和 $\boldsymbol{t}_i$ 分别代表第 i 个图像和文本的特征向量，$\operatorname{sim}(\boldsymbol{t}_i,\boldsymbol{v}_i)$ 表示图像特征和文本特征之间的相似度（CLIP 采用 cosine 相似度），τ 是一个温度超参数。

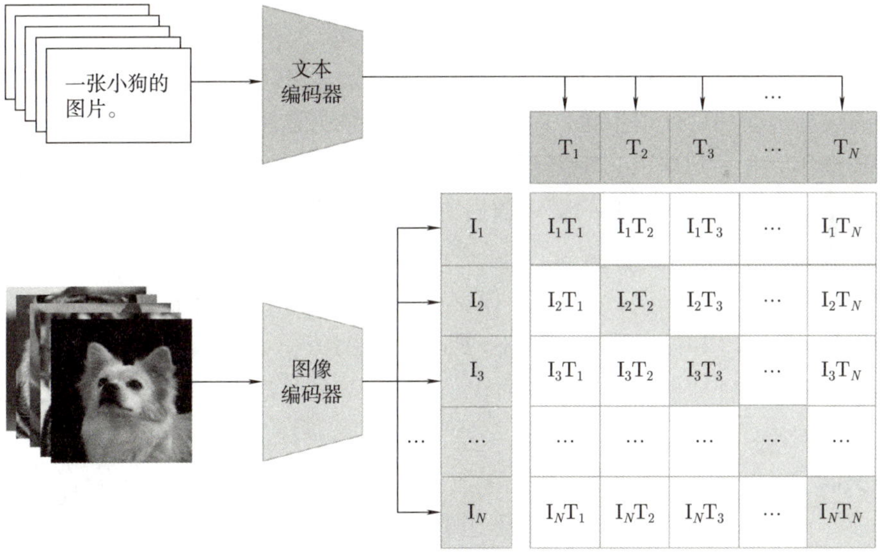

图 7-1 CLIP 模型架构

不同于常见的先预训练后微调的方法，CLIP 能够直接进行零样本（Zero-Shot）的图像分类，不需要任何额外的训练数据，就能在特定的下游任务上进行分类。使用 CLIP 进行零样本分类的流程非常简单，分为两个步骤：

（1）为每个分类标签构建描述文本，如“A photo of {label}”，并将这些文本通过文本编码器转换为文本特征。如果有 N 个分类标签，最终会得到 N 个文本特征。例如，分类标签为“apple”，则构建的文本为“A photo of apple”。

（2）将待分类的图像输入图像编码器，得到图像特征。接下来，计算这个图像特征与 N 个文本特征的缩放余弦相似度（与训练过程中相同）。最后，选取相似度最高的文本特征所对应的类别作为图像的分类预测。

CLIP 的应用价值，远不止于上文提到的简单图像分类。目前已经涌现了很多基于 CLIP 的应用研究，包括跨模态检索、图像编辑、图像生成、图像文本描述生成、视频理解等多模态应用场景。

2. ALIGN

学习高效的图像表征和图像–文本表征在解决计算机视觉问题中具有至关重要的作用。在自然语言处理领域，人们已经能够通过原始文本进行无监督学习，而无须依赖人工注释。然而，相对于文本的学习，图像表征或图像–文本表征的学习仍然对昂贵或需要专业知识的训练数据集产生依赖。获取这些数据集涉及对数据进行烦琐的整理和清理，这一过程严重制约了获取更大规模数据集的进展。于是，谷歌在 2021 年提出了 ALIGN 模型[3], ALIGN 使用了 18 亿个有噪声的图像文本对的数据集，其数据采集方法与 Conceptual Captions[4] 相似，不同之处在于，ALIGN 在数据集清理过程中避免了复杂的数据过滤和后处理步骤，而是采用了基于数据频率的简单过滤方法。尽管由此产生的数据集存在一定噪声，但其规模比 Conceptual Captions 数据集大两个数量级。论文中指出，基于如此大规模的噪声数据集进行的图像和图像–文本表征预训练能够取得卓越的性能。

无论有没有微调的过程，ALIGN 模型在迁移到其他任务（图文匹配与检索、视觉分类等）和数据集（ImageNet、Oxford Flowers-102 等）上时，都能取得卓越的性能，这一实验结果验证了即使在数据集中存在一定的噪声的情况下，数据集规模足够大对模型的学习依然是有益的。

3. 文澜 BriVL

目前存在的图文对齐模型主要集中在英语领域，而文澜 BriVL1.0[5]（bridging vision and language，BriVL）则专注于中文领域的图文对齐问题。然而现有的图文对齐模型存在许多缺陷，文澜 1.0[5] 没有直接将现有方法照搬到中文领域，而是做出了一系列的改进。

图文对齐领域的许多方法都假设了图片和文本之间存在很强的相关性，然而这一假设在实际场景中很难满足，例如，在图 7-2 中，对于一个生日蛋糕，研究人员固然可以使用“水果蛋糕上有几根燃烧的蜡烛”这种强相关性的文本进行描述，但“生日快乐！许个愿吧”这种弱相关性的描述也完全符合图片。为了充分利用弱相关性的文本描述，文澜 1.0 采用了双流网络架构，双流架构在模态间的交互方面相较于单流架构显得更为宏观，其关注点主要集中于两个模态的数据在整体语义层面的匹配程度，而并非要求在文本的词语与图片的区域之间进行细粒度的匹配。因此，双流架构更适合处理弱相关的图像–文本对。

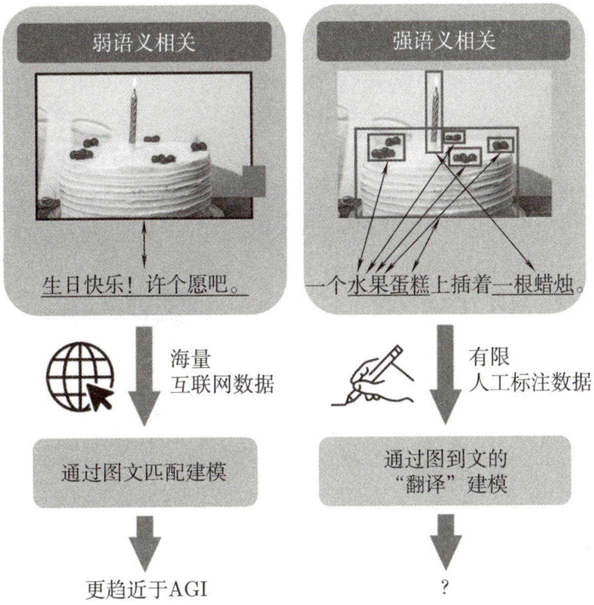

图 7-2　图像–文本对的强/弱相关性假设的示例

为了充分理解图片与文本的语义，图文对齐往往需要大规模的预训练，这一过程通常十分昂贵，并且需要大量的硬件资源作为支撑。为了缓解这一问题，文澜 1.0 在 CLIP 采用的简单对比学习方法的基础上，融入了 MoCo[6] 的思想，即在训练时构建一个基于队列的大型字典，用于保存图片和文本的负样本（表征），从而在有限的 GPU 资源中增加更多的负样本。

为了训练文澜 1.0，文澜团队构建了 RUC-CAS-WenLan 数据集，包含从互联网（百度百科、微博等）上收集的 3000 万个图像–文本对。由于采用了双流架构，文澜 1.0 的文本编码器和图像编码器可以轻松地替换为最新的单模态预训练模型，这能进一步增强模型的表示能力。此外，一旦完成文澜 1.0 模型的预训练，它能够以云服务的形式提供图像和文本统一表征，从而提供图片–文本对的匹配分数的 API，能方便地部署在各种下游任务中。相比之下，单流模型往往因为模型过大而难以部署在实际应用中。

虽然在许多下游任务中，文澜 1.0 都取得了卓越的成绩，但仍存在许多可改进之处。首先，文澜 1.0 的图像编码器中使用了计算密集型的 Faster R-CNN[7] 检测器来计算图片中局部区域的特征表示，这一过程耗时相对较长，不利于在实际应用场景中部署模型。所以，在改进的文澜 2.0[8] 中（见图 7-3），作者提出使用多尺度分块池化（Multi-Scale Patch Pooling，MSPP）来取代 Faster R-CNN 检测器。其次，文澜 1.0 只涉及中文这一种语言，而文澜 2.0 则采用了多语言的多模态架构。最后，文澜 2.0 还构建了一个更加庞大的从网络爬取的多源图像文本数据集，称为弱语义相关数据集（weak semantic correlation dataset，WSCD），一共包含 6.5 亿个图像–文本对。

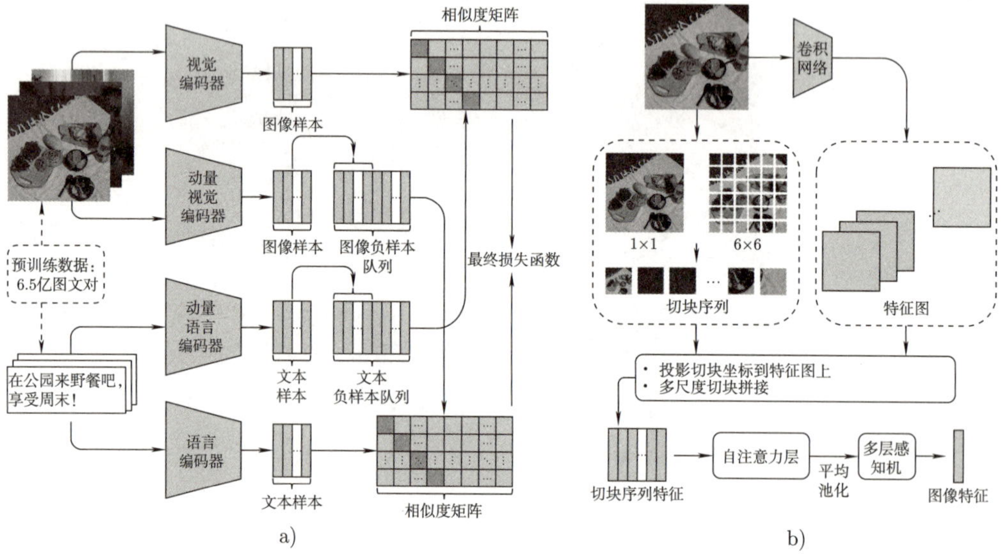

图 7-3 文澜 2.0 模型架构

文澜 1.0 和文澜 2.0 的应用价值不仅仅局限于图片和文本的相互检索，其预训练的文本编码器和图片编码器能用于多种下游任务，例如，图像描述生成（image captioning）、视觉问答（visual question answering）和文本到图像生成（text-to-image generation）等。

7.1.2 单流模型

单流模型通常采用一个统一的架构来同时处理文本和图像输入，这种模型的一个关键特点是它将文本和图像的表示融合到一个共享的特征空间中。这意味着模型在处理信息时，不会区分输入是文本还是图像，最终它们都被处理成同一种形式的表示。相较于双流模型，单流模型通常能够对不同模态的信息进行更细粒度的融合。经典的单流模型有 VL-BERT（2019）[9]、UNITER（2020）[10]、Oscar（2020）[11] 等。下面以 Oscar[11]

模型为例详细介绍单流模型。

单流模型最常见的思路是将视觉和文本两个模态的嵌入表示拼接起来，并送入一个统一注意力网络来学习语义对齐。但这种做法存在两个主要问题。

（1）模糊性（ambiguity）：视觉特征往往是由 Faster R-CNN 这样的目标检测器从图像的某个区域提取出来的。这经常会导致区域重叠，即一个区域内可能包含多个物体的图像，这种重叠会使得从中提取的视觉特征混杂在一起。例如，如图 7-4 所示，狗和沙发的图像重叠，使得它们的视觉特征非常相似，这在同一语义空间中区分它们变得困难。

（2）缺乏对齐基础（lack of grounding）：图像的某个区域所代表的物体与文本中的词汇之间缺少明确的、带有标注的对齐信息。在视觉语言预训练中，这意味着它是一个弱监督学习任务，无法确保图像区域和文本词汇之间的精确对应。

在图文配对中，关键的语义信息通常会同时在文本和图像中出现。例如，“狗”和“沙发”这两个词汇不仅在文本描述中出现，对应的物体也在相应的图像中出现了，如图 7-4 所示。基于此，Oscar 模型提出了锚点（anchor point）的概念，即在文本和图像中同时出现的重复信息，来简化和强化图像和文本的语义对齐。

一只狗坐在沙发上

图 7-4　图片、文本和物体标签的例子

Oscar 的输入是一个三元组 (w, q, v)。其中，w 表示文本序列的嵌入表示，q 表示从图像中检测到的物体标签的嵌入表示，它作为之前提到的“锚点”发挥作用，而 v 表示从图像中提取的一系列视觉特征，如图 7-5 所示。

v 是经过 Faster R-CNN 和一个线性层投影得到的视觉嵌入表示，图像区域的物体标签也是由 Faster R-CNN 检测出来的，经过 BERT 的处理，生成 q。值得注意的是，这些物体标签是从图像中检测出来的，所以它们含有图像的信息。同时，这些标签以文字形式输入并与文本一起经过 BERT 的处理，形成嵌入对 (w, q)，所以也含有文本信息。这种特性使它们能够充当“锚点”，将图像和文本连接起来，从而帮助模型更有效地学习跨模态的语义对齐。

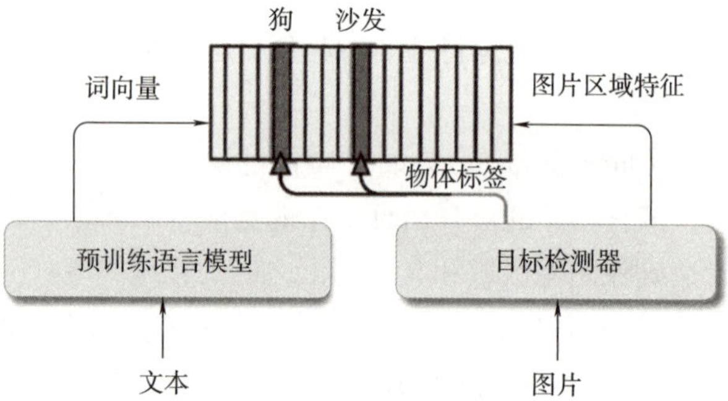

图 7-5　物体标签作为锚点

在模型预训练阶段，Oscar 模型从两个不同视角设计了两个损失函数：

（1）字典视角 (dictionary view)。此处的“字典”可以理解为一种映射关系，它能将输入映射成一个特定的向量，形成一个语义空间。例如，BERT 就可以被视为一种“字典”，因为它创建了一个能够将任何单词或句子转换成对应向量的语义空间。这种字典视角下，文字序列和物体标签都通过 BERT 进行映射，映射为一个复合向量 $\boldsymbol{h} = (w, q)$。在预训练阶段，模型采用类似于 BERT 的“Masked Token Loss”方法，即随机遮盖 15% 的单词，然后训练模型利用上下文和图片信息预测这些被遮盖的单词。这个训练过程的损失函数可定义为

$$\mathcal{L}_{\text{MTL}} = -\mathbb{E}_{(v,\boldsymbol{h})\sim\mathcal{D}} \log p(\boldsymbol{h}_i|\boldsymbol{h}_{\backslash i}, v) \tag{7-2}$$

（2）模态视角（modality view）。在这种视角下，物体标签和图像特征都源于视觉模态，而文字序列则属于语言模态。为了处理这两种模态的数据，作者引入了一种叫作“Contrastive Loss”的方法。在预训练阶段，以 50% 的概率随机替换掉正确的物体标签，从而创造一些图文序对的“污染”版本。接着，模型被训练以识别物体标签是否与图像特征相匹配。这个训练过程的损失函数可定义为

$$\mathcal{L}_C = -\mathbb{E}_{(\boldsymbol{h}',w)\sim\mathcal{D}} \log p[y|f(\boldsymbol{h}', w)] \tag{7-3}$$

最终的损失函数是上述两个损失函数之和：

$$\mathcal{L} = \mathcal{L}_{\mathrm{MTL}} + \mathcal{L}_C \tag{7-4}$$

7.1.3　混合模型

混合模型的架构设计，结合了单流模型和双流模型的思路。首先，混合模型会使用单模态的编码器对不同模态的数据（如图片和文本）进行特征抽取。接着，在融合不同模态的数据时，混合模型也会使用基于交叉注意力机制的编码器来对不同模态的数据进行充分融合。典型的混合模型有 ALBEF[12]、BEIT-v3[13] 和 BLIP[14] 等。下面以 BLIP[14] 为例详细介绍混合模型。

BLIP 模型是 2022 年提出的一个经典的图文对齐模型。BLIP 是一种新的视觉语言预训练框架，它通过其独特的多模态编码器–解码器混合（MED）架构，实现了对多种下游任务的广泛支持。MED 架构的设计允许 BLIP 模型作为单模态编码器、基于图像的文本编码器或基于图像的文本解码器来工作，提供了高效的多任务预训练和灵活的迁移学习能力。BLIP 模型通过联合预训练三个视觉语言目标——图像文本对比学习（image-text contrastive，ITC）、图像文本匹配（image-text matching，ITM）和图像条件语言建模（language modeling，LM）——来增强其性能。BLIP 的模型架构如图 7-6 所示，其主要模块包括以下三个部分。

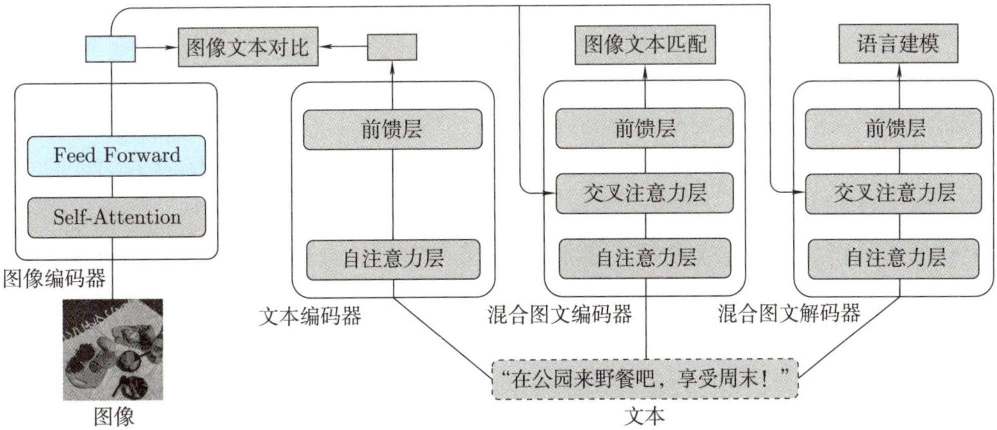

图 7-6　BLIP 模型架构

（1）单模态编码器：单模态编码器包含图像编码器（image encoder）和文本编码器（text encoder），分别用于对图像和文本进行编码。其中，图像编码器采用 ViT 结构，文本编码器与 BERT 一样，将 [CLS] 令牌添加到文本输入的开始处，用以表示这个句子的特征向量。

（2）基于图像的文本编码器（image-grounded text encoder）：通过在每个 Transformer 块内的自注意层（self-Attention Layer）与前馈网络（feed forward network）之间加入一个额外的交叉注意力层（cross-attention layer），实现了视觉信息的融合。为了特定的任务，文本中加入了一个 [Encode] 令牌，而从 [Encode] 得到的输出嵌入表示则作为图像–文本对的综合多模态表征。

（3）基于图像的文本解码器（image-grounded text decoder）：基于图像的文本解码器中双向自注意力层被替换为因果自注意力层。同时，使用 [Decode] 标记来标识序列的开始，而 [EOS] 标记则用于表示序列的结束。这个模块用于基于图像信息的文本生成任务，如图像描述生成（image caption）。

在预训练期间，BLIP 同时对三个目标进行了优化，包括两个基于理解的目标和一个基于生成的目标。对于每个图像–文本对，只需进行一次计算量较大的视觉 Transformer 的正向传播，以及三次文本 Transformer 的正向传播，这样做是为了激活不同的结构，以便计算下述三种损失函数:

（1）图像文本对比损失的作用是同时激活单模态编码器。主要目的是对齐视觉 Transformer 和文本 Transformer 的特征空间，通过鼓励正图像–文本对具有相似的表示来实现。这个损失也就是 CLIP 模型所使用的图文对齐的对比损失。

（2）图像文本匹配损失的作用是激活基于图像的文本编码器，其目标是学习图像和文本的多模态表示，并捕获视觉与语言之间的细微对齐。ITM 本质上是一个二元分类任务，其中模型利用 ITM 头部（一个线性层）根据其多模态特征来预测一个图像–文本对是匹配（正样本）还是不匹配（负样本）。

（3）语言建模损失的作用是激活基于图像的文本解码器，这个解码器的目的是生成与给定图像相对应的文本描述。LM 通过优化交叉熵损失来训练模型，以自回归方式最大化文本的可能性。与视觉语言预训练中广泛使用的 MLM 损失相比，LM 赋予了模型将视觉信息转化为文本描述的泛化能力。

为了在实现多任务学习的同时进行高效的预训练，文本编码器和文本解码器共享除自注意层外的所有参数。这样做的原因是，编码与解码任务之间的差异性主要由自注意力层捕获。具体来说，编码器使用双向自注意力来构建当前输入令牌的表示，而解码器则使用因果自注意力来预测下一个令牌。而嵌入层、交叉注意力层和前馈网络在编码和解码任务中起到类似的作用，共享这些层可以提高训练效率，并能够从多任务学习中获益。

在数据层面，由于标注成本高昂，高质量人工标注的图像文本对（如 COCO）数据集[15] 中的数量有限。近期研究开始利用大量从网络上自动收集的图像文本对但这些文本通常无法精确描述图像内容，成为学习视觉语言对齐的噪声源。

为缓解这一问题，BLIP 提出了 Captioning and Filtering（CapFilt），用于提升文本语料库的质量。CapFilt 包括两个模块：一是生成图像描述的图像描述生成器（Captioner），二是过滤噪声图像–文本对的过滤器（Filter）。这两个模块均基于同一预训练的 MED 模型初始化，并在 COCO 数据集上进行单独微调，这是一个轻量级的过程。

具体来说，Captioner 作为基于图像的文本解码器，结合 LM 损失来生成给定图像的描述文本。Filter 作为基于图像的文本编码器，结合 ITC 和 ITM 损失来判断文本是否与图像匹配。如果 ITM 预测文本与图像不匹配，则将其视为噪声文本并予以去除。最终，作者将过滤后的图像–文本对与人类标注对结合，形成新数据集，用于预训练新模型。

7.2 文到图生成模型

“一图胜千言”，这句古老的谚语深刻揭示了图像的强大表达力。相较于纯文本，图像能更直观、更生动地传递信息，讲述故事。阅读文本时，人们会借助想象力在心中描绘出相关的图像，这有助于他们更深入地理解和享受故事。然而，由于想象力的局限性和个人经验的差异，不同的人对同一文本的图像理解可能会有所不同。因此，设计一个能从文本描述中生成逼真图像的任务显得尤为重要。这样的任务不仅能帮助人们更深入地理解和欣赏文本，也是实现类人或通用人工智能的重要一步。通过将文本转化为图像，研究人员可以进一步提升人工智能的理解和表达能力，使其更接近人类的思维和感知方式。

目前文本生成图像任务中主流的范式有三类：基于生成对抗网络（GAN）[16]，基于 Transformer[17] 和基于扩散模型（diffusion model）[18]。其中，生成对抗网络试图通过生成器和鉴别器的对抗性训练来达到纳什均衡；Transformer 则将视觉令牌和文本令牌同等对待，并使用最大似然估计进行训练，以预测视觉令牌序列；扩散模型则通过不断向原始图片中添加噪声和去除噪声的过程，训练得到一个去噪网络，以在推理时能够从纯高斯噪声中逐步建模出生成图片。需要强调的是，最新的扩散模型也可以用 Transformer 来实现文本生成图像，这里基于 Transformer 的范式特指采用自编码和自回归的 Transformer 架构。

本文将分别介绍三种流行范式及其代表模型。

7.2.1 基于生成对抗网络架构的方法

本书第二讲中介绍过，生成对抗网络（GAN）将图像合成任务构建为两个相互竞争的人工神经网络的对抗性游戏。具体地，它训练一个生成器来合成尽量逼真的样本，而训练一个判别器来区分真实样本和合成样本。两者之间的任务目标是具有对抗性的：生成器的训练目标是骗过判别器，而判别器的目标是从真实样本和合成样本中找到由生成器生成的样本。由于竞争对抗的存在，迫使生成器提升自己生成样本的质量，使其尽可能地接近于真实样本的分布。

随着 GAN 模型的发展，很多工作逐步开始研究基于文本描述的图像条件合成。相比较于传统的图像生成，文本到图像的合成引入了新的条件，即通过文本描述来引导图像的生成，属于条件生成的一种。因此，传统 GAN 模型的损失函数 [式 (2-37)] 也应修改为式 (7-5) 的形式：

$$\min_{\mathbf{G}}\max_{\mathbf{D}} V(\mathbf{G},\mathbf{D}) = \mathbb{E}_{p_{\text{data}}(\boldsymbol{x})}[\log \mathbf{D}(\boldsymbol{x}|\boldsymbol{y})] + \mathbb{E}_{p(\boldsymbol{z})}(\log\{1-\mathbf{D}[\mathbf{G}(\boldsymbol{z}|\boldsymbol{y})]\}) \tag{7-5}$$

式中，$\mathbf{G}$ 为生成器，$\mathbf{D}$ 为判别器，$\boldsymbol{x}$ 为数据样本，$\boldsymbol{y}$ 为文本条件，$\boldsymbol{z}$ 为随机噪声向量。

与普通标签相比，文本可以充分利用结构信息，有效描述当前的对象，及其对应的属性、相互关系等，并可以进一步刻画多样化和详细的场景。因此，在本节，专注于文本到图像（T2I）合成。具体而言，文本到图像的 GAN 模型经过了多个阶段的发展，下面将就其三个重要阶段展开介绍。

1. 级联模型结构

堆叠生成对抗网络（Stack GAN）是生成对抗网络的一种高级变体，可以根据文本描述生成高维图像。它利用多个堆叠的生成器和判别器逐步改进生成的图像，分别在不同的分辨率上进行处理。

普通的 GAN 模型[16] 可以生成 64×64 像素的图像，而一种特殊的变体称为 TAC-GAN[19] 可以生成 128×128 像素的图像。然而，为了生成更高维度的图像，后续的工作提出使用多个堆叠的生成器。这种方法使文本生成图像（T2I）模型能够创建具有更高分辨率的图像。

在 StackGAN[20] 中，架构由两个阶段组成。在第一阶段，生成器接受一个随机噪声向量和所需图像的文本描述作为输入。它利用这些输入生成一个分辨率为 64×64 像素的粗糙图像。这个粗糙图像和嵌入的文本内容作为输入传递给第二个生成器。第二个生成器接受粗糙图像和文本内容作为输入，旨在改进初步生成的图像，产生一个分辨率为 256×256 像素的高分辨率输出图像。它添加更多细节并提高生成图像的质量。生成器负责创建真实的图像，而判别器在区分真实和生成的图像中起着关键作用。在上述每个生成阶段中，判别器被训练来区分匹配的图文对以及不匹配的图文对。

StackGAN++[21] 引入端到端的训练框架继续优化前述体系结构。它在 StackGAN 的基础上将堆叠结构改进为树状结构，联合训练了三对生成器判别器，以处理多尺度、不确定和非限制的近似图像分布。在文本处理上，StackGAN++ 建议使用高斯分布对文本描述进行采样，而不是使用固定的嵌入表示。这种方法能够利用平滑协调性，增加生成图像的多样性。对于不同尺度下的图像生成，图像的结构和颜色基本不变，因此考虑引入颜色连续正则项来解决色彩一致性问题并改善图像质量。这一步骤通过减小像素强度和特定比例下的协方差之间的差异，确保了不同图像分辨率之间的一致色彩分布，增强了生成图像的整体视觉连贯性。StackGAN 及 StackGAN++ 模型结构如图 7-7 所示。

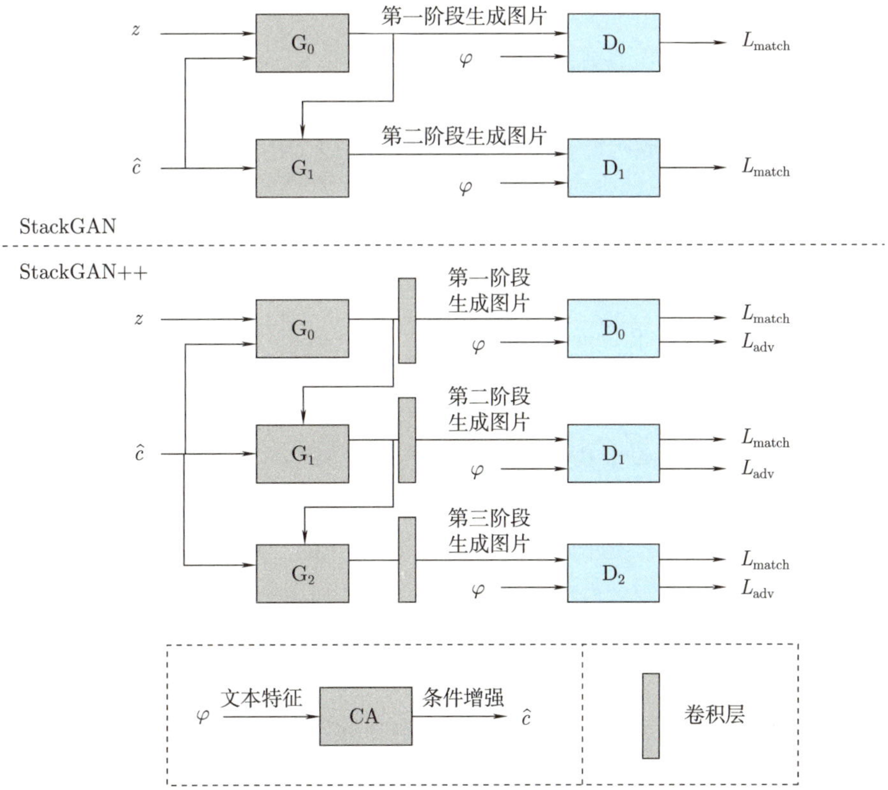

图 7-7 StackGAN 及 StackGAN++ 模型结构

为了克服上述生成模型包含多个生成器的问题，HDGAN[22] 提出了一种称为伴随层次嵌套的对抗性目标，在生成过程中的每个中间层都嵌套了一个对应的判别器，用于区分生成图像的真假及其与描述文本的语义相关性，从而确保生成器可以层次化地抽取图像信息。

2. 注意力机制

上述方法将整个文本描述编码为全局句子向量，作为基于 GAN 的图像生成的条件。虽然已经给出了令人印象深刻的结果，但是在条件生成时不能利用单词级的重要细粒度信息，难以生成更细粒度的图像。为此，AttnGAN[23] 在 StackGAN++[21] 的基础上进行了改进，引入了多级细化的注意力机制，允许网络根据相关单词和全局句子向量合成细粒度细节，从而更好地对齐图像和文本。

在条件处理上，文本描述被整体编码为句子向量，并且句子中的每个单词也被编码为单词向量。具体地，这些词向量可以通过使用循环神经网络（如 LSTM）对文本进行编码来得到。

首先，AttnGAN 的生成网络利用句子向量生成低分辨率的草图。这个草图关注整体的语义结构，但在细节和准确性方面可能比较模糊。其次，给定每个子区域中的图像向量，生成网通过注意层来查询单词向量，从而为每个子区域生成对应的单词上下文向量。这个注意层能使得生成网络关注与当前子区域相关的单词，从而精确地生成子区域的图像特征。最后，生成网络将区域结合图像向量和对应的单词上下文向量，形成跨模态的上下文向量，从而在周围的子区域生成新图像特征，并有效地产生更高分辨率的图像。通过多级的注意力机制，AttnGAN 能够逐步生成细节更丰富、更具准确性的图像。

类似于 AttnGAN 的精细生成，ControlGAN[24] 可以同时进行图像到文本的生成和通过文本描述对视觉属性（如类别、纹理和颜色）进行编辑，而不影响其他内容（如背景和姿势）。ControlGAN 提出了一种基于单词级空间和通道注意力的生成器，使生成器能够合成与最相关单词对应的图像区域。与 AttnGAN 中的空间注意力主要关注颜色信息不同，ControlGAN 的通道注意力将语义上有意义的部分与相应的单词相关联（例如，对于 CUB-200 鸟类数据集，“head”和“wings”与相应的单词相关联）。单词级辨别器为生成器提供了细粒度的训练信号，并通过利用单词与图像子区域的相关性达到解耦不同的视觉属性的目的。

3. 循环一致性

在基于 GAN 的文本生成图像中，由于文本和图像之间存在较大的模态差异，仅仅依赖 GAN 的鉴别器，无法确保两者之间的语义一致性。此外，在生成模型中融入注意力机制可以缓解该问题，但是单词级注意力并不能确保全局的语义一致性，最终导致生成的图像与输入文本的语义不是对齐的。

受 CycleGAN[25] 的启发，可以考虑利用对图片重新进行文本描述的架构进行循环一致性的图像生成，通过添加图像描述生成网络，在两个模态之间建立语义一致的表示，并训练网络从合成图像来生成语义相似的文本描述。在 MirrorGAN[26] 中，通过学习文本–图像–文本的范式，试图从生成的图像中重新生成文本描述，从而加强保证文本描述和视觉内容的一致性。

7.2.2 基于 Transformer 架构的方法

近年来随着自回归生成模型的发展，生成预训练（generative pre-training, GPT）模型将 Transformer[17] 引入了自然语言处理中取得了巨大的进展，同时也为视觉领域闯出了新的研究方向。但由于视觉图像像素数目巨大，无法建立细粒度的序列模型。然而，VQ-VAE（vector quantized variational autoencoder）能够将图像压缩到一个低维度离散隐空间中，再通过解码器将这些隐变量恢复成图像来解决分辨率的问题，之后使用一个自回归模型来学习拟合出先前隐变量的先验信息，这一过程保证了图像的真实性以及像素的空间相关性，使得自回归模型在视觉领域再次焕发生机。随后，Transformer 模型的引入进一步提升了特定领域的生成结果。区别于 GAN 架构，将这一类文本生成图像的方法叫作基于 Transformer 架构的方法。注意到扩散模型也可以用 Transformer 来实现，本节内容特指基于自编码和自回归的 Transformer 架构来实现文本生成图像。DALL · E[27] 及 CogView[28] 都通过对文本和图像同时进行大规模的协同预训练来实现通用的高性能文到图像生成模型。下文将以 DALL · E 为例展开介绍。

DALL · E[27] 模型把文本令牌和图像令牌当成一个数据序列，通过 Transformer[17] 进行自回归，能够根据文本生成效果惊艳的图像，并且参数量达到了 120 亿，被称为“图像版 GPT-3”。它由三个不同阶段独立训练的模型组成：dVAE、Transformer 和 CLIP。其中，dVAE 用于为图像的每个 patch 生成令牌表示，Transformer 用于令牌的预测，CLIP 用于计算出文本和生成图片的匹配分数。

如图 7-8 所示，DALL · E 模型的推理过程主要分为三个阶段：在第一个阶段，将 256×256 的图片分为 32×32 个 patch，然后使用训练好的 dVAE 模型的 encoder 将每个 patch 映射到大小为 8192 的词表 (codebook) 中，最终一张图片转为用 1024 个令牌进行表示。在第二个阶段，使用 BPE-encoder 对文本进行编码，得到最多 256 个文本令牌；再将文本令牌与图像令牌进行拼接；最终将拼接的数据输入训练好的 Transformer 模型，在统一的框架内对跨模态文本图像数据进行训练。在第三个阶段，对模型生成的图像进行采样，并使用 CLIP 模型对采样结果进行排序，从而得到与文本最匹配的生成图像。

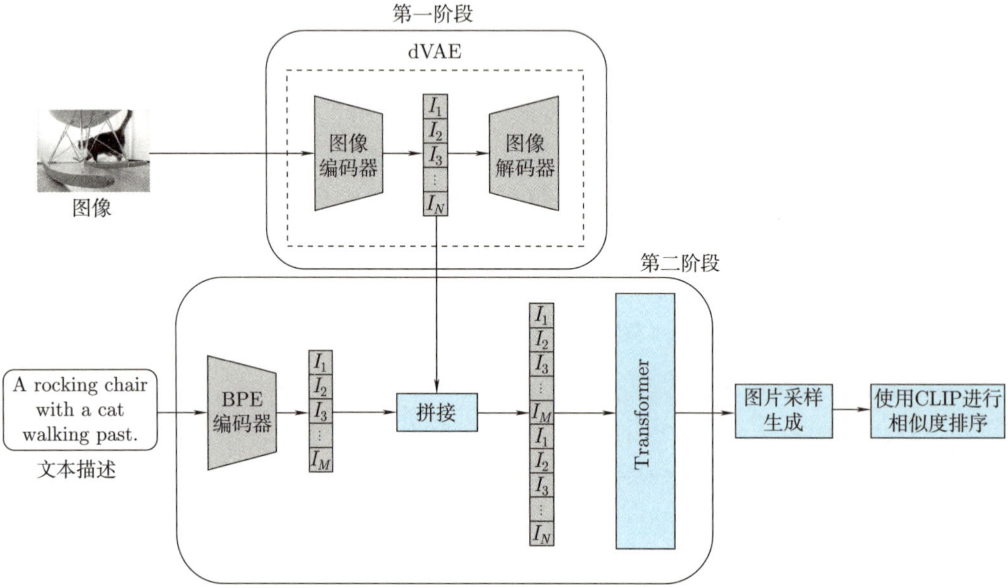

图 7-8　DALL · E 模型结构

DALL · E 模型在多模态内容生成方面取得了令人瞩目的成就。然而，它也存在一些局限性。首先，由于模型的复杂性，训练及推理过程需要大量的计算资源及时间。其次，DALL · E 模型对输入的要求较高，需要准确文本才能生成高质量的结果，即使是同义词的替换往往也不会产生正确的解释。

7.2.3　基于扩散模型架构的方法

扩散模型是一种特殊的生成模型，其训练过程依赖于变分推理的马尔可夫链。这种模型的学习目标是保留一种通过噪声扰动数据的过程，即所谓的“扩散”，以此来生成样本。在这个领域中，去噪扩散概率模型（denoising diffusion probabilistic model[18]，DDPM）是一项标志性的里程碑式成果，自 2020 年发布以来，已在生成模型社区引发了广泛的关注。在第 2 讲介绍了扩散模型的基本原理，下面着重介绍两个效果惊艳的方法：Stable Diffusion[29] 和 Imagen[30]。

1. Stable Diffusion

Stable Diffusion 是扩散模型中的里程碑工作。过去的扩散模型通常直接在像素空间中进行操作，因此在高维图像数据上训练和推断往往需要消耗很高的计算资源。如第 2 讲中介绍，标准的扩散模型往往采用噪声预测的形式，即输入带噪图像 $\boldsymbol{x}_t$ 预测其中的噪声，可以直接采用式 (2-35) 中的条件预测目标或者式 (2-36) 中的无条件引导方法。

为了在计算资源有限的条件下训练好扩散模型，Stable Diffusion 首先采用一个自编码器将图像压缩到隐空间，然后使用扩散模型生成图像的隐表示，最后将这些特征输入到自编码器的解码器模块，从而得到生成的图像。与以前工作相比，在隐空间上训练扩散模型可以实现降低复杂度与保留细节之间的平衡，大幅提高了图像生成质量。Stable Diffusion 的目标函数采用了式 (2-32) 中的噪声预测形式并引入了额外的文本条件作为输入：

$$L_{\mathrm{LDM}} := \mathbb{E}_{\boldsymbol{x},\boldsymbol{c},\epsilon\sim\mathcal{N}(0,1),t}\left[\left\|\epsilon - \epsilon_\theta\left(\boldsymbol{z}_t,\boldsymbol{c},t\right)\right\|_2^2\right] \tag{7-6}$$

式中，$\boldsymbol{z}_t$ 是隐空间特征 $\boldsymbol{z}_0 = \mathbf{E}(\boldsymbol{x})$ 注入对应噪声后的结果，$\boldsymbol{c}$ 是对应文本控制。

Stable Diffusion 模型整体上是一个端到端的模型，主要由 VAE（variational auto-encoder）[31]，U-Net[32] 以及 CLIP[33] 文本编码器三个核心组件构成。Stable Diffusion 的工作流程是：首先使用预训练的 VAE 将图像压缩为低维隐表示，然后在这个隐空间中进行扩散过程。接着，使用 CLIP 的文本编码器提取输入文本的特征，通过交叉注意力的方式将其输入到扩散模型的 U-Net 中作为条件，从而实现文本引导下的隐表示生成。具体模型框架如图 7-9 所示。

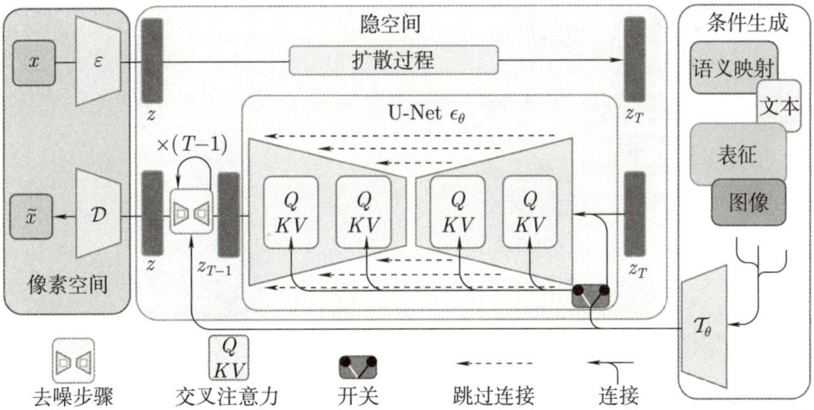

图 7-9 Stable Diffusion 模型架构

作为 Stable Diffusion 的核心，U-Net 的主要职责是预测噪声残差，并通过相关的采样方法对输入的特征矩阵进行重构，逐步将随机高斯噪声转化为图像的隐表示。具体而言，在前向推理过程中，Stable Diffusion 模型通过反复调用 U-Net，从原始噪声矩阵中去除预测出的噪声残差，从而得到逐步去噪后的图像隐表示。然后，通过使用 VAE 的解码器架构，将其重建为像素级的图像。基于隐表示的扩散模型优势在于其计算效率更高，因为图像的隐空间比图像像素空间要小。文生图模型通常参数量较大，基于像素的方法由于算力限制，往往只能生成 64×64 分辨率的图像，然后再通过超分辨模型将图像分辨率提升至 256×256 和 1024×1024。然而，基于隐表示的 Stable Diffusion 在隐空间中进行操作，它可以直接生成 256×256、512×512 甚至更高分辨率的图像。

2. Imagen

Imagen 采用无分类器指导的图像生成方法，借助预训练且固定权重的大型语言模型作为文本编码器。通过冻结预训练编码器的权重，将在线计算负担大幅度降低，从而专注于文本到图像扩散先验的在线训练。此外，这种方法还可以在图像文本对或纯文本语料库上进行预训练。由于纯文本语料库的规模远大于图像文本对，所以可以使语言模型接触到更丰富和广泛的文本分布。

Imagen 的整体流程如下：首先，使用大型语言模型将输入文本编码为文本特征；然后，根据文本特征，使用无分类器指导的扩散模型生成 64×64 分辨率的图像；接着，通过两个上采样扩散模型，将图像上采样到 256×256 和 1024×1024 的分辨率。具体结构如图 7-10 所示。

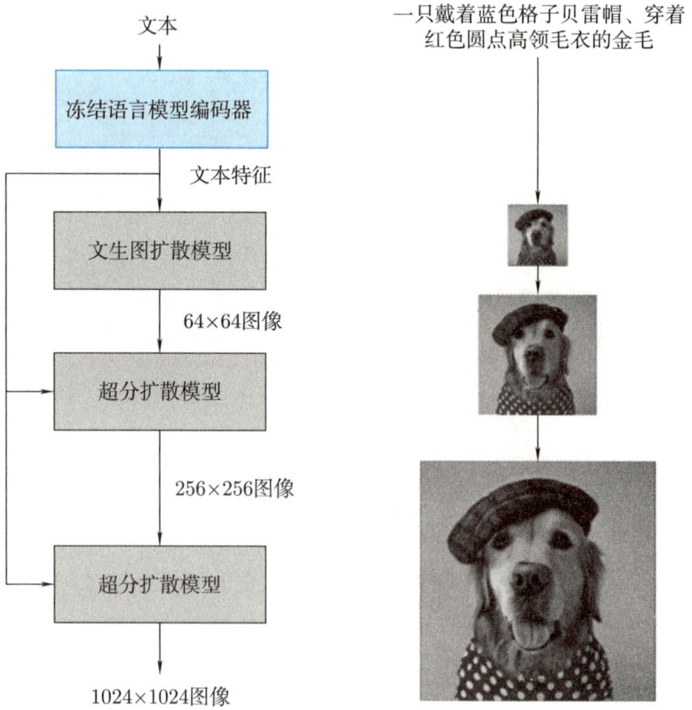

图 7-10 Imagen 模型架构

预训练文本编码器的选择上，Imagen 探索了 BERT[17]、T5[34] 和 CLIP[33] 三种模型。为了简化处理，模型固定了这些文本编码器的权重。实验结果表明，T5 的效果最佳。此外，实验还发现，增大语言模型的规模比扩大 Imagen 中的扩散模型规模更能提高图像的保真度和图像–文本对齐的能力。

模型还采用了动态阈值，以解决静态阈值可能导致的图像过饱和以及细节不足的问题。动态阈值的设定是在每个采样步骤中，将阈值 s 设定为 $\hat{x}_0^t$ 中的某个百分位绝对像素值，如果 $s>1$，那么将 $\hat{x}_0^t$ 的值限制在 $[-s,s]$ 范围内，并除以 s。这种方法可以将饱和像素（接近 -1 和 1 像素）向内压缩，从而主动防止像素在每一步饱和。实验表明，动态阈值可以显著提高图片的真实感和图像–文本对齐的效果，特别是在使用非常大的引导权重时。

最后，Imagen 发现，具有噪声条件增强的级联扩散模型在逐步生成高保真图像方面非常有效。此外，通过使超分辨率模型意识到可以根据噪声水平调节添加的噪声量，显著提高了样本质量，有助于提高超分辨率模型的鲁棒性，以处理低分辨率模型产生的伪影。

7.3 多模态生成与对话模型

近期，以 ChatGPT 为代表的大语言模型取得了显著进展，展现出惊人的上下文理解能力、指令遵循能力、通用泛化能力和智能涌现能力。用户可通过对话的形式向大语言模型自由提出指令，并得到相应的回答。基于大语言模型构建多模态对话和生成模型，可以有效继承大语言模型的交互形式和各项能力，以少量的计算成本实现高质量多模态智能交互。为了使大语言模型获得多模态对话和生成能力，需要重点解决两个问题：如何让大语言模型理解其他模态输入信息；如何驱动大语言模型直接或间接生成其他模态内容。

7.3.1 多模态信息理解

大语言模型理解多模态信息的关键点在于将非文本模态信息向大语言模型的输入空间进行对齐。

1. 图文多模态信息理解

本节首先介绍极具代表性的图文对话模型 (即图生文模型)，再拓展至可接受更多模态输入的多模态模型。大语言模型理解视觉信息的关键点在于如何将视觉侧特征映射对齐至大语言模型的输入空间，技术要点主要有三项：模型结构、数据格式、训练设置。

（1）图文对话模型结构：在模型结构层面，图文对话模型由三部分组成：图像编码器、视觉文本映射模块以及大语言模型，如图 7-11 所示。

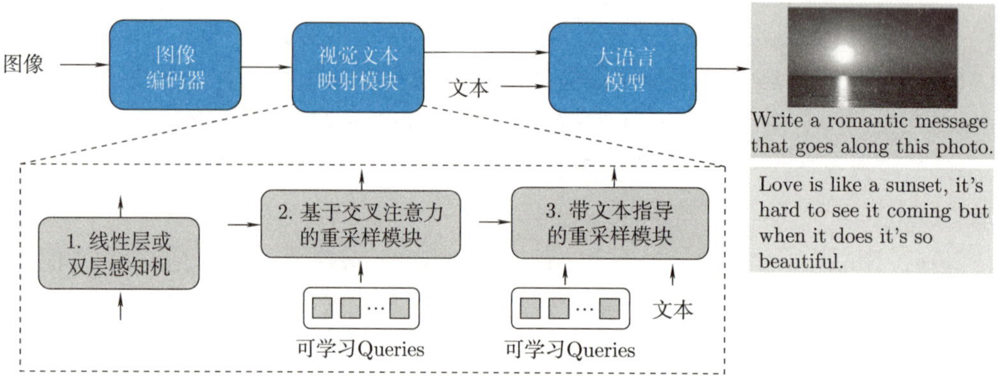

图 7-11　图文对话模型示意图

图像编码器的功能是从输入图像像素信息产生复杂视觉特征，往往采用经预训练的视觉 Transformer[35] 或 ResNet[36] 等。视觉文本映射模块是连接图像编码器和大语言模型的桥梁，实现对视觉特征的信息压缩提取，并将其映射至大语言模型的输入特征空间，使得大语言模型可以理解视觉信息。大语言模型是信息处理中枢，接受经映射后的视觉信息和用户的文本指令输入，产生文本回答。上述三部分中，视觉编码特征模块和大语言模型都是经过预训练的模型，而视觉文本映射模块是用户自定义的模块，是实现多模态理解需要重点关注的部分。

视觉文本映射模块可大致分为三类：简单的线性层或者双层感知机、基于交叉注意力结构的重采样模块及带有文本指导的重采样模块。第一类方式的代表性工作是 LLaVA[37]。图像经过视觉编码器会产生固定数量的图像特征，LLaVA 使用线性层或者双层感知机直接将以上图像特征映射至大语言模型的输入编码空间。这种做法的优势主要有三点：

1）简单直接，且不需要对该自定义模块进行复杂的初始化。

2）训练效率高，收敛速度快，计算资源消耗少。

3）实际性能表现优秀。

其劣势则主要表现在两点：

1）无法改变图像特征的数目，当输入图像分辨率较大时会产生较多的图像特征。假设输入图像的分辨率为 336×336，按照 14×14 切块，最终总计得到 576 个图像特征，经过映射后则对应 576 个大语言模型令牌输入。这种规模的图像输入占据了大语言模型整体输入的绝大部分，在拓展至多图像输入时容易达到大语言模型输入规模上界，且可能会影响大语言模型的上下文理解以及指令响应能力。

2）该模块的性能表现上限相对较低。这是因为该结构过于简单，拟合能力有限，且难以带来数据容量上的显著提升。此外，由于该结构平等地作用于全部的视觉特征上，并不是一个受输入数据影响改变的单元，其拟合的映射可能不够鲁棒。

第二类方式的代表性工作是 BLIP-2[38] 和 FlaMingo[39]。此处重点介绍 BLIP-2[38] 设计的 Q-Former。在结构上，Q-Former 是包含共享自注意力层的图像和文本 Transformer，其中图像 Transformer 的输入为固定数目的可学习的查询向量，在自注意力层后添加了交叉注意力层接受来自图像编码器的图像特征输入。基于该结构，任意数目的图像特征输入均被压缩为与查询向量数目相等的图像表征。Q-Former 使用 BERT 的预训练权重作为两个 Transformer 的初始化，其中图像侧的交叉注意力模块被随机初始化，因此 Q-Former 本身具备文本理解能力。为了使 Q-Former 有效连接图像和文本，需要对 Q-Former 进行两阶段预训练。在第一阶段预训练时，不需要大语言模型的参与，将图片和文本输入 Q-Former，使用图文匹配、图文对比学习和基于图像的文本生成三项任务对 Q-Former 进行训练，使其在文本理解的基础上获得图像理解能力。在第二阶段预训练时，将 Q-Former 的输出经过线性层后连接至目标大语言模型，通过视觉到语言的生成学习，使得 Q-Former 输出的视觉表征能够被大语言正确解读。相比于使用线性层或者双层感知机直接实现图文映射，Q-Former 采用了更加复杂的模型结构和训练步骤，取得了三方面的优势：

1）图文在输入大语言模型前得到了更加深度的对齐。

2）图像特征被有效提取和压缩。

3）提升了视觉侧的数据容量，经过预训练可以获得更准确和鲁棒的视觉表征。

第三类方式的代表性工作是 InstructBlip[40]。上述两种结构在进行图像特征提取时用户的指令信息并未参与，图像编码器结合视觉文本映射模块直接将提取到的所有图像信息输入给大语言模型，完全依靠大语言模型的上下文理解能力和逻辑推理能力完成对用户指令的响应。InstructBlip 采用与 Q-Former 相同的结构，不同之处在于将用户指令连同查询向量输入给 Q-Former 参与图像特征的压缩提取，在输出时丢弃文本部分对应的特征，同样只取查询向量所产生的图像输出。在文本的指导下，Q-Former 可以有针对性地提取图像中和文本相关的信息，缓解大语言模型的压力。这一设置存在的隐患在于，其正确性依赖于 Q-Former 对文本指令的正确理解，当遇到疑难指令时，可能反而会影响模型整体发挥。此外，考虑到大语言模型对于语言的理解能力远强于 Q-Former，带文本指导的 Q-Former 的鲁棒性和稳定性难以保证。

（2）图文对话模型数据格式：对于图文对话模型来说，模型的输入输出数据需要符合大语言模型的格式要求，以对话的形式给出。

图 7-12 展示了一种图文数据样例。一段对话起始于 <BOS> 特殊字符，紧接着为输入给大语言模型的系统指令。一段对话包含两个角色，图中所示分别为 User 和 Assistant，其中 User 首先描述图像内容，此处指由视觉文本映射模块产生的视觉令牌，并给出指令，Assistant 的回答则是针对该图像和指令的响应。最后是对话的终止符 <EOS>。

<BOS>你是一个有帮助的智能AI助手，务必根据用户指令仔细回答问题。
User: <Image Tokens>
<Instructions>
Assistant: <output><EOS>

图 7-12　图文对话数据格式样例

在处理多任务数据时，特别是物体检测任务，为了便于提取出关键信息进行后续处理，往往会针对特定内容设置特殊的起始符和终止符，使得模型能够产生格式统一的输出。

（3）图文对话模型训练设置：图文对话模型的训练大多经历三个训练阶段——大规模图文预训练阶段、图文多任务微调阶段、图文高质量指令微调阶段，其中每个阶段训练得到的参数都作为下一阶段训练模型参数的初始化。图 7-13 展示了三阶段所需数据规模的一般范围，以及每个阶段可能参与训练的模块。

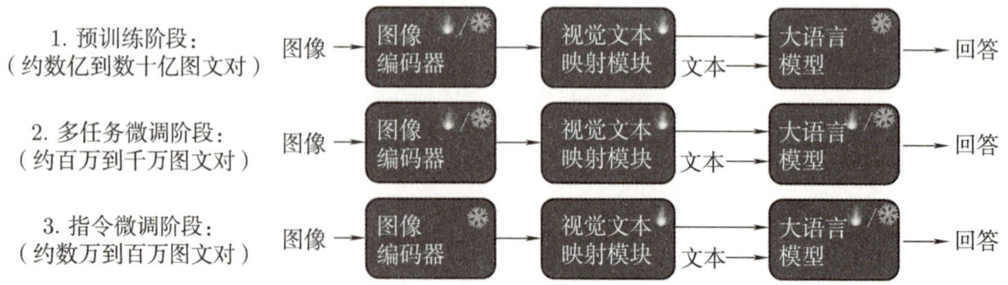

图 7-13　图文对话模型三阶段训练示意图

从训练数据的角度看，这三阶段表现出来的特点是：规模量级逐阶段减小、任务种类逐阶段增加、数据质量逐阶段提高。在预训练阶段，为了快速吞吐数据完成训练，可以采用低分辨率图像；在多任务微调和指令微调阶段，数据规模显著下降，可以使用高分辨率图像输入，训练模型捕获更加丰富有效的图像信息。参与预训练的图文对规模达到数亿乃至数十亿，以短篇幅图像描述数据为主，保障了模型的鲁棒性和泛化性。大规模图文预训练使得视觉文本映射模块获得广泛且初步的图文对齐能力，图文对话模型获得了基础图像描述能力。多任务微调阶段使用的训练数据大约在百万到数千万量级，由预训练数据的高质量子集和其他任务类型数据构成，在图像描述任务外，可添加图像内容问答、目标检测、文字提取等多类任务。多任务微调使得图文对话模型学习到更多类别任务和对话方式，该阶段训练得到的模型已经具备了应用至某些专项任务的能力。指令微调阶段使用的数据为开放式问答数据，不被局限在特定的任务类别，目标是训练模型以人类期望的方式响应指令。相比于上一阶段得到的模型，指令微调后的模型产生的输出更加准确和灵活，可回答问题的范围得到了极大的扩展。

从可训练参数设置的角度来看，视觉文本映射模块在所有训练过程中都保持可训练状态，而图像编码器和大语言模型在部分阶段可以选择参与训练。图像编码器和大语言模型参与训练的方式有多种选择，例如，全微调、部分微调、添加 Adapter[41] 训练、添加 LoRA[42] 训练等，其训练的目标是增强信息提取处理能力以及实现更加准确的图文对齐。在图文预训练以及多任务微调阶段，可以考虑训练图像编码器，这是因为这两阶段模型会吞吐海量图像数据，显著增强图像编码器的可处理图像域，并且实现更准确的图文对齐。为了避免图像编码器在指令微调阶段收敛至较为狭窄的图像域，通常会在该阶段冻结图像编码器。在多任务微调和指令微调阶段，文本的质量相比于预训练阶段得到了极大提升，可以考虑开放对大语言模型的训练，提升其多模态理解能力，实现更加高效准确的图文对齐。但是，开放大语言模型存在明显的隐患：在多模态数据上的训练会导致大语言模型的能力产生或多或少的退化。为了缓解这一现象，通常采用在训练集加入部分文本指令微调数据。

2. 具身模态信息理解

上述多模态大语言模型在广泛的实际应用中都表现出了很好的性能，但是在现实世界推理中仍然面临着一些局限性。即使通过大量的图像和文本数据训练，这些模型生成的表征也无法与真实世界的物理传感器模态直接相连，而这对于解决更广泛的基础实际问题的具身智能领域[43] 至关重要。

为了克服这些限制，PaLM-E[44] 直接整合了具身代理的传感器模态的连续输入，端到端地训练不同模态的编码器和预训练的大语言模型，从而使大语言模型本身能够进行更基础化的推理，以便在现实世界中进行连续的决策制定。如图 7-14 所示，图像、状态估计和传感器信息等输入被各自模态的编码器嵌入到与文本令牌相同的潜在嵌入中，并输入大语言模型以与文本相同的方式进行处理，以自然文本的形式输出连续决策。这些决策可以通过调节低级策略或回答具身问题来被具身代理理解。上述集成，使得 PaLM-E[44] 能够胜任多种不同类型的任务，包括顺序机器人操作规划等具身智能任务、视觉问答和图像描述等视觉文本任务以及纯粹的语言任务。

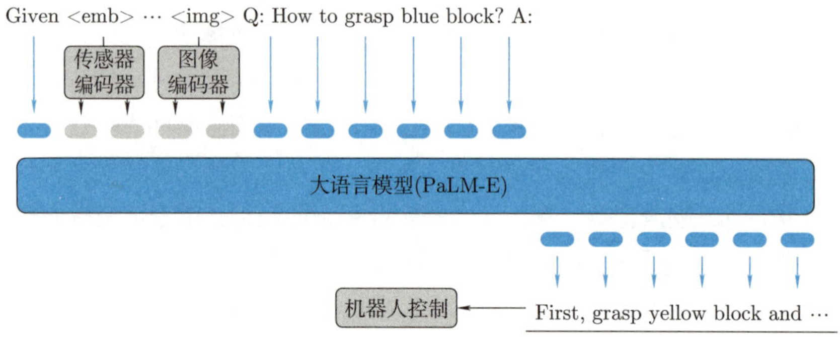

图 7-14　PaLM-E 的模型架构示意图

PaLM-E 能够有效地处理多种具身推理任务，从多种观察模态的多种体现中进行选择，并进一步展示了积极的迁移：模型的能力受益于大规模的语言、视觉和视觉语言域的多样化联合训练。PaLM-E 证明了其在具身语言建模领域的潜力，开辟了将大语言模型应用于更广泛实际问题的新路径。

7.3.2　多模态内容生成

通过使用适配器等模块来对齐其他模态中预训练的编码器与大语言模型的方式，多模态大语言模型研究领域正在迅速发展。然而，上述工作主要关注于输入端的多模态信息理解，大多支持仅限于文本的输出，而没有涉及生成其他模态的内容。这一局限性与人类认知和沟通的真实情境不符，后者在多模态信息的处理上必须能够无缝切换，这对于实现真正的通用人工智能至关重要。在这种背景下，多模态内容生成的能力变得尤为重要，即在理解多种模态输入信息的同时能够以多种模态的适当形式生成输出内容。

如果仅仅使用大语言模型输出的离散文本作为条件，调用不同模态的生成模型来产生最终的输出内容，不可避免地会在信息的模态转换过程中引入噪声并传播错误。并且由于缺乏整体的端到端训练，模型对多模态的信息理解和内容生成能力可能非常有限，特别是在解释复杂和隐含的用户指令方面。

参考模型输入端多模态信息向文本模态对齐的方法，一个可行的解决方案是，在大语言模型的输出端同样接入对应的文本到其他模态的转换模块，在多种模态的生成模型都被冻结的情况下端到端地训练大语言模型和这些转换模块。将大语言模型放开的原因在于要让大语言模型理解输出多模态内容的任务需求，而非简单地生成离散文本内容。

1. 视觉文本内容生成

为了在大语言模型框架中实现视觉文本多模态内容生成，MiniGPT-5[45] 引入了“生成式视觉令牌”（generative token）的概念，作为视觉特征输出的媒介，以连接大型语言模型和图像生成模型。MiniGPT-5 模型提供了处理和生成交织的视觉和语言内容的能力，有效地突破了传统的文本或图像单一模态生成的限制，开创了多模态交互的新途径。

在多模态输入阶段，文本令牌被嵌入为向量，而预训练的视觉编码器则将输入图像转换为特征。这些嵌入向量随后被类似 MiniGPT-4 的方式连接起来，形成输入提示特征。在多模态输出阶段，为了在生成式视觉令牌与生成模型之间实现精确对齐，MiniGPT-5 构建了一个用于维度匹配的映射模块，并结合了多种监督性损失，包括文本空间损失和潜在扩散模型损失。这一设计使得特征能够直接由图像引导，无须由大语言模型生成图像的文本描述。在训练策略方面，考虑到文本和图像域之间的显著差异，MiniGPT-5 采用了两种不同的训练策略。首先，引入无分类器指导技术，以增强生成式视觉令牌在扩散过程中的效果。其次，实施两阶段训练策略，其中包括一个以粗略特征对齐为重点的预训练阶段和一个专注于精细特征学习的微调阶段。

2. 任意模态内容生成

与上述的视觉令牌思想类似，NExT-GPT[46] 设计了一种用于无缝处理任意组合的四种模态（文本、图像、视频和音频）输入和输出的多模态大语言模型。NExT-GPT 的架构包含如下三个层次，如图 7-15 所示。首先，在输入端利用成熟的编码器对各种模态的输入进行编码，这些表示通过一个投影层被转换为大语言模型可以理解的类语言表示。其次，利用已有的大语言模型作为核心来处理输入信息以实现语义理解和推理。大语言模型不仅直接生成文本令牌，还生成特定的“模态信号”令牌，作为指令来指导解码层是否以及如何相应地输出多模态内容。最后，在输出端这些带有特定指令的多模态信号在投影后被传输到不同的编码器，并最终生成相应模态的内容。

为了在三个层次间进行特征对齐，NExT-GPT 仅在输入投影层和输出投影层进行局部微调，采用编码端以大语言模型为中心的对齐和解码端遵循指令的对齐，最小的计算开销确保了更高的效率。此外，为了赋予大语言模型在复杂多模态生成和推理场景下的人类水平能力，一种高质量的模态切换的指令调整数据集被提出并用于对整个 NExT-GPT 系统进行微调，更新投影层和大语言模型的部分参数。

本节探讨了多模态大语言模型在理解和生成多种模态内容方面的最新进展。突破传统单一模态处理的局限性，新型模型如 MiniGPT-5 和 NExT-GPT 通过创新方法结合视觉和文本等多模态特征，实现了更高级别的输出端多模态交互。这些模型通过特定训练策略和特征对齐技术，有效增强了在复杂多模态场景下的生成和推理能力。

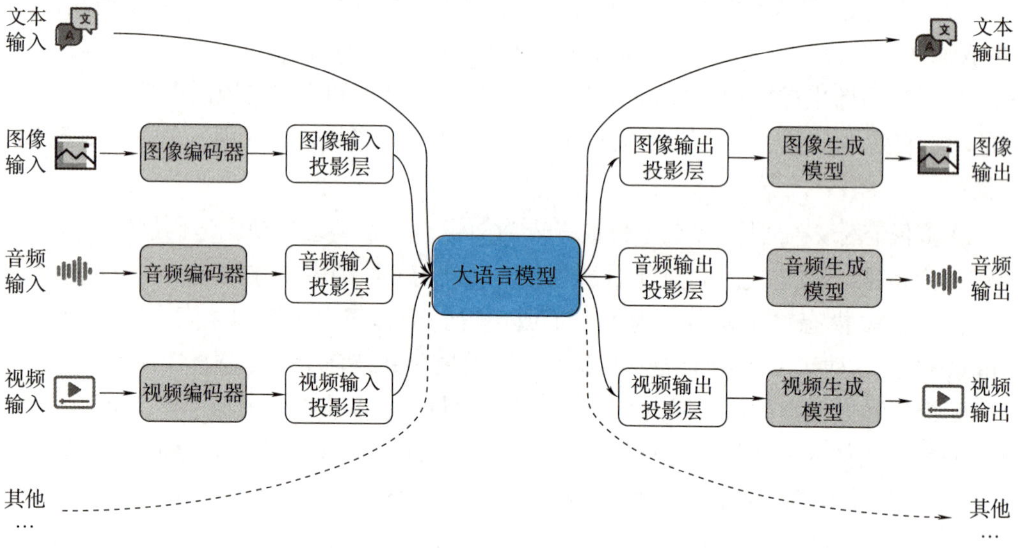

图 7-15 NExT-GPT 的模型架构示意图

7.4 本讲小结

本讲主要介绍了三类多模态大模型：专注多模态语义理解的图文对齐模型，专注文本驱动视觉内容输出的文到图生成模型，以及更加智能和通用的多模态生成与对话模型。三类模型的技术路线差异较大，但对于各种各样的多模态任务来说都不可或缺，无法互相代替。这也从另一个侧面说明了多模态大模型还没有来到 ChatGPT 时刻，在这一领域仍需要大量的探索工作。

7.5 延伸阅读

如果一个模型可以输入文字、图片、视频、音频，或者拥有触觉、味觉等，并且它可以采用上述任何方式做出专业回应，它将怎样颠覆人们的日常生活？当人们经历了

ChatGPT 在文字理解和生成上的震撼体验后，不得不审慎地思考多模态模型可能给人类生产力及生产方式带来的革新。本节将解锁多模态大模型在真实行业中的应用场景，带你体会多模态大模型的威力。

教育是人类社会的一项基业。传统教育通过师生口头教授的形式来进行，可能会面临教师水平不均、学生难以获取及时辅导等问题。拥有多模态大模型，相当于拥有了一位随叫随到、能说会画的专家级教师。学生可以通过文字或者图片形式上传疑难问题给多模态模型获取在线文字、音频或视频解答；通过对话交流练习口语等，几乎覆盖了传统教育需求的方方面面。在安防领域，多模态大模型可以实时响应摄像头、红外等监控设备捕获的异常现象，智能调用后台流程进行异常警报和处理等。在艺术创作领域，AIGC 模型已经走向落地，用户可以快速地实现图像或者视频的编辑、生成、风格迁移等任务。创作者可以获取灵感，剪辑师可以生成素材。在信息管理领域，多模态大模型可以自动调用搜索工具收集海量信息，总结过滤出其中有意义的数据，生成统计分析报表，甚至生成相对可靠的分析判断。具身智能会是未来多模态大模型大展宏图的领域。利用多模态大模型充当机器人的大脑，可综合处理多类输入信息，并给出控制命令，完全自主地完成复杂任务。

可以看到，多模态大模型是走向通用人工智能的中间形态。多模态大模型对人类社会的影响不可估量，在构建更智能的多模态大模型的同时，必须预防和控制多模态大模型对人类社会的危害，这需要开发者、使用者以及有关机构共同努力。

7.6 课后习题

习题 1. 简述 CLIP 和 BLIP 模型在图文对齐任务中的主要区别和各自的优势。参考 CLIP 模型采用双流架构对图像和文本进行编码，以及 BLIP 模型通过其多模态编码器–解码器架构实现对多种下游任务的广泛支持。

习题 2. 设想一个实际应用场景，如社交媒体内容审核，说明如何利用文澜（BriVL）模型来提高内容审核的效率和准确性。要求描述文澜模型的核心功能和预期的应用效果。

习题 3. 分析图文对齐模型（如 CLIP、BLIP、文澜）在处理弱相关性图文对时的策略和挑战。探讨这些模型如何通过模型架构或训练策略来提高对弱相关性图文对的处理能力。

习题 4. 设计一个基于最新图文对齐技术的新模型或应用，如利用 ALIGN 模型进行跨模态检索的改进方案。要求详细说明你的设计理念、预期的创新点以及如何解决现有技术的不足。

习题 5. 比较并分析生成对抗网络（GAN）、Transformer 模型架构和扩散模型在文到图生成任务中的主要差异及各自的优势和局限性。要求从模型结构、生成质量、训练难度和应用场景等方面进行比较。

习题 6. 设计一个基于习题 5 的三种模型中任意一种的文到图生成应用场景，描述该场景的具体需求、所选模型的适用性理由以及预期的输出结果。例如，利用扩散模型设计一个能够根据儿童故事文本生成插图的应用。

习题 7. 考虑当前文到图生成模型的局限性，提出一个可能的改进方向或新的模型架构思路，用于提升生成图像的质量、增强模型的文本理解能力或降低训练难度。要求提供理论依据和预期的改进效果。

习题 8. 为什么当前的多模态大型模型主要以语言为中心？未来是否有可能涌现出以其他元素为中心的多模态大型模型，具体原因是什么？

习题 9. 探索大语言模型在特定领域中的具身智能应用。设计一个创新的应用案例，说明如何利用大语言模型加强具身智能系统在该领域的性能和用户体验。

参考文献

[1] RADFORD A, KIM J W, HALLACY C, et al. Learning transferable visual models from natural language supervision[J]. arXiv preprint arXiv:2103.00020, 2021.

[2] DOSOVITSKIY A, BEYER L,KOLESNIKOV A,et al. An image is worth 16×16 words: Transformers for image recognition at scale[J]. arXiv preprint arXiv:2010.11929, 2020.

[3] JIA C,YANG Y,XIA Y,et al. Scaling up visual and vision-language representation learning with noisy text supervision[C]//Proceedings of the International conference on machine learning. [S.l.]: PMLR, 2021: 4904-4916.

[4] SHARMA P, DING N, GOODMAN S, et al. Conceptual captions: A cleaned, hypernymed, image alt-text dataset for automatic image captioning[C]//Proceedings of the Annual Meeting of the Association for Computational Linguistics. [S.l.]: ACL, 2018: 2556-2565.

[5] HUO Y, ZHANG M, LIU G, et al. Wenlan: Bridging vision and language by large-scale multi-modal pre-training[J]. arXiv preprint arXiv:2103.06561, 2021.

[6] HE K,FAN H,WU Y,et al. Momentum contrast for unsupervised visual representation learning[C]//Proceedings of the IEEE/CVF Conference on Computer Vision and Pattern Recognition. New York: IEEE, 2020: 9729-9738.

[7] REN S, HE K, GIRSHICK R, et al. Faster r-cnn: Towards real-time object detection with region proposal networks[J]. IEEE Transactions on Pattern Analysis and Machine Intelligence, 2017, 39(6): 1137-1149.

[8] FEI N, LU Z, GAO Y, et al. Towards artificial general intelligence via a multimodal foundation model[J]. Nature Communications, 2022, 13(1): 3094.

[9] SU W, ZHU X, CAO Y, et al. VL-BERT: Pre-training of generic visual-linguistic representations[J]. arXiv preprint arXiv:1908.08530, 2019.

[10] CHEN Y C, LI L, YU L, et al. Uniter: Universal image-text representation learning[C]//Proceedings ofthe European Conference on Computer Vision. Cham: Springer, 2020: 104-120.

[11] LI X, YIN X, LI C, et al. Oscar: Object-semantics aligned pre-training for vision-language tasks[C]//Proceedings of the European Conference on Computer Vision. Cham: Springer, 2020: 121-137.

[12] LI J, SELVARAJU R R, GOTMARE A D, et al. Align before fuse: Vision and language representation learning with momentum distillation[J]. arXiv preprint arXiv:2107.07651, 2021.

[13] WANG W, BAO H, DONG L, et al. Image as a foreign language: Beit pretraining for all vision and vision-language tasks[J]. arXiv preprint arXiv:2208.10442, 2022.

[14] LI J, LI D, XIONG C, et al. Blip: Bootstrapping language-image pre-training for unified vision-language understanding and generation[J]. arXiv preprint arXiv:2201.12086, 2022.

[15] LIN T Y,MAIRE M,BELONGIE S,et al. Microsoft coco: Common objects in context[C]//Proceedings of European Conference Computer Vision. Cham: Springer, 2014: 740-755.

[16] XIA W, ZHANG Y, YANG Y, et al. Gan inversion: A survey[J]. IEEE Transactions on Pattern Analysis and Machine Intelligence, 2022, 45(3): 3121-3138.

[17] DEVLIN J, CHANG M, LEE K, et al. BERT: pre-training of deep bidirectional transformers for language understanding[C]//Proceedings of the 2019 Conference of the North American Chapter of the Association for Computational Linguistics: Human Language Technologies, volume 1 (long and short papers). [S.l.]: ACL, 2019: 4171-4186.

[18] HO J, JAIN A, ABBEEL P. Denoising diffusion probabilistic models[J]. Advances in Neural Information Processing Systems, 2020, 33: 6840-6851.

[19] DASH A, GAMBOA J C B, AHMED S, et al. Tac-gan-text conditioned auxiliary classifier generative adversarial network[J]. arXiv preprint arXiv:1703.06412, 2017.

[20] ZHANG H, XU T, LI H, et al. Stackgan: text to photo-realistic image synthesis with stacked generative adversarial networks[C]//Proceedings of the IEEE International Conference on Computer Vision. New York: IEEE, 2017: 5907-5915.

[21] ZHANG H, XU T, LI H, et al. Stackgan++: Realistic image synthesis with stacked generative adversarial networks[J]. IEEE Transactions on Pattern Analysis and Machine Intelligence, 2018, 41(8): 1947-1962.

[22] ZHANG Z, XIE Y, YANG L. Photographic text-to-image synthesis with a hierarchically-nested adversarial network[C]//Proceedings of the IEEE Conference on Computer Vision and Pattern Recognition. New York: IEEE, 2018: 6199-6208.

[23] XU T, ZHANG P, HUANG Q, et al. AttnGAN: Fine-grained text to image generation with attentional generative adversarial networks[C]//Proceedings of the IEEE Conference on Computer Vision and Pattern Recognition. New York: IEEE, 2018: 1316-1324.

[24] LI B, QI X, LUKASIEWICZ T, et al. Controllable text-to-image generation[J]. Advances in Neural Information Processing Systems, 2019, 32.

[25] ZHU J Y, PARK T, ISOLA P, et al. Unpaired image-to-image translation using cycle-consistent adversarial networks[C]//Proceedings of the IEEE International Conference on Computer Vision. New York: IEEE, 2017: 2223-2232.

[26] QIAO T, ZHAN G J, XU D, et al. Mirrorgan: Learning text-to-image generation by re-description[C]//Proceedings of the IEEE/CVF Conference on Computer Vision and Pattern Recognition. New York: IEEE, 2019: 1505-1514.

[27] RAMESH A, PAVLOV M, GOH G, et al. Zero-shot text-to-image generation[C]// Proceedings of the International Conference on Machine Learning. [S.l.]: PMLR, 2021: 8821-8831.

[28] DING M, YANG Z, HONG W, et al. Cogview: Mastering text-to-image generation via transformers[J]. Advances in Neural Information Processing Systems, 2021, 34: 19822-19835.

[29] ROMBACH R, BLATTMANN A, LORENZ D, et al. High-resolution image synthesis with latent diffusion models[C]//Proceedings of the IEEE/CVF conference on computer vision and pattern recognition. New York: IEEE, 2022: 10684-10695.

[30] SAHARIA C, CHAN W, SAXENA S, et al. Photorealistic text-to-image diffusion models with deep language understanding[J]. Advances in Neural Information Processing Systems, 2022, 35: 36479-36494.

[31] KINGMA D P, WELLING M. Auto-encoding variational bayes[J].arXiv preprint arXiv: 1312.6114, 2013.

[32] RONNEBERGER O, FISCHER P, BROX T. U-Net: Convolutional networks for biomedical image segmentation[C]//Proceedings of the International Conference on Medical Image Computing and Computer-Assisted Intervention. Cham: Springer, 2015: 234-241.

[33] RADFORD A, KIM J W, HALLACY C, et al. Learning transferable visual models from natural language supervision[C]//Proceedings of the International Conference on Machine Learning. [S.l.]: PMLR, 2021: 8748-8763.

[34] RAFFEL C, LUONG M T, LIU P J, et al. Online and linear-time attention by enforcing monotonic alignments[C]//Proceedings of International Conference on Machine Learning.[S.l.]: PMLR, 2017: 2837-2846

[35] VASWANI A, SHAZEER N, PARMAR N, et al. Attention is all you need[J]. Advances in neural information processing systems, 2017, 30.

[36] HE K, ZHANG X,REN S,et al. Deep residual learning for image recognition[C]// Proceedings of the IEEE conference on computer vision and pattern recognition. New York: IEEE, 2016: 770-778.

[37] LIU H, LI C, WU Q, et al. Visual instruction tuning[J]. Advances in Neural Information Processing Systems, 2023, 36: 34892-34916.

[38] LI J, LI D, SAVARESE S, et al. Blip-2: bootstrapping language-image pre-training with frozen image encoders and large language models[C]//Proceedings of the International Conference on Machine Learning. [S.l.]: PMLR, 2023: 19730-19742.

[39] ALAYRAC J B, DONAHUE J, LUC P, et al. Flamingo: a visual language model for few-shot learning[J]. arXiv preprint arXiv:2204.14198, 2022.

[40] DAI W, LI J, LI D, et al. Instructblip: Towards general-purpose vision-language models with instruction tuning[J]. arXiv preprint arXiv:2305.06500, 2023.

[41] HOULSBY N, GIURGIU A, JASTRZEBSKI S, et al. Parameter-efficient transfer learning for nlp[J]. arXiv preprint arXiv: 1902.00751, 2019.

[42] HU E J, SHEN Y, WALLIS P, et al. Lora: Low-rank adaptation of large language models[J]. arXiv preprint arXiv:2106.09685, 2021.

[43] DUAN J, YU S, TAN H L, et al. A survey of embodied ai: From simulators to research tasks[J]. IEEE Transactions on Emerging Topics in Computational Intelligence, 2022, 6(2): 230-244.

[44] DRIESS D, XIA F, SAJJADI M S, et al. Palm-e: An embodied multimodal language model[J]. arXiv preprint arXiv:2303.03378, 2023.

[45] ZHENG K, HE X, WANG X E. Minigpt-5: Interleaved vision-and-language generation via generative vokens[J]. arXiv preprint arXiv:2310.02239, 2023.

[46] WU S, FEI H, QU L, et al. Next-gpt: Any-to-any multimodal llm[J]. arXiv preprint arXiv:2309.05519, 2023.

第 8 讲
决策大模型

大模型不仅仅可以用于内容生成，其思想与成果还可以被广泛地应用于决策任务上。大模型的核心是 Transformer 结构的大规模参数网络在海量数据上的预训练，其在自然语言处理和计算机视觉等领域已显示出显著的性能优势。因此，一方面，可以借鉴语言大模型的成功经验，在决策任务上采用大规模参数的 Transformer 架构进行训练，提高决策模型的性能、样本效率与泛化性。另一方面，可以在已经训练好的语言甚至多模态大模型的基础上，辅助决策模型的各个环节，以实现决策能力的提升。

本讲关注如何将大模型与强化学习为代表的决策方法相结合。与内容生成不同，决策任务是一个交互式过程，需要通过对环境的观测，给出决策动作，并从环境中得到反馈与新的观测，通过这样不断地交互，达到期望的目标（如奖励最大化）。在强化学习中，大模型被视为提高决策模型泛化性能与样本效率的有效方案。本讲首先围绕强化学习任务如何转化为序列建模任务，接着深入讨论 Transformer 架构如何应用在决策任务的观测、动作、环境建模及策略学习部分。最后，本讲将探讨如何将预训练大模型与强化学习结合，包括利用预训练大模型提升强化学习算法效果，并利用强化学习激发大语言模型推理性能。

8.1 决策任务与大模型

在过去十余年中，深度学习在自然语言处理、计算机视觉和语音识别等领域取得了显著进展，为后续的序列决策任务研究提供了至关重要的技术基础。近年来，随着 Transformer 在自然语言处理和多模态学习等方向崭露头角并得到大规模应用，人们开始将这一架构引入强化学习，以期结合自注意力机制所带来的长程依赖建模能力、大规模数据挖掘和高并行特性，推动决策任务的性能极限。本讲将围绕 Transformer 在序列决策中的主要研究进展与应用展开讨论，重点关注引入大模型后对强化学习范式的改变以及决策任务所面临的机会与挑战。

8.1.1 基于 Transformer 架构的强化学习

在自然语言处理和计算机视觉等领域中，Transformer 架构通过多头自注意力机制和并行化处理，展现出了相较于卷积神经网络（CNN）和循环神经网络（RNN）更强的可扩展性和捕捉长程依赖的能力。自从 BERT 模型（包含 3.4 亿参数）[1] 起始，利用海量数据和大规模模型的趋势越来越明显，近年来的 Switch Transformers 模型已将参数规模扩展到 1.6 万亿[2]。这一进程说明，模型规模的快速增长对提升模型性能和通用性起到了关键作用。因此，在多项基准测试中，Transformer 在通用学习能力方面取得了显著成果，已超越以往的主流神经网络架构（如 CNN 和 RNN），广泛应用于图像分类、语义分割、文本生成、问答和图像描述等各种跨模态任务中[3-5]。

除了少数基于 CNN 建造大型预训练模型的尝试[3]，目前在大规模模型场景中，Transformer 的主导地位仍十分突出。理论与实践都表明，Transformer 在并行化、高度可扩展性以及合适的归纳偏置等方面具备显著优势[1,6-10]。

在强化学习背景下，人们希望充分利用 Transformer 在大模型方面的成功经验和潜能，为序列决策问题提供新的解决路径。强化学习从交互试错的角度为序贯决策提供了数学形式化框架，却常常受到样本效率和泛化能力的限制。将大模型引入强化学习的一条有效思路是在深度强化学习中引入合适的归纳偏置，例如为高维图像选择 CNN 特征提取器，为部分可观测环境选用 RNN 或 Transformer 以增强序列记忆能力。总体而言，引入大模型后，强化学习可以通过以下两种主要方式受益。

方式一：使用“未训练的”底层模型，在大规模带有行动标注的数据集上进行训练。

在这条路径上，研究者收集了规模庞大的专门用于强化学习的数据集（其中包含环境状态、动作等信息），再以此训练一个从零开始的 Transformer 模型。早期代表性工作可追溯到 Zambaldi 等人的研究[11]，他们通过自注意力机制对环境状态进行结构化表示，从而实现有效的关系推理。此后，自注意力机制在表示学习中被逐步探索和应用，用来捕捉实体间多步时间依赖，并改善策略学习。近期的一些工作甚至将 Transformer 用作“统一”的序列决策模型，试图在不同任务和领域之间具备跨场景迁移能力[12-17]。

然而，此类方法的普及还受限于大规模行为数据的获取成本。对于机器人或复杂环境而言，收集涵盖多场景、多样外观以及多种交互模式的训练数据集往往费用高昂[18]。未来随着自动化数据收集技术的进步[12] 以及跨研究团队的共享数据努力[19]，大模型在强化学习的数据瓶颈将有望逐步缓解。

方式二：利用“预训练过”的大模型，通过直接或间接方式为强化学习注入知识。

第二条路径是将已预训练的模型（可能是语言模型、视觉模型或多模态模型）中的“世界知识”注入到强化学习的流程中，并结合在特定环境中收集的强化学习数据进行适配或微调。近期的工作表明，通过语言大模型来做机器人规划，可将复杂长期任务分解为更可执行的子目标[20,22]；同时，大模型也可用作反馈机制[23]，或充当不同模态预训练模型之间的“对话者”[24-25]，从而为“单一多模态大模型”在转移学习之外提供了一条重要的替代方案[18,26]。

这类方法不仅能将通用表示（如 CLIP[27]）直接移植到新任务中，还可以利用预训练模型识别环境的高层语义内容，为智能体在视觉导航和其他高层次任务上赋能[28-29]。同样地，已有研究通过调度大模型生成语言形式的奖励信号[30]、利用大模型进行数据增强[31-32]等，都为低数据量或跨域迁移问题提供了新的思路。

8.1.2 决策任务的知识模态

在强化学习框架中，大模型可用于学习与表征不同的知识模态，包括状态–动作转移函数、奖励函数、价值函数和策略等[12-15,17,22,26,33]。这些知识模态分别对应于马尔可夫决策过程（MDP）的不同信息结构，具备各自独特的泛化性和适应能力，能够在不同的应用场景中发挥不同的优势。

具体而言，这些知识模态包括策略函数、价值函数、状态–动作转移函数和奖励函数，分别描述如下。

策略函数 $\pi(a_t \mid s_t)$ 描述智能体在特定状态下所应采取动作的概率分布，它直接决定了智能体的行为方式。策略函数是直接面向动作选择的知识表示形式，其学习的目标在于优化智能体的行为表现，使之在特定环境中获得最大化的累积奖励。

价值函数包括状态价值函数 $V_\pi(s_t)$ 与状态–动作价值函数 $Q_\pi(s_t, a_t)$。在给定策略 π 的情况下，价值函数量化了从某一特定状态或状态–动作对出发，智能体预期可以获得的长期累计回报。这种知识模态体现的是策略长期效果的量化指标，对指导策略改进具有重要作用。

状态–动作转移函数 $p(s_{t+1} \mid s_t, a_t)$ 则刻画了智能体与环境交互的动态特性，它描述在当前状态和动作组合下，环境可能转移到下一个状态的概率分布。这种知识模态主要关注于环境的动态变化规律，对环境建模与预测有直接帮助。

奖励函数 $r(s_t, a_t)$ 定义环境针对特定状态和动作组合给予智能体的即时反馈信号，是智能体学习和优化策略的基础。这种模态的关键作用在于明确智能体的行为好坏标准，使得学习过程能够有效地趋向于最大化整体奖励。

在强化学习中，智能体从环境交互中生成并收集一系列的轨迹数据。在后续讨论中，我们将用于学习的转移数据集表示为 $\mathcal{D}$。从 $\mathcal{D}$ 中的转移数据，可以直接估计以下模型：

$$s_t, a_t \to \pi_b(a_t|s_t),\ s_t, a_t, r_t \to r(s_t, a_t),\ s_t, a_t, s_{t+1} \to p(s_{t+1}|s_t, a_t). \tag{8-1}$$

其中，π_b 表示生成数据的行为策略，一般来说，它不必对任何任务都是最优的。这些知识模态都是直接的，因为可以直接从数据的子集中观察和学习。相比之下，状态价值函数与状态–动作价值函数，分别为 V^π 和 Q^π（对于任何策略 π），以及策略 π 本身则需要进一步昂贵的数据处理。尽管存在特殊情况，例如当数据来自最优专家且行为策略本身即为最优时，但一般而言，这些模态由于需要跨转移聚合信息，因此计算成本更高。

上述每一种知识模态分别体现了 MDP 不同维度的关键信息，因此在面对具体应用场景时，各模态在迁移性与泛化能力方面呈现出差异。基于知识模态的视角，可以清晰地划分与理解各种决策大模型的迁移学习方法。后续内容中，我们将针对每种知识模态的特性与迁移适应性展开深入的讨论与分析。

8.1.3　面向大模型的决策任务学习范式

近年来在大型模型与序列建模方法的推动下，强化学习的诸多子领域逐渐被纳入同一个统一的"轨迹序列"视角当中。所谓"轨迹序列"，指的是在时间维度上观测到的状态、动作、奖励以及目标或其他上下文信息的组合。由于 Transformer 具有强大的序列表征和长程依赖建模能力，研究者们开始将环境与智能体的交互过程视为可与自然语言处理或多模态学习相似的序列预测或生成问题，通过对大量离线或在线采样得到的 $\{(s_t, a_t, r_t, s_{t+1})\}$ 进行训练，在预测下一步状态、回报或策略输出时具有更高的灵活性和泛化性。

在离线强化学习（Offline RL）中，智能体无法再与环境交互，只能依赖此前已经收集的静态数据集 $\mathcal{D} = \{(s_t, a_t, r_t, s'_t)\}_{t=1}^{T}$。由于行为策略已固定且不再探索，如何充分利用静态数据来估计或改进策略便是该方向的主要挑战。经典的 Q-Learning 方法可在离线条件下通过迭代更新

$$Q_{\text{target}}(s,a) \leftarrow Q_{\text{target}}(s,a) + \alpha \left[r + \gamma \max_{a'} Q_{\text{target}}(s',a') - Q_{\text{target}}(s,a) \right] \tag{8-2}$$

来对状态–动作价值函数进行估计。在新的序列建模范式中，这些静态轨迹可以被视为"输入—输出"对或用于回报条件生成的序列，从而让 Transformer 利用自注意力机制在整个轨迹层面捕捉潜在的长期依赖关系。在实际应用中，对于安全关键任务或交互代价极高的场景，离线强化学习因为不需要额外环境交互而具有相当的实用价值，但其数据分布偏差和潜在的可探索不足也可能限制性能。

以目标为条件的强化学习（goal-conditioned RL）进一步将"目标"或"期望回报"纳入轨迹建模中。不同于传统强化学习中仅使用历史状态和动作来推断下一步策略，目标强化学习在输入端显式提供任务目标或将期望的未来回报记作 g，再辅以剩余时间 h 等信息。颠倒式强化学习（upside-down RL）便是此思路的一个典型例子：在这一框

架中，

$$a_t = f(s_t,\ g_t,\ h_t;\ \boldsymbol{\theta}) \tag{8-3}$$

并通过最小化

$$\mathcal{L}(\boldsymbol{\theta}) = \sum_{t=0}^{T}\left[a_t - f(s_t, g_t, h_t;\ \boldsymbol{\theta})\right]^2 \tag{8-4}$$

让模型在“状态 + 目标 + 时间范围”的输入条件下，直接回归出最优或近似最优动作。与基于价值函数的传统方法相比，这种显式提供期望回报的做法避免了迭代估计价值函数引起的不稳定性，并在使用大规模序列模型时能更自然地将“目标”融入到时间序列中，使单个策略能够灵活应对多种目标或多种任务情形。

模仿学习将这一思路扩展到“从专家示范序列中学习”上。在标准模仿学习中，环境动力学 $\mathcal{P}$ 和奖励函数 $\mathcal{R}$ 往往未知，智能体只能观测由专家策略 π^* 生成的状态–动作对 $\mathcal{D}^*_{\mathrm{RL}} = \{(s, a)\}$。通过在 $\mathcal{D}^*_{\mathrm{RL}}$ 上进行监督学习来逼近 π^*，可以避免显式定义或推断回报函数。行为克隆（BC）是最典型的实现方式，直接最小化

$$\mathcal{L}_{\mathrm{BC}}(\pi) = \mathbb{E}_{(s,a)\sim\mathcal{D}^*_{\mathrm{RL}}}\left[-\log \pi(a \mid s)\right], \tag{8-5}$$

相当于在每个状态下把专家动作当作标签并进行分类或回归，从而训练 π。将模仿学习的过程看作序列建模时，使用 Transformer 对整段专家演示进行“时间上下文”理解，可以让模型更好地复现专家的长程规划能力，也为后续在多任务、变化环境中迁移或生成新动作提供了可能。

与无模型方法（直接学策略或价值函数）不同，基于模型的强化学习（Model-based RL）在得到环境交互 $\{s_t, a_t, r_t, s_{t+1}\}$ 后，会显式拟合转移函数 $p(s', r \mid s, a)$，并将其视作环境近似模拟。在该思路下，智能体可以在学习到的模型内进行决策规划，如使用模型预测控制或 Q-Learning 方法与“虚拟环境”交互，以此减少对真实环境的探索需求。将 Transformer 应用于环境模型，可以通过序列预测的形式对 $(s_t, a_t) \mapsto (s_{t+1}, r_t)$ 做灵活建模，并在面对高维观测或多模态输入时也能保持较好的表达能力。其优势在于对数据效率的提升，但若模型不准确也容易带来累积误差从而影响实际决策。

多智能体强化学习（Multi-Agent RL）则将时间序列扩展到由多个相互作用的智能体组成的场景中。此时，每个智能体都拥有独立的状态与动作，也可能有各自的奖励信号，往往需要在同一环境中协同或对抗。多智能体的联合策略可以表述为 $\pi(a_1, a_2, \cdots, a_I \mid s_1, s_2, \cdots, s_I)$，目标是最大化各智能体回报之和：

$$\mathbb{E}\left[\sum_{t=0}^{\infty}\gamma^t \sum_{i=1}^{I} r_i^{(t)}\right] \tag{8-6}$$

由于决策智能体数量增加，时间序列内包含多个并行演化的状态–动作记录，通过 Transformer 的自注意力机制可显式建模智能体间的交互关系与信息依赖，从而在离线或在线数据下更好地学习策略，适应环境动态和多智能体间的协作或竞争。

总结一下，离线强化学习、以目标为条件的强化学习、模仿学习、基于模型的强化学习以及多智能体强化学习，都能在当今的大模型背景下被统一到“轨迹序列建模”这一视角中。离线数据或在线交互所产生的 $\{(s_t, a_t, r_t, s_{t+1})\}$ 都能被整合成可供 Transformer 或其他序列模型学习的时序输入，模型再以回报或目标为条件进行决策生成，从而兼顾了安全性、样本效率、多目标适应性和多智能体复杂性等需求。正是这种统一的序列化范式，使强化学习在“大模型”时代拥有了更灵活的扩展潜力和更强的表达能力，能够逐步走向通用化、多任务化以及多模态融合的智能决策系统。

8.2 决策策略的表示学习

8.2.1 决策序列数据的离散化

在构建大模型进行决策时，面对多模态的观测与动作数据（如文本、图像、离散操作以及连续控制信号），人们需要一个统一的表示方法，让所有这些信息都能被同一个模型所处理。最核心的思路是

（1）将各种不同的数据类型，先行映射到一种通用的表示形式，针对 Transformer 架构的大模型，通常是离散化的 Token。

（2）再按时间顺序或上下文结构，将这些 Token 拼接成序列（类似于自然语言的词序列），以便能够使用 Transformer 等善于处理序列数据的模型来学习和推断。

这一思路可以类比到自然语言处理中把词变成整数索引（Token），再输入语言模型进行语义理解和生成。对于决策任务而言，不同的数据类型需要采用不同的预处理方式来完成这一 Token 化与序列化。下面先阐述如何统一处理观测与动作数据的基本思路，然后以具体的一种离散化技术为例，说明怎样将图像、文本以及连续/离散控制信息映射为可供 Transformer 处理的整数序列。

在具体操作中，不同模态的数据有不同的离散化策略。对于文本数据，可以使用现有的分词工具（如 SentencePiece）将句子分解为“子词单元”（subword），并为每个子词分配一个整数索引；对于图像数据，可将图像分割为若干 16×16 的“小块”（Patch），并将每个块的像素进行标准化处理后，再分别映射到一组固定的整数范围；对于游戏控

制器或机器操作手柄等“离散数值”，可以直接指定每个按键对应的整数索引；对于连续的实数观测（如传感器或机器人关节力矩），通常需要先进行归一化或压缩处理，将数据限制在 $[-1,1]$ 这个较小的范围内，然后再等宽划分成若干“箱子”（如 1024 个区间）并取整为 Token。一个常用的连续数据压缩方法是 μ-律（mu-law）变换，它的形式为

$$F(x) = \operatorname{sgn}(x)\,\frac{\log(\mu\,|x| + 1.0)}{\log(\mu\,M + 1.0)} \tag{8-7}$$

式中，$\mu = 100$ 和 $M = 256$ 为常数参数。该公式可以把绝对值不同的实数“压缩”到较为均衡的区间内，以减少极值或大数对离散化分桶时的影响。

完成离散化后，我们将这些 Token 按照时间顺序进行“序列化”。假设有 T 个时间步，在每个时间步里，先放观测数据的 Token（如文本字词、图像 Patch 和传感器读数等），接着用一个特殊的“分隔符 Token”表示观测到动作之间的划分，然后再放当前步执行动作的 Token。时间步与时间步之间按顺序叠加起来，最终形成一条含有 $\big[T \times (\text{观测} + \text{动作} + \text{分隔符})\big]$ 个 Token 的长序列。这样做的目的是让模型能够完整地看到“过去的观测–动作–过去的观测–动作–……”的时序结构，进而在学习时利用这一时序信息来预测当前时刻最优的决策或估计环境未来的演化。

在获得如此拼接而成的“决策序列”后，人们就可以将其输入到 Transformer 等大模型中，视作一个通用的序列预测或序列生成任务。在无模型强化学习情形下，模型直接学得策略或价值函数；在基于模型的强化学习情形下，人们还可以把 $(s,a) \mapsto (s',r)$ 的环境转移函数也作为一个“序列建模”任务，先选出近似真实环境的“模型”，再在这个模型上进行搜索、规划或者进一步的数据生成。对于多智能体强化学习场景，人们同样可以将多个智能体的状态和动作并列地放在同一个序列中，让模型通过自注意力机制来捕捉智能体之间的协作或竞争关系，从而学到联合策略或者个体策略。无论是哪种强化学习范式，只要人们把数据打包成合适的序列表示，大模型就能在长范围的时序上下文中挖掘更深层次的决策规律。

概括而言，对观测和动作数据进行离散化与序列化是“决策大模型”得以发挥作用的关键前提。通过对原始数据施加一致的离散化策略，并按照时间和结构进行 Token 化、拼接，所有不同模态的信息都能够在统一的整数序列框架中被 Transformer 所使用。这使得人们既能利用大型语言模型领域已经成熟的序列建模经验，又能将强化学习中丰富的理论方法（如 Q-Learning、模型预测控制、多智能体博弈）融入其中，朝着更通用、更高效的决策智能迈进。

8.2.2 状态–动作的表示学习

在顺序决策问题（或强化学习问题）中，人们往往要面对非常高维且复杂的状态和动作空间。例如，视觉任务中的状态可能是一帧帧的原始图像，动作则包含大量连续控制信号。在这样高维的情形下，直接在原始输入上学习策略或价值函数通常效率低、效果不稳定。状态–动作表示学习便是为了解决这一困难而提出的：通过学习一个适当的函数（或网络）ϕ，将原始的状态与动作映射到一个更低维、更紧凑和更能反映环境动力学规律的潜在空间，从而提升后续决策的效率与泛化能力。本节将介绍数种经典的方法，解释它们各自的原理和理论动机，并简单讨论它们与大规模轨迹数据以及 Transformer 架构结合后的应用前景。

1. 基于模型的表示学习

基于模型的表示学习通常以构建或近似环境的动力学模型为核心，即在潜在空间中学习 $\mathcal{T}$ 来描述“如果当前潜在状态为 $\phi(s_t)$ 并执行动作 $\phi(a_t)$，环境在下一时刻（或多时刻后）的潜在状态将如何变化”。这种方法强调环境动力学在表示学习中的作用，使得人们在潜在空间直接进行规划或微调策略。

（1）前向模型表示学习。在前向模型（forward model）表示学习中，人们假设存在一个潜在空间（由映射 ϕ 定义），使得给定 $\phi(s_t)$ 和 $\phi(a_t)$，人们可以预测下一时刻状态 $\phi(s_{t+1})$。一个典型的前向模型训练目标可以最小化以下误差：

$$\mathcal{L}_{\text{forward}} = \mathbb{E}_{(s_t,a_t,s_{t+1})\sim\mathcal{D}_{\text{RL}}}\left[\left\|f\big(\phi(s_t),\phi(a_t)\big)-\phi(s_{t+1})\right\|^2\right] \tag{8-8}$$

式中，f 是可学习的预测网络，用来近似潜在空间内的转移函数 $\mathcal{T}$。通过最小化这一目标，ϕ 将被迫提取对状态演化至关重要的特征。例如，一个学得好的 ϕ 会将视觉中无关背景过滤掉，只保留车辆位置、物体速度等与下一时刻变化直接相关的信息。当这种方法扩展到多步预测时，表示学习会在潜在空间保留更多长期依赖信息，从而获得更强的动力学一致性。

（2）逆向模型表示学习。与前向模型相对，逆向模型（inverse model）表示学习则关注从相邻状态 (s_t, s_{t+1}) 中推断动作 a_t。在潜在空间中，这意味着人们训练可学习函数 g 使得：

$$g\big[\phi(s_t),\phi(s_{t+1})\big] \approx \phi(a_t) \tag{8-9}$$

其损失函数可以写作：

$$\mathcal{L}_{\text{inverse}} = \mathbb{E}_{(s_t,a_t,s_{t+1})\sim\mathcal{D}_{\text{RL}}}\left\{\left\|g\big[\phi(s_t),\phi(s_{t+1})\big]-\phi(a_t)\right\|^2\right\} \tag{8-10}$$

这里 g 会根据当前时刻和下一时刻的潜在状态来预测应执行什么潜在动作表示 $\phi(a_t)$。若 ϕ 所提取的状态表示携带足够信息，便能区分不同动作对环境导致的变化；若 ϕ "忘记"了关键动态特征，那么此项损失便难以收敛。此外，为了让 $\phi(a)$ 本身也具备能区分动作的特性，实践中常在输出端加一个分类或回归头（看动作是离散还是连续）进行监督。

2. 自监督的对比学习

除了基于动力学模型以外，自监督表示学习的另一思路是对比学习（contrastive learning）。在顺序决策中最常见的对比学习方式之一便是对比预测编码（contrastive predictive coding, CPC）。

在 CPC 的框架里，人们依旧首先通过 ϕ 将状态 s_t 编码成潜在向量 $\phi(s_t)$。不同的是，这里人们并不去显式预测下一时刻 $\phi(s_{t+1})$ 的值，而是希望区分"真实的未来"与"来自其他时间步或其他轨迹的伪未来"。具体而言，给定一个时间序列 $\tau = \{s_0, s_1, \cdots, s_H\}$，CPC 会让人们对 $\phi(s_t)$ 与某个时刻 $\phi(s_{t+k})$ 进行内积并在对比损失中最大化它们的一致性；同时，与其他时刻 $\phi(\tilde{s})$ 进行区分。

一个典型的对比损失可以写作（采取 InfoNCE 的形式）：

$$\mathcal{L}_{\text{CPC}} = -\sum_{k=1}^{K} \mathbb{E}_{\tau} \left\{ \log \frac{\exp\left[\phi(s_t)^{\top} \boldsymbol{W}_k\, \phi(s_{t+k})\right]}{\sum_{\tilde{s}\in\mathcal{N}} \exp\left[\phi(s_t)^{\top} \boldsymbol{W}_k\, \phi(\tilde{s})\right]} \right\}, \tag{8-11}$$

式中，$\boldsymbol{W}_k$ 是可学习的投影矩阵，用来捕捉不同时间步间的变换；$\mathcal{N}$ 代表一组负样本（即不是真实对应的 s_{t+k}）。通过最大化真实时刻间的内积并最小化与负样本的相似度，CPC 训练能把潜在表示中与动态或语义相关的因素"对齐"，而忽略噪声或无关特征。

这种仅用状态序列（无需动作、奖励）训练的技巧对实际问题非常方便：当人们有丰富的观测数据（如未标注的机器人操作演示），可以直接用 CPC 来学到可转移到下游任务的表示，减少手动标签的依赖。

3. 遮蔽自编码器

遮蔽自编码器（masked autoencoder, MAE）最初由语言模型 BERT 的成功实践带动，即通过对输入序列中某些 Token 进行随机遮蔽，然后用网络去预测被遮蔽的 Token，从而在自监督过程中学到有效的表示。在顺序决策中，人们可以将状态–动作–奖励信息都看作序列中的"Token"，随机遮挡一部分位置，通过去噪重建来学习环境动力学和策略的结构。

设轨迹 $\tau = (s_0, a_0, r_0, s_1, a_1, r_1, \cdots)$ 被离散序列化为 $\tau = \{x_0, x_1, \cdots, x_n\}$，其中每个 x_i 可以是状态、动作或奖励。当人们在若干位置 M 进行遮蔽后，得到 $\hat{\tau}$，然后将其

输入 Transformer 或其他序列模型 $F(\hat{\tau})$。人们的训练目标是重构原序列被遮蔽的部分 $\bar{\tau}$，可以简要写作：

$$\mathcal{L}_{\text{MAE}} = -\mathbb{E}_{\tau\sim\mathcal{D}_{\text{RL}}}\left[\sum_{t\in M}\log p\big(x_t \mid \hat{\tau}\big)\right] \tag{8-12}$$

式中，$\log p(x_t \mid \hat{\tau})$ 可以用多种方式实现：可以是分类形式（对离散化的状态或动作），也可以是回归/分布估计形式（对连续值或图像）。由于对序列中被遮蔽的 Token 进行去噪重建，模型的潜在表示 ϕ 必须包含足够全局上下文，以根据未被遮蔽的观察和动作来预测被遮蔽的部分。这通常会迫使模型在潜在空间中显式或隐式地捕捉环境的转移规律和动作对状态的影响，也会让 $\phi(s)$ 与 $\phi(a)$ 更紧密地耦合在一起。

在实际应用中，遮蔽世界模型（MWM）通过先对图像进行视觉特征提取（如 CNN 或 ViT），然后在特征序列上随机掩蔽一部分位置，做去噪训练来保证视觉表示和状态–动作转移模型更加鲁棒。相比 RNN 或纯卷积架构，遮蔽自编码器融合了双向上下文信息，更善于处理欠定的、部分可观测的决策场景。

在顺序决策中，状态–动作表示学习是一项基础又关键的工作。通过前向或逆向模型方法，我们让潜在表示去映射环境动态；通过对比学习方法（如 CPC），我们从时间关联的角度强迫表示保留可预测信息；而遮蔽自编码器则通过去噪重建来兼顾全局上下文，在潜在空间学到环境的结构。随着 Transformer 架构在大规模数据下的成功实践，这些方法也逐渐与先进的自注意力机制相结合，催生了可扩展、可迁移的世界模型或通用表示模型。

8.2.3　奖励的表示学习

在强化学习和决策优化中，奖励函数（reward function）$R(s,a)$ 描述了智能体在状态 s 采取动作 a 后获得的瞬时评价信号。一个轨迹 τ 由状态和动作序列构成，如 $\tau = (s_1, a_1, s_2, a_2, \cdots, s_T, a_T)$，其累积奖励（回报）定义为各步奖励之和：$G(\tau) = \sum_{t=1}^{T} R(s_t, a_t)$。然而，在许多实际问题中，奖励的定义并不直接可得，需要通过数据来学习奖励的表示。本节在 Decision Transformer（决策 Transformer）这一序列决策模型的统一框架下，介绍几种主要的奖励表示学习方法，包括基于状态–目标相似度的方法、基于人类数据（示范）的方法和基于偏好的方法，并讨论它们之间的联系与差异，以及如何结合大规模轨迹数据来训练。最后，说明在 Transformer 类架构中如何建模奖励，以及奖励建模在序列建模中的作用和模型的输入输出对应关系。

1. 基于状态-目标相似度的奖励表示

在许多任务中，人们可以明确地定义目标（goal），例如一个期望达到的目标状态 g 或目标输出。状态-目标相似度方法利用状态与目标之间的相似程度来构造奖励函数。直观来说，该方法假设当前状态越接近目标，奖励就越高。例如，在路径规划中可以将与目标位置的负距离作为奖励；在图像任务中，可以根据当前观测与目标图像的相似度来给奖励。

形式上，人们可以定义一个将状态映射到特征表示的函数 $f(s)$，并定义奖励为状态和目标在特征空间中的相似度，例如内积或负距离：

$$R(s,a;g)=\text{sim}[f(s'),\ f(g)] \tag{8-13}$$

式中，s' 是执行动作 a 后到达的下一个状态（也可直接用当前状态 s 近似表示），g 是目标状态，$\text{sim}(\cdot,\cdot)$ 表示相似度函数（如向量内积或余弦相似度）。例如，人们可以取 $R(s,a;g)=f(s')\cdot f(g)$，使得当 s' 接近目标 g 时内积值更大、奖励更高；或者定义 $R(s,a;g)=-\|f(s')-f(g)\|$，即状态与目标的距离越小奖励越大。函数 f 的表示可由大规模无监督数据学习得到，使得不同状态在特征空间中的距离反映它们语义上的差异。

这种方法的核心思想是将奖励与达到目标的“进度”关联起来。它通常适用于目标清晰、可度量相似度的情景。例如，机器人操控中的位姿接近程度、游戏中的得分接近最终目标，等等。如果目标本身可以参数化或嵌入为向量，那么通过大量状态-目标对的数据，人们可以训练 f 来度量任意状态对任意目标的相关程度，从而在大规模轨迹数据中自动提取奖励信号。当结合 Decision Transformer 这类序列模型时，人们可以将目标 g 或期望达到的最终状态嵌入作为模型的条件输入，让 Transformer 基于状态序列预测能逐步逼近 g 的动作序列。由于奖励在此被隐含地定义为接近目标的程度，大量不同任务和目标的轨迹数据可以共同用于训练，从中学习一个通用的状态-目标表示空间，提高模型对新目标的泛化能力。

2. 基于人类数据的奖励表示

在许多复杂任务中，直接手工设计奖励非常困难，此时可以利用人类数据来学习奖励表示。其中一种典型途径是利用人类示范（demonstration），即由人或专家提供的高质量轨迹。逆向强化学习（inverse reinforcement learning, IRL）是这方面的重要方法：它假设人类示范是最优或接近最优的行为，并尝试推断出一个奖励函数 $R(s,a)$，使得这些示范轨迹在该奖励下具有最大回报。换言之，IRL 试图找到一个 R，使人类轨迹 τ^E 在 $\sum_t R(s_t^E,a_t^E)$ 意义下优于其他可能的轨迹。形式上，可以理解为期望 τ^E 满足：

$$\tau^E = \arg\max_{\tau} \sum_t R(s_t, a_t) \tag{8-14}$$

或者在统计定义下，引入所有轨迹空间上的概率分布 $P(\tau) \propto \exp\left[\sum_t R(s_t, a_t)\right]$，通过调整 R 使示范轨迹出现的概率最大（满足 τ^E 比其他 τ 有更高的 $\exp[G(\tau)]$）。具体的 IRL 算法（如最大熵 IRL）通过优化使得示范轨迹在上述概率分布下的对数似然最大，从而得到能够解释人类行为的奖励函数。本质上，基于人类示范的奖励表示认为：如果人们能学出一个 R，使得人类行为在 R 下是最优的，那么这个 R 就刻画了人类的隐含偏好和任务目标。

在实践中，人们可能并不直接进行复杂的 IRL 优化，而是采用简化的方法来利用人类数据。例如，当人类对某些轨迹进行了成功/失败的标记或给出了评分，人们可以将这些人类评价数据视为监督信号，训练一个参数化的奖励模型 $R_\theta(s, a)$ 来回归这些评价值。这相当于直接学习一个奖励预测器，使其输出匹配人类对状态–动作的好坏判断。相比 IRL 这种推断隐式奖励的方法，直接监督学习属于显式地利用人类提供的奖励值，但两者目标相同：获得一个与人类意图一致的奖励函数。

3. 基于偏好的奖励表示

除了利用人类提供的示范轨迹，人们还可以通过人类偏好比较来学习奖励函数。偏好反馈指的是人类在两段行为或轨迹之间表达更喜欢哪一个。这种基于偏好的方法仅需要人类给出相对比较，而不要求绝对的数值评分，因而在无法明确给出评分时依然有效。在该方法中，人们收集人类对轨迹的偏好数据，记作 $\tau_i \succ \tau_j$ 表示人类偏好轨迹 τ_i 胜过轨迹 τ_j。人们的目标是学习一个奖励函数 $R(s, a)$，使得对于人类更喜欢的轨迹，其累积奖励 $G(\tau_i)$ 高于不被偏好的轨迹 $G(\tau_j)$。

为了将偏好数据形式化，通常假设偏好可以转化为基于累积奖励的选择概率。例如，引入一个参数化的奖励模型 R_θ，则可以定义偏好概率：

$$P(\tau_i \succ \tau_j) = \frac{\exp[G(\tau_i)]}{\exp[G(\tau_i)] + \exp[G(\tau_j)]} \tag{8-15}$$

式中，$G(\tau_i) = \sum_t R_\theta(s_t^i, a_t^i)$ 和 $G(\tau_j) = \sum_t R_\theta(s_t^j, a_t^j)$ 分别是模型预测的两个轨迹的总回报。这个公式形式上类似于布拉德利-特里（Bradley-Terry）模型或 Logistic 回归：被偏好的轨迹其“分数” $G(\tau)$ 较高，胜出的概率也相对更大。通过最大化人类实际偏好选择的对数似然（即让模型预测的偏好概率尽可能吻合人类偏好数据），人们可以优化参数 θ，最终得到一个能够映射任意轨迹到偏好评分的奖励函数 R_θ。直观地说，模型在这样的训练过程中学会了将人类认为更好的行为赋予更高的奖励值。

基于偏好的奖励表示方法的优势在于：即使人类无法演示出解决方案或量化奖惩，他们仍可以通过比较来传达偏好信息。这使得该方法在复杂任务（如对话系统、复杂游戏）中应用广泛，也是近年来大规模预训练模型对齐（如语言模型的人工反馈对齐 RLHF）的核心思想之一。对于决策 Transformer 而言，人们可以首先利用大量无标签的轨迹数据训练一个初始模型，然后收集少量偏好数据来训练奖励模型 R_θ，再利用 R_θ 去评估大规模轨迹数据的质量，选出高分轨迹或给轨迹打分 $G(\tau)$，并将这些评分用作 Decision Transformer 的条件输入（如视作目标回报）。这种两阶段的结合利用了大规模数据提供多样行为的优势和人类偏好提供价值判断的优势，使模型既具备广泛的知识，又对人类偏好高度敏感。

无论奖励是通过状态-目标相似度得到的、从人类示范中逆向推导的，还是由人类偏好比较训练出的，人们都可以将这些奖励信号融入到序列建模中。具体地，可以使用学得的奖励函数为大规模的轨迹数据打分，计算每步的回报 G_t，作为 Transformer 的输入特征；或者直接将目标（如目标状态、期望回报值）嵌入模型输入以引导生成。这样，奖励函数本身成为了序列模型的一部分（隐含地通过条件影响决策）。这种方法论上的融合使人们能够一方面利用海量轨迹数据训练出强大的序列模型，另一方面确保模型的行为朝着人类期望的目标优化——达到了大模型训练和决策优化的有机结合。

8.3 策略学习

在传统强化学习中，智能体的策略学习往往依赖于前馈神经网络或循环神经网络（RNN）来对状态-动作映射进行近似。然而，随着环境复杂度的提高，特别是当人们面临需要考虑长时依赖关系、部分可观测性或大规模离线数据的场景时，基于 Transformer 的模型逐渐展现出了更为优异的表现。其核心优势在于对序列数据的自注意力（self-attention）机制，可以捕捉远距离的依赖关系，并通过并行计算实现高效的训练和推理。

在强化学习框架下，人们通常将一个决策过程视作状态、动作、奖励和下一状态的序列：

$$(s_1, a_1, r_1, s_2, a_2, r_2, \cdots) \tag{8-16}$$

将它用固定长度或变长的窗口切分后即可输入 Transformer 做序列建模。通过对轨迹加以适当的处理，人们能够将强化学习问题转化为多种自监督或有监督形式的学习任务，以充分利用 Transformer 在序列预测和长程依赖捕捉方面的特性。下面将分别介绍与

Transformer 结合的三大类策略学习思路：离线、在线以及多智能体。

8.3.1　离线策略学习

离线策略学习旨在从一批预先采集的轨迹数据中学习最佳策略，避免在线探索的高成本或高风险。决策 Transformer（DT）提出了一种“颠倒式强化学习（return-conditioned RL）”思路，将策略学习转化为一个条件序列建模问题。具体而言，在每个时间步 t，决策 Transformer 的输入包括：

（1）过去的若干个状态 $s_\tau, s_{\tau+1}, \cdots, s_{t-1}$。

（2）过去的若干个动作 $a_\tau, a_{\tau+1}, \cdots, a_{t-1}$。

（3）目标回报（或期望剩余回报）$G_\tau, G_{\tau+1}, \cdots, G_{t-1}$。

然后，模型通过自注意力机制学习一个映射：

$$(s_\tau, a_\tau, G_\tau, s_{\tau+1}, a_{\tau+1}, G_{\tau+1}, \cdots, s_{t-1}, a_{t-1}, G_{t-1}) \mapsto a_t \tag{8-17}$$

在训练阶段，如果动作是离散型，人们可以最小化交叉熵损失

$$\mathcal{L}_{\text{CE}} = -\mathbb{E}_{(s_t,a_t,G_t)\sim\mathcal{D}}\left[\log p_\theta(a_t \mid s_{\leqslant t}, a_{\leqslant t-1}, G_{\leqslant t-1})\right] \tag{8-18}$$

若动作是连续型，可采用均方误差（MSE）损失。这样，整个学习过程类似于“条件语言模型”在轨迹序列上的训练。由于 Transformer 的强表达能力，决策 Transformer 能够同时处理状态、动作和回报，捕捉到序列的长距离相关性，从而较好地完成策略学习。

轨迹 Transformer（Trajectory Transformer，TT）与 DT 不同的是，轨迹 Transformer 采用基于模型的思路：它不仅预测下一动作，还预测下一状态以及可能的奖励。形式化地，轨迹 Transformer 会建模：

$$p(s_t, a_t, r_t \mid s_{t-1}, a_{t-1}, r_{t-1}, \cdots) \tag{8-19}$$

通过对该模型的采样或搜索，人们可以在离线阶段对环境进行模拟，从而执行基于模型的规划。Transformer 在这里承担了世界模型的角色，用自回归的形式估计全局轨迹分布。训练时同样可使用最大似然准则（或交叉熵损失）：

$$\mathcal{L}_{\text{model}} = -\mathbb{E}\left[\log p_\theta(s_t, a_t, r_t \mid s_{\leqslant t-1}, a_{\leqslant t-1}, r_{\leqslant t-1})\right] \tag{8-20}$$

8.3.2　在线策略学习

在在线场景下，智能体与环境持续交互，面临部分可观测性和高维状态的挑战。Transformer 出色的自注意力结构能够帮助智能体在时间维度上“回溯”或“对比”过往信息，提取关键线索进行决策。

为了应对部分可观测环境（POMDP），需要在神经网络中保留一定历史信息。深度 Transformer Q 网络（DTQN）通过使用 Transformer 解码器对历史观测进行编码，输出当前动作价值 $Q(s_t, a)$。形式上，我们可以写作

$$Q_\theta(s_t, a) \approx f_\theta[\text{TransEnc}(o_{t-k}, a_{t-k}, \cdots, o_{t-1}, a_{t-1}, o_t)] \tag{8-21}$$

式中，o_t 是智能体在时刻 t 观测到的环境信息，a_t 是上一时刻智能体采取的动作。训练中可使用 DQN 家族方法的目标：

$$y_i = r_i + \gamma \max_{a'} Q_{\theta^-}(o_{i+1}, a') \tag{8-22}$$

$$\mathcal{L}_{\text{DTQN}} = \mathbb{E}\{[Q_\theta(o_i, a_i) - y_i]^2\} \tag{8-23}$$

Transformer 负责在序列维度建模观测-动作历史，从而在注意力层面聚焦关键时刻，并为在线决策提供更准确的值函数估计。

有研究者将 DT 从离线场景拓展到在线学习，即在训练时不断更新策略，并允许模型同时采样新的交互数据。在线 DT 会将“目标回报”更新为探索时测得或估计的回报，以此在环境中持续改进策略。此外，还可以结合探索策略（如熵正则化或随机噪声）的注入机制来平衡探索和利用。

8.3.3 多智能体策略学习

在多智能体环境中，每个智能体的决策不仅依赖自身状态，也会被其他智能体所影响。Transformer 的多头自注意力机制可以在联合状态或联合观察的前提下自动发现智能体间的交互结构，并将其集成进协作或对抗策略中。

将单智能体的决策 Transformer 扩展到多智能体场景需要处理更多的输入与更复杂的交互。多智能体决策 Transformer（MADT）为每个智能体保留一份基于 Transformer 的策略网络，或者使用一个集中式 Transformer 对所有智能体的轨迹（状态、动作和奖励等）进行建模，然后再拆分出各个智能体的动作分支。这里的训练目标可以是

$$\min_\theta \sum_{i=1}^{N} \mathbb{E}\left[-\log p_\theta(a_t^i \mid \tau_{\leqslant t}^i)\right] \tag{8-24}$$

式中，N 是智能体数量，$\tau_{\leqslant t}^i$ 表示第 i 个智能体的历史轨迹信息。若需要在训练时建立显式的协作策略，往往还会引入价值分解或博弈价值等思想帮助分配奖励或估算联合策略的价值。

其他多智能体 Transformer 方法则各具特色。例如，TransMix 整合了集中式训练–分散式执行框架，通过 Transformer 来对不同智能体的局部观测聚合，输出全局价值判断；MAT（multi-agent Transformer）深挖 Transformer 在并行建模多个动作的能力，显式地将联合动作作为序列处理等。这些方法都体现了一个共通之处：Transformer 擅长处理高维序列和多智能体数据，通过自注意力机制来捕捉代理间的隐式依赖。

8.4 预训练大模型与强化学习

传统强化学习通常以数值形式描述状态与动作，这种描述方式较为抽象，适合简单明确的问题，但对于真实世界中更为复杂且抽象的任务（如机器人操作、工具调用和信息检索导航等），表现则明显不足。近年来，随着以语言模型（如 GPT 系列）和视觉–语言模型（vision-language models，VLM）为代表的大规模预训练模型迅速发展，决策任务逐渐融入更丰富且直观的信息表达方式，如自然语言与视觉特征。这种新方式有效利用了大模型在理解、推理和泛化上的优势，以更灵活的方式完成或辅助顺序决策任务。

8.4.1 大模型辅助的层次化任务分解

现实生活中的许多任务往往具有清晰的层次结构：高层策略负责制定整体目标与计划，低层策略具体负责目标的执行细节。例如，在机器人搬运任务中，高层策略决定机器人应抓取哪些物品，以及抓取的顺序，而低层策略则需要精确控制机器人的机械臂如何抓取物品。传统强化学习若想直接实现这一过程，需要处理大量的复杂细节。此时，利用大模型则可以帮助高层策略通过直观的自然语言或视觉描述，将复杂任务自动分解为一系列简单、易执行的子任务。

具体而言，人们将环境当前状态记作 s_t，而大模型所处理的高层信息（如任务的文字描述或图像信息）记为 τ_t。根据这些定义，高层策略与低层策略分别可表示为

$$g_t \sim \pi_{\text{high}}(g \mid \tau_t), \quad a_t \sim \pi_{\text{low}}(a \mid s_t, g_t) \tag{8-25}$$

此处 g_t 是高层策略生成的子任务或指令（例如“抓取桌上的红色杯子”），而 a_t 则是低层策略根据当前状态 s_t 和子任务目标 g_t 生成的具体动作。

这一结构的主要优势在于任务的描述方式更加自然且易于理解，从而提升了模型的泛化能力；此外，通过任务分解，显著降低了低层策略的学习和执行难度。然而，大模

型生成的子任务可能会存在一定的误差，因此需要精心设计提示词（prompt）以及提供足够的数据标注或交互反馈来提高精确度。

8.4.2 工具使用的策略优化

当大模型能够调用外部工具（如搜索引擎、数据库、计算器和代码执行环境）时，原先被视为静态对话生成的过程就变为一个清晰的顺序决策问题。在此框架下，大模型需要在每一步中决定是否调用工具、选择调用哪个工具，以及如何利用工具返回的信息进一步更新自身的状态或生成答案。

具体地，人们将策略记为 π，环境反馈记为 e_t。此时，大模型的状态更新过程可描述为

$$a_t \sim \pi(a \mid s_t), \quad \text{其中} \quad s_t = f(\tau_{<t}, e_{t-1}) \tag{8-26}$$

式中，动作 a_t 表示工具调用的具体请求信息（如工具种类和查询内容），而 $\tau_{<t}$ 则是之前所有的动作和工具反馈构成的历史轨迹。

在强化学习的框架下，人们需要定义一个奖励函数 R 来衡量任务完成的质量，进而使用策略梯度等现有算法对策略 π 进行优化。这种方法充分利用了外部知识与计算资源的优势，显著提高了大模型处理复杂任务的能力。不过，这种方法也存在一些挑战，例如，如何确定工具调用的最佳时机以及如何处理工具返回信息可能存在的不确定性。

8.4.3 基于强化反馈的大模型推理增强

大模型在解决复杂推理问题（数学题、逻辑题和编程调试等）时，通常需要多步的思考过程，即“Chain-of-Thought（CoT）”。若只用监督微调（SFT）模仿人类给出的解题示例，则依赖大量高质量示范数据，且生成的推理步数可能较短。基于强化反馈的思路则是：给出一个奖励信号（如“答题正确 + 推理步骤合理”），让模型自行摸索更长、更深入的推理链条，从而在最终准确率上有显著提升。

将语言模型一次完整的回答（包括中间思考过程和最终答案）视为一条“动作序列”$\tau = \{w_1, w_2, \cdots, w_T\}$，其中每个 w_t 是一个生成的词或标记。定义奖励函数

$$R(\tau) = R_{\text{correct}}(\tau) + R_{\text{format}}(\tau) + \cdots \tag{8-27}$$

式中，R_{correct} 可能基于“答案是否正确”给出正负分，R_{format} 则鼓励模型显式写出中间推理过程等。采用策略梯度原理（如 PPO 或其变体 GRPO），可对语言模型的参数

θ 执行以下目标优化：

$$\nabla_\theta J(\theta)=\mathbb{E}_{\tau\sim\pi_\theta(\tau)}\left[\sum_{t=1}^{T}\nabla_\theta\log\ \pi_\theta(w_t\mid w_{1:t-1})\ \ R(\tau)\right] \tag{8-28}$$

这样，能够直接根据最终回答的整体得分来引导模型生成更优的推理轨迹，减少对中间步骤精细人工标注的依赖。

在大规模语言模型上使用强化学习时，传统 PPO 需要额外的价值网络来估计状态价值，训练成本较高。GRPO（group-relative policy optimization）提出了一种组内采样与相对优势估计的方法，绕过了价值网络，核心机制包括：

（1）成组采样：针对同一个问题，让当前策略一次性生成 G 条候选回答 $\{\tau^1,\tau^2,\cdots,\tau^G\}$。

（2）组内比较：对每个回答 τ^i 计算奖励 $R(\tau^i)$，并用组内平均 $\mu=\frac{1}{G}\sum_i R(\tau^i)$ 作为基线，得到相对优势：

$$A_i=\frac{R(\tau^i)-\mu}{\mathrm{std}\left[R(\tau^1),\cdots,R(\tau^G)\right]} \tag{8-29}$$

（3）剪切更新：如同 PPO 的做法，用 min-clip 函数限制策略改动幅度，并在目标函数中加入 KL 正则项，保证训练稳定。

GRPO 方法则进一步简化了传统的强化学习过程：它通过对同一个问题一次性生成多个答案，利用组内奖励的相对优势来优化模型策略，无需单独训练一个价值函数网络，大幅提高了训练的效率和稳定性。

通过这种相对简洁的纯强化学习流程，研究者在长链推理（Long CoT）任务上看到模型自发地生成更长更完整的思考路径，明显提高最终答案正确性。使用这种方法的主要优点在于无需大量的“人工思考过程”示例，只要能判定答案正确与否（或质量好坏），就可用强化学习自发摸索更优策略。同时，奖励函数明确规定了对答题正确率、推理过程格式的偏好，模型会往这个方向演化，不再只局限于模仿人类示范。最终，模型为了提高奖励，可能自主发现更多中间自检、反思步骤，甚至超越人类给出的示范模板。

8.5 本讲小结

大模型在模仿人类早期发展阶段的智能方面取得了显著成功：看、听、说、读和写。为了将这些基本的人类能力转化为专业技能，人类花费了成千上万个小时通过试错练习[34]，与外部世界互动，不断试错并从中学习。决策学习方法与大模型的结合提供了一条路径，将静态数据中的视觉、语言学习到的能力进一步提升。除了实现更复杂的智能之外，大模型还可以表征决策系统的不同组成部分，例如行为和世界的生成模型、世界知识的表征，以及通过语言使用的交互式智能体或环境。尽管现有研究初步成功，但决策大模型仍然面临重大挑战，例如数据模态之间的差距、环境和任务结构的模糊性，以及当前大模型和决策交互学习机制的缺失。本讲所介绍的决策大模型的内容能为人们开发具有更高级智能和更复杂能力的自主智能体打下基础。

8.6 延伸阅读

通用人工智能是指能够执行任何智能生物所能执行的智能任务的 AI 系统。这种 AI 具有适应性、自主性和灵活性，能够在多种环境和任务中进行学习和应用。在实现通用人工智能的道路上，研究人员通过模仿人的生物智能从而实现通用人工智能。

生物智能不仅仅和感知高度相关，也和具身行为与环境感知/交互有着密切的关系。1963 年，心理学家赫尔德和海因做过一个著名的实验，它清楚地证明了运动是认知智能不可或缺的一部分，如图 8-1 所示。两只小猫在出生后的头几月里，被拴在一个双座旋转木马上。一只小猫在地上，至少可以随心所欲地绕着圈走。另一只被迫躺在对面的摇篮里，被比它幸运的那只猫咪随心所欲地带着运动。这个不定向移动的设备确保了两只小猫有相同类型和数量的视觉体验，但对一只小猫来说这种体验与自己的运动相关，而对另一只来说却不是。尽管这只被动的小猫看到了很多东西，它的视觉系统也没有明显的损伤，但它并没有学会准确地看东西。它不能识别物体，不能在房间里找到正确的行进方向，也不能深入地看东西。它失去了以一种有意义的方式将动作和视觉联系起来的机会，去发现世界是如何随着它的变化而变化的，它从来没有学会去理解世界的意义。这个实验表明如果婴儿因为受到束缚而不能移动，他们的知觉和认知发展很快就会出错。

类似的，从大模型智能的发展也不仅仅依赖语言及多模态的感知信息，也需要进一步通过行动与世界及其他智能体或人类的互动中提升。Bisk 等人提出的“世界范围”（world scope, WS）概念，这为人们理解自然语言处理和 AI 如何从简单的文本处理发展到真正理解并与复杂世界互动提供了框架，如图 8-2 所示。WS1-WS5 的概述如下。

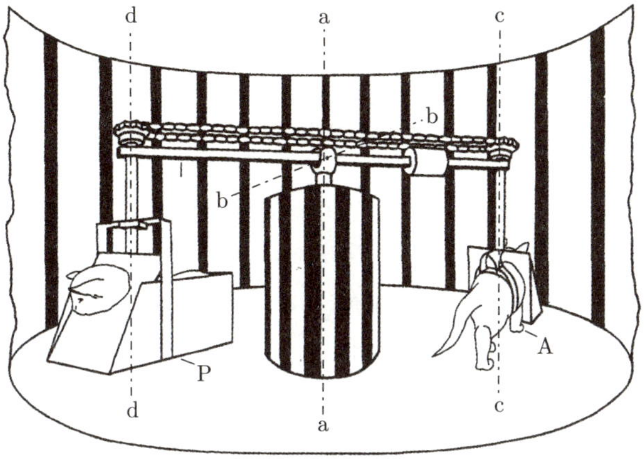

图 8-1　赫尔德和海因的摇篮心理学实验

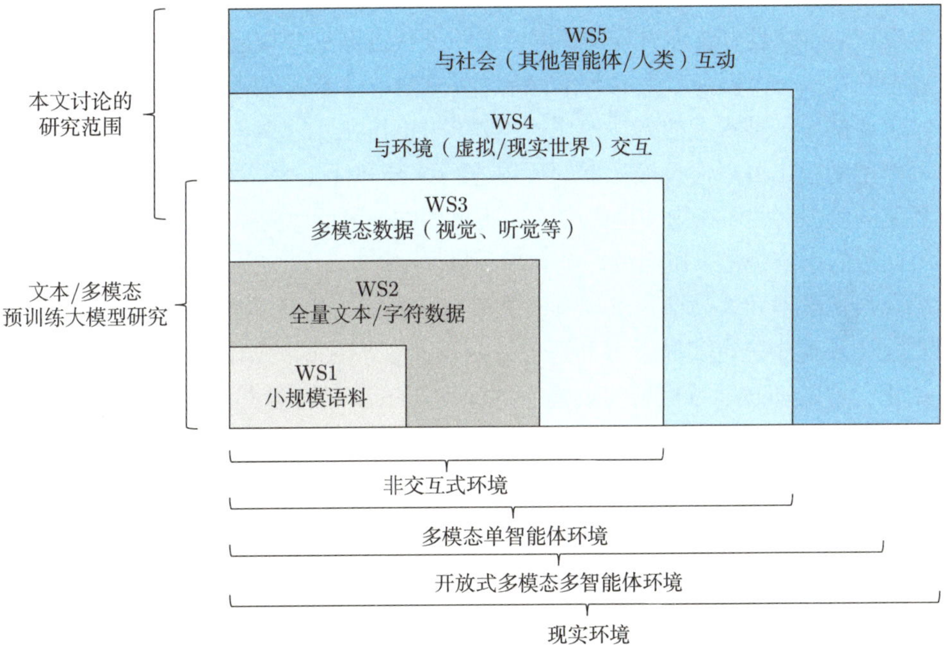

图 8-2　大模型的世界范畴

（1）WS1：小规模字符数据—对单一的语言任务通过构建专门小模型进行学习。

（2）WS2：全量字符数据—大多数现代预训练语言模型（如 GPT 系列）属于这一范畴。这些模型通过分析大量字符数据，能够生成连贯、有时甚至是创造性的文本，但仍然缺乏对现实世界复杂情境的深入理解。

（3）WS3：多模态感知—在这个层次上，模型开始整合视觉、听觉等感官信息，使得 AI 能够理解和处理不同模式的数据。这种多模态理解是走向真正通用人工智能的重要一步，能够大大增强模型对现实世界的理解。

（4）WS4：具身交互—模型在这个阶段能够与物理世界互动，例如通过机器人执行任务。这要求 AI 具备处理传感器输入和执行物理动作的能力，从而能够在更复杂、更不可预测的环境中进行学习和决策。

（5）WS5：社会与文化理解—在最高层次，AI 需要能够理解和参与人类的社会和文化活动。这涉及对复杂人类行为、信仰、价值观和社会动态的理解。

在所有这些层面中，决策交互的能力是至关重要的。无论 AI 系统的知识和理解有多么先进，如果它不能有效地与人类或环境进行交互和沟通，其实用性将大打折扣。决策交互不仅是智能体获取信息和执行任务的方法，也是它学习、适应并最终实现智能行为的关键环节。

大模型通常在没有物理世界知识的情况下使用互联网规模数据进行训练。为了在现实世界中有效执行大模型产生的动作，将这些模型与世界的基础几何和物理知识相联系是至关重要的。一种现有的方法使用模拟器的中间输出作为动作生成的上下文[35]。或者，大模型的输出可以通过模拟器的反馈进行评分和优化[36]。现有工作假设可以访问操作环境的模拟器，而在物理世界中这是不可用的。因此，构建更准确地将预测与物理世界相联系的系统是未来研究的一个有趣领域。

结合强化学习和大模型是实现有效决策交互的有力途径。通过这种结合，AI 系统可以在复杂环境中进行实时学习和适应，利用大规模数据的知识基础来指导决策和行动。强化学习的动态学习机制与大模型的深度知识和理解能力相结合，为创建真正灵活、适应性强、能够在多种情境下做出合理决策的 AI 系统提供了可能。

总的来说，通用人工智能的实现需要跨越从基本的语言理解到具身交互和社会文化理解的多个阶段。在这个进程中，强化学习与大型预训练模型的结合将发挥关键作用，不仅为智能体提供了丰富的知识和数据基础，也为它们在现实世界中做出复杂决策提供了必要的工具和能力。

8.7 课后习题

习题 1. 离线强化学习和模仿学习在学习数据的假设上有什么区别？

习题 2. 离散化决策序列中，状态、动作和目标/回报序列的顺序关系对最终的学习目标有什么影响？

习题 3. 直接将大模型作为策略网络，离散 Token 空间作为策略空间，直接使用传统强化学习方法在环境中进行交互学习会有什么挑战和问题？

习题 4. 决策 Transformer（DT）与轨迹 Transformer（TT）在离线策略学习中的建模目标有何本质区别？请从输入输出结构、训练损失函数设计以及实际应用场景三方面进行对比分析。

习题 5. 在 GRPO（group-relative policy optimization）方法中，假设针对某数学问题，当前策略生成了 4 条候选答案，其奖励值分别为 $R(\tau^1) = 0.8$, $R(\tau^2) = 1.2$, $R(\tau^3) = 0.5$, $R(\tau^4) = 1.5$。

（1）计算每条答案的相对优势 A_i，要求写出完整的计算步骤。

（2）若策略梯度更新时对 τ^3 的梯度进行剪切（clip）操作，剪切范围为 $[-0.2, 0.2]$，当原始梯度为 0.35 时，实际使用的梯度值是多少？

（3）试分析 GRPO 通过组内比较取代独立价值网络的优势与潜在局限性。

参考文献

[1] DEVLIN J, CHANG M W, LEE K, et al. Bert: Pre-training of deep bidirectional transformers for language understanding[J]. arXiv preprint arXiv:1810.04805, 2018.

[2] FEDUS W, ZOPH B, SHAZEER N. Switch transformers: Scaling to trillion parameter models with simple and efficient sparsity[J]. arXiv preprint arXiv:1912.02877, 2021.

[3] KOLESNIKOV A, BEYER L, ZHAI X, et al. Big transfer (bit): General visual representation learning[C]//Proceedings of the European Conference on Computer Vision. Cham: Springer, 2020: 491-507.

[4] LIU Z, LIN Y, CAO Y, et al. Swin transformer: hierarchical vision transformer using shifted windows[C]//Proceedings of the IEEE/CVF International Conference on Computer Vision. New York: IEEE, 2021: 10012-10022.

[5] WANG W, BAO H, DONG L, et al. Image as a foreign language: Beit pretraining for all vision and vision-language tasks[J]. arXiv preprint arXiv:2208.10442, 2022.

[6] BROWN T, MANN B, RYDER N, et al. Language models are few-shot learners[J]. Advances in Neural Information Processing Systems, 2020, 33: 1877-1901.

[7] ZHAI X, KOLESNIKOV A, HOULSBY N, et al. Scaling vision transformers[C]//Proceedings of the IEEE/CVF Conference on Computer Vision and Pattern Recognition. New York: IEEE, 2022: 12104-12113.

[8] KAPLAN J, MCCANDLISH S, HENIGHAN T, et al. Scaling laws for neural language models[J]. arXiv preprint arXiv:2001.08361, 2020.

[9] ELHAGE N, NANDA N, OLSSON C, et al. A mathematical framework for transformer circuits[EB/OL]. [2024-04-20]. https://transformer-circuits.pub/2021/framework/index.html.

[10] EDELMAN B L, GOEL S, KAKADE S, et al. Inductive biases and variable creation in self-attention mechanisms[C]//Proceedings of the International Conference on Machine Learning. [S.l.]: PMLR, 2022: 5793-5831.

[11] ZAMBALDI V, RAPOSO D, SANTORO A, et al. Deep reinforcement learning with relational inductive biases[C/OL]//7th International Conference on Learning Representations, ICLR 2019. New Orleans: OpenReview.net, 2024[2024-04-20]. https://openreview.net/pdf?id=HkxaFoC9KQ.

[12] BOUSMALIS K, VEZZANI G, RAO D, et al. Robocat: A self-improving foundation agent for robotic manipulation[J]. arXiv preprint arXiv: 2306.11706, 2023.

[13] REED S, ZOLNA K, PARISOTTO E, et al. A generalist agent[J]. arXiv preprint arXiv: 2205.06175, 2022.

[14] LEE K H, NACHUM O, YANG M, et al. Multi-game decision transformers[J]. arXiv preprint arXiv:2205.15241, 2022.

[15] CHEN L, LU K, RAJESWARAN A, et al. Decision transformer: Reinforcement learning via sequence modeling[J]. Advances in Neural Information Processing Systems, 2021, 34: 15084-15097.

[16] BROHAN A, BROWN N, CARBAJAL J, et al. RT-1: Robotics transformer for real-world control at scale[J]. arXiv preprint arXiv:2212.06817, 2022.

[17] SCHUBERT I, ZHANG J, BRUCE J, et al. A generalist dynamics model for control[J]. arXiv preprint arXiv:2305.10912, 2023.

[18] BROHAN A, BROWN N, CARBAJAL J, et al. Rt-2: Vision-language-action models transfer web knowledge to robotic control[J]. arXiv preprint arXiv: 2307.15818, 2023.

[19] PADALKAR A, POOLEY A, JAIN A, et al. Open x-embodiment: Robotic learning datasets and rt-x models[J]. arXiv preprint arXiv: 2310.08864, 2023.

[20] HUANG W, ABBEEL P, PATHAK D, et al. Language models as zero-shot planners: Extracting actionable knowledge for embodied agents[J]. arXiv preprint arXiv:2201.07207, 2022.

[21] AHN M, BROHAN A, BROWN N, et al. Do as I can, not as i say: Grounding language in robotic affordances[J]. arXiv preprint arXiv:2204.01691, 2022.

[22] DI PALO N, BYRAVAN A, HASENCLEVER L, et al. Towards a unified agent with foundation models[J]. arXiv preprint arXiv:2307.09668, 2023.

[23] HUANG W, XIA F, XIAO T, et al. Inner monologue: Embodied reasoning through planning with language models[J]. arXiv preprint arXiv:2207.05608, 2022.

[24] ZENG A, WONG A, WELKER S, et al. Socratic models: Composing zero-shot multimodal reasoning with language[J]. arXiv preprint arXiv:2204.00598, 2022.

[25] ALAYRAC J B, DONAHUE J, LUC P, et al. Flamingo: a visual language model for few-shot learning[J]. arXiv preprint arXiv: 2204.14198, 2022.

[26] DRIESS D, XIA F, SAJJADI M S, et al. Palm-e: An embodied multimodal language model[J]. arXiv preprint arXiv:2303.03378, 2023.

[27] RADFORD A, KIM J W, HALLACY C, et al. Learning transferable visual models from natural language supervision[C]//Proceedings of the International conference on machine learning. [S.l.]: PMLR, 2021: 8748-8763.

[28] SHAFIULLAH N M M, PAXTON C, PINTO L, et al. Clip-fields: Weakly supervised semantic fields for robotic memory[J]. arXiv preprint arXiv:2210.05663, 2022.

[29] HUANG C, MEES O, ZENG A, et al. Visual language maps for robot navigation[J]. arXiv preprint arXiv:2210.05714, 2022.

[30] FAN L, WANG G, JIANG Y, et al. Minedojo: Building open-ended embodied agents with internet-scale knowledge[J]. arXiv preprint arXiv:2206.08853, 2022.

[31] XIAO T, CHAN H, SERMANET P, et al. Robotic skill acquisition via instruction augmentation with vision-language models[J]. arXiv preprint arXiv:2211.11736, 2022.

[32] YU T, XIAO T, STONE A, et al. Scaling robot learning with semantically imagined experience[J]. arXiv preprint arXiv:2302.11550, 2023.

[33] MICHELI V, ALONSO E, FLEURET F. Transformers are sample efficient world models[J]. arXiv preprint arXiv:2209.00588, 2022.

[34] GLADWELL M. Outliers: The story of success[M]. London: Little, Brown, 2008.

[35] LIU R, WEI J, GU S S, et al. Mind's eye: Grounded language model reasoning through simulation[J]. arXiv preprint arXiv:2210.05359, 2022.

[36] LI S, DU Y, TENENBAUM J B, et al. Composing ensembles of pre-trained models via iterative consensus[J]. arXiv preprint arXiv:2210.11522, 2022.

第 9 讲
大语言模型的适配技术与自主智能体

本讲深入探讨了大语言模型的适配技术及其在自主智能体领域的应用。从全参数微调到高效参数微调技术，本讲详细介绍了各种微调方法，如 Adapter、BitFit 和 LoRA，这些方法通过调整模型的特定部分来优化性能和效率。此外，本讲还探讨了提示学习的策略，包括任务指令设计和任务映射方式设计，这些策略通过精心设计的文本提示和映射机制激发模型的特定任务处理能力。接着，本讲介绍了思维链推理技术，如链式、树状以及图状思维链，这些技术通过模拟人类的思维过程帮助模型更有效地处理复杂问题。最后，本讲通过阐述用户画像、记忆、推理规划及决策等模块，展示了如何构建高效的自主智能体，并介绍了这些智能体在社会科学、自然科学和工程学等多个领域的应用。本讲的内容不仅显示了大语言模型在自然语言处理领域的潜力，还突出了其在构建自主智能体方面的关键作用，为未来技术的进步开辟了新的路径。

9.1 参数微调

本讲介绍如何有效且高效地将大语言模型适配到下游的自然语言处理任务。大语言模型通过在大规模未标记语料上进行自监督预训练，已经掌握了强大的语言理解能力，能够生成与任务无关的信息丰富的文本语义表示。在此基础上，将大语言模型适配到下游任务主要是通过引入特定任务的学习目标来有针对性地激发大语言模型的特定功能用于处理下游任务。

本讲介绍三种典型的大语言模型下游任务适配方法，包括全参数微调、高效参数微调和提示学习。全参数微调需要修改大语言模型的所有参数以适配特定的下游任务，而高效参数微调则只需要更新部分参数。提示学习则是一种更为数据高效的方法，它通过引入特定的文本提示或引导词来激发大模型的特定任务能力，这种方法尤其适用于在数据受限的情况下。这些方法各有特点，为人们提供了多种途径来优化和适配大语言模型，以更好地服务于各种下游自然语言处理任务。接下来的内容将详细介绍几种经典的任务适配方法。

9.1.1 全参数微调

本节将更深入地探讨全参数微调（full-parameter fine-tuning）的机制和应用。这是一种将大语言模型适配到特定下游任务的高效技术。全参数微调的核心在于调整模型的全部参数以更好地响应特定任务的需求。考虑一个大型语言模型 $\Theta = \theta_1, \theta_2, \cdots, \theta_{|\Theta|}$，

在面临下游任务的训练数据 D 时，通过以下公式对参数进行更新：

$$\Delta\Theta = \nabla f_{\Theta}(D) \tag{9-1}$$

式中，$f_{\Theta}(D)$ 是下游任务的目标函数。这一步骤确保了模型在学习过程中能够根据任务需求调整其参数，形成适应新任务的参数集 $\Theta' = \Theta - \Delta\Theta$。

下游任务类型多样，但主要可以分为三大类：分类任务、序列标注任务和文本生成任务。每类任务对模型的需求不同，因此预训练模型采取不同的微调策略对其进行学习。

（1）分类任务：这类任务要求模型理解输入句子 s 并预测其标签 y，即建模 $P(y|s)$。常见的分类任务包括情感分析、主题识别等。通常情况下，人们在模型的输出层加入一个分类器，将输入映射到相应的标签上。

（2）序列标注任务：如词性标注、命名实体识别等，要求模型对输入序列 $s = (w_1, \cdots, w_N)$ 的每个元素预测一个标签 $y = (y_1, \cdots, y_N)$，即建模 $P(y|s) = \prod P(y_i|s)$。这类任务强调模型对序列中每个元素的精确理解和预测能力。

（3）文本生成任务：包括机器翻译、内容摘要等，核心在于根据输入 s 生成目标文本 t，即建模 $P(t|s)$。这类任务的挑战在于要求模型具备强大的生成能力，能够在给定上下文的基础上生成连贯、相关的文本。

近年来，随着 ChatGPT、GPT-4 等超大规模预训练模型的兴起，指令微调已经成为大语言模型适配下游任务的主流方法。指令微调作为一种新兴的适配方法，通过将所有自然语言处理任务转化为从指令到文本的生成形式，显著提高了模型的普适性和适应性。这种统一的处理框架使得模型能够处理广泛的任务，从文本分类到问答、从文本摘要到机器翻译，都可以通过文本生成的方式进行建模和微调。这种统一的处理方式使得大型语言模型不仅在技术上更加高效，而且在实际应用中更加灵活和强大。通过指令微调，大模型能够更好地理解和响应人类的指令，为自然语言处理领域带来了革命性的变化。

尽管全参数微调在多个方面展现出卓越性能，但其在计算资源消耗和对大量训练样本的依赖上存在挑战。为此，研究者提出了两种新策略。

高效参数微调：通过仅更新模型的一小部分参数，这种方法减少了计算资源和时间的消耗。这种策略尤其适用于资源受限的环境，能够在保持模型性能的同时降低运行成本。

提示学习：通过在模型的输入中加入特定的文本提示语句来实现对模型的高效适配。这种方法在样本量较少的情况下也能取得良好的适配效果，能够增强模型在各类任务中的泛化能力。

9.1.2 高效参数微调

这一节将探讨大语言模型的高效参数微调方法，这是一种旨在通过更新模型中部分参数来适配下游任务的技术。这种方法的创新之处在于它的效率和目标的精准性。不同于传统的全参数微调，高效参数微调依赖于一个关键假设：模型的一小部分参数调整足以激发完成特定任务所需的能力。

在全参数微调中，更新的参数数量 $|\Delta\Theta|$ 等同于模型的整体参数数量 $|\Theta|(\Theta = \theta_1, \theta_2, \cdots, \theta_n)$。而在高效参数微调中，专注于优化一个较小的参数子集，从而减少了计算资源的消耗。这种方法的核心可以通过以下公式表示：

$$|\Delta\Theta| \ll |\Theta| \tag{9-2}$$

这里，$\Delta\Theta$ 代表更新的参数子集，而 Θ 代表模型的整体参数集合，如图 9-1 所示。

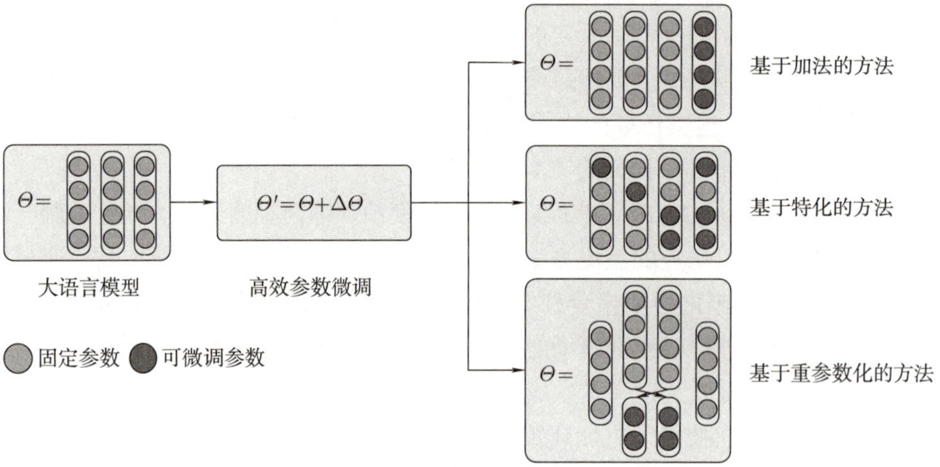

图 9-1 高效参数微调方法整体架构

注：根据论文 [1] 中的图 4 修改重画。

基于 Ding 等人的研究[1]，高效参数微调可分为三种主要策略：基于加法的方法、基于特化的方法和基于重参数化的方法。每种方法都有其独特的适用场景和优势。

基于加法的方法：这种策略通过向模型添加额外的参数层或模块来增强其功能，这些额外的层专门用于处理特定任务。这样做的好处是原始模型结构保持不变，而新增的参数层专注于任务特定的学习。

基于特化的方法：此方法涉及对模型的特定部分进行调整，例如，特化某些层或神经元以适应特定的任务。这种方法强调在保持模型大部分参数不变的同时，优化关键部分以提高任务相关的性能。

基于重参数化的方法：这种方法通过改变模型参数的分布或结构来实现更高效的任务适配。重参数化可以看作是在模型的参数空间内寻找更适合特定任务的解。

1. 基于加法的高效参数微调

本节将深入探讨基于加法的高效参数微调方法。这种策略的核心在于保持大语言模型原有参数的稳定性，同时通过引入额外的可训练神经模块或参数（表示为 $\Delta\Theta = \Theta_{\text{add}} = \theta_{n+1}, \theta_{n+2}, \cdots, \theta_{n+m}$）来适应各种下游任务。这种方法的关键在于，新增参数的数量 m 通常远小于原模型参数数量 n，从而实现高效的微调。

（1）Adapter 方法：Adapter 方法的核心思想是在现有的 Transformer 模型结构中，巧妙地插入一些小型的神经网络模块，这些模块被称为“适配器”。通过这种方式，人们可以专注于调整这些新增的适配器模块的参数，而不改变原有模型的参数，这样既可以适应新的任务，又能控制模型大小的增长。

想象一下，有一座由许多楼层组成的高楼，每一层楼都是 Transformer 模型中的一层。Adapter 方法的核心思想就像在这些楼层之间插入了一些小的办公室或适配器模块。这些小办公室非常特殊，它们允许模型学习新任务，而不需要重新装修整座大楼（即不改变原有的模型参数）。当信息（数据）在高楼（模型）中上升时，它会在途中访问这些小办公室。在这里，通过两层小网络（可以想象为两个小房间），信息被转换成更适合新任务的形式。第一层网络将信息压缩成一个更紧凑的形态，这个过程称为“下投影”。经过一个特殊的非线性激活函数处理后，第二层网络再将信息“上投影”回原来的空间，但这次它带有新的知识。这个过程可以用一个简单的数学公式来描述，但重点是，通过这种方式，原始模型的大部分结构保持不变，只有新增的小部分被调整。

具体来说，典型的 Adapter 方法[2] 是使用两层前馈网络来实现的。对于大语言模型的输出隐式表示 $\boldsymbol{h}$，通过一个下投影网络 $\boldsymbol{W}_{\text{down}}$ 对其进行空间转换，然后通过一个非线性激活函数 $f(\cdot)$，再通过一个上投影网络 $\boldsymbol{W}_{\text{up}}$，最后将结果与原始的 $\boldsymbol{h}$ 相加得到最终的输出，如图 9-2 所示。这个过程可以用以下公式表示：

$$\boldsymbol{h} \leftarrow f(\boldsymbol{h}\boldsymbol{W}_{\text{down}})\boldsymbol{W}_{\text{up}} + \boldsymbol{h} \tag{9-3}$$

随着 Adapter 方法的不断发展和应用，研究人员提出了一些变种来进一步优化其性能和效率。例如，AdapterDrop 技术[3] 通过在模型推理过程中动态地移除一些 Transformer 层中的适配器模块，从而减少了计算成本。另一种改进，称为旁支调优 Adapter[4]，它通过将适配器模块从 Transformer 架构中独立出来，形成一个类似“梯子”的结构。这样，它不仅可以在执行不同任务时共享 Transformer 层的计算资源，还能减少反向传播时的计算量, 如图 9-3 所示。

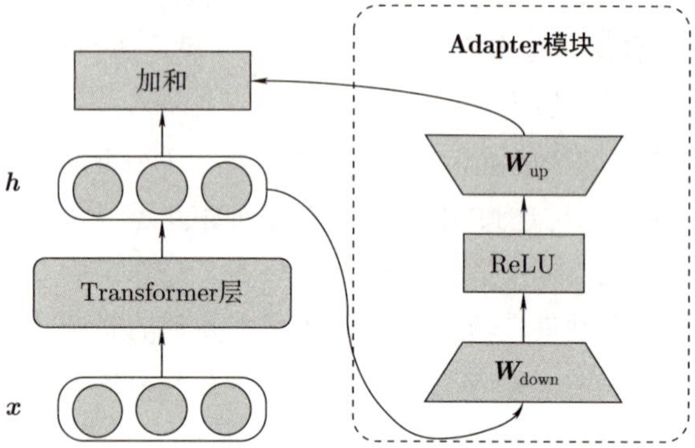

图 9-2　Adapter 方法图示

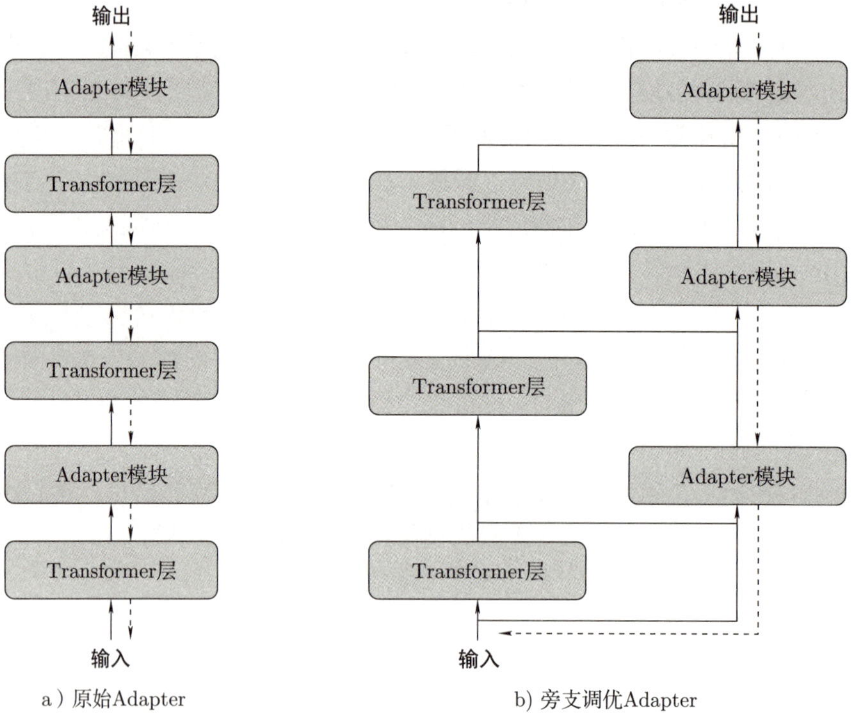

图 9-3　原始 Adapter 与旁支调优 Adapter 架构对比

注：虚线表示模块之间存在后向梯度传递。

最新的进展之一是 Compacter 技术[5]，它通过引入一种称为参数化的超复数乘法层来进一步减少适配器模块的参数数量。这种方法不是直接使用传统的投影矩阵，而是用两个低秩矩阵的克罗内克积（Kronecker products）来代替，公式如下：

$$\boldsymbol{W}_{\text{up}} = \sum_{i=1}^{l} \boldsymbol{A}_i \otimes \boldsymbol{B}_i, \tag{9-4}$$

式中，$\boldsymbol{A}_i$ 和 $\boldsymbol{B}_i$ 是低秩矩阵，$\otimes$ 表示克罗内克积。这种改进不仅显著降低了模型中可调整参数的数量，还保持了在下游任务上的良好性能。

（2）前缀调优：前缀调优的灵感来源于在现有的 Transformer 模型结构中添加一些额外的、可训练的信息，这些信息被称为前缀向量。通过这种方式，人们可以在不改变原有模型参数的前提下，使模型适应新的任务，从而实现高效的参数微调。

想象一下，每当人们需要让一个已经训练好的大型语言模型去学习一个新任务时，就像是在给这个模型的每一层加上一把“钥匙”。这把钥匙（即前缀向量）能够解锁模型在新任务上的潜力，而不需要去修改模型本身的参数。这个过程可以通过下面的比喻来形象地理解：假设有一串密钥串，每把钥匙都能开启一扇门，让信息通过时获得新的指令和方向。在前缀调优中，这些“钥匙”就是人们插入的前缀向量，它们在模型处理信息时起到了引导作用。

具体来说，前缀调优[6] 通过在模型的多头注意力层的键值（key）和值（value）矩阵上添加两个特定的前缀矩阵 $\boldsymbol{P}_K, \boldsymbol{P}_V \in \boldsymbol{R}^{l\times d}$，其中 l 是前缀向量的数量，d 是向量的维度，如图 9-4 所示。这个过程可以通过以下公式来描述：

$$\boldsymbol{h}_i = \text{ATT}[\boldsymbol{x}\boldsymbol{W}_Q^i, \text{concat}(\boldsymbol{P}_K^i; \boldsymbol{x}\boldsymbol{W}_K^i), \text{concat}(\boldsymbol{P}_V^i; \boldsymbol{x}\boldsymbol{W}_V^i)] \tag{9-5}$$

式中，$\boldsymbol{P}_K^i$ 和 $\boldsymbol{P}_V^i$ 分别是对应于第 i 个注意力头的子向量，$\text{ATT}(\cdot)$ 表示自注意力函数，$\boldsymbol{x}$ 是 Transformer 模块的输入特征。

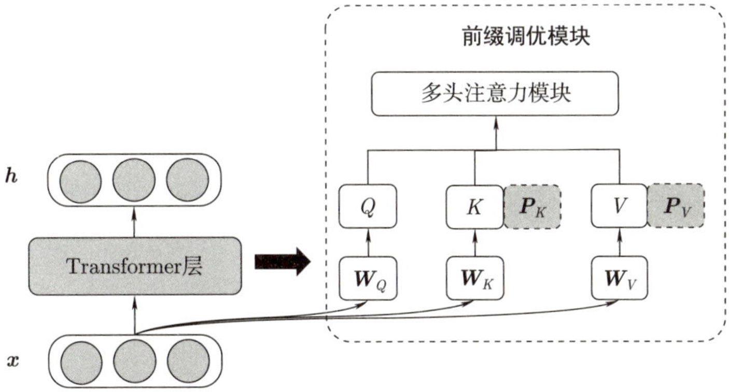

图 9-4 前缀调优方法图示

为了进一步稳定优化过程并提升任务性能，前缀调优采用了前馈神经网络对前缀向量进行重参数化，即通过一个额外的网络来学习和生成最优的前缀向量。这个过程通过以下公式展现：

$$\boldsymbol{P}_K = \text{MLP}(\boldsymbol{P}'_K),$$
$$\boldsymbol{P}_V = \text{MLP}(\boldsymbol{P}'_V) \tag{9-6}$$

通过这种方式，人们只需要在模型适配阶段优化这些前缀向量，而在训练完成后，仅保存这些优化后的前缀向量即可在下游任务中进行有效地推理。

前缀调优为微调大语言模型提供了一种轻量级且高效的策略，尤其适合于需要细粒度调整的自然语言处理任务。它的一大优点是在增强模型适应性的同时，几乎不增加额外的计算负担。然而，与全参数微调相比，这种方法的参数空间较小，可能需要较长的训练时间才能收敛，尤其是在小规模预训练语言模型上。

值得一提的是，提示微调方法（prompt tuning）[7] 是前缀调优的一个简化版本，它仅在模型的最开始添加软提示（即前缀向量），而不是在所有 Transformer 层中添加。尽管这种方法更加简洁，但随着模型参数规模的增大，它也能达到与全参数微调几乎相同的性能。面对前缀调优中较小的参数空间带来的优化挑战，一些研究提出了在预训练阶段对前缀向量进行预训练的策略[8]。这种预训练可以提高前缀向量的表示能力，从而在下游任务中提升模型的性能，并有助于缩短训练时间。

总而言之，前缀调优方法通过在 Transformer 模型的每一层引入可调整的前缀向量，为人们提供了一种新颖而有效的方式来适配大型预训练模型到不同的下游任务。它既保持了模型的灵活性，又避免了过多地增加计算负担，使得人们可以更加高效和精准地处理具体的任务需求。

2. 基于特化的高效参数微调

本节将具体介绍基于特化的高效参数微调方法。这种方法核心思想是在大语言模型的参数空间中选择一部分特定的参数进行微调，而不是调整整个模型的所有参数。这样做的好处是可以显著减少计算负担，同时保持模型在下游任务上的性能。也就是，将原始大语言模型中的部分模型参数指定为可微调参数（即 $\Delta\Theta = \Delta\theta_{\text{id}x_1}, \Delta\theta_{\text{id}x_2}, \cdots, \Delta\theta_{\text{id}x_m}$，其中 $\text{id}x_i \in [1, n]$ 是可调参数的索引且 $m \ll n$）。

（1）BitFit：BitFit 方法的核心思想是只对大语言模型中各个模块的偏置项进行调整，而保持其他参数不变。这种策略极大地减少了需要优化的参数数量，从而使得微调过程更加高效和快速。

以一个形象的比喻来理解 BitFit 的工作原理。想象你有一台精密的仪器，它由数不清的齿轮和部件组成。如果你想要调整这台仪器的工作方式，最直接的方法可能是更换或调整其中的每一个齿轮。然而，BitFit 方法告诉人们，有时候仅仅调整仪器中的一些小螺丝——即使它们数量极少——也能够实现人们想要的调整效果。在大型语言模型中，这些“小螺丝”就对应于偏置项。

具体来说，BitFit 方法[9] 专注于调整 Transformer 模型中的偏置项，而不是模型的所有参数。如图 9-5 所示，这一过程可以通过以下公式来简单描述：

$$\boldsymbol{h}_i = \mathrm{ATT}(\boldsymbol{x}\boldsymbol{W}_Q^i + \boldsymbol{b}_Q^i, \boldsymbol{x}\boldsymbol{W}K^i + \boldsymbol{b}_K^i, \boldsymbol{x}\boldsymbol{W}V^i + \boldsymbol{b}_V^i) \tag{9-7}$$

式中，$\boldsymbol{b}_Q^i$，$\boldsymbol{b}_K^i$，和 $\boldsymbol{b}_V^i$ 分别代表多头注意力层中的偏置项，它们是通过微调过程中调整的参数。

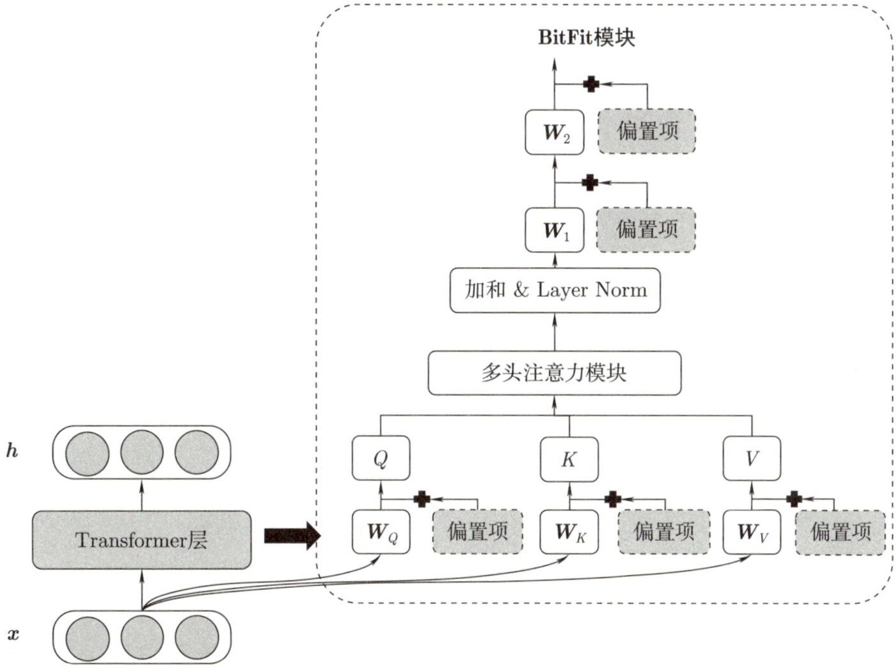

图 9-5　BitFit 方法图示

对于多头注意力层后的前馈层，BitFit 同样指定了偏置项为可微调参数：

$$\boldsymbol{h}' = \mathrm{GeLU}(\boldsymbol{h}\boldsymbol{W}_1 + \boldsymbol{b}_1)\boldsymbol{W}_2 + \boldsymbol{b}_2 \tag{9-8}$$

式中，$\boldsymbol{b}_1$ 和 $\boldsymbol{b}_2$ 代表前馈网络中的偏置项，而 GeLU(·) 是高斯误差线性单元（Gaussian error linear unit）[10]，一个常用的激活函数。

BitFit 方法的实验结果显示，即便是这样细微的调整，也能在多个基准测试上达到与全参数微调相媲美的性能，超过 95% 的任务效果可以通过仅仅调整偏置项来实现。这种方法的一个关键发现是，不同的任务可能依赖于模型中不同的偏置项进行调整，这揭示了模型内部的功能分化以及偏置项在模型调整中的重要作用。

总的来说，BitFit 提供了一种简约而高效的模型微调方法，通过专注于调整偏置项，人们可以在几乎不增加计算负担的情况下，实现对大型预训练模型的有效适配。这种方法不仅减轻了调整大模型时的资源消耗，也为理解模型内部运作提供了新的视角。

（2）差异修剪：差异修剪的核心理念是在模型参数中引入稀疏性，即只有一小部分参数会被更新，这不仅减少了计算资源的消耗，还能有效地保存模型的原始知识。

差异修剪的过程可以用一种简单的比喻来理解：假设你有一本厚厚的百科全书，你想要更新其中的一小部分信息以反映最新的知识。与其重新打印整本书，不如只替换那些需要更新的页面。在这个比喻中，整本书代表模型的全部参数，而那些需要被替换的页面就是通过差异修剪技术被选中更新的参数。

技术上，差异修剪（diff pruning）[11] 通过引入一个二进制掩码向量 $\boldsymbol{z}$ 和一个稠密向量 $\boldsymbol{w}$ 来实现这一点。二进制掩码向量负责标识哪些参数会被更新（即“替换的页面”），而稠密向量则提供了这些参数的新值。这可以通过下面的公式简洁地表达：

$$\Delta\Theta = \boldsymbol{z} \odot \boldsymbol{w} \tag{9-9}$$

式中，$\odot$ 表示向量的逐元素乘积。掩码向量 $\boldsymbol{z}$ 中的每个元素都是二进制的（即 0 或 1），用于指示对应位置的参数是否被选中进行调整。稠密向量 $\boldsymbol{w}$ 则存储了被选中参数的具体调整值。

为了实现参数的稀疏性，即只有少数参数被选中进行调整，差异修剪优化以下目标：

$$\min_{\alpha,\boldsymbol{w}} \mathcal{E}_{\boldsymbol{z}\sim p(\boldsymbol{z};\alpha)}[\mathcal{L}(\Theta+\Delta\Theta)+\lambda\|\Delta\Theta\|_0] \tag{9-10}$$

式中，$\mathcal{L}(\cdot)$ 是下游任务的损失函数，$\|\Delta\Theta\|_0$ 是更新参数数量的度量（即 L_0-范数），而 λ 是正则化项的权重，用于平衡任务性能和参数稀疏性。

差异修剪的美妙之处在于它能够在几乎不牺牲模型性能的前提下，显著减少模型适配过程中需要调整的参数数量。这一点对于想要在资源受限的环境中部署大型语言模型的场景尤为重要。通过仅更新一个精心挑选的参数子集，人们可以在节省计算资源的同时，保持或甚至提升模型在特定下游任务上的表现。总而言之，差异修剪提供了一种在维持模型性能的同时，通过减少模型调整所需参数的数量来降低资源消耗的有效策略。

这种方法不仅为大型模型的微调开辟了新的可能性，也为在有限资源下进行模型适配提供了实用的解决方案。

3. 基于重参数化的高效参数微调

本节将具体介绍基于重参数化的高效参数微调方法。这种方法提出通过将大语言模型中部分现有参数转换为参数高效的形式进行优化来适配下游任务。设 $\boldsymbol{P} = \boldsymbol{p}_1, \boldsymbol{p}_2, \cdots, \boldsymbol{p}_m$ 代表要被重参数化的参数子集，则模型优化参数 $\Delta\Theta = \Theta + [\cup i = 1^m R(\boldsymbol{p}_i)]$，其中 $R(\boldsymbol{p}_i)$ 用于重参数化参数子集 $\boldsymbol{p}_i$。

低秩适配（low-rank adaptation，LoRA）是最具代表性的重参数化方法，其核心思想是利用大型语言模型在全参数微调阶段呈现的低秩特性，通过引入低秩矩阵来有效地调整模型参数。用一个形象的比喻来理解这一点：想象一支乐队，虽然每个乐器都能发出美妙的音乐，但在演奏某些曲目时，只需要几种乐器的合奏就足以表达曲目的精髓。在这个比喻中，乐队中的每个乐器代表模型中的一个参数，而那几种被选中的乐器就像是 LoRA 中被挑选出来的低秩矩阵，它们能够有效地表达新任务的要求。

具体来说，LoRA[12] 通过在多头注意力模块中引入四个低秩矩阵来实现参数的有效调整。这些低秩矩阵分别对应于键和值矩阵的变化量，可以通过以下公式进行表示：

$$\boldsymbol{h}_i = \mathrm{ATT}[\boldsymbol{x}\boldsymbol{W}_Q^i, \boldsymbol{x}(\boldsymbol{W}_K^i + \boldsymbol{A}_K\boldsymbol{B}_K), \boldsymbol{x}(\boldsymbol{W}_V^i + \boldsymbol{A}_V\boldsymbol{B}_V)] \tag{9-11}$$

式中，$\boldsymbol{A}_K, \boldsymbol{A}_V \in \mathbb{R}^{d\times r}$ 和 $\boldsymbol{B}_K, \boldsymbol{B}_V \in \mathbb{R}^{r\times d}$ 是低秩矩阵，r 是秩，d 是原始参数矩阵的维度。

LoRA 方法的优势在于它能够在几乎不牺牲模型性能的情况下，显著减少微调过程中需要调整的参数数量。这一点在处理具有庞大参数量的大型语言模型时尤为重要，因为它不仅降低了计算资源的消耗，也简化了模型的适配过程。通过 LoRA 的低秩适配，人们可以以更加高效和精准的方式对大型预训练模型进行微调，使其能够更好地适应各种复杂的下游任务。这种方法为大模型的高效适配提供了一种新的视角和策略，展现了在保持模型性能的同时减少计算资源消耗的可能性。

9.2 提示学习

本节将探讨提示学习（prompt learning）[13] 这一方法，它是将大语言模型适配到下游任务的一种有效策略。提示学习的核心思想是重新构思下游任务，将它们转化为使用文本提示作为任务指示的条件文本生成问题。这种方法弥补了全参数微调在数据利用方面的不足，通过精心设计的文本提示，将领域专家的先验知识融入模型适配阶段，实现了对大语言模型的高效利用。

想象一下，有一个能够理解自然语言并执行各种任务的智能助手。你只需要告诉它你想要完成的任务，比如“将下面的句子从英文翻译成中文”，然后它就能够根据你的指示去执行。这正是提示学习的核心思想：通过向模型提供一些简洁明了的文本提示，人们可以激发模型的潜在能力，使其能够适应各种不同的下游任务。

提示学习的灵感源自 GPT-3[14] 模型展示的情景学习能力，即通过文本提示描述下游任务，使大语言模型能够在不更新模型参数的情况下，根据给定的描述性上下文提示学习如何处理特定任务。例如，如图 9-6 所示，在英文翻译任务中，人们可以在翻译文本序列前添加任务提示指令（如“将下列句子从英语翻译成中文。”），以指导大语言模型进行零次学习；或者在任务指令后进一步添加一些任务示例，以引导模型进行少次学习。

任务指令情景学习

输入	将下列句子从英文翻译成中文。 cheese =>
输出	奶酪

样例情景学习

输入	将下列句子从英文翻译成中文。 sea otter => 海獭 peppermint => 薄荷 giraffe => 长颈鹿 cheese =>
输出	奶酪

图 9-6　情景学习中的任务指令情景学习与样例情景学习示例

注：该图示为根据 OpenAI’s GPT-3 论文 [14] 的图 2.1 重画。

提示学习进一步拓展了这一概念，图 9-7 包括两个关键组成部分：任务指令提示和任务映射方式。任务指令提示（task instruction prompt）通过文本提示激发模型在特定下游任务中的能力。例如，通过提示“这部电影很 [MASK]”，模型被指导去预测缺失的情感倾向。而任务映射方式（task verbalizer）则负责将模型的输出与目标任务的标签空间相对应，建立一种语言模型输出与实际任务标签之间的映射关系。

提示学习的优势在于其能够在保持良好性能的同时，显著减少模型适配阶段对大量训练数据的需求。通过精心设计的文本提示，人们还可以将领域专家的先验知识融入模型的适配过程，进一步提升模型在特定任务上的表现。因此，提示学习不仅减少了对大量标注数据的依赖，而且提高了模型的适应性和灵活性，为自然语言处理领域带来了新的可能性。

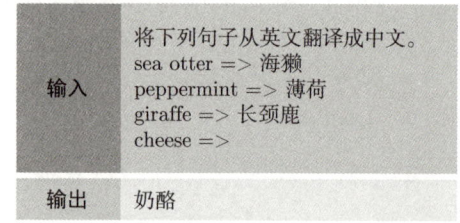

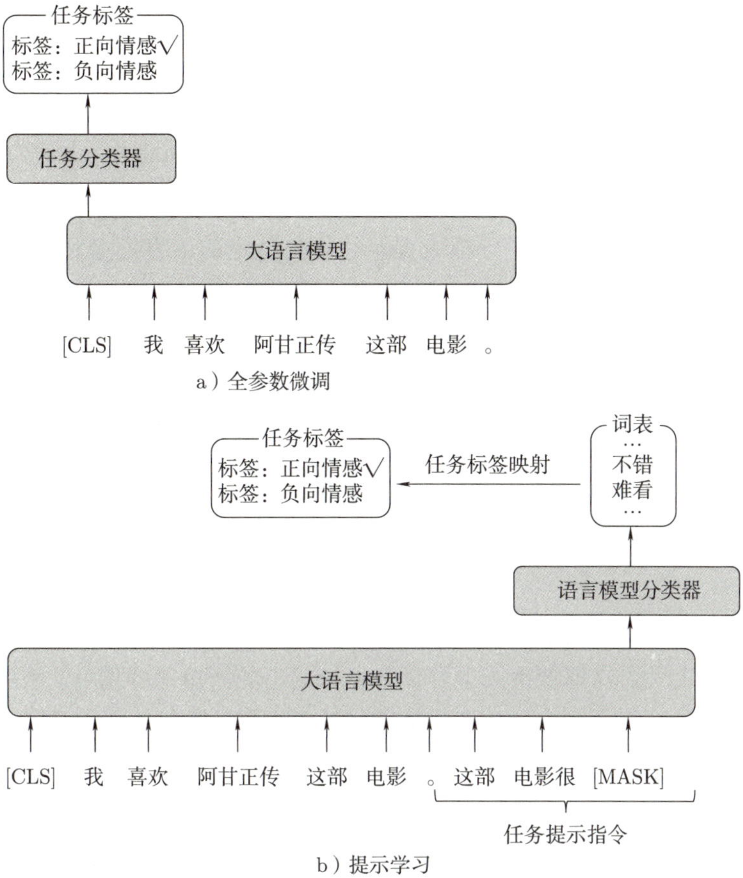

图 9-7　提示学习的示例

总的来说，提示学习为人们提供了一种新的思路，通过精心设计的文本任务提示和任务映射方式，人们可以更有效地引导和利用大语言模型的能力，以适配具体的下游任务。通过深入研究和优化文本提示和任务映射方式，人们可以进一步提升模型在处理各种复杂任务时的性能，从而更好地实现人工智能在各个领域的应用。

9.2.1　任务指令设计

任务指令设计是提示学习方法中的一个核心环节，它的目标是找到能够在特定下游任务中发挥最佳性能的任务指令提示。根据设计方法的不同，任务指令设计可以分为三类：手动设计、自动设计和知识型设计。

1. 手动设计

在提示学习[14-17]的早期阶段，任务指令提示通常是由人类专家基于直觉和经验手动设计的。例如，对于一个情感分析任务，专家可能会设计一个任务指令提示：“这句话的情感是积极的、中立的还是消极的？”尽管这种方法简单直接，但它有两个明显的局限性：首先，手动设计任务指令需要耗费大量的时间和精力，且高度依赖于专家的知识和经验；其次，由于最优的任务指令提示往往与特定的语言模型和数据集紧密相关，即使是领域专家也难以保证找到最佳的任务指令提示。

2. 自动设计

随着研究的深入，自动设计方法应运而生，它旨在通过自动化流程探索和发现最佳任务指令。这个大类可以进一步分为两种策略。

（1）生成–排名：这种方法首先利用提示挖掘[18]、提示释义[19-20]或提示生成[21-22]技术生成一组候选的任务指令提示，然后根据它们在下游任务中的表现进行排序，以选择最优的提示。

（2）基于梯度的搜索：这种方法在词汇表中搜索所有单词，根据模型梯度信息[23-24]找到能够激发特定大语言模型生成下游任务目标输出的简短任务指令。这种方法直接利用模型的反馈来指导任务指令的选择，从而能够更精确地找到有效的提示。

3. 知识型设计

知识型设计方法进一步将外部知识融入任务指令提示的设计中，以增强模型的理解和适应能力。例如，可以利用逻辑规则来指导文本分类任务的任务指令提示构建[25]，或者在实体关系抽取任务中引入实体类型和关系知识来丰富提示的信息量[26]。通过将领域知识融入任务指令提示，知识型设计方法能够更有效地引导模型完成复杂的任务，并提高模型的泛化能力。

总体而言，任务指令设计是提示学习中的一个重要方面，它直接影响到模型在下游任务中的表现。通过不断探索和优化手动设计、自动设计和知识型设计方法，人们可以更有效地利用大语言模型的能力，以适应各种复杂的自然语言处理任务。

9.2.2 任务映射方式设计

任务映射方式设计是提示学习中的另一个关键环节，它涉及如何将大语言模型的输出与特定任务的标签空间建立起有效的联系。与任务指令设计类似，任务映射方式设计也可以分为手动设计、自动设计和知识型设计三种。

1. 手动设计

在早期的提示学习实践中[15-17]，任务映射方式通常是手动设计的，即由经验丰富的专家根据特定任务的需求，选择合适的词汇来映射到任务的标签上。例如，在情感分析任务中，专家可能会将单词“不错”映射到正面情感标签，将单词“难看”映射到负面情感标签，如图 9-7 所示。这种方法的优点在于直观且易于实现，但它同样存在局限性，包括设计过程耗时且依赖于专家知识，以及难以适应复杂多变的任务需求。

2. 自动设计

为了克服手动设计的局限性，研究者们提出了自动设计方法，旨在通过自动化的方式找到最佳的任务映射方式。这些方法通常包括以下几种：改写方法[18] 和搜索方法[27] 一般通过对任务标签进行改写或在词汇表中搜索，找到能够映射到任务标签的候选词集；生成方法[21,28] 则利用模型生成潜在的映射词汇，并选择与任务标签最相关的词汇作为映射方式。在获得候选词集后，通常会选择前 k 个候选词作为任务映射方式，并将它们的概率总和作为标签预测概率。这种方法考虑到一个任务标签在自然语言中可能有多种不同的表达方式，从而提高了映射的灵活性和准确性。例如，人们可以说这部电影很不错/好看/吸引人/有趣，这些表达方式都可以映射到正向情感。

3. 知识型设计

知识型设计方法[29] 进一步利用外部知识来丰富和优化任务映射方式。例如，在话题分类任务中，可以借助与话题相关的外部词汇表来扩展映射到任务标签的候选词集；在情感分类任务中，可以使用外部情感词汇表来增强模型对情感标签的映射能力。此外，一些方法[30-31] 还尝试将任务标签的映射扩展到连续的词表示空间，并通过对比学习等技术学习这些词表示的原型向量，从而提高模型在特定任务上的表现。

任务映射方式设计是提示学习中至关重要的一环，它直接影响到模型输出与任务标签的对应关系。通过手动设计、自动设计和知识型设计等多种策略，人们可以有效地将大语言模型的强大能力应用到各种具体的下游任务中。随着研究的深入，不断优化和创新任务映射方式的设计将成为提升模型性能和适应性的关键途径。

9.2.3　思维链推理提示

在处理复杂的多步骤推理任务时，如数值推理和常识推理，即使是超大规模的预训练模型也常常遇到挑战。这引发了一个关键问题：大型语言模型在预训练阶段是否真正掌握了进行复杂推理的能力？如果答案是肯定的，那么人们如何在下游任务中激发出这种能力呢？

为了解决这一问题，Wei 等人提出了一种称为思维链推理（Chain-of-Thought

prompting）的方法[32]。这种方法基于一个直观的观察：人类在解决复杂问题时会通过一系列中间步骤进行思考。因此，通过模拟这种人类的思维过程，研究人员可以引导大语言模型沿着这些思维链条逐步解决问题。

思维链推理的核心思想是通过生成模拟人类直观思维过程的“思维链”，来引导大语言模型进行深层次的推理。思维链推理通过将复杂的推理任务分解为若干更简单、更易处理的子任务，使得大模型能够逐步解决问题，从而产生更具可解释性的答案。例如，考虑一个涉及计算如何为一场聚会准备食物的任务。模型可能首先估算参加聚会的人数，然后根据每人平均食物消耗量计算总需求量，最终给出购买建议。这种将复杂问题拆解成逐步解决的子问题的方法，可以显著提升模型对问题的理解深度。

在实际操作中，研究者会首先向模型提供一个包含任务描述和推理过程的文本提示。例如，在数值推理任务中，模型可能接收到一个包含计算步骤的提示，如图 9-8 所示。通过这样的文本提示，模型不仅能够生成答案，还能提供达到该答案的逻辑路径，极大地增强了结果的透明度和可信度。Wang 等人[33] 在此基础上进一步提出了答案集成策略（CoT-SC），通过束搜索（Beam Search）技术解码出多样化的推理路径，并从中选择最一致的答案，有效提高了模型在各种规模上的性能。这种方法不仅提高了答案的准确性，还增强了模型对复杂问题的处理能力。

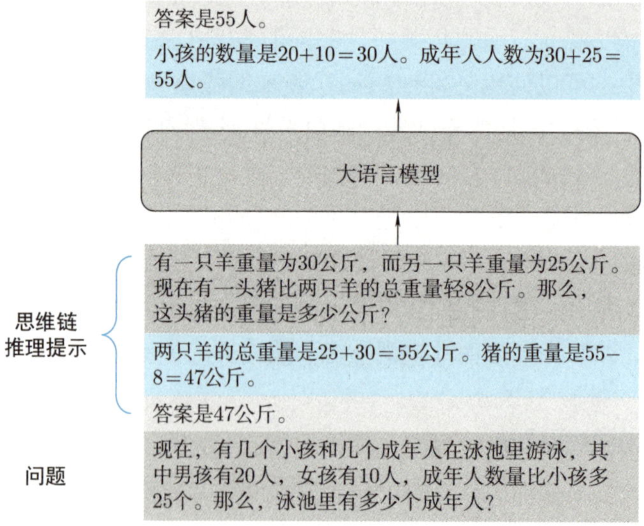

图 9-8　思维链推理方法的一个例子

尽管思维链推理方法有效，但它也面临一个挑战，即为不同的任务和数据集手动注释解释可能成本很高。为了克服这一点，STaR 方法[34] 提出了自扩展（Bootstrapping）

技术，它从一个小型的种子思维链集开始，逐渐扩展到整个训练集，自动生成高质量的思维链提示。这种方法特别适用于小样本场景，可以显著提高模型在特定任务上的表现，如数值推理和常识推理任务。

最近的研究提出了树状思维链推理（Tree-of-thought, ToT）方法[35]，该方法通过结构化的树状推理框架来优化问题解决过程，使模型能够更深入地进行多步骤推理。树状思维链推理的核心思想是利用树形结构来组织和生成子任务规划，其中每个树节点代表一个推理步骤或“思考点”。这种方法通过专门设计的专家提示来指导大语言模型自动评估各个中间步骤的优劣，从而形成一个完整的推理路径。这些路径通常使用广度优先搜索（BFS）或深度优先搜索（DFS）策略来生成，确保每一步的推理都是建立在前一步的基础上，从而生成最终的决策计划。

进一步地，图状思维链推理[36] 将树状结构扩展到图结构，以支持更复杂和动态的推理模式。在这种方法中，节点间的连接不再是严格的父子关系，而是可以形成网络状的连接，允许模型探索多种可能的推理路径和相互关联的思维点。这种图状结构使得模型能够在遇到特别复杂的任务时，综合多个推理路径的信息，找到最合适的解决策略。例如，在处理具有多个解决方案的策略游戏或多步法律案例分析时，模型可以同时考虑多个因素和可能的后果，以形成一个全面的策略。

在树状和图状思维链的基础上，一些方法还引入了答案集成策略和自我启发机制，以提高推理的准确性和效率。例如，RAP[37] 构建了一个世界模型，并通过蒙特卡罗树搜索（MCTS）模拟不同的子任务规划路径，评估它们的潜在任务完成可能性。通过聚合多次搜索的结果，模型可以生成一个综合考虑各种因素的最终计划。

之后，RecMind[38] 的作者设计了自我启发机制：基于树状思维链推理，利用被舍弃节点的历史信息来学习新节点的优劣。图状思维链推理（Graph-of-thought, GoT）[36] 将树状思维链推理中的类树推理结构扩展到图结构，从而实现更强大的推理策略。最近，RAP[37] 构建了一个世界模型，以基于蒙特卡罗树搜索（MCTS）模拟评估不同子任务规划的潜在任务完成可能性，然后通过聚合多次蒙特卡罗树搜索迭代来生成最终计划。

思维链推理方法不仅展示了如何有效激发和利用大语言模型的复杂推理能力，还为处理多步骤、高复杂性问题提供了新的策略和结构。通过将思维链推理方法与大语言模型相结合，人们可以大幅提升模型在解决复杂任务中的表现，进一步推动人工智能技术的边界。这些研究开辟了使用大模型进行高级认知任务处理的新途径，为未来的技术进步奠定了坚实的基础。

随着大语言模型在多步骤推理任务中表现出惊人的能力，一个关键问题浮现：这些模型的复杂推理能力从何而来？在解答这一问题时，面临两种可能性：一是模型在自监督预训练阶段已经内在地学习到了这些能力；二是它们通过情景学习能力从提供的思维链推理提示中学习。

最近的研究，如 Kojima 等人[39] 的工作揭示了一种可能性。他们展示了大语言模型能够在没有任何人工标注解释提示的情况下执行复杂的多步骤推理。具体地，他们通过简单地在每个答案前添加文本提示“让我们一步步来思考”（Let’s think step by step），成功激发了模型在执行算术、符号操作及其他推理任务时的复杂推理能力，如图 9-9 所示。

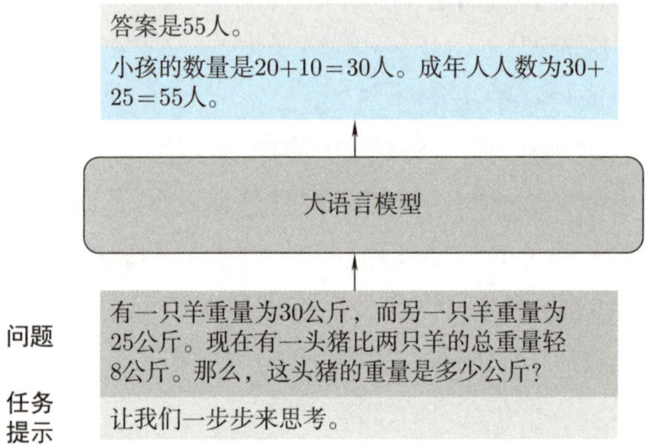

图 9-9　零次思维链推理方法的一个例子

他们表明，有了这样一个简单的提示，大语言模型在包括算术、符号和其他推理任务在内的多种自然语言处理任务中的零次性能都有了一致的提升。这初步表明，复杂的推理能力可能是大语言模型在大规模语料库上的预训练过程中学到的。

这一发现引出了更深层次的问题：这种推理模式是否源自预训练语料本身，即模型是否仅仅学会了一种解决问题的捷径？或者是否可以认为大语言模型已经发展出一种尚未完全理解的自主智能层面，即这些模型可能拥有其他未被充分挖掘和研究的高阶能力？

尽管目前人们尚无法完全解释这些模型如何具体学习并执行复杂的推理过程，但不可否认的是，大语言模型正成为实现高级认知智能的一个强大基石。随着技术的不断进步和研究的深入，人们有理由相信这些模型的潜力将被进一步开发，它们在未来的自然语言处理和人工智能领域将扮演更加关键的角色。通过持续探索和优化这些模型的训练过程和结构，期望在不久的将来，大语言模型不仅能够模仿人类的推理过程，还能在处理更加复杂、动态的实际问题时表现出类似人类的适应性和创造性。

9.3 大模型自主智能体与工具学习

在人工智能的发展历程中，构建能够在复杂环境中自主操作的智能体一直是研究者们的终极目标之一。这种智能体，通常被称为自主智能体，被视为实现人工通用智能（AGI）的一种有力途径。自主智能体能够基于其内在智能独立感知周围的环境，进行决策规划，并采取行动以实现一系列预定义的目标。

在大语言模型时代来临之前，自主智能体的研究主要依赖于简单和启发式的策略函数，这些策略在孤立且受限的环境中学习和更新[14,40-44]。虽然这些方法在特定环境中表现出色，但它们通常无法复现人类复杂的思考和决策过程，特别是在开放且无约束的环境中，它们与人类的能力相去甚远。

随着大语言模型如 GPT 系列、LLaMA 系列和 Claude 系列[14,44-48] 的出现和发展，人们见证了一种全新的自主智能体的可能性。这些模型通过在庞大的无监督数据上进行自监督训练，已经展现出接近人类的语言理解能力和复杂任务处理能力。更重要的是，这些模型显示出能在多样化的自然语言处理任务中进行情景学习和复杂决策规划，模仿人类的行为和思维方式。基于这些突破，研究者开始尝试将大语言模型的能力转化为自主智能体的能力。例如，文献 [49-50]。探讨了如何结合大语言模型的预测和生成能力，以及它们的自我监督学习能力，来构建能在更广泛、更未受限的环境中操作的自主智能体。

随着大语言模型技术的进一步发展，人们可以预见大模型自主智能体将在更多领域发挥作用，从医疗健康到智能制造，再到个性化教育。这些自主智能体将不仅仅是工具，更是协作伙伴，能够理解复杂的人类需求，提供创造性的解决方案，从而为人类社会带来革命性的变革。

在接下来的内容中，将深入探讨大语言模型自主智能体的构建方法与应用实例，展示这一领域的最新研究成果和未来趋势。

9.3.1 大模型自主智能体构建

在现代人工智能发展的进程中，自主智能体的构建是一个极具挑战性的领域，特别是当人们试图利用大语言模型的类人能力来执行多样化和复杂的任务时。虽然大语言模型已经在执行对话形式的复杂任务方面显示出巨大潜力，但构建能够自主操作并像人类一样感知和学习环境的智能体仍然具有更高的复杂性。

为了使自主智能体能够充分利用大语言模型的能力，关键在于如何设计一个能让智能体理解其角色、记录历史信息、进行推理规划并作出决策的系统。这不仅要求智能体能够理解和处理语言输入，还要求它能够在动态变化的环境中做出反应。根据 Wang 等人的研究综述[51]，大语言模型自主智能体可以通过一个包含四个主要模块的统一框架来构建，如图 9-10 所示。

（1）用户画像模块：这一模块使智能体能够理解并确认自身在交互中所扮演的特定角色。例如，在医疗应用中，智能体可能需要扮演一个提供咨询的医生，而在教育应用中，则可能是一个提供信息的教师。

（2）记忆模块：这一模块使智能体能够记录和回顾历史交互信息，从而在动态变化的环境中做出更加准确的决策。这类似于人类的长期和短期记忆，帮助智能体“记住”过去的经验和当前的任务需求。例如，一个购物助手需要记住用户的购物偏好和历史购买记录。

（3）推理规划模块：在此模块中，智能体将结合现有知识和记忆来进行复杂的推理和未来行为的规划。例如，一个自动驾驶汽车的智能体可能需要预测其他车辆的行为并规划安全的驾驶路径。

（4）决策模块：最终，决策模块将智能体的思考和规划转化为具体行动。这一模块的设计关键在于如何将抽象的规划有效转化为实际可执行的步骤，确保行动的正确性和效率。

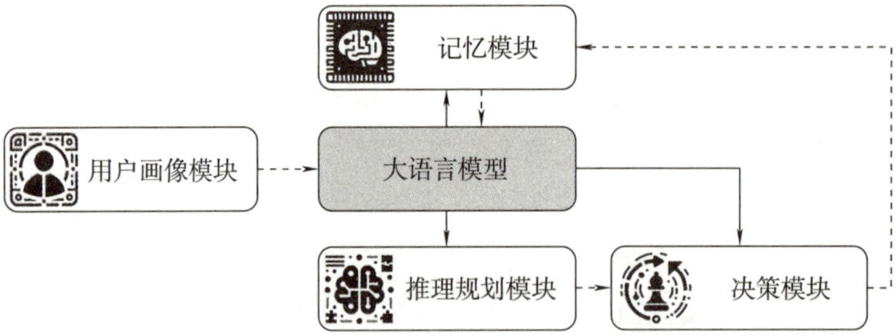

图 9-10　基于大语言模型自主智能体的统一框架

注：实线表示该模块的执行基于大语言模型，虚线表示两个模块之间有信息传递。

这些模块相互依赖且互相影响：用户角色和记忆模块形成了智能体对其环境和自身身份的理解，这些理解又支持推理规划模块的功能，而所有这些模块的输出最终汇聚于决策模块，由其驱动智能体的行为。例如，一个自主驾驶车辆的智能体需要不断地根据环境变化（通过传感器和实时数据）调整其行驶策略。下面内容将详细介绍这些模块。

1. 用户画像模块

在现代人工智能应用中，基于大语言模型的自主智能体越来越多地被用于执行多样化的任务。这些任务通常要求智能体具备深入的角色理解能力，以便在复杂的动态环境中自主感知信息、进行决策规划并采取行动。用户画像模块在此过程中扮演着至关重要的角色，它使得智能体能够适应并理解自身所扮演的特定角色。用户画像不仅包括基础的人口统计信息，如年龄、性别和职业，还涉及更深层次的心理和社会属性，如个性、兴趣和社交关系。用户画像模块使智能体能够更加精准地模拟人类行为，从而在复杂的互动中表现出更高的逼真度和有效性。例如，一个设定为医生的智能体需要展现出专业知识、同理心和责任感；而一个设定为销售代表的智能体则应更注重沟通技巧和说服力。

在实际应用中，自主智能体通常在任务执行的时候通常拥有自身的用户画像，如程序员、教师和领域专家等[52-53]，会根据其用户画像拥有不同的推理规划和执行策略。因此，基于大语言模型的自主智能体的用户画像模块的目的是让自主智能体能够理解自身所扮演的特定角色。目前最典型的方法一般将智能体用户的画像配置写入大语言模型的输入提示中，通过模型的情景学习能力来让其理解设定的用户角色，进而影响智能体的行为策略。其中，常见的用户画像配置包括基本信息如年龄、性别、职业、爱好和宗教[54]，反映智能体个性的心理信息，如开朗、腼腆等[55]和详细描述智能体间关系的社会信息，如朋友、家人等[55]。由于用户画像配置的类型多种多样，在实际操作中，人们一般选取其中的部分，而这个选择主要取决于最终的应用场景。例如，如果将基于大语言模型的自主智能体应用与研究人类认知过程，那么心理信息就非常重要必须保留。

现在的问题就是，如何为自主智能体去构建其对应的用户画像配置。现有工作通常采用下面三种主要方式：

（1）手工设计：手工设计是构建用户画像的一种常见方法。通过这种方法，设计者可以详细规定智能体应当具备的属性和行为特征。例如，在 Generative Agent[56] 中手工设计一个模拟城镇中的药房店主智能体约翰 · 林（John Lin）。通过详细设定他的个人背景、家庭关系、职业生涯和社交圈，人们可以构建一个复杂且富有深度的角色，使其能够在虚拟环境中以更真实、更有说服力的方式行动㊀：

> 约翰 · 林是柳树市场药房的一名药房店主，他喜欢帮助别人。他一直在寻找让顾客更轻松地获得药物的方法；约翰 · 林与他的妻子梅 · 林（Mei Lin，大学教授）和儿子艾迪 · 林（Eddy Lin，学习音乐理论的学生）住在一起。约翰 · 林非常爱他的家人；约翰 · 林认识隔壁的老夫妇萨姆 · 摩尔（Sam Moore）和詹妮弗 · 摩尔（Jennifer Moore）已经好几年了；约翰 · 林认为萨姆 · 摩尔是一个善良、善良的人；约翰 · 林很了解他的邻居山本百合子（Yuriko Yamamoto）。约翰 · 林

㊀ 该提示语句为原文提示语句的翻译版本。

认识他的邻居塔玛拉·泰勒（Tamara Taylor）和卡门·奥尔蒂斯（Carmen Ortiz），但之前从未见过他们；约翰·林和汤姆·莫雷诺（Tom Moreno）是柳树市场药房的同事。约翰·林和汤姆·莫雷诺是朋友，喜欢一起讨论当地政治；约翰·林对莫雷诺一家很了解——丈夫汤姆·莫雷诺（Tom Moreno）和妻子简·莫雷诺（Jane Moreno）。

该提示语句定义了约翰·林的职业、性格、性别和社会关系等一系列的信息，这些信息都是论文作者自己通过手动的方式进行设置的。虽然手工设计方法提供了高度的自由度和定制性，它也面临一些挑战。主要的问题是，手工配置大量智能体的用户画像既耗时又费力，特别是在需要大规模智能体互动的场景中，如大型社会模拟或复杂的企业级模拟。此外，手工设计的结果可能因设计者的主观性而有所偏差，影响智能体行为的一致性和预测性。

（2）模型生成：在构建自主智能体的用户画像模块时，模型生成方法提供了一种高效的自动化策略。这种方法依赖于大语言模型的生成能力，以自动化的形式批量产生复杂且多样化的用户画像配置。首先，定义用户画像生成的规则，包括人物的属性类型、属性分布等，随后通过构造一些示例画像，如示例表格中的具体人物描述，指导大模型进行画像生成。例如，在 RecAgent 工作[57] 中，利用大语言模型根据提供的表格格式和示例自动续写出更多用户画像，大大提升了智能体配置的效率㊀：

下面是一个用户画像的表格，请根据该表格中用户画像的属性类型和样例继续生成其他用户画像：

ID – 姓名 – 性别 – 年龄 – 性格 – 职业 – 兴趣 – 特征

0-David Smith-男-25-有同情心、有爱心、有野心、乐观-摄影师-科幻电影、喜剧电影-观察员、评论家

1-David Miller-女-39-有趣、有创意、务实、精力充沛、有耐心-作家-动作片、科幻片、经典电影-观察员、探险家

2-James Brown-男性-70-独立、有创造力、有耐心、富有同情心-工程师-喜剧电影、适合家庭观看的电影、纪录片、惊悚片-观察员、评论家

3-Sarah Miller-女-33-独立、富有同情心-农民-爱情电影、喜剧电影、经典电影、适合家庭观看的电影-观察员、评论家

4-John Taylor-男-68-乐观-医生-动作片、惊悚片-观察员

这种方法在处理需要大量智能体的场景中尤为有效，例如，模拟整个社会或大型组织的行为。然而，它的一个潜在限制是可能无法确保每个生成的画像都精确符合特定场景的需求，有时需要后续的手动调整和优化。

（3）现实对齐：现实对齐方法则是直接利用现实世界数据集中的用户信息来构建每

㊀ 该提示语句为原文提示语句的翻译版本。

个智能体的用户画像。这种方法通过提取真实数据集中的信息，并将其转换为适合智能体使用的格式，从而确保智能体的行为反映真实世界的复杂性和多样性。

例如，在 Lisa 等人的工作[58] 中，作者使用美国国家选举研究（ANES）的数据，按参与者的人口学背景（如种族/族裔、性别、年龄和居住州）为基于 GPT-3 的智能体分配用户画像。这种方法的优势在于能够精确地反映真实世界中的人群分布，使得智能体的行为在社会模拟研究中更加真实和可靠。

尽管大多数研究倾向于选择上述方法中的某一种来构建用户画像，但在实践中，结合使用不同的方法往往能够取得更好的效果。例如，在基于智能体的社会模拟中，除了利用真实数据构建基本的用户画像外，还可以通过模型生成方法添加特定属性的智能体，以研究特定社会干预措施的潜在影响。

根据美国国家选举研究中参与者的人口背景（如种族/族裔、性别、年龄和居住州）为每一个基于 GPT-3 模型的智能体分配用户画像，并基于此研究 GPT-3 能否根据给定用户画像在同样任务场景下生成与人类相似的结果。相比于人工构造和模型生成的方法，现实对齐方法能够更加真实地反映现实场景中人群的用户画像分布，从而使智能体行为与现实世界更加贴合，在社会模拟研究中广泛采用。

虽然大多数基于大语言模型的自主智能体工作通常只采用上述的其中一种用户画像生成策略，但是在实际应用中，结合使用不同方法可能更为科学有效。比如，在基于智能体的社会模拟研究中，除了利用真实数据进行模拟外，人们也可以定向修改其中某些智能体的用户画像或者添加具有特定用户画像的智能体，可以定向研究对社会进行特定干预带来的潜在影响等。用户画像模块的精确构建是实现有效自主智能体的关键。通过采用手动构造、模型生成和现实对齐等方法，人们可以为智能体提供丰富、多维度的背景设定，从而增强其在复杂环境中的适应性和互动真实性。

2. 记忆模块

记忆模块是智能体从外部环境获取、存储和处理信息的关键部分。类似于人类大脑的记忆系统，智能体的记忆模块记录下每一次动作执行的感知和体验。这些记录不仅仅是静态的数据存储，它们为智能体提供了一个动态的决策和学习的基础。人们可以将其视为智能体的经验库，帮助智能体根据以往的经验做出更加精准和合理的判断，从而更有效地应对外界的变化，并使得智能体能持续学习和进化。

现在的问题是：在基于大语言模型的自主智能体中，人们如何表示其记忆信息，以及如何修改和使用其记忆信息。下面内容将分别介绍记忆架构和记忆操作。

（1）记忆架构：智能体的记忆架构通常参考认知科学领域对人类记忆过程的研究。人类记忆遵循一定的过程：从感觉记忆（对感知输入的初步存储，持续约 0.25s 到 4s），到短期记忆（保持部分信息在激活状态，持续约 20s），再到长期记忆（信息在大脑内得到巩固，可以持续几天到几年）。因此，智能体的记忆模块通常分为短时记忆和长时记忆两个部分。

1）短时记忆：短时记忆在智能体中扮演着类似于人类工作记忆的角色，处理当前任务中的即时信息。在实际应用中，短时记忆通常实现将实时的环境数据和交互输入临时存储在一个易于访问的格式中，例如，直接将这些信息拼接到大语言模型的输入提示中。这使得智能体能够利用其语言模型的上下文理解能力，快速响应当前的环境变化。

2）长时记忆：这部分存储更广泛和更持久的知识，例如过往的经验、学习到的事实或操作技能。长期记忆可以通过多种格式实现。

① 自然语言：使用自然语言描述智能体的行为和观察，保留丰富的语义信息，帮助智能体全面理解和回应。

② 向量表示：将记忆信息转换成文本向量，虽然可能会有信息压缩，但提高了记忆检索和读取的效率。

③ 结构化三元组：记忆信息以结构化三元组的形式存储，使得智能体可以高效、简洁地存取和表达记忆中的关系和语义信息。

在这里只介绍了几种最典型的长时记忆存储格式，但值得注意的是，还有许多未涵盖的格式。举个例子，Voyager 系统采用编程代码的格式来存储记忆，而像 OpenAI API 这样的平台通常采用键值-值的存储方法，其中键值部分采用向量表示以提高检索效率，值部分采用自然语言格式以保证信息的完整性。

（2）记忆操作：在实际应用中，基于大语言模型的自主智能体记忆模块采用三个关键的记忆操作：记忆读取、记忆写入和记忆反思，来在其规划和执行与记忆模块中的信息进行交互。下文将详细介绍这三个操作。

1）记忆读取：记忆读取是从记忆模块中提取对智能体即将进行的规划和执行有意义的信息的过程。有效的记忆读取策略依赖于准确评估记忆中每条信息的价值，通常涉及以下三个标准。

① 时效性（recency）：表示信息的新近程度。

② 相关性（relevance）：表示信息与当前任务或上下文的关联程度。

③ 重要性（importance）：反映记忆本身的重要程度。

这些标准可以通过一个加权的价值计算函数来实现，如式 (9-12) 所示：

$$m^* = \arg\min_{m \in M} \alpha s^{\text{rec}}(q, m) + \beta s^{\text{rel}}(q, m) + \gamma s^{\text{imp}}(m) \tag{9-12}$$

式中，q 是查询条件，如智能体当前的任务或上下文信息，M 是记忆的集合，s^{rec}、s^{rel}

和 s^{imp} 分别是用于衡量记忆 m 的时效性、相关性和重要性的评分函数，α、β 和 γ 是用来平衡这三个标准的参数。通过调整权重参数 α、β 和 γ，智能体可以灵活地调整这些标准的重要性。例如，一个智能体可能需要回忆特定客户的购买历史来推荐新产品，此时它会根据相关性和时效性来选择最有用的记忆。

2）记忆写入：记忆写入涉及将智能体的行动和感知信息存储到记忆模块中。主要的挑战包括信息整合和存储管理：

① 信息整合：如何处理与现有记忆重复的信息。通常，相似记忆会被整合，利用模型的总结能力压缩成新的条目。

② 存储管理：当记忆达到存储上限时，必须决定哪些旧记忆被新记忆覆盖。这可能采用用户指定的策略或自动化的先进先出（FIFO）策略。

3）记忆反思：记忆反思使智能体能够像人类一样审视和评估自己的认知、情感和行为。这个过程允许智能体从自身的活动和外部交互中提炼出更高层次的认识，促进深度学习和自我进化。例如，Generative Agent[54] 根据最近的记忆生成三个关键问题，然后用生成的问题在记忆模块中检索相关信息。根据这些检索到的记忆信息，智能体会调用大语言模型生成五个对这些信息的更高层次的认知。例如，低层次的记忆“克劳斯·穆勒正在写研究论文”“克劳斯·穆勒在与图书管理员交流讨论下一步的研究计划”和“克劳斯·穆勒正在与阿伊莎汗讨论他的研究内容”可以得出更高层次的认知“克劳斯·穆勒致力于他的研究”。同时，Generative Agent 让记忆反思的过程可以层次化进行，从而可以更进一步生成更高层次的认知。

记忆模块的有效运用对于大模型自主智能体至关重要，它不仅帮助智能体存储和利用信息，更支持其学习和决策过程。通过精心设计记忆读取、写入和反思的机制，研究人员可以使智能体在执行任务时更加智能和高效，更好地适应复杂多变的现实世界环境。

3. 推理规划模块

推理规划模块是自主智能体系统中至关重要的组成部分，它赋予智能体能够像人类一样处理复杂任务的能力。通过将大型任务分解为更简单、更易管理的子任务，智能体可以有效地规划其行动并逐步完成整体目标。

事实上，研究人员可以用 9.2.3 节介绍的思维链推理方法，让基于大语言模型的自主智能体在开始完成任务之前对任务进行推理规划。在这种方法中，智能体首先对任务进行深入分析，然后生成一系列的子任务或步骤，每一步都是任务完成过程中的一个逻辑单元。假设智能体需要组织一个国际会议，它可能首先将任务分解为：确定会议主题、选择日期、预订场地、邀请演讲者、发布会议通知等子任务，每个子任务都可以进一步细化和规划。

然而，在许多现实世界场景中，自主智能体遇到的任务可能无法在执行之前生成完美的执行计划。原因在于现实环境的复杂性，计划的执行可能受到不可预测的变化，如环境变化、人类反馈等，这时简单地执行原先制定的计划可能无法做到，也完成不了最初的任务。实际上，在现实世界中，当人类完成一项复杂任务时，人们通常会根据外部反馈反复制定和修改他们的计划。这个思考–行动–观察三元组的推理规划环节会被大语言模型执行多次，从而使得大语言模型可以在每一次执行时根据外部反馈重新调整计划，直到任务完成。

为了使自主智能体拥有根据外部反馈动态进行推理规划的能力，ReAct[59] 将思维链推理的思想与智能体执行–反馈的机制相结合，提出使用思考–行动–观察三元组的形式进行推理规划。如图 9-11 所示，给定问题“除了 Apple Remote 之外，还有什么其他设备可以控制最初设计用 Apple Remote 交互的程序?”，ReAct 首先生成高层次推理和规划的思考语句（“我需要搜索 Apple Remote 并找到最初设计用它来交互的程序。”），然后根据思考语句生成对应的行动［“Search(Apple Remote)”］，接着在现实环境中执行行动并获取环境反馈（“Apple Remote 是 Apple 于 2005 年 10 月推出的遥控器……最初设计用于控制 Front Row 媒体中心程序……”）。这个思考–行动–观察三元组的推理规划环节会被大语言模型执行多次，从而使得大语言模型可以在每一次执行时根据外部反馈重新调整计划，直到任务完成。

随着自主智能体技术的发展，后续许多基于大模型自主智能体的应用都开始采用类似的框架，但根据实际应用场景设计了不同的反馈形式：

（1）Voyager[60] 在 Minecraft 探索世界学习技能的过程中，利用代码执行的中间结果、错误反馈和自我验证的结果来动态调整探索学习计划。

（2）Ghost[61] 在交互式游戏或模拟环境中，根据环境状态和行动的成败来调整游戏策略。

（3）Inner Monologue[62] 在虚拟现实或增强现实应用中，使用人类描述的 3D 场景信息来更新任务规划，以适应用户的视觉输入。

推理规划模块不仅增强了自主智能体的任务处理能力，也提高了其适应性和灵活性。通过结合动态反馈机制，智能体可以在复杂多变的环境中更加有效地执行任务，从而在接近人类水平的智能表现上迈出了重要的一步。

4. 决策模块

决策模块是自主智能体系统中的关键部分，负责将智能体的推理和计划转换成具体的行动。这一模块确保智能体的思考能够实际影响其所处环境，通过执行具体的任务来响应外部变化。

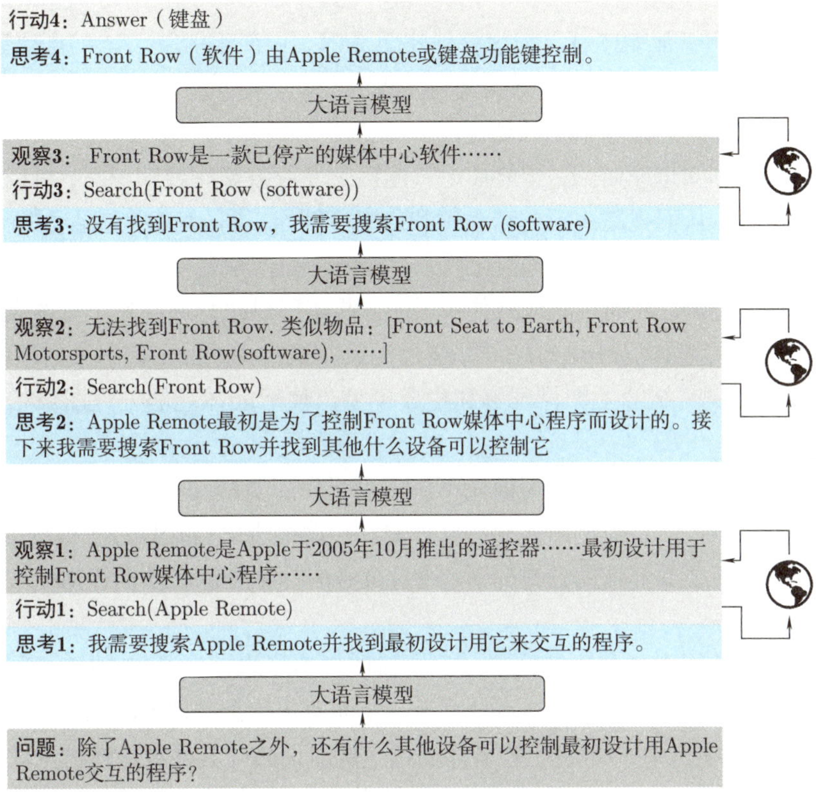

图 9-11 ReAct 智能体推理框架

注：该例子根据 ReAct 原文例子重画。

在 ReAct 框架中，决策是紧接着推理规划生成的。例如，智能体通过高层次的思考来规划任务，然后直接转化这些思考为具体的行动指令。这种模式确保了智能体的行动紧密对应其内部的推理过程，提高了响应的准确性和效率。图 9-11 在生成高层次推理和规划的思考语句（“我需要搜索 Apple Remote 并找到最初设计用它来交互的程序。”）后，ReAct 继续根据思考语句生成对应的行动［“Search (Apple Remote)”］并在环境中执行并获取了环境反馈。除了 ReAct 框架之外，目前也有一些自主智能体框架（如 XAgent㊀），选择将推理规划与决策模块解耦，以增强智能体的灵活性和应对突发事件的能力。这种设计允许智能体在不断变化的环境中快速适应，并根据实时数据更新其决策。

㊀ https://x-agent.net/.

在构建智能体时，确定其可执行的行动空间是决策模块设计的关键。以下是几种典型的行动方式。

（1）API 调用：智能体可以利用各种外部 API，如搜索引擎 API、自动翻译 API、数值计算 API 等，来扩展其功能并实现与外界的交互。例如，WebGPT[63] 通过调用网络服务来增强智能体的信息获取和处理能力。

（2）数据库和知识库访问：智能体通过连接到专业数据库或知识库，可以获取详尽的领域特定信息，从而提高决策的精确性和效率。例如，ChatDB[64] 通过执行 SQL 查询来解答复杂的数据驱动问题。

（3）其他模型调用：通过集成其他模型，智能体可以执行那些超出基本大语言模型能力范围的任务。例如，ViperGPT[65] 通过生成并执行 Python 代码来处理编程任务；Visual ChatGPT[66] 结合了图像理解和生成模型，使智能体能够处理图像相关的多模态任务。

在大模型自主智能体中，决策模块不仅依赖于外部 API 进行信息处理和任务执行，它还能够充分利用大语言模型内置的语言理解和生成能力来自行处理各种任务。这种能力使智能体在不需要外部辅助的情况下，通过自身的计算资源和预训练知识来完成复杂的决策和执行任务。

智能体的对话能力是其决策执行过程中的核心功能之一。通过生成高质量的对话，智能体能与人类用户或其他智能体有效交流，从而收集信息、理解需求并调整行为。例如，在 ChatDev 项目中[52]，自主智能体通过生成对话来与其他智能体讨论软件开发问题，这种互动使得各智能体可以基于交流内容进行深入的思考和策略调整。另一个例子是 RLP 项目[67]，在这个系统中，智能体通过生成与听众智能体的对话，分析并利用对方的潜在反馈来优化未来的交流和决策过程。

智能体的常识理解能力是其决策模块的另一个关键组成部分。这一能力使得智能体能够理解其所处的环境和上下文，从而生成适应当前状况的高层次想法和策略。例如，Generative Agent 项目利用大语言模型的庞大知识库和理解能力，来精确把握当前的任务状态和环境变化，从而制定出更合适的行动计划。类似地，RecAgent 和 S3 项目[68]等都展示了如何利用大语言模型的常识理解能力来模拟用户推荐和社交行为，通过这种方式，智能体可以提供更人性化和个性化的交互体验。

通过内部的语言处理和常识理解能力，大模型自主智能体不仅能够与外部实体进行有效交互，还能够独立处理复杂的任务和决策。这种能力的运用极大地提升了智能体的自主性和灵活性，使其在没有外部支持的情况下也能有效执行任务。随着技术的进步，人们可以期待智能体在更多领域展现出更高的自主决策和执行能力。

9.3.2 大模型自主智能体应用

这一小节介绍基于大语言模型的自主智能体（除了作为智能助手以外）的典型应用。

大模型的自主智能体已经开始在心理学、政治学、经济学以及社会模拟等多个社会科学领域发挥重要作用。这些智能体不仅可以模拟复杂的人类行为，还能在实验和研究中提供新的方法和视角。

1. 社会科学

社会科学㊀研究人类社会及其个体间的复杂互动。利用大模型自主智能体，研究者们可以模拟和分析这些互动，从而在没有真实人类参与的情况下，对社会行为和社会结构进行深入研究。

（1）心理学：自主智能体在心理学领域的应用越来越广泛，它们不仅能够参与模拟实验，还能提供实际的心理健康支持。例如，Aher 等人的研究[69] 展示了如何利用大模型自主智能体模拟不同的心理实验。通过设定不同的用户画像，智能体能够在受控环境中复现人类实验参与者的行为，这不仅帮助研究者理解人类心理动态，还可以在预测实验设计中找到潜在的问题。Ma 等人的工作[70] 则探讨了大模型自主智能体在提供心理健康支持方面的潜力。他们发现，智能体能有效帮助用户处理焦虑、社交孤立和抑郁等问题，提供日常的情感支持和策略建议，这对于资源有限或难以获取传统心理健康服务的地区尤其重要。

（2）政治和经济学：在政治和经济学领域，自主智能体同样展现出了其独特的研究价值。在 Argyle 等人的研究[58] 中，智能体被用来进行意识形态检测和选举投票预测。通过分析智能体的行为和对话，研究者可以得到关于政治偏好和选民行为的洞见，这对于理解选举动态和优化政治策略具有重要意义。Horton[71] 则利用多个大模型自主智能体来模拟人类社会中的经济行为。通过设定不同的经济环境和政策变化，研究者可以观察智能体如何响应市场变动，从而预测现实世界中可能的经济趋势。

（3）社会模拟：社会模拟是一个强大的工具，它允许研究者在控制的虚拟环境中探索和理解复杂的社会互动和现象。通过自主智能体，可以创建高度逼真的社会模拟，这些模拟可以用来测试社会理论、预测人类行为的结果，或者探索可能的社会结构和政策改革的效果。例如，Social Simulacra[72] 和文献 [68] 为 S^3 项目通过部署多个大模型自主智能体来模拟一个在线社交社区，分析如信息传播、群体行为和社会影响等现象。Generative Agents[54] 和 AgentSims[73] 则创建了一个虚拟小镇，其中智能体模拟日常生活中的各种社会交互，如邻里关系、消费行为及社区服务，提供了一个独特的视角来

㊀ https://en.wikipedia.org/wiki/Social_science.

观察和分析社会动态。这些模拟不仅能够帮助研究者在不需要现实世界实验的条件下测试假设，还可以在道德和成本上更可行地探索敏感或复杂的社会问题。

（4）法学：在法学领域，自主智能体提供了一个新的途径来改善和增强法律决策的过程，特别是在提升决策的透明度、一致性和可解释性方面。例如，Blind Judgement[74]项目利用多个大模型自主智能体模拟法官的决策过程。在这个系统中，每个智能体代表一个法官的决策逻辑，它们独立评估案件，然后通过一个设计精良的投票机制来整合所有智能体的意见，最终形成一个集体判断。这种方法不仅增加了法律判断的公正性，还提高了判决的质量，因为它综合了多种观点和专业知识。这种自主智能体的应用可以帮助法律专业人士更好地理解案件的各种可能解释，并为制定更公正的法律决策提供支持。

2. 自然科学

自然科学[㊀]是探索自然现象的学科，它涵盖了从基础物理学到复杂生物学的广泛领域。在这一领域中，大模型自主智能体正在变革传统的研究方法，提供了新的工具来收集数据、进行实验和教育。

（1）文献管理：在自然科学研究中，有效管理文献是一个关键且耗时的任务。自主智能体可以通过访问互联网和数据库来自动化这一过程，极大地提高研究效率。例如，Boiko 等人的研究[75] 展示了大模型自主智能体如何通过互联网查询来辅助问答和实验计划，从而提升科学研究的质量和速度。ChatMOF 项目[76] 利用大模型自主智能体从科学文献中提取关键信息，并用这些信息来预测金属有机框架的性质和结构，这在材料科学领域尤为重要。ChemCrow[77] 通过智能体访问化学数据库，验证化学合成的准确性，并鉴别潜在的危险化学品，增强实验的安全性和可靠性。

（2）实验助理：大模型自主智能体作为实验助理，能够独立设计和执行复杂的科学实验，这不仅减少了实验过程中的人力成本，还可以提高实验的精确性和重复性。例如，Boiko 等人的研究[75] 中，智能体不仅设计实验，还能规划并执行整个实验过程，从实验准备到数据收集和分析。ChemCrow[77] 的智能体能够提供实验操作建议，并警示潜在的安全风险，为化学研究提供了重要的安全保障。

（3）自然科学教育：大模型自主智能体在自然科学教育中的应用，通过其对话能力，可以为学习者提供交互式学习体验。例如，Math Agents[78] 项目中，大模型自主智能体帮助研究人员探索和解决数学问题，通过对话与人类交流，增进学习者对数学概念的理解。Drori 等人的工作[79] 利用 CodeX 的大模型自主智能体自动解决和解释大学级数学问题，为学生和研究人员提供直观的学习和研究支持。EduChat[80] 提供定制化的教育支持，通过对话方式为教师、学生和家长提供个性化、公平、富有同情心的教育咨

㊀ https://en.wikipedia.org/wiki/Natural_science.

询服务。

3. 工程学

工程学㊀是应用自然科学和数学原理解决技术问题的学科，旨在提高工作效率和生产力。大模型自主智能体在此领域的运用可以显著优化设计流程、增强开发效率，并提升工程质量。

（1）土木工程：在土木工程中，自主智能体可以用于设计和优化复杂的基础设施项目，如建筑物、桥梁、大坝和道路等。例如，Mehta 等人的研究[81] 中，展示了一个交互式框架，其中人类建筑师与自主智能体在 3D 模拟环境中合作设计结构。这种合作模式不仅提升了设计的创新性和效率，还能在设计阶段即时解决潜在的结构问题。

（2）计算机科学：自主智能体在计算机科学领域中的应用主要集中在代码的自动生成、测试、调试以及文档生成。例如，ChatDev[52] 项目提出了一个大模型多智能体框架，智能体们通过对话交流和协作完成软件开发任务。这种方法使得开发过程更为动态和灵活，能够适应快速变化的项目需求。MetaGPT[82] 构建了一系列智能体角色，包括产品经理、架构师、项目经理和工程师，以监督代码生成过程并提高代码质量。这种角色分配增强了项目管理的效率，并确保了生成代码的实用性和可维护性。LLIFT[83] 利用大模型自主智能体协作进行代码静态分析，识别和修复潜在的代码漏洞。这不仅提高了软件的安全性，还加快了开发周期，减少了维护成本。

（3）自动化：自动化是工业和技术领域中一个不断进步的分支，它致力于通过智能系统来优化生产过程和提高效率。大模型自主智能体在此领域的应用展示了其潜力，特别是在生产任务的智能规划和控制方面。例如，Xiad 等人的研究[84] 展示了大模型自主智能体与数字孪生系统的集成，其中智能体能够协调一系列原子功能和技能，自动化完成多层级的生产任务。这种集成应用适应了灵活多变的生产需求，提高了生产流程的智能化水平。IELLM[85] 在石油和天然气行业的应用中测试了 ChatGPT 的性能，如岩石物理建模、声波反射测量和连续管控制等。此外，该智能体还能生成数学模型解决偏微分方程，将理论应用于不同场景，展示了自主智能体在专业技术领域的实用性和灵活性。

（4）机器人学：在机器人学中，自主智能体不仅能进行复杂的规划和推理，还能实现真实环境中的精确操作和协作。例如，Dasgupta 等人的工作[86] 提出了一个用于实体推理和任务规划的统一智能体系统。该系统设计了高级命令以实现更精细的推理规划，并通过底层控制器将这些命令转化为动作，以在真实环境中执行。Nottingham 和 Wu 等人的研究[87-88] 使用大模型自主智能体进行实体决策和探索。他们的智能体能生成可执行的计划，利用多种技能完成长期任务，体现了智能体在处理复杂环境和任务中的适

㊀ https://en.wikipedia.org/wiki/Engineering.

应性和创新性。SayCan[89] 项目利用大模型自主智能体操纵移动机器人，执行各种操纵和导航技能。该项目展示了智能体掌握的广泛技能，如拾取、放置、倾倒、抓取和操纵物体等，彰显了其在机器人技能学习和应用中的前沿地位。

9.4 本讲小结

本讲系统地探讨了大语言模型的适配技术和大模型自主智能体的构建及应用。首先介绍了大语言模型在自然语言处理领域中适配任务的基本策略，包括全参数微调、高效参数微调和提示学习。接下来，在自主智能体的构建方面，详细介绍了用户画像模块、记忆模块、推理规划模块和决策模块的设计原理和实际应用。每个模块的功能都是为了使智能体能更好地理解环境、存储信息、进行逻辑推理和执行具体决策。最后，本讲展示了大模型自主智能体在社会科学、自然科学和工程学等领域的多种应用。这些应用示例不仅显示了大模型自主智能体处理复杂任务的能力，也展示了其在实际应用中的广泛潜力。本讲内容的组织旨在通过介绍基本原理、技术策略和应用案例，全面展示大语言模型适配技术和自主智能体的构建与应用。随着技术的不断发展和优化，预计未来大模型自主智能体将在更多领域发挥关键作用，推动自然语言处理和智能决策领域的创新发展。

9.5 延伸阅读

随着大语言模型在各行业中的广泛应用，隐私保护成为不可忽视的重点问题。大语言模型的训练微调数据通常来自互联网，包含了大量个人信息。如果不加以适当处理，这些信息可能会被无意中泄露，导致用户隐私的侵犯[90-92]。例如，一个医疗智能助手若无意间泄露患者的健康数据，将会带来严重的后果。因此，开发者必须在模型训练和应用过程中，严格遵守隐私保护规范，采用技术手段如数据匿名化、差分隐私等，确保用户的信息安全。

在安全性方面，大语言模型适配技术和自主智能体也面临着诸多挑战。首先，模型可能会产生有害或不适当的内容，误导用户或带来负面影响[93]。其次，模型可能被恶意利用，例如，通过生成虚假信息进行网络攻击或诈骗[94]。因此，在设计和部署大语言模型时，必须加强内容审核和过滤机制，预防潜在的安全风险。此外，模型的安全性还需要在数据传输和存储过程中得到保证，以防止数据被窃取或篡改。

公平性是大语言模型和自主智能体技术需要解决的另一个关键问题。由于模型的训练数据来自互联网，可能包含偏见或不公平的内容，导致模型在决策或生成内容时反映出这些偏见[95]。例如，一个招聘智能助手可能会无意中基于性别、种族或年龄等因素对求职者产生偏见。这不仅会损害个人权益，也会带来社会的不公平。因此，开发者必须在数据选择和模型训练过程中，审慎处理数据偏见问题，确保模型的输出结果公平、公正。

大语言模型适配技术与自主智能体的应用前景广阔，但其带来的隐私、安全和公平性问题同样不容忽视。为了实现这些技术的良性发展，开发者需要在模型的设计和应用过程中，全面考虑并解决这些问题。此外，监管机构和社会各界也应加强对这些技术的监督和指导，确保其应用符合道德规范和法律法规，从而最大程度地发挥其积极作用，促进社会的进步与发展。

9.6 课后习题

习题 1. 描述大语言模型参数微调的基本过程，并讨论全参数微调与高效参数微调的主要区别。

习题 2. 解释提示学习在大语言模型中的应用，并给出一个例子说明如何为一个特定的自然语言处理任务设计任务指令提示。

习题 3. 思维链推理提示在解决复杂推理任务中扮演了什么角色？请举例说明它如何帮助模型生成更具解释性的答案。

习题 4. 讨论在自主智能体的用户画像模块中，手工设计、模型生成和现实对齐三种方法的优缺点。

习题 5. 描述自主智能体记忆模块的工作原理，并解释记忆读取、写入和反思三个操作在智能体决策中的作用。

习题 6. 推理规划模块在自主智能体中如何帮助实现动态任务规划？请结合 ReAct 方法进行说明。

习题 7. 选择一个基于大语言模型的自主智能体应用案例，详细描述其在特定任务上的应用流程，包括用户画像构建、记忆模块操作、推理规划和决策执行等步骤。

习题 8. 讨论如何评估一个基于大语言模型的自主智能体的性能，包括其在特定任务上的表现以及在长时间运行中的稳定性和适应性。

参考文献

[1] DING N, QIN Y, YANG G, et al. Delta tuning: A comprehensive study of parameter efficient methods for pre-trained language models[J]. arXiv preprint arXiv:2203.06904, 2022.

[2] HOULSBY N, GIURGIU A, JASTRZEBSKI S, et al. Parameter-efficient transfer learning for NLP[C]//CHAUDHURI K, SALAKHUTDINOV R. Proceedings of the 36th International Conference on Machine Learning. Long Beach: PMLR, 2019: 2790-2799.

[3] RÜCKLÉ A, GEIGLE G, GLOCKNER M, et al. Adapterdrop: On the efficiency of adapters in transformers[C]//MOENS M, HUANG X, SPECIA L, et al. Proceedings of the 2021 Conference on Empirical Methods in Natural Language Processing, EMNLP 2021. Punta Cana, Dominican Republic: ACL, 2021: 7930-7946.

[4] SUNG Y L, CHO J, BANSAL M. Lst: Ladder side-tuning for parameter and memory efficient transfer learning[J]. arXiv preprint arXiv:2206.06522, 2022.

[5] MAHABADI R K, HENDERSON J, RUDER S. Compacter: Efficient low-rank hypercomplex adapter layers[C]//RANZATO M, BEYGELZIMER A,DAUPHIN Y N, et al.Proceedings of the Annual Conference on Neural Information Processing Systems 2021. Red Hook: Curran Associates Inc,: 2021: 1022-1035.

[6] LI X L, LIANG P. Prefix-tuning: Optimizing continuous prompts for generation [C]//ZONG C, XIA F, LI W, et al. Proceedings of the 59th Annual Meeting of the Association for Computational Linguistics and the 11th International Joint Conference on Natural Language Processing, ACL/IJCNLP 2021, (Volume 1: Long Papers). [S.l.]: ACL, 2021: 4582-4597.

[7] LESTER B, AL-RFOU R, CONSTANT N. The power of scale for parameter-efficient prompt tuning[C]//MOENS M, HUANG X, SPECIA L, et al. Proceedings of the 2021 Conference on Empirical Methods in Natural Language Processing, EMNLP 2021. Punta Cana, Dominican Republic: ACL, 2021: 3045-3059.

[8] GU Y, HAN X, LIU Z, et al. PPT: pre-trained prompt tuning for few-shot learning [C]//MURESAN S, NAKOV P, VILLAVICENCIO A. Proceedings of the 60th Annual Meeting of the Association for Computational Linguistics (Volume 1: Long Papers), ACL 2022. Dublin, Ireland: ACL, 2022: 8410-8423.

[9] ZAKEN E B, GOLDBERG Y, RAVFOGEL S. Bitfit: Simple parameter-efficient fine-tuning for transformer-based masked language-models[C]//MURESAN S, NAKOV P, VILLAVICENCIO A. Proceedings of the 60th Annual Meeting of the Association for Computational Linguistics (Volume 2: Short Papers), ACL 2022. Dublin, Ireland: ACL,2022: 1-9.

[10] HENDRYCKS D, GIMPEL K. Gaussian error linear units (gelus)[J]. arXiv preprint arXiv:1606.08415, 2016.

[11] GUO D, RUSH A M, KIM Y. Parameter-efficient transfer learning with diff pruning[C]//ZONG C, XIA F, LI W, et al. Proceedings of the 59th Annual Meeting of the Association for Computational Linguistics and the 11th International Joint Conference on Natural Language Processing, ACL/IJCNLP 2021, (Volume 1: Long Papers). [S.l.]: ACL, 2021: 4884-4896.

[12] HU E J, SHEN Y, WALLIS P, et al. Lora: Low-rank adaptation of large language models[J]. arXiv preprint arXiv: 2106.09685, 2021.

[13] LIU P, YUAN W, FU J, et al. Pre-train, prompt, and predict: A systematic survey of prompting methods in natural language processing[J]. arXiv preprint arXiv:2107.13586, 2021.

[14] BROWN T B, MANN B, RYDER N, et al. Language models are few-shot learners[J].arXiv preprint arXiv: 2005.14165, 2020.

[15] PETRONI F, ROCKTÄSCHEL T, RIEDEL S, et al. Language models as knowledge bases?[J]. arXiv preprint arXiv:1909.01066, 2019.

[16] YIN W, HAY J, ROTH D. Benchmarking zero-shot text classification: Datasets, evaluation and entailment approach[C]//INUI K, JIANG J, NG V, et al. Proceedings of the 2019 Conference on Empirical Methods in Natural Language Processing and the 9th International Joint Conference on Natural Language Processing, EMNLP-IJCNLP 2019. Hong Kong, China: ACL, 2019: 3912-3921.

[17] CUI L, WU Y, LIU J, et al. Template-based named entity recognition using BART[C]//ZONG C, XIA F, LI W, et al. Findings of ACL: ACL/IJCNLP 2021 Findings of the Association for Computational Linguistics. [S.l.]: ACL, 2021: 1835-1845.

[18] JIANG Z, XU F F, ARAKI J, et al. How can we know what language models know?[J]. Transactions of the Association for Computational Linguistics, 2020, 8: 423-438.

[19] YUAN W, NEUBIG G, LIU P. Bartscore: Evaluating generated text as text generation[C]//RANZATO M, BEYGELZIMER A, DAUPHIN Y N, et al. Proceedings of the Annual Conference on Neural Information Processing Systems 2021, NeurIPS 2021.[S.l.]: Red Hook: Curran Associates Inc, 2021: 27263-27277.

[20] HAVIV A, BERANT J, GLOBERSON A. Bertese: Learning to speak to BERT[C]//MERLO P, TIEDEMANN J, TSARFATY R. Proceedings of the 16th Conference of the European Chapter of the Association for Computational Linguistics: Main Volume, EACL 2021.[S.l.]: ACL, 2021: 3618-3623.

[21] GAO T, FISCH A, CHEN D. Making pre-trained language models better few-shot learners[C]//ZONG C, XIA F, LI W, et al. Proceedings of the 59th Annual Meeting of the Association for Computational Linguistics and the 11th International Joint Conference on Natural Language Processing, ACL/IJCNLP 2021, (Volume 1: Long Papers). [S.l.]: ACL, 2021: 3816-3830.

[22] BEN-DAVID E, OVED N, REICHART R. Pada: A prompt-based autoregressive approach for adaptation to unseen domains[J]. arXiv preprint arXiv:2102.12206, 2021.

[23] WALLACE E, FENG S, KANDPAL N, et al. Universal adversarial triggers for attacking and analyzing NLP[C]//INUI K, JIANG J, NG V, et al. Proceedings of the 2019 Conference on Empirical Methods in Natural Language Processing and the 9th International Joint Conference on Natural Language Processing, EMNLP-IJCNLP 2019. Hong Kong, China: ACL, 2019: 2153-2162.

[24] SHIN T, RAZEGHI Y, IV R L L, et al. Autoprompt: Eliciting knowledge from language models with automatically generated prompts[C]//WEBBER B, COHN T, HE Y, et al. Proceedings of the 2020 Conference on Empirical Methods in Natural Language Processing, EMNLP 2020. [S.l.]: ACL, 2020: 4222-4235.

[25] HAN X, ZHAO W, DING N, et al. Ptr: Prompt tuning with rules for text classification[J]. arXiv preprint arXiv:2105.11259, 2021.

[26] CHEN X, ZHANG N, XIE X, et al. Knowprompt: Knowledge-aware prompt-tuning with synergistic optimization for relation extraction[C]//LAFOREST F, TRONCY R, SIMPERL E, et al. WWW '22: The ACM Web Conference 2022. Lyon, France: ACM, 2022: 2778-2788.

[27] SCHICK T, SCHMID H, SCHÜTZE H. Automatically identifying words that can serve as labels for few-shot text classification[C]//Proceedings of COLING. 2020.

[28] YU Z, GAO T, ZHANG Z, et al. Automatic label sequence generation for prompting sequence-to-sequence models[J]. arXiv preprint arXiv:2209.09401, 2022.

[29] HU S, DING N, WANG H, et al. Knowledgeable prompt-tuning: Incorporating knowledge into prompt verbalizer for text classification[C]//MURESAN S,NAKOV P, VILLAVICENCIO A. Proceedings of the 60th Annual Meeting of the Association for Computational Linguistics (Volume 1: Long Papers), ACL 2022. Dublin, Ireland: ACL, 2022: 2225-2240.

[30] CUI G, HU S, DING N, et al. Prototypical verbalizer for prompt-based few-shot tuning[C]//MURESAN S, NAKOV P, VILLAVICENCIO A. Proceedings of the 60th Annual Meeting of the Association for Computational Linguistics (Volume 1: Long Papers), ACL 2022. Dublin, Ireland: ACL, 2022: 7014-7024.

[31] DING N, CHEN Y, HAN X, et al. Prompt-learning for fine-grained entity typing[J]. arXiv preprint arXiv:2108.10604, 2021.

[32] WEI J, WANG X, SCHUURMANS D, et al. Chain-of-thought prompting elicits reasoning in large language models[J]. Advances in Neural Information Processing Systems, 2022, 35: 24824-24837.

[33] WANG X, WEI J, SCHUURMANS D, et al. Self-consistency improves chain of thought reasoning in language models[J]. arXiv preprint arXiv:2203.11171, 2022.

[34] ZELIKMAN E, WU Y, GOODMAN N D. STaR: Bootstrapping reasoning with reasoning[J]. arXiv preprint arXiv:2203.14465, 2022.

[35] YAO S, YU D, ZHAO J, et al. Tree of thoughts: Deliberate problem solving with large language models[J]. arXiv preprint arXiv:2305.10601, 2023.

[36] BESTA M, BLACH N, KUBICEK A, et al. Graph of thoughts: Solving elaborate problems with large language models[J]. arXiv preprint arXiv:2308.09687, 2023.

[37] HAO S, GU Y, MA H, et al. Reasoning with language model is planning with world model[J]. arXiv preprint arXiv:2305.14992, 2023.

[38] WANG Y, JIANG Z, CHEN Z, et al. Recmind: Large language model powered agent for recommendation[J]. arXiv preprint arXiv:2308.14296, 2023.

[39] KOJIMA T, GU S S, REID M, et al. Large language models are zero-shot reasoners[J]. Advances in neural information processing systems, 2022, 35: 22199-22213.

[40] MNIH V, KAVUKCUOGLU K, SILVER D, et al. Human-level control through deep reinforcement learning[J]. Nature, 2015, 518(7540): 529-533.

[41] LILLICRAP T P, HUNT J J, PRITZEL A, et al. Continuous control with deep reinforcement learning[J]. arXiv preprint arXiv:1509.02971, 2015.

[42] SCHULMAN J, WOLSKI F, DHARIWAL P, et al. Proximal policy optimization algorithms[J]. arXiv preprint arXiv:1707.06347, 2017.

[43] HAARNOJA T, ZHOU A, ABBEEL P, et al. Soft actor-critic: Off-policy maximum entropy deep reinforcement learning with a stochastic actor[J]. arXiv preprint arXiv:1801.01290, 2018.

[44] RADFORD A, WU J, CHILD R, et al. Language models are unsupervised multitask learners[J]. OpenAI blog, 2019, 1(8): 9.

[45] ACHIAM J, ADLER S, AGARWAL S, et al. GPT-4 technical report[J]. arXiv preprint arXiv:2303.08774, 2023.

[46] ANTHROPIC. Model card and evaluations for claude models[EB/OL].[2024-04-20]. https://www-files.anthropic.com/production/images/Model-Card-Claude-2.pdf?ref=maginative.com.

[47] TOUVRON H, LAVRIL T, IZACARD G, et al. Llama: Open and efficient foundation language models[J]. arXiv preprint arXiv:2302.13971, 2023.

[48] TOUVRON H, MARTIN L, STONE K, et al. Llama 2: Open foundation and fine-tuned chat models[J]. arXiv preprint arXiv:2307.09288, 2023.

[49] CHEN X, LI S, LI H, et al. Generative adversarial user model for reinforcement learning based recommendation system[C]//CHAUDHURI K, SALAKHUTDINOV R. Proceedings of the 36th International Conference on Machine Learning. Long Beach, California, USA: PMLR, 2019: 1052-1061.

[50] QIN Y, LIANG S, YE Y, et al. ToolLLM: Facilitating large language models to master 16000+ real-world apis[J]. arXiv preprint arXiv:2307.16789, 2023.

[51] WANG L, MA C, FENG X, et al. A survey on large language model based autonomous agents[J]. arXiv preprint arXiv:2308.11432, 2023.

[52] QIAN C, CONG X, YANG C, et al. Communicative agents for software development[J]. arXiv preprint arXiv:2307.07924, 2023.

[53] CHEN W, SU Y, ZUO J, et al. Agentverse: Facilitating multi-agent collaboration and exploring emergent behaviors in agents[J]. arXiv preprint arXiv:2308.10848, 2023.

[54] PARK J S, O'BRIEN J C, CAI C J, et al. Generative agents: Interactive simulacra of human behavior[C]//UIST '23: In the 36th Annual ACM Symposium on User Interface Software and Technology (UIST '23). New York, NY, USA: Association for Computing Machinery, 2023.

[55] WANG L. Recagent[EB/OL]. [2024-04-20]. https://github.com/RUC-GSAI/YuLan-Rec.

[56] ZHANG H, DU W, SHAN J, et al. Building cooperative embodied agents modularly with large language models[J]. arXiv preprint arXiv:2307.02485, 2023.

[57] WANG L, ZHANG J, CHEN X, et al. Recagent: A novel simulation paradigm for recommender systems[J]. arXiv preprint arXiv:2306.02552, 2023.

[58] ARGYLE L P, BUSBY E C, FULDA N, et al. Out of one, many: Using language models to simulate human samples[J]. Political Analysis, 2023, 31(3): 337-351.

[59] YAO S, ZHAO J, YU D, et al. React: Synergizing reasoning and acting in language models[J]. arXiv preprint arXiv:2210.03629, 2022.

[60] WANG G, XIE Y, JIANG Y, et al. Voyager: An open-ended embodied agent with large language models[J]. arXiv preprint arXiv:2305.16291, 2023.

[61] ZHU X, CHEN Y, TIAN H, et al. Ghost in the minecraft: Generally capable agents for open-world enviroments via large language models with text-based knowledge and memory[J]. arXiv preprint arXiv:2305.17144, 2023.

[62] HUANG W, XIA F, XIAO T, et al. Inner monologue: Embodied reasoning through planning with language models[J]. arXiv preprint arXiv:2207.05608, 2022.

[63] NAKANO R, HILTON J, BALAJI S, et al. WebGPT: Browser-assisted question-answering with human feedback[J]. arXiv preprint arXiv:2112.09332, 2021.

[64] HU C, FU J, DU C, et al. Chatdb: Augmenting LLMs with databases as their symbolic memory[J]. arXiv preprint arXiv:2306.03901, 2023.

[65] SURÍS D, MENON S, VONDRICK C. ViperGPT: Visual inference via python execution for reasoning[J]. arXiv preprint arXiv:2303.08128, 2023.

[66] WU C, YIN S, QI W, et al. Visual chatgpt: Talking, drawing and editing with visual foundation models[J]. arXiv preprint arXiv: 2303.04671, 2023.

[67] FISCHER K A. Reflective linguistic programming (rlp): A stepping stone in socially-aware agi (socialagi)[J]. arXiv preprint arXiv:2305.12647, 2023.

[68] GAO C, LAN X, LU Z, et al. S3: Social-network simulation system with large language model-empowered agents[J]. arXiv preprint arXiv:2307.14984, 2023.

[69] AHER G V, ARRIAGA R I, KALAI A T. Using large language models to simulate multiple humans and replicate human subject studies[C]//KRAUSE A, BRUNSKILL E, CHO K, et al. Proceedings of the International Conference on Machine Learning. Honolulu, Hawaii: PMLR, 2023: 337-371.

[70] MA Z, MEI Y, SU Z. Understanding the benefits and challenges of using large language model-based conversational agents for mental well-being support[J]. arXiv preprint arXiv:2307.15810, 2023.

[71] FILIPPAS A, HORTON J J, MANNING B S. Large language models as simulated economic agents: What can we learn from homo silicus?[J].arXiv preprint arXiv: 2301.07543, 2023.

[72] PARK J S, POPOWSKI L, CAI C J, et al. Social simulacra: Creating populated prototypes for social computing systems[C]//AGRAWALA M, WOBBROCK J O, ADAR E, et al. Proceedings of the 35th Annual ACM Symposium on User Interface Software and Technology, UIST 2022. Bend, OR, USA: ACM, 2022, 74: 1-18.

[73] LIN J, ZHAO H, ZHANG A, et al. Agentsims: An open-source sandbox for large language model evaluation[J]. arXiv preprint arXiv:2308.04026, 2023.

[74] HAMILTON S. Blind judgement: Agent-based supreme court modelling with GPT[J]. arXiv preprint arXiv:2301.05327, 2023.

[75] BOIKO D A, MACKNIGHT R, GOMES G. Emergent autonomous scientific research capabilities of large language models[J]. arXiv preprint arXiv:2304.05332, 2023.

[76] KANG Y, KIM J. Chatmof: An autonomous ai system for predicting and generating metal-organic frameworks[J]. arXiv preprint arXiv:2308.01423, 2023.

[77] BRAN A M, COX S, WHITE A D, et al. ChemCrow: Augmenting large-language models with chemistry tools[J]. arXiv preprint arXiv:2304.05376, 2023.

[78] SWAN M, KIDO T, ROLAND E, et al. Math agents: Computational infrastructure, mathematical embedding, and genomics[J]. arXiv preprint arXiv:2307.02502, 2023.

[79] DRORI I, ZHANG S, SHUTTLEWORTH R, et al. A neural network solves, explains, and generates university math problems by program synthesis and few-shot learning at human level[J].arXiv preprint arXiv:2112.15594, 2021.

[80] DAN Y, LEI Z, GU Y, et al. Educhat: A large-scale language model-based chatbot system for intelligent education[J]. arXiv preprint arXiv:2308.02773, 2023.

[81] MEHTA N, TERUEL M, SANZ P F, et al. Improving grounded language understanding in a collaborative environment by interacting with agents through help feedback[J]. arXiv preprint arXiv:2304.10750, 2023.

[82] HONG S, ZHENG X, CHEN J, et al. MetaGPT: Meta programming for multi-agent collaborative framework[J]. arXiv preprint arXiv:2308.00352, 2023.

[83] LI H, HAO Y, ZHAI Y, et al. The hitchhiker's guide to program analysis: A journey with large language models[J]. arXiv preprint arXiv:2308.00245, 2023.

[84] XIA Y, SHENOY M, JAZDI N, et al. Towards autonomous system: flexible modular production system enhanced with large language model agents[J]. arXiv preprint arXiv:2304.14721, 2023.

[85] OGUNDARE O, MADASU S, WIGGINS N. Industrial engineering with large language models: A case study of ChatGPT's performance on oil & gas problems[J]. arXiv preprint arXiv:2304.14354, 2023.

[86] DASGUPTA I, KAESER-CHEN C, MARINO K, et al. Collaborating with language models for embodied reasoning[J]. arXiv preprint arXiv:2302.00763, 2023.

[87] NOTTINGHAM K, AMMANABROLU P, SUHR A, et al. Do embodied agents dream of pixelated sheep?: Embodied decision making using language guided world modelling[J]. arXiv preprint arXiv:2301.12050, 2023.

[88] WU Z, WANG Z, XU X, et al. Embodied task planning with large language models[J]. arXiv preprint arXiv:2307.01848, 2023.

[89] AHN M, BROHAN A, BROWN N, et al. Do as i can, not as i say: Grounding language in robotic affordances[J]. arXiv preprint arXiv:2204.01691, 2022.

[90] KANDPAL N, WALLACE E, RAFFEL C. Deduplicating training data mitigates privacy risks in language models[C]//CHAUDHURI K, JEGELKA S, SONG L,et al. Proceedings of the International Conference on Machine Learning, ICML 2022. Baltimore, Maryland: PMLR, 2022: 10697-10707.

[91] CARLINI N, IPPOLITO D, JAGIELSKI M, et al. Quantifying memorization across neural language models[C]//The Eleventh International Conference on Learning Representations. 2022.

[92] LI X, TRAMER F, LIANG P, et al. Large language models can be strong differentially private learners[C]//International Conference on Learning Representations. 2021.

[93] CHAO P, ROBEY A, DOBRIBAN E, et al. Jailbreaking black box large language models in twenty queries[J]. arXiv preprint arXiv:2310.08419, 2023.

[94] LIN S, HILTON J, EVANS O. Truthfulqa: Measuring how models mimic human falsehoods[C]//MURESAN S, NAKOV P, VILLAVICENCIO A. Proceedings of the 60th Annual Meeting of the Association for Computational Linguistics (Volume 1: Long Papers), ACL 2022. Dublin, Ireland: ACL, 2022: 3214-3252.

[95] LI Y, DU M, SONG R, et al. A survey on fairness in large language models. arxiv. doi: 10.48550[J]. arXiv preprint arXiv.2308.10149, 2023.

第 10 讲
多模态大模型的扩展与世界模拟器

以 Sora 为代表的多模态生成模型等技术的终极目标之一是仿真与模拟真实物理世界，即构建世界模拟器，也称世界模型。本书第 7 讲以文本和图像模态为例，从原理上介绍了多模态对齐、文到图生成和多模态对话三类多模态基础模型。面向构建真实、动态、可交互的世界模拟器这一目标，本讲将从两方面继续深化第 7 讲的内容。一方面，本讲考虑基于预训练文本到图像生成模型的下游应用，特别是可控、可交互图像编辑和个性化生成等任务。另一方面，本讲将图像模态扩展为视频和三维内容等信息更加丰富的视觉模态，特别介绍以 Sora 为代表的文本到视频生成基础模型，其技术路线和文本到图像生成模型一脉相承。

本讲面向构建动态、真实、可控的世界模拟器这一目标，介绍基于多模态模型的开放域视觉内容生成技术。本讲首先介绍图像的可控生成与编辑，这部分内容基于预训练的大规模文到图生成模型，实现可控性和交互性强的下游生成和编辑任务，技术上涉及推断、基座微调和高效微调技术，因此在方法论上广泛地借鉴了第 9 讲介绍的大语言模型下游任务中的前沿进展。

同时，本讲考虑文到视频和文到三维内容生成，跟图像相比，这两种模态分别在时间维度和空间维度进行了扩展，刻画真实视觉世界的动态、几何特性。对于这两种模态，其主要处理思路是类似的。一种是基于预训练的文到图像生成模型刻画视频中的某一帧或者三维物体的某一个视角，进而利用时间连续性、空间一致性等数据特点，完成小样本甚至零样本的生成。另一种是收集大量视频和三维数据，直接训练对应模态的基础生成模型，其训练也基于扩散模型，跟文到图像生成模型一脉相承。相比较而言，第二种思路无疑更具有可扩展性，但是考虑到数据（特别是三维数据）的稀缺性和时空一致性规律的普适性，第一种思路仍然会有很高的借鉴意义。

多模态模型的内涵十分丰富，本讲选择上述内容也是考虑到视觉模态技术上的强相关性，方便加深读者的理解；其他方面（如语音生成）的内容请见延伸阅读。

10.1 图像可控生成与编辑

大规模文本到图像生成模型（如 Stable Diffusion）可以根据语言描述生成符合语义的图像。但是，语言和图像两种模态天然存在差距，很难单独通过语言来详尽、精确地描述视觉元素。本节结合图到图翻译、个性化生成、额外条件控制生成和交互式拖拽编辑几个典型下游任务介绍如何基于预训练文本到图像生成模型进行可控的图像生成与编辑。这些任务需要额外输入的参考图像作为条件，实现细粒度控制生成结果，达到“一图胜千言”的效果。

10.1.1 图到图翻译

图到图翻译[1-2] 是一个经典的任务。与普通的图像生成任务不同，它要求除了生成真实的图像之外，还需要保留参考图像的部分特征。以图 10-1 中的猫到狗的图像翻译为例，一方面人们希望生成的图像可以尽可能地保留原图中的域无关特征（如猫的姿势、整体色调等）使其对原图更“忠实”；另一方面，人们希望生成的图像可以去掉原图中的域特有特征（如猫特有的鼻子、长胡须等）使其更“真实”得像一只狗，而且这两者之间往往是一种权衡的关系。数学上，设 $\boldsymbol{x}_0$ 表示来自源域的图像，$\boldsymbol{y}_0$ 表示目标域的图像，该任务可表示为从条件分布 $p(\boldsymbol{y}_0|\boldsymbol{x}_0)$ 中采样，并且要求采样结果可以较好地权衡忠实度和真实度。

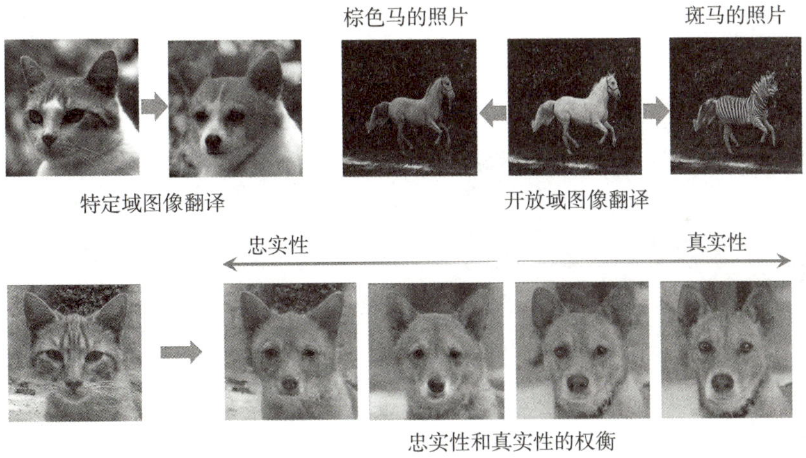

图 10-1 图像翻译任务示意图

传统的图到图翻译方法多考虑特定域图像翻译，即在给定的源域和目标域图像上训练，完成特定的翻译任务（如“猫”到“狗”的翻译）。基于预训练的文本到图像大模型（如 Stable Diffusion），可以完成开放域的图像翻译任务：原理上，用户给定一张参考图像，无须重新训练模型，只需要通过文本描述作为条件即可翻译到对应的目标域。基于原图和给定的文本，人们可以实现风格的转换。下面介绍几种典型的基于扩散模型的图到图翻译方法。

1. SDEdit

SDEdit 是做基于扩散模型的图到图翻译的代表性工作。如图 10-2 所示，SDEdit[3] 基于扩散模型的前向过程定义的转移函数 $q_{t|0}(\cdot|\cdot)$ 对干净图像加噪到中间某个时刻 $M \in [0,T]$，得到带噪图像 $\boldsymbol{y}_M \sim q_{M|0}(\boldsymbol{y}_M|\boldsymbol{x}_0)$。可以发现，该带噪图像依然可以看出原图的基本轮廓和色调，同时丢失了一些关于原图（即猫）的细节信息，如鼻子等。因此，SDEdit[3] 将其作为初始值，求解式 (2-34) 中的随机微分方程（Stochastic Differential Equation，SDE）生成目标域的图像：

$$\mathrm{d}\boldsymbol{y} = [f(t)\boldsymbol{y} - g(t)^2\boldsymbol{s}(\boldsymbol{y},t)]\mathrm{d}t + g(t)\mathrm{d}\overline{\boldsymbol{w}} \tag{10-1}$$

式中，分数函数 $s(\boldsymbol{y},t)$ 是在目标域数据集上训练的（或者开放域预训练的 SD 模型），从而保证生成的图像接近目标域，保证真实性。加噪时刻 M 作为超参会权衡忠实性和真实性。M 越小，带噪原图 $\boldsymbol{y}_M$ 含有的原图信息越多，从而生成的图像对原图更真实；M 越大，带噪原图 $\boldsymbol{y}_M$ 含有的原图信息越少，从而生成的图像更接近目标域。

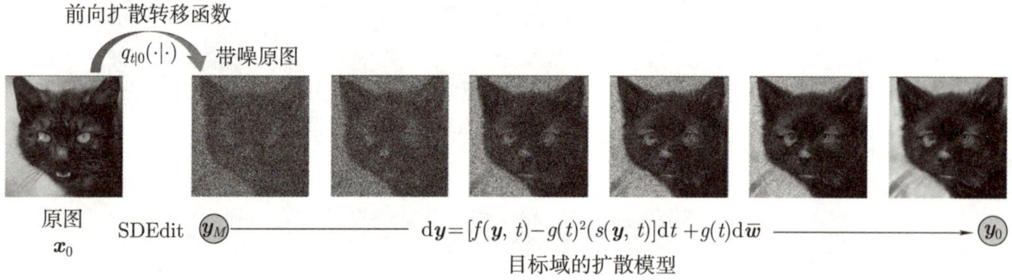

图 10-2 SDEdit 方法示意图

2. EGSDE

SDEdit 的训练过程只依赖于目标域数据，仅在测试的阶段利用了源域数据。为了更充分地利用源域数据，EGSDE（energy guided SDE）[4] 提出了能量函数指导方法。如图 10-3 所示，该方法同时利用源域和目标域数据训练一个能量函数 $\mathcal{E}(\boldsymbol{y},\boldsymbol{x},t)$，进一步提升图到图翻译中的忠实度和真实度。EGSDE 形式化定义如下：

$$\mathrm{d}\boldsymbol{y} = [f(t)\boldsymbol{y} - g(t)^2(\boldsymbol{s}(\boldsymbol{y},t) - \nabla_{\boldsymbol{y}}\mathcal{E}(\boldsymbol{y},\boldsymbol{x},t))]\mathrm{d}t + g(t)\mathrm{d}\overline{\boldsymbol{w}} \tag{10-2}$$

EGSDE 的核心是如何设计合适的能量函数。在图像翻译任务中，EGSDE 将能量函数拆成两项 $\mathcal{E}_s(\boldsymbol{y},\boldsymbol{x},t)$ 和 $\mathcal{E}_i(\boldsymbol{y},\boldsymbol{x},t)$，分别提高生成图像的忠实度和真实度：

$$\mathcal{E}(\boldsymbol{y},\boldsymbol{x},t)=\lambda_s\mathcal{E}_s(\boldsymbol{y},\boldsymbol{x},t)+\lambda_i\mathcal{E}_i(\boldsymbol{y},\boldsymbol{x},t) \tag{10-3}$$

式中，λ_s 和 λ_i 是调节能量函数强度的超参，即 λ_s 越大，生成的图像和目标域越接近，λ_i 越大，生成的图像对原图越忠实。$\mathcal{E}_s(\boldsymbol{y},\boldsymbol{x},t)$ 和 $\mathcal{E}_i(\boldsymbol{y},\boldsymbol{x},t)$ 定义均依赖于源域带噪图像和生成图像的某种特征相似度。前者采用了源域、目标域上的二分类器的编码器，它可以提取和域相关的特征，为了保证真实度，EGSDE 会令生成图像和源域带噪图像的特征尽量不同。后者采用了域无关的低通滤波器提取色彩、轮廓等信息，EGSDE 会令二者尽量相同以保证忠实度。

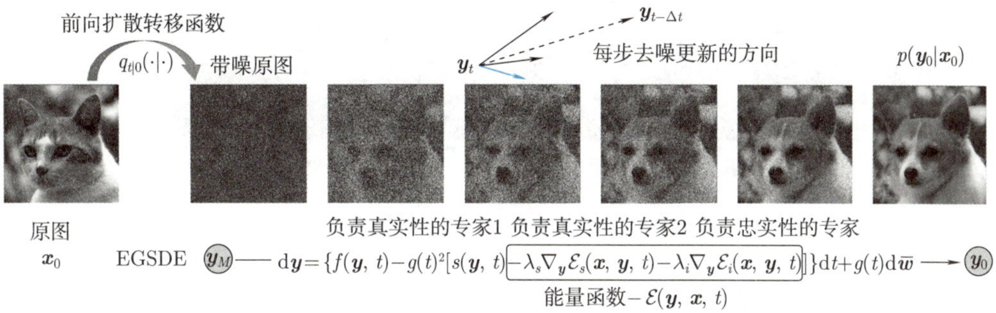

图 10-3 EGSDE 方法示意图

在理论上，EGSDE 展示了对式 (10-2) 的离散化采样近似等价于从如下乘积专家模型（product of expert）形式的分布采样：

$$\tilde{p}(\boldsymbol{y}_t|\boldsymbol{x}_0)=\frac{p_{r1}(\boldsymbol{y}_t|\boldsymbol{x}_0)p_{r2}(\boldsymbol{y}_t|\boldsymbol{x}_0)p_f(\boldsymbol{y}_t|\boldsymbol{x}_0)}{Z_t} \tag{10-4}$$

式中，$p_{r1}(\boldsymbol{y}_t|\boldsymbol{x}_0)$ 是式 (10-1) 定义的边缘分布，$p_{r2}(\boldsymbol{y}_t|\boldsymbol{x}_0)\propto\exp[-\lambda_s\mathcal{E}_s(\boldsymbol{y}_t,\boldsymbol{x}_0,t)]$，$p_f(\boldsymbol{y}_t|\boldsymbol{x}_0)\propto\exp[-\lambda_i\mathcal{E}_i(\boldsymbol{y}_t,\boldsymbol{x}_0,t)]$，$Z_t$ 是归一化因子。这为 EGSDE 中每个部分的作用提供了解释，SDE 和 $\mathcal{E}_s(\boldsymbol{y},\boldsymbol{x},t)$ 对应于负责“真实性”的专家，$\mathcal{E}_s(\boldsymbol{y},\boldsymbol{x},t)$ 对应于负责“忠实性”的专家，如图 10-3 所示。

3. P2P

Prompt-to-prompt（P2P）[5] 提出了一种基于文本进行图像编辑的方法，如图 10-4 所示。假设 I 是基础文生图扩散模型根据文本 P 和随机种子 s 生成的图像，P2P 希望利用一个新的文本 P^* 编辑图像 I 从而得到目标图像 I^*。对于 SD 等文生图扩散模型，即使固定住随机种子，输入文本的微小改变也会导致生成图像的大幅变化。为了满足图到图翻译的要求，P2P 发现经典的基础扩散模型如 SD 均采用了交叉注意力（cross-attention）机制融合文本和图像信息，并且交叉注意力图（cross-attention map）含有丰富的语义信息，因此通过对交叉注意力图的控制实现精细的图像编辑。

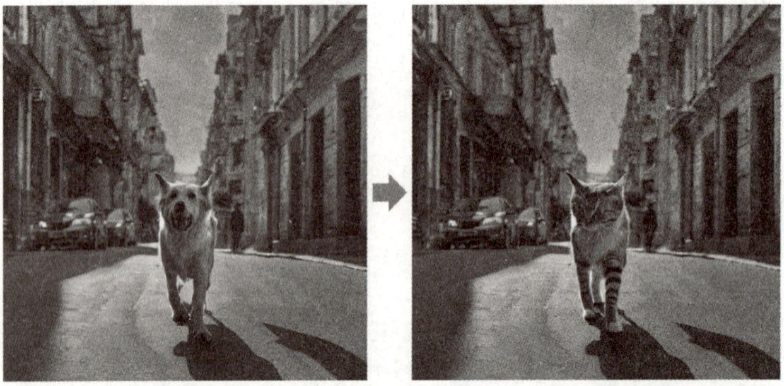

一只狗在街上　　一只猫在街上

图 10-4　Prompt-to-prompt 示意图[5]

在交叉注意力层中，图像特征被投影成为 Query 矩阵 $\boldsymbol{Q}$，文本特征被投影成 Key 矩阵 $\boldsymbol{K}$ 和 Value 矩阵 $\boldsymbol{V}$。交叉注意力图的定义是

$$\boldsymbol{M} = \text{Softmax}\left(\frac{\boldsymbol{Q}\boldsymbol{K}^T}{\sqrt{d}}\right) \tag{10-5}$$

式中，d 是 token 的维度，$\boldsymbol{M}$ 代表像素上文本 token 的权重。交叉注意力层的最终输出是矩阵 $\boldsymbol{MV}$。为了增强模型的表达能力，在实际中往往使用多头注意力机制[6]，即图像特征和文本特征被投影成为多个 $\boldsymbol{Q}$，$\boldsymbol{K}$，$\boldsymbol{V}$，然后将交叉注意力机制的输出拼接在一起。

P2P 发现在交叉注意力图中图像特征和文本特征有着很强的对应关系。如对于文本“一只狗在街上”，与“狗”对应的交叉注意力图展现了狗的轮廓，与“街”对应的交叉注意力图展现了街的轮廓，如图 10-5 所示。基于这个发现，P2P 通过对交叉注意力图的操作实现对图像的可控编辑。

给定随机种子，P2P 首先分别使用文本 P 和 P^* 生成图像，并保留了每一步去噪过程中的交叉注意力图，分别记作 $\boldsymbol{M}_t$ 和 $\boldsymbol{M}_t^*$，其中 $t \in (0, T]$ 代表时间。P2P 接着定义了对交叉注意力图的编辑操作 $\tilde{\boldsymbol{M}}_t = \text{Edit}(\boldsymbol{M}_t, \boldsymbol{M}_t^*, t)$，并重新使用 P^* 进行采样，利用 $\tilde{\boldsymbol{M}}_t$ 替换掉 $\boldsymbol{M}_t^*$ 从而得到编辑图像 I^*。P2P 实现了三类编辑操作：单词交换，增加

短语，调整单词权重，具体介绍如下。

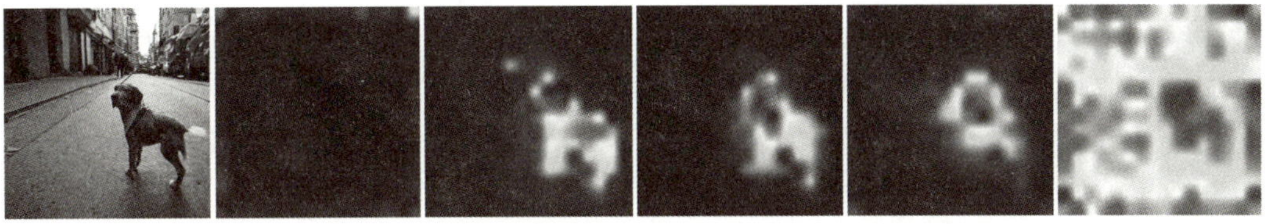

图 10-5 交叉注意力图[5]

单词交换：例如，P 为“一只狗在街上”，P^* 为“一只猫在街上”。为了保持街道布局等背景内容不变而仅仅是把狗替换成猫，P2P 将未修改单词对应的 $\boldsymbol{M}_t^*$ 改为 $\boldsymbol{M}_t$ 即可。为了防止过拟合到原图 I，P2P 仅在采样前期而非全程采用 $\boldsymbol{M}_t$。假设 $\tau \in (0,T]$ 是一个超参数，$\text{Edit}(\boldsymbol{M}_t,\boldsymbol{M}_t^*,t)$ 的具体定义如下：

$$\text{Edit}(\boldsymbol{M}_t,\boldsymbol{M}_t^*,t) := \begin{cases} \boldsymbol{M}_t^* & t < \tau \\ \boldsymbol{M}_t & \text{其他} \end{cases} \tag{10-6}$$

增加短语：例如，P 为“一只狗在街上”，P^* 为“一只狗在下雪的街上”。为了保持原图 I 中的信息，P2P 在 P 和 P^* 中均出现的文本 token j 上执行交叉注意力图替换的操作。$\text{Edit}(\boldsymbol{M}_t,\boldsymbol{M}_t^*)$ 函数的定义如下：

$$[\text{Edit}(\boldsymbol{M}_t,\boldsymbol{M}_t^*,t)]_{ij} := \begin{cases} (\boldsymbol{M}_t^*)_{ij} & j \in P^* \text{ 且 } j \notin P \\ (\boldsymbol{M}_t)_{ij} & \text{其他} \end{cases} \tag{10-7}$$

调整单词权重：例如，P 为“一只狗在下雪的街上”，用户想要增强或者减弱“下雪的”一词的强度，从而让原图 I 中的街道上有更多或者更少的雪。为了达到这个目的，P2P 使用参数 $c \in [-2,2]$ 缩放与“下雪的”对应的文本 token j^* 的交叉注意力图。$\text{Edit}(M_t,M_t^*)$ 函数的定义如下：

$$[\text{Edit}(\boldsymbol{M}_t,\boldsymbol{M}_t^*,t)]_{ij} := \begin{cases} c \times (\boldsymbol{M}_t)_{ij} & j = j^* \\ (\boldsymbol{M}_t)_{ij} & \text{其他} \end{cases} \tag{10-8}$$

10.1.2 个性化生成

SD 等文生图基础扩散模型能够根据文本描述生成高质量的图像，但是缺乏生成特定物体的能力。个性化生成技术从给定的同一个物体的几张图像中学习其特征，并在新的场景下生成这个物体，如图 10-6 所示。本节介绍三个代表性个性化生成方法 Textual inversion [7], LoRA [8] 和 DreamBooth [9]。这三种方法的训练目标基本一致，但是可学习的参数有显著区别，如图 10-7 所示。

图 10-6　个性化生成示意图 [9]

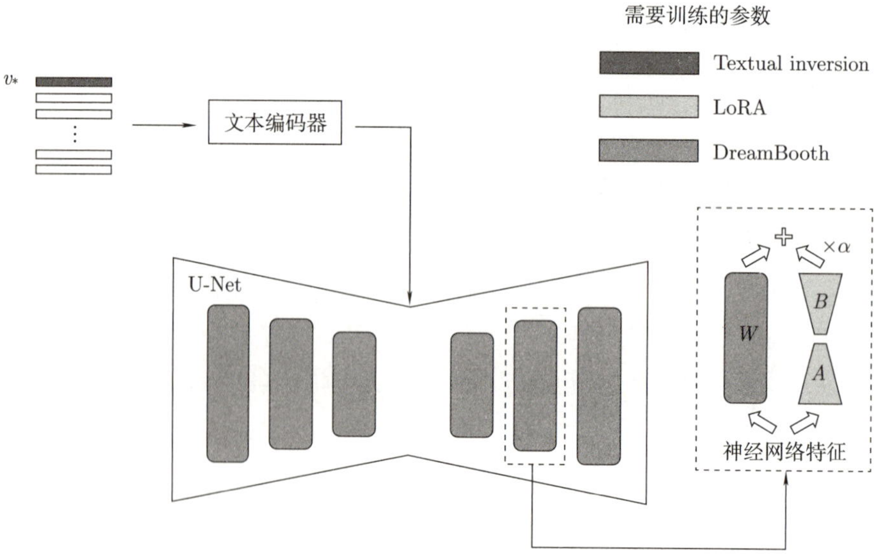

图 10-7　个性化生成方法比较图

1. DreamBooth

DreamBooth 通过引入特殊标记符在文生图扩散模型中插入新的概念。给定包含某一物体的少量（如 3~5 张）自然图像，DreamBooth 标注每一张图像为：“一个 [特殊标记符][类别]”。[特殊标记符] 是文本编码器的词汇表中的生僻词，DreamBooth 希望通过训练将这个特殊标记符与数据中的物体绑定起来。之所以选择生僻字符，是为了避免特殊标记符在训练前带有先验信息。[类别] 是用户提供的自然图像中的物体类别，例如，狗、猫或者是手表。使用类别标记符能够将类别先验和人们希望能够学到的物体结合起来，从而降低神经网络学习难度。

DreamBooth 方法微调预训练扩散模型如 SD 的所有参数。然而，只使用很少的数据微调整个网络会使得模型忘记预训练过程中获得的世界知识，并且会降低模型输出的多样性。为了解决这两个问题，DreamBooth 提出了特定类别的先验保存损失约束模型保留原有的知识。假设 $\boldsymbol{x}$ 是从用户提供的个性化图像中的随机采样，c 是这几张图像的标签，即“一个 [特殊标记符][类别]”，c' 是“一个 [类别]”，$\boldsymbol{x}'$ 是预训练模型根据 c' 生成的图像，DreamBooth 的损失函数是：

$$\mathbb{E}_{\boldsymbol{x},\boldsymbol{x}',t,t',\epsilon,\epsilon'}\left[\|\epsilon-\epsilon_{\boldsymbol{\theta}}(\boldsymbol{x}_t,t,c)\|_2^2+\lambda\|\epsilon'-\epsilon_{\boldsymbol{\theta}}(\boldsymbol{x}'_{t'},t',c')\|_2^2\right] \tag{10-9}$$

式中，第一项拟合给定特定物体的图像，第二项为先验保存损失，λ 是控制正则强度的超参。上式两项均和式 (7-6) 中隐空间扩散模型训练目标形式相同。直觉上，DreamBooth 方法在拟合给定特定物体的图像的同时保留了生成同类别一般图像的能力。

2. Textual inversion

在文生图扩散模型中，输入文本首先被转换为 token 序列。然后，这些 token 会转化为对应的词向量输入预训练的文本特征提取器，得到文本条件指导扩散概率模型的生成。Textual inversion 通过引入额外的词向量 v_* 来表示新的概念。v_* 可以与其他的自然词汇对应的向量一起使用，记 v_* 相对应的单词为 S_*，则“一张 S_* 的照片”就是对某张图像的自然语言描述。Textual inversion 的损失函数和式 (7-6) 中的噪声预测形式一致，不同的是 Textual inversion 优化的是向量 v_* 而非噪声预测网络的参数。假设 $\boldsymbol{x}$ 从用户提供的个性化图像中的随机采样，噪声预测网络为 $\epsilon_{\boldsymbol{\theta}}$，文本编码器为 $c_{\boldsymbol{\theta}}$，y 是 S_* 和其他词汇组成的对图像的自然语言描述，Textual inversion 的优化问题定义为

$$\min_{v_*}\mathbb{E}_{\boldsymbol{x},t,\epsilon}\left[\|\epsilon-\epsilon_{\boldsymbol{\theta}}(\boldsymbol{x}_t,t,c_{\boldsymbol{\theta}}(y,v_*))\|_2^2\right] \tag{10-10}$$

上式和式 (7-6) 中隐空间扩散模型训练目标形式相同，但是为了将梯度回传至词向量 v_*，而显式地引入了文本编码器。

3. LoRA

Low-Rank Adaption（LoRA）[8] 是一种从语言模型中借鉴而来的高效微调技术。LoRA 在模型中插入少量新权重，并且在用户输入的少量个性化数据上只训练这些新权重。相比于 DreamBooth，LoRA 计算代价更低。相比于 Textual inversion，LoRA 计算代价相似但是更加灵活。在 SD 等文生图扩散模型中，噪声预测网络包含若干注意力模块，由若干线性层组成。对于某一个线性层 $W_0 \in \mathbb{R}^{d\times k}$，LoRA 将其更新表示为

$$W_0 + \Delta W = W_0 + BA \tag{10-11}$$

式中，$B \in \mathbb{R}^{d\times r}$ 和 $A \in \mathbb{R}^{r\times k}$ 是低秩的可训练参数，满足 $r \ll \min(d, k)$。LoRA 的训练目标和式 (7-6) 中隐空间扩散模型训练目标形式相同，在此不再展开。

在训练结束，进行推断的时候，LoRA 还引入一个超参数 α 控制新加入的参数的作用，此时 W_0 的更新记作：$W_0 + \alpha BA$。当 $\alpha = 0$ 的时候，只使用预训练模型的参数；当 $\alpha > 0$ 的时候，新加入的参数也参与到前向传播中，并且 α 越大新加入的参数效果越明显，实践中可以设置为稍大于 1 的常数。

10.1.3 引入额外控制条件

为了准确表达复杂的图像布局、姿态、形状、动作等信息，ControlNet[10] 提出了一种新的网络结构，可以将边缘图、人体姿态骨架、分割图、深度图等作为额外条件引导图像生成，如图 10-8 所示。

图 10-8　ControlNet 效果图[10]

为了避免在训练过程中预训练模型遗忘原有的知识，ControlNet 额外引入了一个分支用作条件输入，然后冻结预训练模型的参数，只训练新引入的分支。ControlNet 认为预训练 U-Net 是很好的特征提取器，所以新引入的分支结构和预训练模型 U-Net 的编码器一致，并且使用预训练的 U-Net 对应参数作为初始化。除此之外，ControlNet 还在新加入的分支引入了零初始化的卷积层（1×1 的卷积，权重和偏置项均零初始化），这样使得在训练开始前，即使加入了新的分支，ControlNet 的输出和预训练 U-Net 仍然保持一致。ControlNet 的结构示意图如图 10-9 所示。

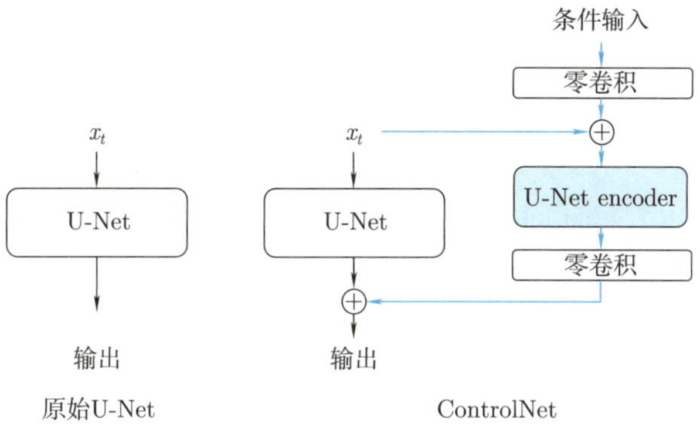

图 10-9 ControlNet 网络结构图

ControlNet 训练的损失函数和隐空间扩散概率模型一致 [即式 (7-6)]，边缘图、人体姿态骨架等条件信息可以通过传统算法自监督地提取。相比于 SD 使用 LAION-5b[11] 这样规模上亿的数据集，ControlNet 使用十万左右的数据就能够取得较好的效果。

10.1.4 交互式拖拽生成

交互式拖拽生成的目标是遵从用户指令自然地拖动编辑图像内容，因此是一种更加直接便利的控制生成内容的方式。如图 10-10 所示，通过交互式拖拽生成方法，模型将红点处的物体拖拽到了蓝点处。交互式拖拽的两个代表工作是 DragGAN[12] 和 SDE-Drag[13]。

1. DragGAN

DragGAN[12] 使用了预训练的 StyleGAN[14] 模型。StyleGAN 的生成器将隐变量 w 映射到自然图像。DragGAN 的作者发现对于 StyleGAN 生成的图像，生成器的网络特征和物体位置往往有着一一对应的关系。把生成器在点 p 处的特征记作 $\boldsymbol{F}(p)$，若用户想要把 r 点处的物体拖拽到 t 点处，DragGAN 的基本思想在于对 w 进行优化，使

得目标点 t 处的网络特征 $\boldsymbol{F}(t)$ 尽可能地接近源点 s 处的网络特征 $\boldsymbol{F}(s)$。DragGAN 通过运动监督和点追踪两个技术实现上述过程。

图 10-10　交互式拖拽效果图[12]

假设 $\boldsymbol{d}$ 是点 s 指向点 t 处的单位向量，$d=\dfrac{t-s}{\|t-s\|_2}$，$\Omega(p,r)$ 是以点 p 为圆心 r 为半径的区域。运动监督可以形式化为

$$w-\eta\nabla_w\|\boldsymbol{F}\left[\Omega(s+d,r_1)\right]-\text{StopGrad}\{\boldsymbol{F}\left[\Omega(s,r_1)\right]\}\|_1 \tag{10-12}$$

式中，η 是学习率，η 和 r_1 均为需要手动调节的超参数。StopGrad 表示停止梯度回传，即 $\boldsymbol{F}(s)$ 不参与反向传播计算梯度的过程，这是为了保证物体是由 s 拖向 $s+d$，而不是 $s+d$ 拖向 s。

经过上式对 w 进行一次梯度更新后，需要拖拽的物体朝着 t 的方向移动了很少的距离，此时生成器的特征图发生了更新，记作 $\boldsymbol{F}'$。接下来 DragGAN 通过点追踪的方法找到需要拖拽的物体的最新位置 s'：

$$s'=\underset{p\in\Omega(s,r_2)}{\arg\min}\|\boldsymbol{F}'(p)-\boldsymbol{F}_0(s)\| \tag{10-13}$$

式中，r_2 是一个超参数，$\boldsymbol{F}_0$ 是原图的特征图，即从未更新过 w 时的特征图。点追踪的基本思想是：在 s 的一个邻域内，寻找点 s'，使得 $\boldsymbol{F}'(s')$ 最接近需要拖拽的物体的原始特征作为 $\boldsymbol{F}_0(s)$。在得到 s' 之后，DragGAN 使用 s' 更新 s，迭代地进行上述运动监督和点追踪的过程，直到物体拖拽到了目标点，即 $s'=t$。

2. SDE-Drag

受到 StyleGAN 生成能力的限制，DragGAN 只能编辑特定领域的图像，如狮子、老虎等。SDE-Drag[13]、DragDiffusion[15] 等工作利用文生图扩散模型进行拖拽式交互，引入了开放域编辑的能力。

对于扩散模型，给定自然图像 $\boldsymbol{x}_0$，其带噪图像 $\boldsymbol{x}_t$ 仍然包含了 $\boldsymbol{x}_0$ 中的物体轮廓等信息。若用户想要把 r 点处的物体拖拽到 t 点处，SDE-Drag 的基本思想是直接修改带

噪图像 $\boldsymbol{x}_t$，将 r 点处的像素复制粘贴到 t 点处从而得到 $\tilde{\boldsymbol{x}}_t$，然后从 $\tilde{\boldsymbol{x}}_t$ 开始去噪生成，运用扩散模型多步去噪、逐渐修正图像的能力，最终得到符合用户需求的图像。假设 $\Omega(p,r)$ 是以点 p 为中心 $2r$ 为边长的正方形区域，$S=\Omega(s,r)$，$T=\Omega(t,r)$，SDE-Drag 首先复制 $\boldsymbol{x}_t$ 得到 $\tilde{\boldsymbol{x}}_t$，然后进一步修改 $\tilde{\boldsymbol{x}}_t$:

$$\tilde{\boldsymbol{x}}_t[H]=\alpha\tilde{\boldsymbol{x}}_t[S],\quad \tilde{\boldsymbol{x}}_t[S-T]=\sqrt{\beta}\tilde{\boldsymbol{x}}_t[S-T]+\sqrt{1-\beta}\epsilon,\quad \epsilon\sim\mathcal{N}(0,\boldsymbol{I}) \tag{10-14}$$

式中，$-$ 表示求补集，r，α，β 均为超参数。$\alpha>0$ 是为了增强复制粘贴的信号，$\beta<0$ 是为了给源点处加上噪声，覆盖源点处的信号。基于修改后的 $\tilde{\boldsymbol{x}}_t$，SDE-Drag 使用带有噪声的扩散模型采样方法，如 DDPM 原始采样方法进行去噪得到拖拽后的图像。

当 s 和 t 之间距离较大时，SDE-Drag 将多次重复上述加噪、复制粘贴和去噪过程，每次使得需要拖拽的物体朝着目标移动很少的距离。因为 SDE-Drag 每一次拖拽不需要梯度优化过程，所以 SDE-Drag 不需要点追踪的技术。基于预训练文生图大模型如 SD 等，SDE-Drag 具有拖拽开放域图像的能力。

本节介绍的图到图翻译、个性化生成、额外条件引入和交互式拖拽生成等技术基于预训练的文到图模型有效地控制生成图像的语义，其主要思想和技术方法可以自然地迁移到视频、三维内容等生成领域，为可控、可交互的世界模型构建奠定了技术基础。

10.2 文到视频生成

近年来，图文大模型及相关图像编辑技术取得了显著飞跃，并在诸多领域中得以广泛应用。然而，相对于静止的图像，视频作为一种承载着连续动态信息和场景流转的艺术形式，其表现力更为丰富，更贴近人类日常生活的视觉体验，因而具有广阔的应用潜力和前瞻性研究价值。

本讲着重探讨两个关键研究方向：基于文到图模型的视频生成与编辑技术，以及文到视频的基础模型。前者是利用预训练好的文生图模型，在极其有限的数据资源情境下（如单个样本甚至零样本），实现在文本提示或原始视频素材驱动下生成高质量视频的目标。这样的视频不仅需要精准传达文本背后的深层次概念，还要确保保留原视频的内容，并保持流畅连贯的时间逻辑。而后者在历经大规模数据训练后，能依据文字指令自动生成视频片段。随着大数据预训练的不断深化，这一技术有望在未来极大程度地减轻视频制作人员的工作负担，有力推进电影制作、广告创意、社交媒体互动等领域的工作效率，进一步激发网络内容创新的活力与可能性。

10.2.1 基于文到图模型的视频生成与编辑

基于文到图模型的视频生成与编辑方法往往借鉴了大语言模型中的轻量化微调技术和上一节介绍的图像可控生成技术。

1. Tune-A-Video

如图 10-11 所示，Tune-A-Video[16] 作为单样本视频生成与编辑算法的开创性工作，主要思想是通过微调模型的特定部分参数，使其能在单一参考视频的基础上捕获诸如运动轨迹等关键信息；在推断环节，结合预训练图文模型的强大泛化能力以及各种文本输入，创造出类似动态效果的视频内容。

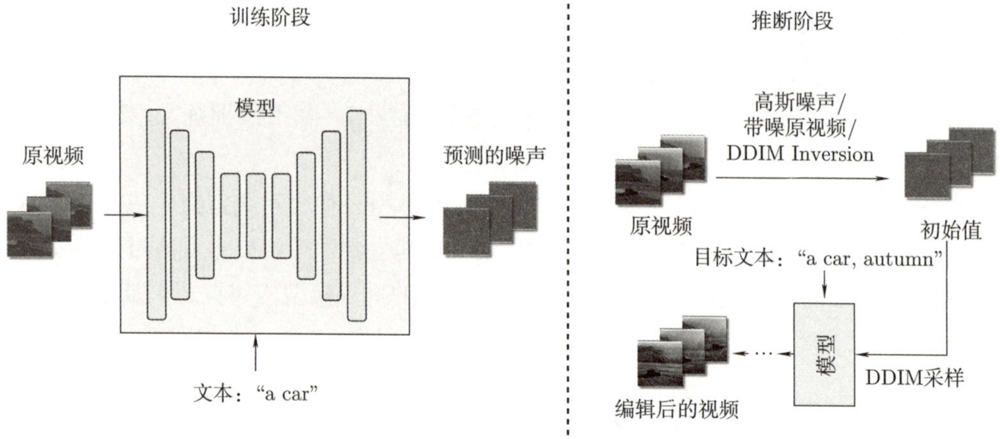

图 10-11 单样本视频编辑算法的训练–推断框架[16]

在模型架构上，Tune-A-Video 首先引入了时间注意力机制，但在单样本实验配置下，单纯依赖时间注意力尚不足以确保生成视频的时间一致性。为克服这一挑战，Tune-A-Video 提出将原先 SD 模型中纯空间自注意力机制调整为时空注意力机制。具体而言，对于模型处理的每一帧中间隐层特征 $\boldsymbol{v}^i$，时空注意力机制将第一帧特征 $\boldsymbol{v}^1$ 及前一帧特征 $\boldsymbol{v}^{i-1}$ 作为注意力计算 Key 和 Value，以期捕捉帧间的关系。时空注意力的具体计算表达如下：

$$\boldsymbol{Q} = \boldsymbol{W}^{\boldsymbol{Q}}\boldsymbol{v}^i, \boldsymbol{K} = \boldsymbol{W}^{\boldsymbol{K}}\left[\boldsymbol{v}^1; \boldsymbol{v}^{i-1}\right], \boldsymbol{V} = \boldsymbol{W}^V\left[v^1; v^{i-1}\right]$$

式中，$\boldsymbol{W}^{\boldsymbol{Q}}, \boldsymbol{W}^{\boldsymbol{K}}, \boldsymbol{W}^{\boldsymbol{V}}$ 代表注意力机制中的权重矩阵，而 [;] 表示特征向量的拼接操作。给定原始视频 $\boldsymbol{x}_0$ 和对应文本 p，Tune-A-Video 也采用了式 (7-6) 中的噪声预测形式：

$$\mathbb{E}_{t,\epsilon,\boldsymbol{x}_0}||\epsilon - \epsilon_\theta(\boldsymbol{x}_t, t, p)||^2$$

值得注意的是，在训练步骤中，仅针对时间注意力机制和时空注意力机制中的 $\boldsymbol{W}^{Q}$ 参数进行了微调。如图 10-11 所示，在推断阶段，Tune-A-Video 首先运用 DDIM[17] 方法逆向获得输入对应的初始噪声 X_T，继而依据目标文本 p_t 执行采样过程，最终生成经过文本指导编辑的新视频内容。

2. ControlVideo

Tune-A-Video 仍面临如何在文本引导的视频编辑过程中兼顾文本对应性、时间连贯性和对原视频内容的忠实再现的复杂权衡问题。ControlVideo[18] 通过整合额外控制条件和设计新的注意力机制，实现时间连贯且高度忠实的视频编辑。

在模型架构方面，为了增强忠实性，ControlVideo 提出将原视频的信息（如边缘图）C 作为额外的条件控制输入到视频生成模型 $\epsilon_\theta(X_t, p, C, t)$ 中，以强化每个时刻对原视频的引导，而不是仅依赖于 DDIM 方法逆向求解提供的初始时刻信息，如图 10-12 所示。ControlVideo 直接利用基于 SD 预训练的 ControlNet 来处理这些条件信息。根据不同条件中原视频信息的细致程度差异，ControlVideo 尝试在不同编辑场景中匹配合适的条件控制手段。例如，精细的条件如边缘图适用于精确属性编辑，而较为粗略的信息如姿态则有助于灵活地改变物体形状和背景。在此基础上，ControlVideo 可以将多个 ControlNet 提取的特征按权重叠加，以充分利用多种条件控制的优点。

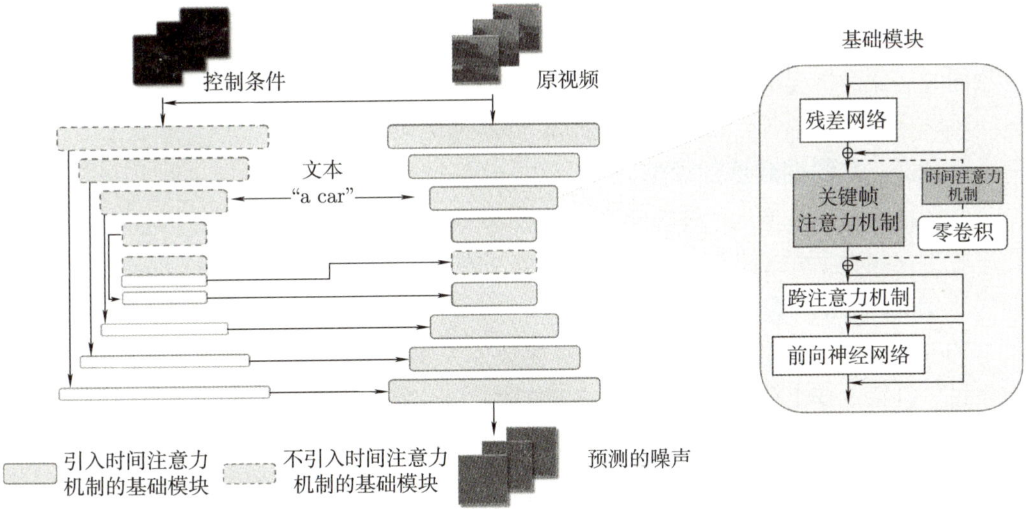

图 10-12 ControlVideo 的模块架构图[18]

受 Tune-A-Video 启发，在提升时间一致性方面，ControlVideo 对 SD 的自注意力机制加以改良，引入关键帧注意力机制。不同于常规操作，关键帧注意力机制选取视频

中的某一帧 $k \in [1, N]$ 作为信息传播的关键节点，使得每一帧都能与选定的关键帧保持一致，从而增强整个视频的时间连贯性。关键帧注意力机制的查询、键和值表达式简化为

$$\boldsymbol{Q} = \boldsymbol{W}^{\boldsymbol{Q}}\boldsymbol{v}^i, \quad \boldsymbol{K} = \boldsymbol{W}^{\boldsymbol{K}}\boldsymbol{v}^k, \quad \boldsymbol{V} = \boldsymbol{W}^{\boldsymbol{V}}\boldsymbol{v}^k \tag{10-15}$$

实验中发现选择不同关键帧对最终效果的影响相对较小，故选用第一帧作为默认关键帧。此外，ControlVideo 还在每个自注意力机制之后添加了一条时间注意力分支。与众不同的是，考虑到训练设置仅限于单个可学习视频实例，ControlVideo 巧妙地将预训练图文模型的空间自注意力机制权重用作时间注意力机制的初始化，以便更好地发挥其已有的特征关系建模能力。

ControlVideo 沿用了图 10-11 的训练–推断框架。设 $\boldsymbol{x}_0$ 为原视频，p 为相应的文本描述，C 为原视频的条件信息（如边缘图），则 ControlVideo 的最终优化目标为

$$\min_{\theta} \mathbb{E}_{\boldsymbol{x}_0,t,\epsilon}||\epsilon - \epsilon_\theta(\boldsymbol{x}_t, p, C, t)||^2 \tag{10-16}$$

和式 (7-6) 相比，上式仅多引入了额外条件信息。在训练过程中，仅对时间注意力机制和关键帧注意力的 $\boldsymbol{W}^{\boldsymbol{O}}$ 参数进行了微调。在采样阶段，除了利用 DDIM 方法逆向求解对应的噪声，ControlVideo 还允许以带有噪声的原始视频片段或随机高斯噪声作为起始点进行采样，因为条件 C 本身包含了原视频的信息，这在涉及全局编辑，如前景和背景同时变化的情况下非常有效。

10.2.2 文到视频基础模型

文到视频基础模型的主要思路和技术基本与文到图像生成基础模型一致，区别主要在于收集视频数据并改进基础网络结构。

1. VideoLDM：直接文生视频

VideoLDM[19] 是直接根据文本生成视频这一技术路线的代表性工作。从模型架构上来说，VideoLDM 在原有的图文扩散模型中，于空间卷积层和空间注意力机制之后添加了 3D 卷积以及时间注意力机制作为额外的学习分支，以便捕获视频中的帧间依赖关系，如图 10-13a 所示。这些新增的分支特征与原有图文模型提取的空间特征进行叠加融合。

在训练步骤上，VideoLDM 选择保持原始图文模型的参数 θ 不变，仅针对新引入的时间模块参数 ϕ 进行训练更新，从而利用预训练的图文大模型图像生成能力。尤其注意的是，3D 卷积层与时间注意力机制的最后一层均采用了零初始化，旨在确保图文模型

在训练初期的输出保持不变。令 $\boldsymbol{x}_0$ 记作视频数据，文生视频扩散模型记作 $\epsilon_{\theta,\phi}(\boldsymbol{x}_t,t,p)$，$p$ 表示文本条件，VideoLDM 模型的训练目标仍然是扩散模型的噪声预测形式：

$$\min_{\phi} \mathbb{E}_{\boldsymbol{x}_0,t,\epsilon}\left[\|\epsilon-\epsilon_{\boldsymbol{\theta},\phi}(\boldsymbol{x}_t,t,p)\|_2^2\right] \tag{10-17}$$

基于以上训练好的模型，可以从高斯噪声出发，生成符合文本描述的视频。

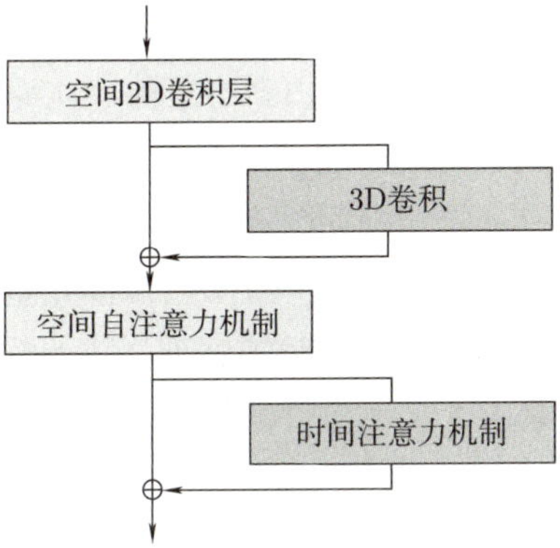

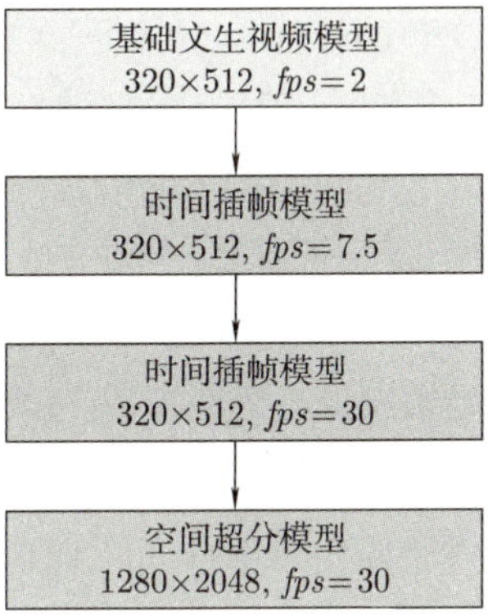

图 10-13　VideoLDM 模型架构[19]

当考虑现实生活中的高清流畅视频生成时，直接在这样的数据集上进行训练会面临巨大的内存消耗难题。因此，VideoLDM 采用了模型级联的方法，如图 10-13b 所示。首先，在较低帧率和分辨率（如帧率为 2、分辨率为 320 × 512）的视频数据上训练一个基础的文生视频模型，并随后通过一系列的时间插帧模型和视频超分辨率模型逐级递进，最终达到生成高帧率、高分辨率视频的目的。以 VideoLDM 的实际操作为例，研究者首先在低规格视频数据上训练基础模型，然后以此为基础，在帧率提升至 7.5 和 30 的不同视频数据集上分别微调训练了两个时间插帧模型。紧接着，再次利用基础模型的权重初始化，在更高清的视频数据（分辨率为 640 × 640）上微调训练视频超分辨率模型。实验证明，尽管最后一个超分辨率模型仅在 640 分辨率的视频上进行训练，但在推断阶段仍能成功生成高达 1280 × 2048 分辨率的视频。

2. EMU-Video：先文生图再图生视频

除了上述根据文本直接生成视频的算法框架，近期又涌现了另一类做文生视频的范式：将文生视频任务拆成根据文本生成图像和根据图预测后续视频两个子任务。这种两阶段的方法蕴含了以下两大优势：

（1）文生图模型已经取得巨大突破，可以生成非常真实且高美学评分的图像，而这类数据往往在视频上相对稀缺。这个范式的第一阶段根据文本生成图像的子任务可以天然地利用这类模型以达到高质量生成的能力。

（2）目前文生视频任务主要集中在没有场景变化的短视频，第一帧图像本身囊括视频大部分内容，因此第二阶段根据图像条件去预测后续帧的任务比直接文生视频要容易学习。

以 EMU-Video[20] 为例，它依托已有的文本到图像生成模型，仅需进一步训练一个图像到视频的转换模型，便能无缝过渡至文本到视频的完整生成流程。在训练环节，EMU-Video 借鉴了先前图文模型的设计理念，参照图 10-13a 的架构，在原有的模型结构中整合了时间卷积和时间注意力机制等专门针对时序建模的组件。接着，通过对大量视频数据集仅进行时序模块的微调，使模型充分掌握帧间时序关联特性。在推断过程中，EMU-Video 通过屏蔽时序模块，将模型暂时恢复为文生图模型，首先基于文本生成一幅关键帧图像，继而以其为条件引导模型预测后续的视频帧序列，从而达成从文本到连贯视频的整体转换。尽管理论上训练阶段采用真实视频首帧作为图像条件与推断阶段使用生成图像作为条件之间存在差异，但实验结果显示，在多数情况下，这种差异并未对生成视频的质量产生实质性影响。

不同于 VideoLDM 采用多模型级联的方式来应对高分辨率视频生成的需求，EMU-Video 采取了一种分阶段渐进式的训练策略，力求在一个统一模型内实现直接生成高分辨率视频。具体而言，EMU-Video 首先在较低分辨率 256 × 256 的视频数据上进行长时间（70 000 步）训练，借此在有限的计算资源下汲取视频中的动态信息。之后，模型会在较高分辨率（512×512）的数据集上继续训练约 15 000 步，最后在一小批高质量且数量约为 1600 千个样本的小规模数据集上进行精细化微调，确保模型能够在输出高清视频的同时保留细腻的细节表达能力。对于高帧率视频的生成诉求，EMU-Video 同样采纳了类似于 VideoLDM 的时间插帧模型训练方案，以适应高速动态场景下的视频生成需求。

3. Sora

最近，Sora 的视频生成模型能依据用户输入的文本描述直接生成长达 1min 的高质量视频，其中包括细腻复杂的场景构建与流畅的一镜到底拍摄手法，吸引了全球范围内的广泛关注。Sora 不仅能创作出跨越不同时间段、多种分辨率的图像和视频，还能模拟逼真的 3D 环境与角色动态，诸如电子游戏场景等，实现了虚拟世界的生动再现。如图 10-14 所示，Sora 的核心组件包括以下几大部分：

（1）时空压缩编解码器：面对高清长视频带来的超高维度挑战，Sora[21] 借鉴了类似 Stable Diffusion[22] 中 VQ-VAE 图像压缩方法[23]，提出了时空压缩视频编解码器。

它能够有效地降低视频数据的维度，提炼出低维的潜在时空表示，以便于后续视频扩散模型的学习和生成。此外，为了能够利用图像-视频数据联合训练后续的视频生成模型，编解码器应该同时兼顾两种输入类型，使得模型不仅能处理连续的视频序列，也能处理单个静态图像，实现统一的底层时空编码。具体实现时，Sora 将图像视为时间维度上的单一帧，使得编解码器将能够无缝切换处理静态图像与动态视频。值得注意的是，经由这套编解码器处理后，无论是何种分辨率或长度的图像与视频，都能被转化为一种通用的低维形式，从而极大地拓宽了模型可以利用的真实世界视频和图像资源范围。

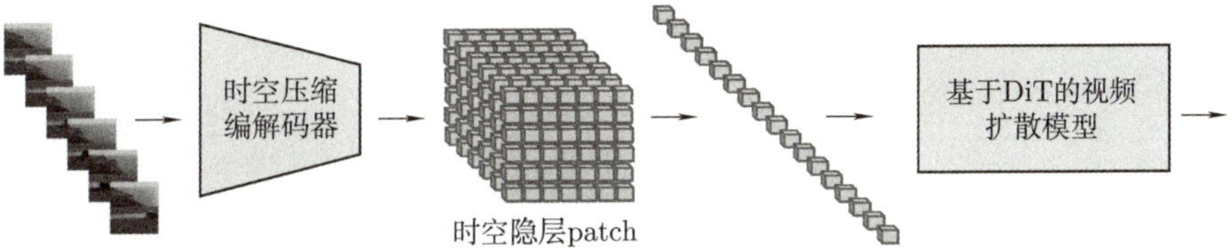

图 10-14　Sora 整体架构图

（2）时空隐层 patch：在对原始视频进行时空压缩成低维潜在表示后，Sora 采用了时空块（time-space patch）处理方法。这种策略通过对视频序列进行细粒度的时空划分，将其转化为一系列蕴含时空信息的块。这些块不仅捕获了视频每一帧内特定区域的空间特征，而且通过跨帧连接捕捉到了动作演变和场景变迁的时间特性。这一过程与 Vision Transformer (ViT) 处理图像的方式有异曲同工之妙，但在视频上下文中，这些块整合了多帧信息，形成了更为丰富的时空特征向量。为了保证模型对任意分辨率和时长的输入具有普适性，Sora 并不强制要求输入裁剪至固定尺寸，而是直接使用原始尺寸进行训练，这一点极大地提升了视频内容完整性与视觉流畅度。

（3）基于 Transformer 的扩散模型：不同于过去广泛应用的 UNet 架构，Sora 所采用的扩散模型架构是一种名为 Diffusion Transformer（DiT）[24] 的独特设计。DiT 在保留 Transformer 核心思想的基础上引入了若干关键改进，如图 10-15 所示：

1）适应层归一化（adaptive layer normalization, AdaLN）：与常规 Transformer 使用的 Layer Normalization 相比，AdaLN 允许根据条件变量（如时间步长或类别信息）动态调整其 scale 和 shift 参数。这样的设计赋予模型更大的灵活性，使其能够根据输入的变化自适应地校正内部特征分布，进而增强模型对于复杂时空关系的建模能力。

2）残差模块优化：在 DiT 的每个残差模块之前添加了可学习的比例系数，该系数有助于平衡模型训练过程中的梯度传播与信号保留，提高模型的学习效率与稳定性。

3）零初始化策略：针对 AdaLN 模块，DiT 选择了零初始化，这意味着在训练初期，网络的输出几乎与其输入保持一致。这样做有利于模型快速找到有效的优化路径，减少不必要的搜索成本，尤其是在大尺度模型训练的早期阶段。

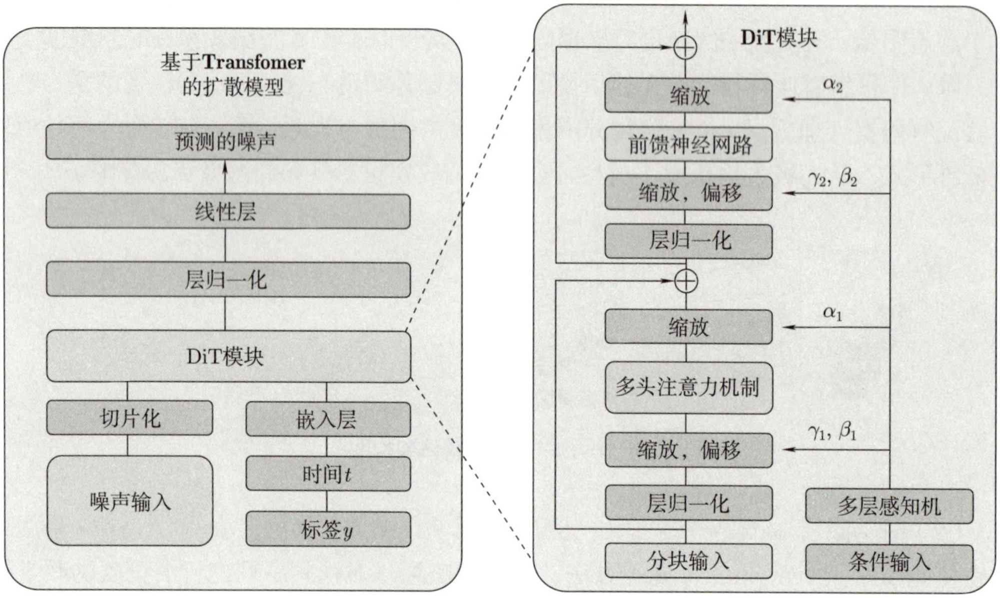

图 10-15　DiT 模块示意图[24]

（4）规模扩展：扩散模型的规模扩展法则在 Sora 的实验中得到了有力验证。如同 Transformer 在自然语言处理领域的表现那样，当 Sora 的时空扩散视频生成模型的参数量逐步增加时，其生成视频的综合性能，例如，细节精度、时间一致性以及创新内容生成能力，均呈现出显著的指数级提升（见参考文献 [21] 的效果展示）。这一发现表明，通过不断加大模型规模，不仅可以解决更复杂的视频生成问题，更能实现前所未有的艺术创意表达，使 Sora 成为未来数字内容创作领域的一项强大工具。

10.3 文到三维内容生成

三维内容生成是一门涉及计算机图形学、人工智能和自然语言处理等多个领域的交叉学科，它通过利用先进的技术和方法，尤其是深度生成模型技术，实现对三维世界物体的高效、精确和创造性的编辑和生成。三维场景的生成技术有着广泛的应用前景，可以应用在游戏开发、设计创意、影视制作等各个方面，利用三维场景生成技术展示出各种想象力丰富而独特风格的设计方案，并实现对用户需求和反馈的快速响应。其核心目标是根据用户的输入或指示，自动或半自动地构建出符合用户期望和场景逻辑的三维世界。

本讲首先介绍三维内容的表示与渲染方法，进一步地介绍基于文到图模型的零样本三维内容生成、基于文到图模型的多视图生成以及文到三维内容的基础模型的相关内容。

10.3.1　三维内容的表示与渲染

神经辐射场（neural radiance field，NeRF）[25] 是一种三维场景表示方法，它使用深度神经网络来学习空间中每个点的颜色和密度，在三维重建任务中得到了广泛的应用。下面将具体介绍神经辐射场的原理。

神经辐射场是用一个输入为五维向量，输出为四维向量的函数来表示连续的场景。输入一个空间点坐标 $\boldsymbol{x}=(x,y,z)$ 和视角方向 $\boldsymbol{d}=(\theta,\phi)$，输出对应三维位置的密度 σ 和该点 RGB 颜色 $\boldsymbol{c}$，即：

$$F_{\Theta}:(\boldsymbol{x},\boldsymbol{d})\rightarrow(\boldsymbol{c},\sigma) \tag{10-18}$$

F_{Θ} 预测函数在具体实现中可以使用神经网络（如多层感知机 MLP 网络）来学习。这样就得到了神经辐射场中每个点的表示方法，如图 10-16 所示。

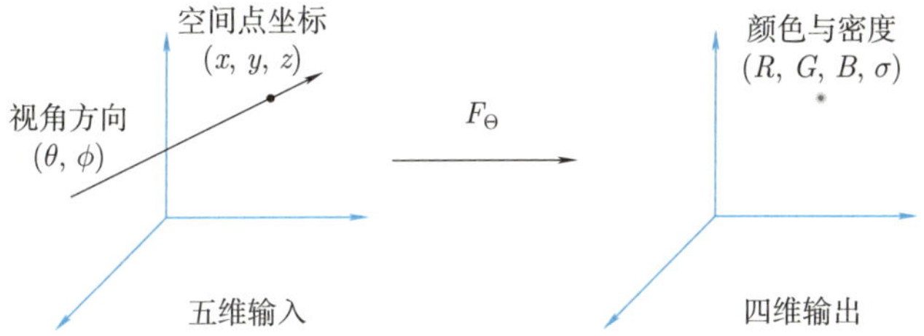

图 10-16　神经辐射场表示方式

下面介绍从神经辐射场中渲染出二维图像的过程。渲染的二维图像的每一个像素都对应着从给定相机出发的一条射线，通过特定的渲染算法从这条射线上的所有点的颜色和密度得到最终渲染出来的颜色。神经辐射场中常常使用体素渲染（volume rendering）的方式。具体来说，给定一条相机射线 $\boldsymbol{r}=\boldsymbol{o}+t\boldsymbol{d}$，$\boldsymbol{o}$ 表示相机位置，$\boldsymbol{d}$ 表示相机射线的方向，那么该射线渲染出来的颜色值为

$$C(\boldsymbol{r})=\int_{t_n}^{t_f}T(t)\sigma[r(t)]\boldsymbol{c}[\boldsymbol{r}(t),\boldsymbol{d}]\mathrm{d}t \tag{10-19}$$

式中，t_n 和 t_f 分别表示射线的近端和远端边界，$T(t)$ 表示从 t_n 到 t 的累积透明度，即

$$T(t) = \exp\left(-\int_{t_n}^{t} \sigma[\boldsymbol{r}(s)]\mathrm{d}s\right) \tag{10-20}$$

式 (10-19) 被称为体渲染方程。

然而在实际应用中，人们无法真正的算出积分式 (10-19)，需要利用离散近似来得到它的近似值。具体来说，首先将积分区域 $[t_n, t_f]$ 均匀分成 N 等分，然后在每一个小区间内均匀采样 t_i：

$$t_i \sim \mathcal{U}\left[t_n + \frac{i-1}{N}(t_f - t_n), t_n + \frac{i}{N}(t_f - t_n)\right] \tag{10-21}$$

然后利用这些点得到渲染颜色，即式 (10-19) 的离散近似：

$$\hat{C}(\boldsymbol{r}) = \sum_{i=1}^{N} T_i[1 - \exp(-\sigma_i\delta_i)]\boldsymbol{c}_i \tag{10-22}$$

其中，

$$\delta_i = t_{i+1} - t_i, \tag{10-23}$$

$$T_i = \exp\left(-\sum_{j=1}^{i-1}\sigma_j\delta_j\right) \tag{10-24}$$

而从神经辐射场中完整渲染出一张二维图像，只需对每个像素都计算出它对应的颜色即可。整个渲染过程如图 10-17 所示。

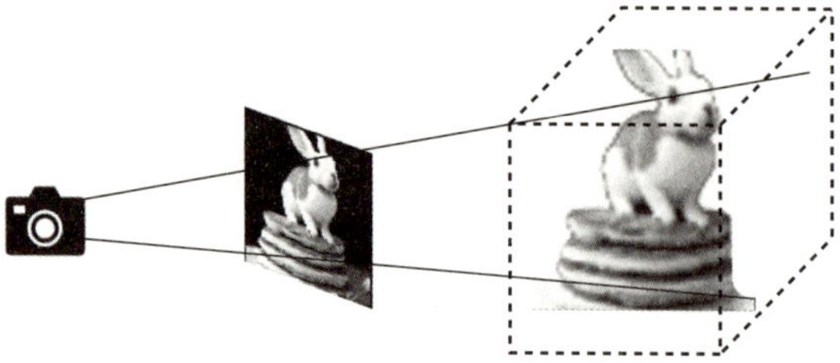

图 10-17　从三维物体渲染出二维图像示意图

正因为上述渲染图像的过程是一个可微过程，所以在三维重建任务中，只需将渲染的图像和真实图像计算损失函数（通常选用均方误差 MSE 损失），反向传播更新辐射场参数即可。

神经辐射场能够重建出高质量的三维物体细节，同时它渲染成二维图像的过程是一个可微过程，这些特性使得它成为通过蒸馏二维扩散模型来得到三维物体的最好框架之一。

10.3.2 基于文到图模型的零样本三维内容生成

本节介绍基于蒸馏二维文到图扩散模型得到三维物体的方法。

1. DreamFusion

DreamFusion[26] 的核心思想便是利用一个预训练好的文本到图像扩散模型作为先验知识，来指导生成三维物体，其中不使用任何三维数据的监督。

在随机初始化一个神经辐射场模型后，DreamFusion 更新参数的流程如图 10-18 所示。

（1）随机采样一个相机，利用可微的渲染过程得到这个三维场景的二维投影。

（2）选取一个随机噪声 $\boldsymbol{\epsilon}$，将这个二维投影加噪，利用二维扩散模型预测带噪图像的噪声。

（3）计算预测噪声与添加的噪声之间的损失函数，反向传播更新神经辐射场参数。

（4）重复上述过程，直到模型收敛。

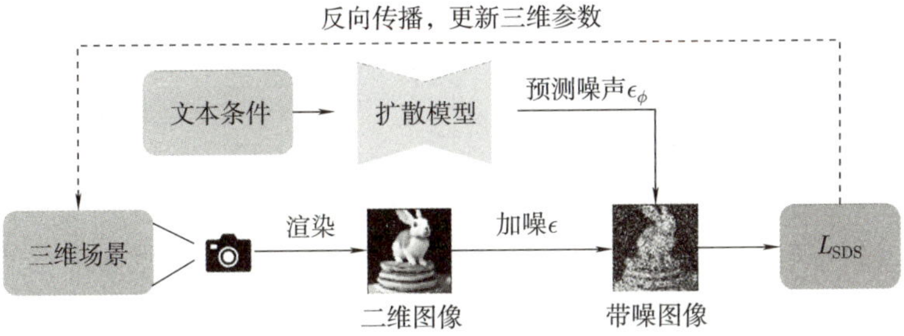

图 10-18 DreamFusion 训练流程示意图

这里的损失函数采用的是分数蒸馏采样（score distillation sampling, SDS）损失函数，它从扩散模型训练的损失函数推导而来。具体来说，扩散模型的损失函数定义如下：

$$L_{\text{Diff}}(\phi, \boldsymbol{x}) = \mathbb{E}_{t\sim\mathcal{U}(0,1),\boldsymbol{\epsilon}\sim\mathcal{N}(\boldsymbol{0},\boldsymbol{I})}\left[w(t)\|\boldsymbol{\epsilon}_\phi(\alpha_t\boldsymbol{x}+\sigma_t\boldsymbol{\epsilon}; y, t)-\boldsymbol{\epsilon}\|_2^2\right] \tag{10-25}$$

式中，ϕ 为二维扩散模型的参数，y 为条件引导。

三维生成任务需要预测的带噪图像来自神经辐射场的可微渲染过程，假设渲染函数为 g，辐射场的参数为 θ，那么，渲染图像 $\boldsymbol{x}=g(\theta)$，最终需要优化的参数即为 θ。固定二维扩散模型的参数 ϕ，基于损失函数式 (10-25) 对参数 θ 求导，得到：

$$\nabla_\theta L_{\text{Diff}}[\phi, \boldsymbol{x} = g(\theta)] = \mathbb{E}_{t,\epsilon}\left\{w(t)[\boldsymbol{\epsilon}_\phi(\boldsymbol{x}_t; y, t) - \boldsymbol{\epsilon}]\frac{\partial \boldsymbol{\epsilon}_\phi(\boldsymbol{x}_t; y, t)}{\partial \boldsymbol{x}_t}\frac{\partial \boldsymbol{x}}{\partial \theta}\right\} \tag{10-26}$$

式中，$\boldsymbol{x}_t = \alpha_t \boldsymbol{x} + \sigma_t \boldsymbol{\epsilon}$，同时将 $\alpha_t \boldsymbol{I} = \dfrac{\partial \boldsymbol{x}_t}{\boldsymbol{x}}$ 吸收进 $w(t)$ 中。

由于项 $\dfrac{\partial \boldsymbol{\epsilon}_\phi(\boldsymbol{x}_t; t)}{\partial \boldsymbol{x}_t}$ 需要计算通过扩散模型的前传网络（如 U-Net）的梯度，计算复杂度高，同时经实验证明[26] 忽略该项梯度能更好地对 θ 优化，进而得到最终的 SDS 损失函数的梯度：

$$\nabla_\theta L_{\text{SDS}}[\phi, \boldsymbol{x} = g(\theta)] = \mathbb{E}_{t,\epsilon}\left\{w(t)[\boldsymbol{\epsilon}_\phi(\boldsymbol{x}_t; y, t) - \boldsymbol{\epsilon}]\frac{\partial \boldsymbol{x}}{\partial \theta}\right\}, \tag{10-27}$$

生成结果如图 10-19 所示。

图 10-19 DreamFusion 生成结果示意图

至此，DreamFusion 的原理大致介绍完毕，SDS 损失函数也被广泛地应用在其他文本到三维模型上，如 Magic3D[27]，Fantasia3D[28] 等。然而 SDS 损失函数并不是完美的，它仍有许多缺陷，下面将介绍 SDS 中的缺陷与改进方法。

2. ProlificDreamer

ProlificDreamer[29] 提出了一种新的损失函数变分分数蒸馏（variational score distillation，VSD）损失函数来代替 SDS，可以解决 SDS 损失函数带来的过饱和、过平滑以及缺少细节的问题。ProlificDreamer 的训练方式与 DreamFusion 大体一致，不过它还引入了一种基于粒子的表示三维物体分布的方法，训练流程如图 10-20 所示。

通过观察 SDS 损失函数式 (10-27)，可以把 SDS 的更新方向拆解成预训练噪声 $\boldsymbol{\epsilon}_\phi(\boldsymbol{x}_t; t)$ 项和高斯噪声项 $\boldsymbol{\epsilon}$。噪声仅需要一个线性变换就能变成分布的分数，也即分布对数似然的梯度，因此前一项可以理解成不断增大渲染图像的似然，而后一项高斯随机噪声在期望意义下为 0，因此整体来看 SDS 损失函数更像是寻找图像的模式，即似然最大处（mode seeking），这会导致生成的图像过饱和、过平滑，需要增大条件引导 CFG 参数来缓解这个问题。

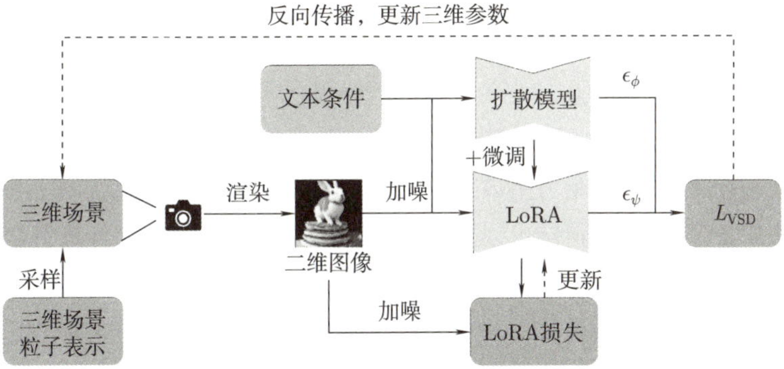

图 10-20 ProlificDreamer 训练流程示意图

因此，VSD 对 SDS 进行了改进，希望的优化过程更接近于扩散模型的采样过程而不是模式寻找过程。VSD 同时优化多个样本并且把这些样本看作是一个变分分布，将 SDS 更新损失函数的第二项替换为变分分布的分数，即：

$$\nabla_\theta L_{\text{VSD}}[\phi, \boldsymbol{x}=g(\theta)] = \mathbb{E}_{t,\epsilon}\left\{w(t)[\boldsymbol{\epsilon}_\phi(\boldsymbol{x}_t;y,t) - \boldsymbol{\epsilon}_\psi(\boldsymbol{x}_t;y,t)]\frac{\partial \boldsymbol{x}}{\partial \theta}\right\} \tag{10-28}$$

在实践中，VSD 使用 LoRA 利用少量粒子来快速学习变分分布，优化的目标如下：

$$\min_\psi \sum_{i=1}^{n} \mathbb{E}_{t\sim\mathcal{U}(0,1),\boldsymbol{\epsilon}\sim\mathcal{N}(\boldsymbol{0},\boldsymbol{I})}\left\{\|\boldsymbol{\epsilon}_\psi[\boldsymbol{x}_t^{(i)};y,t] - \boldsymbol{\epsilon}\|_2^2\right\} \tag{10-29}$$

n 为粒子的数量。生成结果如图 10-21 所示。

图 10-21 ProlificDreamer 生成结果示意图

上面是关于 VSD 的一个直观理解，原论文中[29] 则提供了详细的理论推导。将 SDS 损失函数替换为 VSD 损失函数后，便可以在正常的条件引导 CFG 下生成纹理细节更丰富的三维物体了。

10.3.3 基于文到图模型的多视图生成

由于没有三维物体的先验，以及二维扩散模型的局限性，上述方法生成的三维物体仍可能会产生多脸等三维不一致的问题。而要解决这些问题，需要利用三维数据来微调二维扩散模型来得到一个有能力生成三维一致图像的二维扩散模型。在得到具有三维先验的生成模型后，研究人员同样可以利用 SDS、VSD 损失函数来生成三维物体。

1. Zero-1-to-3

Zero-1-to-3[30] 是为了解决从单视图重建整个三维物体的任务而提出的一种方法，希望能在给定物体的单个视角的情况下生成其他视角的图像，如图 10-22 所示。

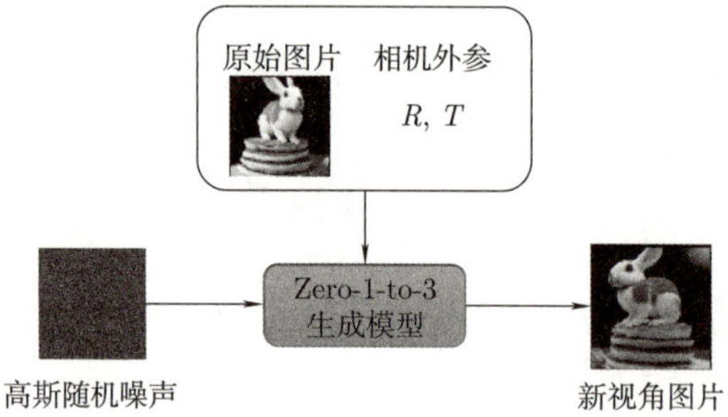

图 10-22 Zero-1-to-3 示意图

具体来说，给定单张 RGB 图像 $x \in \mathbb{R}^{H\times W\times 3}$，$R \in \mathbb{R}^{3\times 3}$ 和 $T \in \mathbb{R}^3$ 为新视点相对当前图像视点的旋转和平移量（相机外参），目的是学习一个可以接受视角条件输入的扩散模型 f 合成一个新视点图像 $\hat{x}_{R,T}$，使得它尽可能地接近于真实的新视角图像 $x_{R,T}$：

$$\hat{x}_{R,T} = f(x, R, T) \tag{10-30}$$

已有的大规模的文到图模型并没有很好的编码生成物体的视点信息，而且在生成图像时更倾向于生成正面的图像。要克服这些问题需要引入三维数据的先验来微调已有的生成模型。从三维数据中人们可以得到一系列成对图像数据集 $\{[x, x_{(R,T)}, (R,T)]\}$，利用它进行对预训练扩散模型进行微调，优化以下目标函数：

$$\min_{\phi} \mathbb{E}_{t,\epsilon\sim\mathcal{N}(0,I)} \|\epsilon - \epsilon_\phi[x_t, t, c(x,R,T)]\|_2^2 \tag{10-31}$$

式中，x_t 为新视角图像 $x_{(R,T)}$ 加噪得到，$c(x, R, T)$ 则是原始图像和相机外参的条件嵌入。经训练后，人们就得到了可以产生给定图像的新视角图像的扩散模型了。使用微调后的模型替换 DreamFusion 或 ProlificDreamer 中的原始生成模型，再训练神经辐射场，即可得到具有多视图一致性的三维模型。

2. MVDream

MVDream[31] 也是一个多视图扩散模型。区别于 Zero-1-to-3，MVDream 不需要给定图像输入，它能够从给定的文本提示下生成几何上一致的多视图图像。在模型结构设计上，MVDream 保留了二维图像扩散模型的架构设计，但在多图像生成方面略有改变，它同时生成一组相互一致的多视图图像。MVDream 使用预训练的二维扩散模型进行迁移学习，能够继承其泛化性。为了确保模型的多视图一致性，在训练中渲染了一组来自真实 3D 数据集[32] 的多视图图像，通过在多视图图像和真实图像上联合训练模型，最终得到的模型具有良好的一致性和泛化性。训练好扩散模型后，同样利用 SDS 或 VSD 蒸馏算法，可以根据文本提示得到具有更好三维视角一致性的三维内容。

10.3.4 文到三维内容的基础模型

随着大规模模型在自然语言处理和图像生成方面取得显著成就，人们开始关注大规模模型是否能够扩展到三维内容生成领域。人们已经不满足于仅用如第 10.3.2 节中提到的蒸馏方法将大型图像模型作为先验知识来优化三维内容，而是开始考虑训练能够从给定文本或图像直接得到对应三维内容的三维基础模型。接下来，将介绍在三维基础模型领域的一些进展。

1. Shap-E

隐式神经表示是三维内容编码的热门方法。为了表示三维内容，隐式神经表示通常将三维坐标映射到特定位置的信息，如密度和颜色。每个三维物体都对应着隐式神经表达的一组参数，在神经辐射场中就是指多层感知机 MLP 网络的参数。Shap-E[33] 注意到了这种隐式神经表示的灵活性和表现力，它首先训练了一个编码器来生成给定已知的三维物体的潜在表示，这个潜在表示可以使用一个线性投影来得到神经辐射场多层感知机的权重参数。接着将编码器应用于三维数据集得到一组潜在数据集，在这组潜在数据集上训练一个以图像或文本输入为条件的扩散模型。在生成阶段，通过扩散模型得到三维物体的潜在表示，再进一步解码得到神经辐射场或者纹理网格，以进一步用于下游任务，如图 10-23 所示。

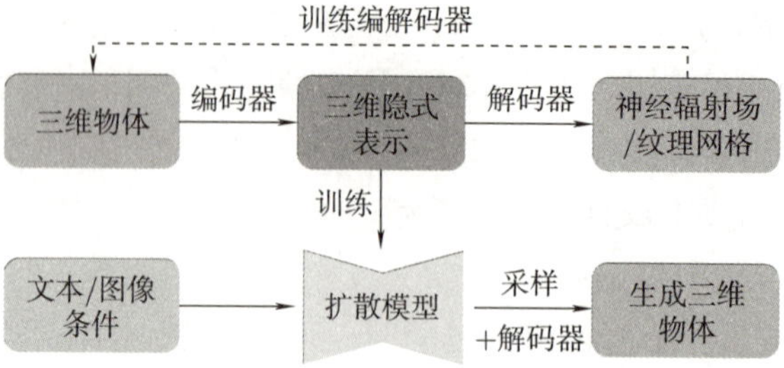

图 10-23 Shap-E 示意图

2. 大规模重建模型 (LRM)

在给定文本或图像的输入，Shap-E 借助扩散模型生成三维内容，虽然它能够很快地生成一个三维物体，但质量上仍有不少提高空间。大规模重建模型（Large Reconstruction Model, LRM）[34] 则是一种新颖的端到端的从单个图像生成三维物体的方法。它采用了基于大规模 Transformer 的编解码器架构，并使用数据驱动的方式学习单个图像的三维表示，最终得到一个用三平面表示形式的神经辐射场㊀[35]。

具体来说，LRM 首先采用一个预训练的视觉 Transformer[36] 编码输入的单张图像来得到图像的特征。接着学习一个解码器，能够将得到的图像特征解码到三平面上。这个解码器通过交叉注意力机制将图像特征投影到三平面上，并接着通过自注意力机制建模具有空间结构化的三平面特征之间的联系。最后，通过一个额外的多层感知机（MLP）解码这些三平面特征，来获取空间中任意一个点的颜色和密度，最终得到这个图像对应的三维神经辐射场表达，如图 10-24 所示。

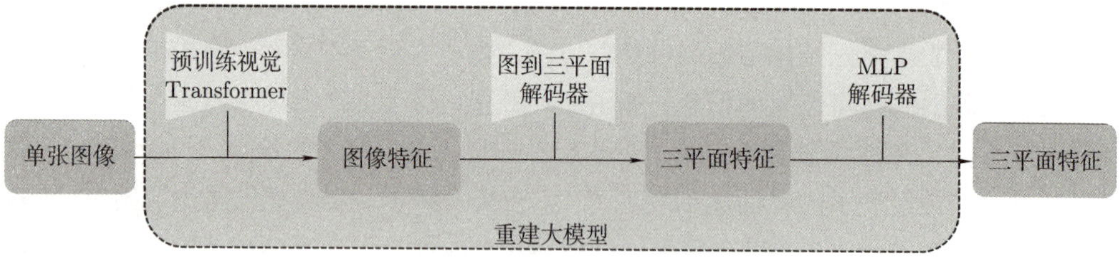

图 10-24 LRM 示意图

LRM 是首个大规模的三维内容基础模型，包含了超过 5 亿个可学习参数；同时，它在约一百万个三维形状和多类别视频数据上接受训练，参数量和数据量均远远超过近期采用的较浅网络和小型数据集的方法（如 Shap-E）。LRM 可以从广泛的真实世界

㊀ 三平面表示形式的神经辐射场是一种特殊表示的神经辐射场，详细表示方法请参照原论文[35]。

捕获的图像以及由生成模型生成的图像中，快速重建出高质量的三维形状，无须后续优化，仅需 5s 即可得到一个三维神经辐射场，是一种高效的三维物体生成方法。

3. 卷积重建模型（CRM）

尽管 LRM 已经取得了不错的三维内容生成效果，但它生成三维物体的新视角完全依赖于整个 Transformer 网络，质量可能会受到一定影响。因此，卷积重建模型（convolutional reconstruction model, CRM）[37] 将生成三维物体分为两阶段：先使用多视图扩散模型生成输入图像的多视图图像，再利用 U-Net 卷积网络从这些多视图图像中重建回三维物体。这种处理方法能够利用多视图扩散模型强大的二维图像生成能力，进一步提高最终生成三维物体的质量。

具体来说，CRM 建立在一个关键假设上，即探索架构设计中的几何先验是有益的。在三维内容的三平面表示方法中，六个固定的正交视角图像（即前、后、上、下、左、右）能与三平面表示方法共享强大的空间对齐。CRM 选择了这六个固定的正交图像作为输入[㊀]，接着使用 U-Net 卷积网络将输入图像映射到展开的三平面表示，进一步得到纹理三维网格。对于单个图像的三维生成任务，这六个正交图像并不是直接可用的，因此，CRM 额外训练了一个以输入图像为条件的多视图扩散模型，借助二维扩散模型的强大生成能力得到其他新视角的图像，如图 10-25 所示。

图 10-25　CRM 示意图

相比于 LRM，CRM 以下游任务中更常用的纹理网格作为最终输出，不需要额外的步骤来从神经辐射场导出到网格表示，具有更直接的推断流程，能够可以在 10s 内生成高质量的纹理网格。

10.4　本讲小结

围绕着模拟视觉世界这一目标，本讲深入介绍了多模态大模型的前沿内容。基于轻量化微调的核心思想，可控图像生成与编辑技术在文到图生成模型的基础上有效地控制

㊀ 除了六个正交的图像外，原论文中还加入了这些图像的规范坐标映射图（CCM）用于重建，详见原论文[37]。

了生成图像的内容。文到视频和文到三维内容生成主要有两条技术路线，一条是蒸馏文到图生成模型或者基于其进行轻量化微调，另一种路线是通过收集大规模数据进行训练，其核心技术与文到图生成模型一脉相承。可以预见到，上述可控生成技术、视频和三维内容生成技术将在未来深度融合，为构建世界模型奠定重要基础。

10.5 延伸阅读

在人工智能领域，世界模型的概念最早在机器人、强化学习等研究中被提出。特别在强化学习中，基于模型的方法希望构建一个能够刻画真实物理环境的世界模型辅助决策。从概率建模的角度看，所谓世界模型就是一个能够基于现有状态（如视频当前帧），智能体动作和物理客观规律（运动方程等）预测未来状态的一个条件生成模型。长久以来，算法、数据和算力等方面不足以训练出精度较高的世界模型。Sora 的出现表明可能上述方面的进展积累到了质变的程度，有望基于多模态基础模型的最新进展构建可用的世界模型。

目前，Sora 这类文到视频的生成模型离世界模型仍然有一段距离。Sora 的控制条件只有文本，可控、可交互性较差；Sora 的状态空间还是二维图像，没有考虑三维几何空间；Sora 也没有考虑声音、体感等其他模态。但是，基于多模态大模型在可控生成、三维内容生成、语音合成方面的最新进展，编者相信不久的将来这些问题都能够在很大程度上被解决。最后，Sora 会有一定概率生成不符合物理规律的瑕疵视频（也可以认为是一种幻觉），通过进一步扩展规模可以极大缓解但是很难彻底解决幻觉问题，是否应该且进一步如何嵌入普适的物理规律将会是一个长久的研究方向。

10.6 课后习题

习题 1. Cross Attention 的定义是什么？Cross Attention 和 Self Attention 有什么区别和联系？

习题 2. LoRA 是一种高效微调技术，其高效性体现在哪里？

习题 3. 对于交互式拖拽生成，无论是 DragGAN 还是 SDE-Drag 都会出现编辑图像背景发生改变的问题，如果用户提供了掩码来标记不希望发生改变的区域，有什么办法解决这个问题吗？

习题 4. 论述下列注意力机制有何差异，刻画了哪些特征之间的相关性：Temporal Attention, Spatial Self-attention 和 Key-frame Attention。

习题 5. 阐述一般文生视频模型是如何从文生图模型拓展至文生视频模型，并画出他们的网络结构变化。

习题 6. 阐述基于单样本能够实现视频生成和编辑的原理。

习题 7. 阐述 DreamFusion 的工作原理。

习题 8. 人们为什么需要多视图的扩散模型？相比于一般的扩散模型，多视图扩散模型能为三维内容生成带来哪些帮助？

习题 9. 在未来的三维基础模型中，你认为二维图像扩散模型还能为三维内容的生成起到帮助吗？为什么？

参考文献

[1] ZHU J, PARK T, ISOLA P, et al. Unpaired image-to-image translation using cycle-consistent adversarial networks[C]//Proceedings of the IEEE International Conference on Computer Vision, ICCV 2017. Venice, Italy: IEEE Computer Society, 2017: 2242-2251.

[2] ISOLA P, ZHU J, ZHOU T, et al. Image-to-image translation with conditional adversarial networks[C]//Proceedings of the 2017 IEEE Conference on Computer Vision and Pattern Recognition, CVPR 2017. Honolulu: IEEE Computer Society, 2017: 5967-5976.

[3] MENG C, HE Y, SONG Y, et al. Sdedit: Guided image synthesis and editing with stochastic differential equations[J]. arXiv preprint arXiv:2108.01073, 2021.

[4] ZHAO M, BAO F, LI C, et al. Egsde: Unpaired image-to-image translation via energy-guided stochastic differential equations[J]. Advances in Neural Information Processing Systems, 2022, 35: 3609-3623.

[5] HERTZ A, MOKADY R, TENENBAUM J, et al. Prompt-to-prompt image editing with cross attention control[J]. arXiv preprint arXiv:2208.01626, 2022.

[6] VASWANI A, SHAZEER N, PARMAR N, et al. Attention is all you need[J]. Advances in neural information processing systems, 2017, 30.

[7] GAL R, ALALUF Y, ATZMON Y, et al. An image is worth one word: Personalizing text-to-image generation using textual inversion[J]. arXiv preprint arXiv:2208.01618, 2022.

[8] HU E J, SHEN Y, WALLIS P, et al. Lora: Low-rank adaptation of large language models[J].arXiv preprint arXiv: 2106.09685, 2021.

[9] RUIZ N, LI Y, JAMPANI V, et al. Dreambooth: Fine tuning text-to-image diffusion models for subject-driven generation[C]//Proceedings of the IEEE/CVF Conference on Computer Vision and Pattern Recognition, CVPR 2023. Vancouver: IEEE, 2023: 22500-22510.

[10] ZHANG L, RAO A, AGRAWALA M. Adding conditional control to text-to-image diffusion models[C]//Proceedings of the IEEE/CVF International Conference on Computer Vision, ICCV 2023. Paris: IEEE, 2023: 3813-3824.

[11] SCHUHMANN C, BEAUMONT R, VENCU R, et al. Laion-5b: An open large-scale dataset for training next generation image-text models[J]. Advances in Neural Information Processing Systems, 2022, 35: 25278-25294.

[12] PAN X, TEWARI A, LEIMKÜHLER T, et al. Drag your GAN: interactive point-based manipulation on the generative image manifold[C]//BRUNVAND E, SHEFFER A, WIMMER M. ACM SIGGRAPH 2023 Conference Proceedings,SIGGRAPH 2023. Los Angeles: ACM, 2023: 78:1-78:11.

[13] NIE S, GUO H A, LU C, et al. The blessing of randomness: Sde beats ode in general diffusion-based image editing[J]. arXiv preprint arXiv:2311.01410, 2023.

[14] KARRAS T, LAINE S, AILA T. A style-based generator architecture for generative adversarial networks[C]//Proceedings of the IEEE Conference on Computer Vision and Pattern Recognition, CVPR 2019. Long Beach: IEEE, 2019: 4401-4410.

[15] SHI Y, XUE C, PAN J, et al. Dragdiffusion: Harnessing diffusion models for interactive point-based image editing[J]. arXiv preprint arXiv:2306.14435, 2023.

[16] WU J Z, GE Y, WANG X, et al. Tune-a-video: One-shot tuning of image diffusion models for text-to-video generation[C]//Proceedings of the IEEE/CVF International Conference on Computer Vision, ICCV 2023. Paris:IEEE, 2023: 7589-7599.

[17] SONG J, MENG C, ERMON S. Denoising diffusion implicit models[J]. arXiv preprint arXiv:2010.02502, 2020.

[18] ZHAO M, WANG R, BAO F, et al. Controlvideo: Adding conditional control for one shot text-to-video editing[J]. arXiv preprint arXiv:2305.17098, 2023.

[19] BLATTMANN A, ROMBACH R, LING H, et al. Align your latents: High-resolution video synthesis with latent diffusion models[C]//Proceedings of the IEEE/CVF Conference on Computer Vision and Pattern Recognition, CVPR 2023. Vancouver: IEEE, 2023: 22563-22575.

[20] GIRDHAR R, SINGH M, BROWN A, et al. Emu video: Factorizing text-to-video generation by explicit image conditioning[J]. arXiv preprint arXiv:2311.10709, 2023.

[21] OPENAI. Video generation models as world simulators[EB/OL]. [2024-04-20]. https://openai.com/research/video-generation-models-as-world-simulators.

[22] ROMBACH R, BLATTMANN A, LORENZ D, et al. High-resolution image synthesis with latent diffusion models[C]//Proceedings of the IEEE/CVF Conference on Computer Vision and Pattern Recognition, CVPR 2022. New Orleans: IEEE, 2022: 10674-10685.

[23] VAN DEN OORD A, VINYALS O, et al. Neural discrete representation learning[J]. Advances in neural information processing systems, 2017, 30.

[24] PEEBLES W, XIE S. Scalable diffusion models with transformers[C]//Proceedings of the IEEE/CVF International Conference on Computer Vision, ICCV 2023. Paris, France: IEEE, 2023: 4172-4182.

[25] MILDENHALL B, SRINIVASAN P P, TANCIK M, et al. Nerf: Representing scenes as neural radiance fields for view synthesis[J]. Communications of the ACM, 2021, 65(1): 99-106.

[26] POOLE B, JAIN A, BARRON J T, et al. Dreamfusion: Text-to-3D using 2D diffusion[J]. arXiv preprint arXiv:2209.14988, 2022.

[27] LIN C, GAO J, TANG L, et al. Magic3D: High-resolution text-to-3D content creation[C]//Proceedings of the IEEE/CVF Conference on Computer Vision and Pattern Recognition, CVPR 2023. Vancouver: IEEE, 2023: 300-309.

[28] CHEN R, CHEN Y, JIAO N, et al. Fantasia3d: Disentangling geometry and appearance for high-quality text-to-3d content creation[J]. arXiv preprint arXiv:2303.13873, 2023.

[29] WANG Z, LU C, WANG Y, et al. Prolificdreamer: High-fidelity and diverse text-to-3D generation with variational score distillation[J]. Advances in Neural Information Processing Systems, 2023, 36: 8406-8441.

[30] LIU R, WU R, HOORICK B V, et al. Zero-1-to-3: Zero-shot one image to 3D object[C]//Proceedings of the IEEE/CVF International Conference on Computer Vision, ICCV 2023. Paris, France: IEEE, 2023: 9264-9275.

[31] SHI Y, WANG P, YE J, et al. Mvdream: Multi-view diffusion for 3D generation[J]. arXiv preprint arXiv:2308.16512, 2023.

[32] DEITKE M, SCHWENK D, SALVADOR J, et al. Objaverse: A universe of annotated 3D objects[C]//Proceedings of the IEEE/CVF Conference on Computer Vision and Pattern Recognition, CVPR 2023. Vancouver: IEEE, 2023:13142-13153.

[33] JUN H, NICHOL A. Shape: Generating conditional 3d implicit functions[J]. arXiv preprint arXiv:2305.02463, 2023.

[34] HONG Y, ZHANG K, GU J, et al. Lrm: Large reconstruction model for single image to 3d[J]. arXiv preprint arXiv:2311.04400, 2023.

[35] CHAN E R, LIN C Z, CHAN M A, et al. Efficient geometry-aware 3D generative adversarial networks[C]//Proceedings of the IEEE/CVF Conference on Computer Vision and Pattern Recognition, CVPR 2022. New Orleans: IEEE,2022: 16102-16112.

[36] CARON M, TOUVRON H, MISRA I, et al. Emerging properties in self-supervised vision transformers[C]//Proceedings of the 2021 IEEE/CVF International Conference on Computer Vision, ICCV 2021. Montreal: IEEE,2021: 9630-9640.

[37] WANG Z, WANG Y, CHEN Y, et al. Crm: Single image to 3d textured mesh with convolutional reconstruction model[J]. arXiv preprint arXiv:2403.05034, 2024.